黄启臣 著

明清经济史论集

·广州·

版权所有　翻印必究

图书在版编目（CIP）数据

明清经济史论集/黄启臣著. —广州：中山大学出版社，2021.6
ISBN 978-7-306-07171-2

Ⅰ. ①明… Ⅱ. ①黄… Ⅲ. ①中国经济史—明清时代—文集 Ⅳ. ①F129.4-53

中国版本图书馆 CIP 数据核字（2021）第 053501 号

MINGQING JINGJISHI LUNJI

出 版 人：	王天琪
责任编辑：	叶　枫
封面设计：	曾　斌
责任校对：	潘惠虹
责任技编：	何雅涛
出版发行：	中山大学出版社
电　　话：	编辑部 020-84110283，84113349，84111997，84110779，84110776
	发行部 020-84111998，84111981，84111160
地　　址：	广州市新港西路 135 号
邮　　编：	510275　传　真：020-84036565
网　　址：	http://www.zsup.com.cn　E-mail: zdcbs@mail.sysu.edu.cn
印 刷 者：	广州市友盛彩印有限公司
规　　格：	787mm×1092mm　1/16　22 印张　505 千字
版次印次：	2021 年 6 月第 1 版　2021 年 6 月第 1 次印刷
定　　价：	82.00 元

如发现本书因印装质量影响阅读，请与出版社发行部联系调换

序

1961年，我从中山大学历史学系本科毕业，服从组织分配，到"我国经济史学的奠基人之一"（原中国社会科学院经济研究所副所长、研究员严中平语）、本系二级教授梁方仲老师门下攻读研究生，跟他学习明清经济史。20世纪60年代，我国高校招收研究生极少，简直是凤毛麟角。据1966年统计，全国各学科的在读研究生仅有3600多人，其中中山大学65人。我所读的明清经济史专业，学制是四年。从此，我走上了学习和研究明清经济史的道路。1965年毕业时，梁老师劝我再跟他读三年，说如此就相当于外国的博士毕业。我从师意再读三年，1968年毕业。当时我国不设学位制度，连毕业证书也没发，就分配工作了，至1983年才补发毕业证书。所以，我在中山大学历史学系读书11年，毕业时什么毕业证书、学位证书都没有。

20世纪60年代，组织虽然长期培养了我，但由于时代局限，没法按我所学专业分配工作，所以我被分配至太原钢铁公司去接受工人阶级再教育，在那里劳动锻炼三年多。之后，我按人类发展的自然规律结了婚。为解决夫妻两地分居的生活困难，辗转至广西壮族自治区党委党校从事马列主义教育工作。

历史总是向前发展的。1978年，党的第二代领导核心邓小平主持改革开放大局。于是，我得以按所学专业重返母校母系，从事明清经济史的教学和研究工作。此后40多年，我锲而不舍，以讲授和研究明清经济史为业为乐。至2020年，我出版了《十四—十七世纪中国钢铁生产史》《澳门经济四百年》《澳门大辞典》《澳门通史》《广州外贸史》《广东海上丝绸之路史》《明清广东商人》《梁经国天宝行史迹：广州十三行之一》等专著31部（含合著），其中《澳门经济四百年》被译为朝鲜文并于1999年在韩国出版，《广东海上丝绸之路史》《澳门通史》分别于2014年、2020年出版增订本，《澳门大辞典》获第12届中国图书奖；发表《清代前期海外贸易的发展》《试论明清时期商业资本流向土地的问题》等论文215篇。

衷心感谢历史学系领导大力支持我出版一部文集。敝帚自珍，我从1979—2019年已发表的论文中选出13篇，并重读校对一遍，改正一些错漏字词，又在《明清商品经济的发展与资本主义萌芽》和《明至清前期广东冶铁手工业的高度发展》两文中各补充一条史例，进而编辑成集付梓，定名曰《明清经济史论集》，名副其实。

从理论层面上说，世界上各种科学的学术大厦都是一代又一代人研究积累而建立起来的。我这一代人研究明清经济史的内容、水平和一些观点、想法、心得，不论其价值如何，客观上都反映了某一时代的学术背景。因此，留给后人作为学术史来读，还是具有一定意义的。从认识论来说，人对任何科学的认识，均是在前人认识的基础上以有限的生命去认识无限的科学过程，是无穷无尽、无绝对的。大凡真正的科学家的宇宙观总是开阔的，是不会用自己有限的"已知"去否定无限的"未知"。著名英国物理学家艾萨克·牛顿（Isaac Newton，1643—1727）就是如此。他于1678年出版巨著《自然哲学的数学原理》，曾对力学原理进行了科学的阐述，并解释了潮汐、行星的运动和推算了太阳系的运转方式，算是当时的顶尖科学论著，获得巨大的成功和科学荣誉。但他一再表明，自己这本书只是对现象的一种"描述"而已，不敢说是对宇宙至高无上的解释。所以到该书再版时，他在再版前言上写了一段对自己著作的评价：

> 这一尽善尽美的包括太阳、行星、彗星的大系统，惟有出于全能的上帝之手……就像一个盲人对于颜色毫无概念一样，我们对于上帝理解万事万物的方法，简直是一无所知。

历史科学也是如此，中国有文字记载的历史上下五千年，可谓深不可测。历史学家对于人类的历史，要窥其全貌是极其困难的，需要一代接一代人不懈努力去探索，探求历史无限"未知"之谜。我大半生努力研究明清经济史，所撰写和发表的论著，只是对明清时期的生产、流通、分配和消费的某些现象作管窥蠡测的"描述"罢了。但是按照居里夫人（Marie Skłodowska-Curie）"即使在人类知识宝库中投进一粒沙子，也是伟大的"这一说法，我所作"描述"的"沙子"也还是有一点意义的。况且，59年来，我研究明清经济史证实了一个结论：直至清嘉庆二十五年（1820），中国是当时经济最发达的国家，国内生产总值占世界总量的32.9%，居世界首位（麦迪森：《中国经济的长期表现：公元960—2030年》第39页，上海人民出版社2016年版；《学习时报》2000年7月17日江泽民语）。此结论将助力我国人民实现中华民族伟大复兴中国梦，因为习近平总书记说过："历史是最好的老师。"（《习近平谈"一带一路"》第178页，中央文献出版社2018年版）当然，我的"描述"舛误之处在所难免，希冀同辈和后来学者多加矫正，哪怕是"片言之赐，皆吾师也"（梁启超语）。

我出身于穷乡僻壤的贫苦农民家庭，是党培养我读中学、大学和研究生，又给予我担任教授和广东省人民政府文史研究馆馆员的机会，还让我享受国务院政府特殊津贴专家待遇。抚今追昔，我要借本文集出版之机，用白纸黑字诉诸笔端：深深感谢党的长期培养和恩泽，并深深感谢七年间一对一、面对面指导我研究明清经济史的恩师梁方仲教授。

是为序。

黄启臣谨志
于中山大学历史学系
2020年10月

目 录

明代钢铁生产的发展 …………………………………………………………… 1
明代广东海上丝绸之路的高度发展 …………………………………………… 11
试论明清时期商业资本流向土地的问题 ……………………………………… 93
明清商品经济的发展与资本主义萌芽 ………………………………………… 114
明清客家商帮 …………………………………………………………………… 157
明清时期两广的商业贸易 ……………………………………………………… 197
明清时期珠江三角洲商人与商人资本初探 …………………………………… 207
明清时期佛山石湾的陶瓷业 …………………………………………………… 237
明至清前期广东冶铁手工业的高度发展 ……………………………………… 244
明至清初的中日私商贸易 ……………………………………………………… 254
清代前期海外贸易的发展 ……………………………………………………… 288
清代前期农业生产的发展 ……………………………………………………… 308
清代农村的家族组织 …………………………………………………………… 321
附录一：恩师梁方仲教授教我研究明清社会经济史
　　　　——在 2018 年 12 月 8 日纪念梁方仲教授诞辰 110 周年大会上的发言 …… 331
附录二：黄启臣论著目录 ……………………………………………………… 339
附录三：有关照片 ……………………………………………………………… 341

明代钢铁生产的发展

我们伟大的中华民族，是一个具有悠久历史传统和光辉灿烂文化的优秀民族，远在 2000 多年以前的春秋战国时代，我国劳动人民就掌握了冶铁炼钢的技术。到了明代，我国的钢铁生产已发展到很高的水平，其规模之大、产量之多、技术之高，不仅超过我国历史上的任何朝代，而且居世界各国的前列，对世界社会经济和科学文化的发展起了重要的推动作用。

钢铁工业是基础工业，对我国实现四个现代化关系极大。近代世界各国的工业发展史表明，有了钢铁就能够制造机器，而有了钢铁和机器，也就能够推动整个工业以及国民经济的迅速发展。现在，正值全国人民在党中央领导下，努力实现党的工作重点转移，为在 20 世纪末把我国建设成为社会主义现代化强国而奋斗的时候，研究和总结明代钢铁生产发展的历史经验，发扬我国劳动人民在钢铁生产方面的创造才能，对鼓舞全国人民，特别是冶金系统的广大职工夺取新的胜利，有积极的现实意义。

一、明代钢铁生产的高度发展及其原因

1. 明代钢铁生产高度发展概观

元末农民大起义，推翻了元朝的封建中央集权专制统治，促进了明代社会生产力的迅速发展。劳动人民在生产斗争的实践中，发挥了聪明才智和创造精神，总结和发展了我国古代冶铁炼钢科学技术的光辉成就，把明代钢铁生产推进到前所未有的新高度。当时钢铁生产的高度发展主要表现在四个方面。

第一，众多铁矿被发现和开采。据有关史料记载，明代在全国范围内发现和开采的铁矿产地有 232 个。计北直隶（今河北省）6 个，南直隶（今江苏省、安徽省）5 个，山西 19 个，山东 14 个，河南 12 个，陕西 16 个，浙江 14 个，江西 12 个，湖广（今湖南省、湖北省）33 个，四川 19 个，福建 28 个，广东 23 个，广西 2 个，云南 17 个，贵州 12 个。[①] 这些铁矿，有些已被开采，有些虽未被开采，但有遗迹可寻，可为我国冶金地质部门"就矿找矿"提供历史线索。

---

① 本文原附有明代在全国范围内发现和开采的铁矿产地地图一幅，是根据《大明一统志》《肇域志》《永乐大典》《弘治八闽通志》《嘉靖广东通志初稿》《正德四川志》《光绪湖南通志》《万历山西通志》《成化处州府志》《嘉靖赣州府志》《嘉靖彰德府志》等文献记载的铁矿产地绘制而成。因该图过大，今略去。

在发现众多铁矿产地的基础上，全国各地兴办了许多官营铁冶厂和民营铁冶场。据史料记载，明初，全国有 15 所官营铁冶厂①，其中以河北遵化铁冶厂的规模最大，役使工匠达 2560 人②。全国官营铁冶厂的铁产量为：成化十九年（1483）产生铁 30 万斤，正德四年（1509）产生铁 48.6 万斤，熟铁 28.8 万斤，钢铁 6.2 万斤；嘉靖八年（1529）以后，每年炼生板铁 18.8 万斤，生碎铁 6.4 万斤，熟挂铁 20.8 万斤。③ 至于民营铁冶场则比比皆是，仅福建就有 68 处④，广东的惠州有 43 处⑤。民营铁冶场的规模也相当大，就使用劳动力而言，广东南海县的炼铁厂，崇祯年间（1628—1644）已达到"三五千矣"⑥。安徽芜湖的"苏钢"坊也有数十家，每日有数百人工作。⑦ 有些地方的民营铁冶场已出现了较细的分工，如福建政和县的采矿冶炼，"每炉一座，做工者必数十百人。有凿矿者，有烧炭者，有煽炉者，其余巡炉、运炭、运矿、贩酒等亦各数十人，是以一炉常聚数百人"⑧。

第二，铁产量超过了我国历史上任何朝代的水平，并名列世界各国首位。

唐、宋、元、明四代铁的年产量比较如表 1 所示：

表 1　唐、宋、元、明四代铁的年产量比较

年　　代	年　　份	每年铁产量/斤	备　　注
唐元和初年	约 806—811	2070000⑨	年产量均由矿课推算
北宋治平年间	1064—1067	8241000⑩	
南宋初年	约 1127—1162	2162144⑪	未包括北方金国数据，因《金史》无记载
元中统四年	1263	5844000⑫	
明永乐初年	约 1403—1410	19575026⑬	包括民营铁冶场产量 110 多万斤

明中期以后，全国无铁课数可征询，故难以统计全国铁产量。但就嘉靖元年至十三

---

① 〔明〕申时行：《（万历）明会典》卷一九四《冶课》。
② 〔明〕申时行：《（万历）明会典》卷一九四《冶课》。
③ 〔明〕申时行：《（万历）明会典》卷一九四《冶课》。
④ 《弘治八闽通志》卷二四《坑冶》。
⑤ 《嘉靖广东通志初稿》卷三十《铁冶》。
⑥ 《崇祯南海县志》卷十二《艺文志》。
⑦ 《嘉庆芜湖县志》卷一《地理志》。
⑧ 《道光政和县志》卷十《艺文》。
⑨ 《新唐书》卷五四《食货志》。
⑩ 《宋史》卷一八五《食货志下七·坑冶》。
⑪ 《宋会要辑稿·食货三十三》；《文献通考》卷十八《征榷考五·坑冶》；《宋史》卷一八五《食货志下七·坑冶》。
⑫ 《元史》卷九四《食货志二》。
⑬ 据〔明〕申时行《（万历）明会典》卷一九四《冶课》，《明太宗实录》卷二五、三二、三九、四七、五四、六十、七三所记数据计算所得。

年（1522—1534）广东布政司的铁课数推算广东年产铁量6127500斤[1]，已相当于永乐初年全国铁产量的1/3，如果把其他13个布政司及南、北直隶的铁产量统计在内，则全国铁产量也是相当大的。从世界钢铁发展史来看，明代的铁产量在当时是占世界第一位的。在17世纪以前，世界其他各国根本没有钢铁产量的统计。直至17世纪晚期（约1670年左右），欧洲年铁产量最多的俄罗斯也只有2400吨。[2] 而明永乐初年（15世纪），我国的铁产量已经达到了9700吨。嘉靖十三年（1534），仅广东的铁产量就达到了3108吨。钢的产量当时虽然没有详细的全国统计数字，但从正德四年（1509）遵化铁冶厂炼出钢铁62000斤，安徽芜湖已有数百人从事生产的数十家钢坊炼出"苏钢"[3]，以及广东、广西炼出"合金钢"的情况看，产量也是相当可观的。这说明，我国15—16世纪时钢铁产量已远远超过17世纪国外最先进国家的钢铁生产水平了。

第三，掌握了世界先进的冶铁炼钢技术。从宋应星《天工开物》卷十四、方以智《物理小识》卷七以及李时珍《本草纲目》卷八记述的冶铁炼钢方法来看，当时已有四种先进的技术：一是炼铁炉和炒铁炉的串联使用，即将从炼铁炉流出的铁水直接流进炒铁炉炒成熟铁。这个方法减少了一个再熔化的过程，是现代冶金技术发展的一个重要开端。而欧洲直至17世纪才开始使用这种炼铁技术。二是炼铁炉操作的半连续性，即出铁后用泥堵住出铁口，鼓风再炼。而欧洲早期炼铁则是等炉冷却后才把铁取出来，然后再熔化冶炼。三是独创了一套钢铁生产系统，即把铁矿砂炼成生铁，再由生铁炼成熟铁，然后由生铁、熟铁合炼成"灌钢"。这种炼钢方法在当时的欧洲还没有出现。四是熔剂的使用，即在炒铁炉的生铁上撒上泥灰，用作熔剂，然后用木棍搅动，以帮助氧化。可见，早在400多年前的明代，我国劳动人民已经掌握当时世界上最先进的冶铁炼钢技术。这一点，就连现代研究世界冶金史的外国学者也承认，这种"把生铁和熟铁放在一起炼钢正是后世平炉制钢方法的先声"，"犹为世界所无"。[4]

第四，制铁工业城镇不断兴起。广东的佛山镇，在景泰年间（1450—1457），已经是"民庐栉比，屋瓦鳞次，几万余家……工擅炉冶之巧，四方商贩辐辏"的制铁手工业市镇[5]。江苏吴江县的庉村市，"有前后二村，嘉靖年间始称为市，时居民数百家，铁工过半"[6]。震泽县的檀丘镇，成化中"居民四五十家，多以铁冶为业，至嘉靖数倍于昔"[7]。

---

[1] 此数系根据《嘉靖广东通志初稿》记嘉靖十年（1531）广东缴纳铁课银8290两计算的。当时广东纳铁课是每斤纳银二分（《嘉靖惠州府志》卷七上《赋役志上》）。

[2] 参阅石心圃《中国古代冶金》，载《北京钢铁学院第一次科学研究及教学法讨论会汇集》北京钢铁（工业）学院，1956年版。

[3] 《嘉庆芜湖县志》卷一《地理志》。

[4] 参阅John Day, *Prehistoric Use or Iron and Steel*（约翰·德：《史前钢铁使用》）；F. R. Tegengren, *The Iron Ores and Iron Industry of China*, Part Ⅱ, Peking, 1923-1924（丁格兰：《中国铁矿志》中译本第216页）；《宫崎市定论文集》上卷第192页，商务印书馆1963年版。

[5] 《道光佛山忠义乡志》卷十二《金石上》。文中"几万余家"的"家"字可能是"人"或"口"之误，因为当时佛山镇的人口还达不到"几万余家"。

[6] 《嘉靖吴江县志》卷一《疆域》。

[7] 《乾隆震泽县志》卷四《疆土》。

2. 明代钢铁生产高度发展的原因

第一，铁冶业生产关系的改革——工匠制度的逐步瓦解。元代的铁冶业实行的是以奴役劳动为主的工匠制度。工匠分为"系官人匠"、民匠和军匠三种。他们在官营铁冶业的矿山或作坊服役，在匠官和工长的监督下劳动，备受残酷压迫。特别是军匠，经常受到封建官吏的鞭笞，丧失了人身自由。这种落后的生产关系大大阻碍了铁冶生产的发展。元末农民大起义沉重地打击了这种落后的工匠制度，使匠户获得了较多的人身自由。如各地遣派到京师的匠户是"以三年为一班，更番赴京轮作，三月为期交代"。洪武二十六年（1393），又重新规定为五年一班、四年一班、三年一班、二年一班、一年一班共五种服役办法。在这种工匠制度下，官营铁冶所的工匠为官府服役和为自己劳动的时间分开了。当时遵化铁冶厂的民匠、民夫就是"每年十月初到厂办料，次年三月终放回农种"[①]，即一年中有半年为遵化铁冶厂开矿炼铁，半年归本人自由支配。这样工匠获得一定的人身自由，生产积极性得到提升，从而促进了钢铁生产的发展。

第二，明中央集权专制制度在一定范围内允许私人采矿冶炼，使民营铁冶业迅速发展起来。明初，鉴于官营铁冶业的工匠不断逃亡、怠工，以至暴动，致使官营铁冶业开闭无常，日益走上瓦解、衰落的道路，明政府于洪武二十八年（1395）被迫下令罢除各处官冶，允许私人自由采矿冶炼，按产量的1/15纳税。从此，明代的民营铁冶业就大为发展。从《明实录》所记的永乐元年（1403）至宣德九年（1434）31年间民营铁冶缴纳的铁课数字看，民营铁冶业的产量由1197090斤增加到8329005斤，提高了将近6倍，[②] 说明民营铁冶业发展之迅速。而明代钢铁生产的高度发展正是以民营铁冶业为基础的。

第三，明代农业生产的恢复和发展，促进了钢铁生产的发展。元末农民大起义推翻了元朝的腐朽统治，农民逐渐回乡生产，而且土地兼并受到抑制，自耕农的数量有所增加，农民的赋役负担也略有减轻，从而提高了农民的生产积极性，使明代的垦田和人口都大大增加。洪武二十六年（1393），全国垦田数达到8577623顷，比洪武元年（1368）增加676000顷；万历三十二年（1604）垦田数大增至11618948顷，比洪武二十六年（1393）增加3041325顷。户口增加得更快。洪武二十六年（1393），全国的户数是16052860户，人口是60545820人，比元朝极盛时期增加442万户，699万人；成化十五年（1479），全国人口增至71850132人。[③] 垦田的大量增加，对更好的铁制农具有巨大的需求。明初，封建王朝为了恢复生产，注意发展铁制农具。"洪武二十六年定，凡屯种去处，合用犁铧耙齿等器，著令有司拨官铁炭，铸造发用。……永乐元年令宝源局铸农器，给山东被兵之民。"[④] 各地人民也就地制造铁农具，如江苏吴江县的庉村就

[①] 〔明〕韩大章：《遵化厂夫料奏》，载《明经世文编补遗》卷二。
[②] 《明太宗实录》卷二五、三二、三九、四七、五四、六十、六七、七三、八十、九四、九九、一〇三、一〇八、一一二、一一五、一一八、一二二、一二四、一二七；《明仁宗实录》卷五；《明宣宗实录》卷十二、二三、三四、四九、六〇、七四、八六、九七、一〇七、一一五。
[③] 梁方仲编著：《中国历代户口、田地、田赋统计》，表51—64，上海人民出版社1980年版。
[④] 〔明〕申时行：《（万历）明会典》卷二〇二《农具》。

是一个制造大量铁农具的村镇,"其所出之货,有铁锘、锄头、稻叉、铁鋅、滑锲、稻锲,皆农器也"①。铁制农具的制造刺激了钢铁生产的发展。

第四,其他手工业的发展促进了钢铁生产的发展。明代的纺织业、造船业和武器制造业都有显著的发展,这些手工业的生产活动需要大量钢铁作为原料。例如,仅中央工部虞衡司兵仗局大修军器就需用"苏钢"58325斤,熟建铁260290斤。②成化九年(1473),巡抚陕西左副都御史马文云:"陕西都司并行都司所属四十卫所,岁造军器用熟铁三十一万四千余斤。又各边不时奏乞补造兵器,辄一二十万。"③至于造船业更需要大量钢铁供制作铁锚、铁钉、铁环之用。天顺年间(1457—1464)以后,每年仅造漕船一项就需铁8393070斤。④

第五,对外贸易中大量铁制品的出口,也促进了钢铁生产的发展。明代是我国历史上海外贸易高度发达的一个朝代,许多铁制品,特别是铁锅、铁针等已向日本、柬埔寨、缅甸、爪哇、吕宋(菲律宾)、交趾(今越南北、中部)和朝鲜等国家大量出口,⑤甚至远销欧洲。当时钢铁产品已经以商品的姿态进入国际市场,从而大大地刺激了钢铁生产的发展。

二、明代钢铁生产的经营管理方式

明代钢铁生产的经营管理分为官营和民营两种方式。官营铁冶业日益衰落,民营铁冶业则欣欣向荣。

1. 官营铁冶业的管理体制

官营铁冶业生产是一种封建自然经济性质的非商品性生产。生产的主要目的是供给封建中央集权专制政权铸钱、制造武器和制造御用器皿之用。正如洪武六年(1373)四月,中书省言:"湖广行省所属州县,故有铁冶,方今用武之际,非铁无以资军用,请兴建炉冶,募工炼铁,从之。"⑥直至明末,河北遵化铁冶厂的生产仍然属于这种性质。顺天巡抚岳和声的奏稿说明了这一点:"查遵化旧亦有铁矿,后竟封闭,宜与溧洲所辖偏山铅矿各设一厂采铸,以佐军需";并"宜专委兵、工二部司官一员,刻期采铸铅铁,随给局匠,打造盔甲、刀、铳诸器及铅弹等物,以济宝源阜财之用"。⑦所以官营铁冶业生产的钢铁绝大部分是送往军器局和宝源局(均属工部虞衡司)及有关官府手工业作坊,用以制造武器和御用器皿的。这与民间发展铁冶业、制造生产工具以推动

---

① 〔清〕曹煒:《庞村志·物产·工作之属》。
② 《工部厂库须知》卷六。
③ 《明宪宗实录》卷一二二,成化九年十一月甲辰。
④ 〔明〕周之龙:《漕河一觇》卷十一;〔明〕李昭祥:《龙江船厂志》卷七《考衷志》。
⑤ 参见《明宣宗实录》卷五四,宣德四年五月壬戌;《明宪宗实录》卷一五九,成化十二年十一月癸亥;〔明〕张天德《张忠定公疏稿》卷一;张维华《明代海外贸易简论》第四章第一节,学习生活出版社1955年版。
⑥ 《明太祖实录》卷一四,洪武六年四月丙午。
⑦ 〔明〕王圻:《续文献通考》卷二三《征榷考六》。

农业、手工业生产发展的目的是完全不同的。

明代官营铁冶业以遵化铁冶厂为规模最大、最典型。其矿山炉场分布于蓟州（今蓟县）、遵化、丰润、玉田、滦州、迁安等六州县。役使工匠3226人，① 生产技术水平也比较高。因此，分析遵化铁冶厂的经营管理体制，可以大致了解明代官营铁冶业管理的一般状况。

遵化铁冶厂役使的劳动力比较复杂，计有民匠、民夫、军匠、军夫、轮班人匠和炒炼囚人等。

民匠、民夫是遵化铁冶厂的主要生产者。永乐年间（1403—1424），全厂有民匠220名（《明会典》作200名）；民夫1365名（《明会典》作1366名），是各类工匠人数最多的一类。民匠是一种有技能的"熟练工"，在铁冶厂负责炒炼熟铁；民夫是民匠的助手，但两者所受的奴役和剥削是一样的。他们的服役期限均为6个月，即"每年十月初到厂办料，次年三月终放回农种"；在厂服役期间有微薄的报酬，凡民夫民匠"每名月支口粮三斗"。②

军匠、军夫是数量仅次于民匠、民夫的劳动力。全厂计有军匠84名（《明会典》作70名），军夫927名（《明会典》作924名）。军匠、军夫是从遵化等六卫所征集到厂服役的。军匠在厂内负责炼生铁；军夫是一般的劳动力，每人"每年办炭三千斤，铁砂六石三斗，扯鞴（鼓风也）六十日，运石一车"③。军匠、军夫的报酬比民匠、民夫略高，而军匠又比军夫高。军匠是每名岁支行粮10石8斗，冬夏衣布2匹，棉花2斤8两。④ 军夫有两种情形：大多数军夫是"月支口粮三斗，月粮六斗，岁支冬夏衣布二匹、（棉）花二斤八两"；有40名在厂把门看库、巡夜值更、贴帮防守及修理库房垣的军夫，则是"月支口粮一斗五升，月粮六斗，岁支冬夏衣布二匹，绵［棉］花二斤八两"。⑤

轮班人匠630名，是从顺天、永乐二府征来的。他们到厂服役是每年分四班，按季办柴炭、铁砂，"每名该季纳炭一千斤，时值二两，铁砂三石，值银一两二钱"⑥。这种轮班人匠在服役期间没有任何报酬，从事的是无偿劳动。

炒炼囚人是遵化铁冶厂受奴役最重的劳动者。在封建统治者看来，他们是"犯了罪"而被送进厂服劳役的人，实质是对他们的一种惩治。因此，他们丧失了自由，只得到每日1升粟米的糊口粮，常年在厂服役。⑦ 他们的身份类似奴隶。

官营铁冶业的工匠服役时间长短不一，报酬各有不同，但他们都是给封建中央集权专制政权的官营铁冶厂（所）服劳役的。他们在服役期间，经常遭到封建官吏的打骂凌辱，有的甚至处于死亡的边缘。"蓟州铁冶，皆鬼薪城旦耳，顾十九毙命。"⑧ 在这种

---

① 〔明〕韩大章：《遵化厂夫料奏》，载《明经世文编补遗》卷二。
② 〔明〕韩大章：《遵化厂夫料奏》，载《明经世文编补遗》卷二。
③ 〔明〕韩大章：《遵化厂夫料奏》，载《明经世文编补遗》卷二。
④ 〔明〕韩大章：《遵化厂夫料奏》，载《明经世文编补遗》卷二。
⑤ 〔明〕韩大章：《遵化厂夫料奏》，载《明经世文编补遗》卷二。
⑥ 〔明〕韩大章：《遵化厂夫料奏》，载《明经世文编补遗》卷二。
⑦ 〔明〕韩大章：《遵化厂夫料奏》，载《明经世文编补遗》卷二。
⑧ 〔明〕商辂：《蔗山笔麈》。

残酷劳役制度下从事冶铁炼钢的工匠是没有任何生产兴趣的。正是这种落后的封建生产关系阻碍了明代钢铁生产的进一步发展。因此，经过明初几十年以后，官营铁冶业就逐步走向衰落，连寿命最长的遵化铁冶厂，到了万历九年（1581）也只好封闭山场，停止开采冶炼了。

2. 民营铁冶业的经营管理

明代，在采矿冶炼和铁器铸造两个生产部门都有民营生产方式存在。

民营铁冶业有两种：一种是定税执照方式；一种是政府招商承办方式。

定税执照方式，即由政府批准定税、发给执照，才能采矿冶炼。嘉靖三十四年（1555），广东布政司规定铁矿山场"许其设炉，就令山主为炉首，每处止许一炉，多不过五十人。俱系同都或别都有籍之人同煮，不许加增……其炉首即为总甲，每十人立小甲，其小甲五人递相钤束，填写姓名呈县，各给贴执照"；"府、县、卫、所巡捕、巡司等官，时常巡历各炉查照，若有多聚炉丁及别省人称首者，即便拿获，钉解所在官司，从重治罪"。① 又规定：凡开矿冶炼，"先具年、籍贯、炉址、房长、工匠姓名报府。每炉一座，定纳银十两。给票赴（岭东）道挂号照行。二月终；歇工销票"②。

这种民营铁冶业的特点是：第一，矿主采矿冶炼，必须将姓名、籍贯、炉址、人数等呈报官府，经府、县批准，定出课额，发给开矿冶炼执照，方可开采冶炼。第二，封建统治者害怕铁矿工聚集暴动，于是在开矿场炉的地方实行总小甲制度，统治铁矿工。总小甲制度原是一种军事组织制度，后来也用于农村里甲组织编制民兵。按照这种制度，封建官府在这种民营铁冶业的矿场中"令山主为炉首，其炉首即为总甲"，并"令炉首将各夫徒严加钤束"。③ 这就是说，在这种民营铁矿场中，山主、炉首和总甲"三位一体"，可以说是当时封建经济和封建政治互相依托而人格化的体现者。这是封建统治者通过总小甲这种军事制度管理铁矿工的一种方法。第三，封建官府对上述的种种规定，还唯恐矿场的山主不能忠实执行，所以还经常派遣官吏到各炉场巡视检查，发现不按官府规定办场冶炼者即拿究治罪。这无疑是阻碍民营铁冶业发展的。

政府招商承办方式，是一种由官府管理、商民进行采矿冶炼的生产形式。山西、广东等地均有采用这种经营方式的民营铁冶业。"晋之铁矿，随在而足。往例拨军开炼，而为之建营房……然得不偿失。宜并收之官，召人开冶。薄取其税，即数十斤取其一斤，犹为有益。"④ 嘉靖末年，广东"请开龙门铁冶之利……窃以为当此大窘之时，宜多方招商起冶。凡有铁山场，听令煎铸。上裨军饷，下业贫民……以大商领众，因其便宜，申其约束"⑤。这种民营铁冶业，封建政府对其的干预程度还是很大，既要征收铁课，又派官吏监督，所以生产发展受到很大制约。

---

① 《嘉靖广东通志初稿》卷三十《铁冶》。
② 《嘉靖惠州府志》卷七上《赋役志上》。
③ 《嘉靖惠州府志》卷五《田赋志》。
④ 〔清〕顾炎武：《肇域志·山西·太原府》。
⑤ 〔明〕霍与瑕：《上吴自湖翁大司马》，载《明经世文编》卷三六九。

明代的民营铁冶业除了以上两种经营方式外，还有一种是未经法律准许的商人自己经营的铁冶业，在广东尤为常见。"广东之为铁冶于利固肥，而于害亦烈。凡韶（州）、惠（州）等处，系无主官山，产出铁矿。先年节被本土射利奸民号山主、矿主名色，招引福建山杭等县无籍流徒，每年于秋收之际，纠集凶徒，百千成群，越境前来，分布各处山峒（洞），创寮住札。每山起炉，少则五六座，多则一二十座。每炉聚二三百人，在山掘矿，煽铁取利。山主、矿主利其税租；地鬼、总小甲利其常例；土脚小民利其雇募。"①

民营铁冶业除了交纳矿课之外，基本上是商品性生产。广东潮州、惠州等地出产的铁，商人用牛运输，日数千驮，经梅岭到江西去出售。当时，这一带以运铁为生的人很多。同时，商人还把铁锅等用船运往东洋日本等地销售，每个售价银一两。② 由于民营铁冶业基本上是商品性生产，当时出现了许多专门经营铁冶发财起家的商人。如正德年间（1506—1521），海阳县（今潮州市潮安区）的"詹安以铁冶起富"③。嘉靖年间（1522—1566），歙州（今歙县）长里的"郑次公少服贾，以铁冶起家"④。同时，随着民营铁冶业有了相当的规模，内部生产分工也出现了，甚至出现了雇佣劳动者。如果在这一基础上不断发展，明代的民营铁冶业有可能成为资本主义性质的工场手工业。但明封建政府对民营铁冶业实行严格统制政策，窒息了其中资本主义因素的发展。就是当时最发达的佛山镇民营铁冶业，也没有形成资本主义性质的工场手工业。我们可以从屈大均的《广东新语》一书中看出：

> 铁莫良于广铁……诸炉之铁冶既成，皆输佛山之埠。佛山俗善鼓铸，其为镬，大者曰"糖围""浚七""滚六""牛一""牛一"。小者曰"牛三""牛四""牛五"。……无耳者曰"牛"，魁曰"清"。
>
> 古时凡铸有耳者不得铸无耳者；铸无耳者不得铸有耳者，兼铸之必讼。铸成时……鬻于江楚间，人能辨之，以其薄而光滑者，消既精，工法又熟也。诸所铸器，率以佛山为良……其炒铁，则以生铁团之入炉，火烧透红，乃出而是砧上；一人钳之，二三人锤之，旁十余童子扇之；童子必唱歌不辍，然后可炼熟而为鍱（音叶）也。计炒铁之肆有数十，人有数千。一肆数十砧，一砧有十余人，是为小炉。炉有大小，以铁有生有熟也。故夫冶生铁者，大炉之事也；冶熟铁者，小炉之事也。
>
> 其钢之健贵乎淬，未淬则柔性犹存也。淬者，钢已炉锤，方出火即入乎水，大火以柔之，必清水以健之，乃成纯钢。此炼钢之事也。⑤

---

① 《嘉靖广东通志初稿》卷三十《铁冶》。
② 〔明〕马欢：《瀛涯胜览》；〔明〕费信：《星槎胜览》；〔明〕张燮：《东西洋考》卷五《东洋列国考》；〔明〕郑若曾：《郑开阳杂著》卷四《日本图纂·倭好》；〔明〕姚叔祥：《见只编》。
③ 〔明〕汪道昆：《太函集》卷二八《詹处士传》。
④ 〔明〕汪道昆：《太函集》卷四六《处士郑次墓志铭》。
⑤ 〔清〕屈大均：《广东新语》卷十五《货语·铁》。

按此材料，从生产规模上看，佛山的铸铁工场是相当大的，仅炒铁一项，已有数千人从事生产了；从生产技术水平看，已经有了较细的分工，如炒铁就有司炉工、铸工、钳工、锤工等分工。如果仅就这两点而言，可以说已经具有手工工场的雏形了。但从当时的社会经济发展和铸铁业的整体情况看，佛山的铁器铸造业仍然是一种行会手工业生产，还没有完全摆脱封建行会制度的束缚。例如铸铁镬的产品规格就有十分严格的限制，"凡铸有耳者不得铸无耳者；铸无耳者不得铸有耳者"①。铸铁业的生产关系也带有行会手工业的色彩。所谓"佛山多冶业，冶者必候其工而求之，极其尊奉，有弗得，则不敢自专，专亦弗当"②。就是说，佛山铸铁业中的"冶者"还不是资本家，而是类似行会手工业的老板或师傅；生产者也不能算是资本主义性质的自由雇佣劳动者，而是类似行会手工业的帮工或学徒。所谓"冶者必候其工而求之，极其尊奉"，就说明"冶者"对帮工或徒弟是以尊重和优待的办法，而不是单纯地以金钱雇佣的办法来调动他们的生产积极性的。

明代钢铁生产的高度发展书写了我国历史上光辉的一页。但是这种高度发达的钢铁生产未能继续向前发展，而是很快枯萎下去了。最根本的原因是我国古代封建中央集权制度的长期统治所形成的根深蒂固的政治、经济关系，严重束缚了这种新的生产力的发展。特别是清王朝入主中原后，刚刚完成从奴隶制向封建制过渡的满洲贵族，又把奴隶制残余的落后生产方式带到了中原，进一步强化了封建社会自给自足的自然经济。在这样的环境下，作为商品生产部门的冶铁业的发展必然受到限制。而且，由于钢铁业的发展会吸引大量的城乡过剩人口聚集于清朝统治力量薄弱的穷乡僻壤地区，随时都会对清朝封建统治秩序造成威胁，所以清朝统治者采取各种措施来限制钢铁生产的发展。措施之一是禁止商民自行开矿冶炼。清朝专制政府曾前后多次颁布停开旧矿、禁开新矿的命令。例如，康熙十四年（1675）皇帝谕令："闻开矿之事，甚无益于地方，嗣后有请采者，悉不准行。"③ 措施之二是大大加重铁课。清政府对于不能用武力封闭的铁冶厂则征收重税。根据陕西、广东、湖南、浙江、四川等地的铁矿课材料，铁冶厂一般都是将采得的铁砂以"十分抽二"交给清政府，④ 比明朝铁课按产量三十分抽二提高了2倍。结果很多民营铁冶厂因交不起繁重的铁课而被关闭，致使明代业已高度发展的钢铁生产业遭到极大的破坏，到乾隆二十年（1755），全国合法经营的铁冶厂只剩93处，⑤远远不及明代。稍后英国等欧洲国家相继开展工业革命，资本主义新的生产关系大大地促进了冶铁炼钢技术的发展，而清朝封建中央集权专制政权却夜郎自大，拒绝研究学习外国先进科学技术。鸦片战争中，资本主义列强的炮舰打败了清政府，我国的钢铁工业在近代就再无复兴之日了。

通过回顾我国明代钢铁生产发展的历史，我们认识到，500年前，我们的祖先在钢

---

① 〔清〕屈大均：《广东新语》卷十五《货语·铁》。
② 〔清〕屈大均：《广东新语》卷十六《器语·锡铁器》。
③ 《光绪大清会典事例》卷二四三《户部·杂赋·金银矿课》。
④ 〔清〕刘岳云：《矿政辑略》卷五《铁课》。
⑤ 据彭泽益编《中国近代手工业史资料》第1册第387—388页的数据统计得出，中华书局1984年版。

铁生产领域能够处于当时世界的最高水平，掌握当时世界最先进的冶铁炼钢技术；500年后，用马列主义、毛泽东思想武装起来的中国人民，一定能够创造更加伟大的钢铁生产业绩，在20世纪末实现社会主义现代化，使我们伟大的中华民族自立于世界民族之林。

［原载于《学术论坛》1979年第2期，后被收入《中国社会经济史论丛》第2辑（山西人民出版社1982年版）］

明代广东海上丝绸之路的高度发展

一、明朝政府对广东实行开放贸易的特殊政策

朱元璋建立明朝后,采取了各种措施以维护其专制统治,"延长专制政权的寿命"。① 为了防范逃亡海上的张士诚、方国珍余部势力,同时慑于日本帮助胡惟庸夺取帝位的心态,他一反唐、宋、元各朝对外开放贸易的政策,实行仅准许与明朝有朝贡关系的国家以"朝贡"形式来中国进行贸易的"时禁时开,以禁为主"的朝贡贸易政策,严禁沿海人民出海贸易。洪武四年(1371)十二月,宣布:"禁滨海民不得私出海,时方国珍余党多入海剽掠故也";② 十四年(1381)十月,又宣布:"禁濒海民私通海外诸国";③ 二十三年(1390)十月,"申严交通外番之禁";④ 三十年(1397)四月,再次"申禁人民,无得擅出海与外国互市"⑤。其后,明成祖、明宣宗、明英宗等都颁布禁海令,并以立法形式将禁海令列入《大明律》,强令军民人等遵守不逾。这些法律内容归纳起来主要有以下两方面。

第一,禁官民二桅以上远洋船出海。明令:

> 奸豪势要军民人等,擅造二桅以上违式大船,将带违禁货物下海前往番国买卖,潜通海贼同谋结聚及为向导劫掠良民者,正犯比照谋叛已行律处斩,仍枭首示众,全家发边卫充军。⑥

第二,禁私运货物出海及私贩洋货。明令:

> 凡将马牛、军需、铁货、铜钱、缎匹、绸绢、丝绵私出外境货卖及下海者,杖一百。挑担驮载之人,减一等。货物船车并入官。于内以十分为率,三分付告人充赏。若将人口、军器出境及下海者,绞;因而走泄事情者,斩;其拘该官司及守把之人,通同夹带,或知而故纵者,与犯人同罪。失觉察者,减三等,罪止杖一百。

---

① 《马克思恩格斯选集》第 1 卷第 304 页,人民出版社 1975 年版。
② 《明太祖实录》卷七十,洪武四年十二月丙戌。
③ 《明太祖实录》卷一三九,洪武十四年十月己巳。
④ 《明太祖实录》卷二〇五,洪武二十三年十月乙酉。
⑤ 《明太祖实录》卷二五二,洪武三十年四月乙酉。
⑥ 〔明〕熊鸣岐:《昭代王章》卷二《私出境外及违禁下海》。

军兵又减一等。①

纠通下海之人接买番货，与探听下海之人，番货到来，私买苏木、胡椒至一千斤以上者，俱发边卫充军，番货并入官。②

不问官员军民之家，但系番货番香等物，不许存留贩卖，其见有者，限三个月销尽，三个月外仍存留贩卖者，处以重罪。③

为了贯彻执行海禁政策和法律，明政府制定和实行"朝贡贸易"政策和市舶司管理制度，对海外贸易进行最大限度的控制和垄断。明代前中期（1368—1566），中外之间就是按照"凡外夷贡者，我朝皆设市舶司以领之……许带方物，官设牙行与民贸易，谓之互市。是有贡舶即有互市，非入贡即不许其互市"④的制度进行朝贡贸易。

但是，明政府在实行朝贡贸易的过程中，不可避免地出现问题，即由于明廷以"怀柔远人"和"厚往薄来"的原则进行朝贡贸易，结果往往以高于"贡品"若干倍价值的货品"赏赉"朝贡国。这么一来，必然增加明政府的财政负担，而且随着朝贡次数的增加负担越来越重。于是，明政府不得不对朝贡贸易的贡期、贡道、贡船、贡品和人数等进行调整和限制，其中一个重要环节就是在广东实行特殊的优惠政策。

第一，准许非朝贡国家船舶入广东贸易。

正德四年（1509），暹罗船舶遭到风暴而漂流入广东海域内，镇巡官按规定"以十分抽三，该部将贵细解京，粗重变卖，留备军饷"，准其贸易。⑤ 正德五年（1510），明廷礼部肯定镇巡官的这种做法，认为"泛海客商及风泊番船"⑥ 不属于朝贡船，因此不属市舶司的职权范围，理应由镇巡及三司官兼管。⑦ 既然准许非朝贡国家的船舶进入广东贸易，那就从根本上违背了明政府原来制定的"有贡舶即有互市，非入贡即不许其互市"的朝贡贸易政策，说明朝贡贸易首先在广东衰落，从而助长了广东私人出海或在本地与番商贸易的发展。这种做法后来遭到布政司参议陈伯献和巡抚广东御史高公昭等官员的反对，但因为广东右布政使吴廷举巧辩兴利，以"缺少上供香料及军门取给"为理由，奏请广东仍然保持"不拘年份，至即抽货"的做法，使广东的对外贸易呈现出一派"番舶不绝于海澨，蛮夷杂遝于州城"⑧ 的繁荣景象。特别是到了嘉靖三十二年（1553）前后，明政府也允准非朝贡国家葡萄牙的商人在浪白澳、澳门以至"中国第一大港广州进行贸易"。⑨ 这就说明，广东的朝贡贸易已名存实亡，私人与朝贡、非朝贡国家均可以在广东进行贸易。

---

① 《大明律》卷十五《兵律三·关津·私出外境及违禁下海》。
② 〔明〕熊鸣岐：《昭代王章》卷二《私出外境及违禁下海》。
③ 《道光广东通志》卷一八七《前事略七·明》。
④ 〔明〕王圻：《续文献通考》卷三一《市籴考》。
⑤ 〔清〕顾炎武：《天下郡国利病书》卷一二〇《海外诸蕃》。
⑥ 李洵：《明史食货志校注》第253页，中华书局1982年版。
⑦ 《明武宗实录》卷六五，正德五年四月壬午。
⑧ 《明武宗实录》卷一九四，正德十五年二月己丑。
⑨ 《万历广东通志》卷六九《外志四·番夷》；Gaspar da Cruz, *Tractado em que se contam muito por extenso as cousas de China, com suas particularidades e assi do Reyno de Ormuz*, Cap. 23, Évora, 1569.

第二，唯存广东市舶司对外贸易。

嘉靖元年（1522）五月，由日本大内氏所派的宗设谦导与细川氏所派的鸾冈瑞佐、宋素卿为代表的两批日本朝贡使团先后到浙江宁波贸易。由于鸾冈瑞佐、宋素卿贿赂了市舶太监赖恩，其船虽后到却先于宗设谦导办理船舶进港验货手续。同时，在市舶司的招待宴会上，鸾冈瑞佐又被安排于首席。宗设谦导大怒之下，刺杀了鸾冈瑞佐，烧其船舶，追杀宋素卿至绍兴，并沿途掠杀，杀死明备倭指挥刘锦、千户张镋、百户胡源，夺海而逃，史称"争贡之役"。① 事发之后，明世宗一方面急忙"令镇巡官即督所属，调兵追捕，并核失事情罪以闻"；另一方面指示礼部讨论"其入贡当否事宜"。② 后礼部官员认为：

> 二夷相杀，衅起宗设，而宋素卿之党被杀甚众。虽素卿以华从夷，事在幼年，而长知效顺，已蒙武宗宥免，毋容再问，唯令镇巡等官省谕宋素卿，回国移咨国王，令其查明勘合，自行究治，待当贡之年，奏请议处。③

因为浙江市舶司主要是接待日本贡使的，所以明廷听从给事中夏言的"倭祸起于市舶"之奏，即停罢浙江市舶司。后来，浙江视师通政唐顺之于嘉靖三十九年（1560）建议恢复，均遭到浙江巡抚刘畿的反对，未能恢复。④ 福建市舶司，也因"争贡之役"而被停罢。⑤ 这样一来，"遂革福建、浙江二市舶司，惟存广东市舶司"⑥。于是，广东省的省会广州遂成中国海上丝绸之路的唯一港口，造成了暹罗、占城、爪哇、琉球、浡泥等国家与中国贸易"俱在广州，设市舶司领之"⑦ 以及"凡夷趁贸货物，俱赴货城（广州）公卖输饷"⑧ 的局面。同时规定"广州船舶往诸番，出虎头门，始和大洋"⑨。其他内地的商人也只好将商品长途贩运来广州出口，名曰"走广"，史称：

> 浙人多诈，窃买丝棉、水银、生铜、药材一切通番之货，抵广（州）变卖；复易广货归浙……曰走广。⑩

到了隆庆元年（1567），朝廷部分开放海禁后，"广州几垄断西南海之航线，西洋海舶常泊广州"⑪。由此可见，明政府一方面禁止浙江、福建等沿海省地私人出海贸易；另一方面又用行政和法律的手段令朝贡贸易仅限于在广东进行。于是，广州港重新成为

---

① 〔明〕郑若曾：《筹海图编》卷二《倭奴朝贡事略》。
② 《明世宗实录》卷二八，嘉靖二年六月甲寅。
③ 《明世宗实录》卷二八，嘉靖二年六月甲寅。
④ 《明世宗实录》卷五五〇，嘉靖四十四年九月丙申。
⑤ 《闽书》卷四九《文莅志》。
⑥ 《明史》卷七五《职官志四·市舶提举司》。
⑦ 《明史》卷三二五《外国传六·佛郎机》。
⑧ 〔清〕印光任、〔清〕张汝霖：《澳门纪略》上卷《官守编》。
⑨ 〔清〕顾炎武：《天下郡国利病书》卷一二〇《海外诸番》。
⑩ 〔清〕郑若曾：《筹海图编》卷十二《行保甲》。
⑪ 〔清〕谢清高撰，冯承钧校释：《海录》卷上；参阅 J. K. Fairbank, *Trade and Diplomacy on the China Coast: the Opening of Treaty Ports, 1842–1854*, p. 47, Redwood City CA, 1951.

中国海上丝绸之路的第一大港,而且是全国唯一合法的对外贸易港,海外多数朝贡国家来中国进行贸易多取广东贡道,如表1所示。

表1 明朝规定海外朝贡国的贡道、贡期、人数表

朝贡国家名称		贡期	贡船及人数
原名	今名（或在今位置）		
安南	越南	三年一贡	
暹罗	泰国	三年一贡	
琉球	琉球群岛	二年一贡	每船105人
占城	越南中南部	三年一贡	
日本	日本	十年一贡	永乐时210人,宣德时300人
爪哇	印度尼西亚	三年一贡	
高丽	朝鲜、韩国	三年一贡,一年一贡	
真腊	柬埔寨	不定期	
三佛齐	巨港、占卑一带	不定期	
渤泥	文莱	不定期	
苏门答腊	印度尼西亚西部	不定期	
西洋琐里	印度科罗曼德尔	不定期	
满刺加	马六甲	不定期	
古麻拉国	棉兰老岛	不定期	
古里	印度科泽科德	不定期	
榜葛剌	印度西孟加拉邦	不定期	
锡兰	斯里兰卡	不定期	
吕宋	吕宋岛	不定期	

资料来源:根据申时行《(万历)明会典》卷一〇五——〇六;《成化广州志》卷三二的资料编制。

第三,允准葡萄牙人进入和租居澳门。

澳门自古以来就是中国的领土,在明代是广东省香山县(今中山市和珠海市)管辖的一个小渔村。嘉靖三十二年(1553),广东海道副使汪柏同意葡萄牙商人提出的缴纳10%以上(按明朝廷规定为20%)关税的条件,葡人得以在澳门进行临时贸易。嘉靖三十六年(1557),葡萄牙商人获准在澳门筑室居住。万历元年(1573),地方官府允准葡萄牙商人以每年交纳地租银500两(清代加火耗银15两)为条件租居澳门进行贸易。万历十年(1582),两广总督陈瑞在租居澳门的葡萄牙人答应"服从中国官吏的管辖"①的前提下,对其租居澳门予以承认。这是明朝广东地方政府最高官吏第一次对葡萄牙人租居澳门贸易予以承认。于是,澳门就成为广东省管辖下的一个特殊的葡萄牙

---

① [意]利玛窦、[比利时]金尼阁著,何高济等译:《利玛窦中国札记》第149页,中华书局1983年版。

"租借地"。在此期间,葡萄牙人蜂拥前来澳门经商和居住,不断"私创茅屋营房"①,"增缮周垣,加以统台,隐然敌国"②。他们还视两广总督戴耀任职期间对澳门管理不力为可欺,"骄悍不法",私自允许日本的"朱印船"入澳门贸易;把商船停泊在大调环、马骝洲等地外洋,偷漏船钞、货税,甚至派小艇以保护"经济之舶",不受明朝政府守澳官的盘诘,等等。葡萄牙人在澳门的这种超乎寻常的贸易举动,自然引起中国人民的不满和朝野仕宦的忧虑。他们纷纷向明朝皇帝上书禀奏,一致认为广东地方官吏让葡萄牙人进入和租居澳门,实为国家安全的一大威胁和隐患,并向皇帝提出如何处理租居澳门葡萄牙人的种种主张,请求皇帝"早为万全之虑"予以裁夺和实施,以保国家之安全和领土主权之完整。

第一,以福建巡抚庞尚鹏为代表、刑部给事中郭尚宾附议,提出令葡萄牙人离开澳门,到浪白澳去贸易。③

第二,以总兵俞大猷为代表,提出驱逐葡萄牙人出澳门的主张。俞大猷于1565年以《论商夷不得恃功恣横疏》上书两广总督吴桂芳,主张用武力将葡萄牙人驱逐出澳门,并请缨亲自率兵驱逐。④

第三,以霍与瑕和两广总督张鸣冈为代表,提出准许葡萄牙人租居澳门贸易、地方政府加强防范和管理的主张。

上述仕宦们提出三种处理租居澳门葡萄牙人的不同方针虽然大相径庭,但都是立足于维护中国政府对澳门的主权和保持领土完整的前提。这场围绕准与不准葡萄牙人租居澳门的争论,前后持续了50年之久。一开始,明廷不以为然,往往以"时朝议事多窒碍,寝阁不行"⑤。直到万历四十二年(1614),明廷才采纳了霍与瑕和张鸣冈的奏议,"部议从之",正式确定准许葡萄牙人租居澳门贸易、明政府建城设官管理的方针。从此,澳门成为中国历史上一个由中国政府行使主权直接管理、葡萄牙人租居和经营贸易的"特殊地区",直至清朝光绪十三年(1887)停止。明政府采取这一政策,既有效地管治澳门,又使澳门成为广东海上丝绸之路的港口和东西方国家进行国际贸易的中继港,对明代广东海上丝绸之路的高度发展起了积极的作用。

二、海上丝绸之路航线向全球扩展

纵观世界航海史,明代中国的航海技术在当时处于世界领先地位,而广东成为当时海上丝绸之路的主角,从广东起航或经广东放洋出海的远洋航线已扩展至全球了。明成祖派遣郑和七下西洋(1405—1433),拉开了世界大航海时代的序幕。

---

① 〔明〕庞尚鹏:《题为陈末论以保海隅万世治安疏》,载《明经世文编》卷三五七。
② 〔明〕庞尚鹏:《题为陈末论以保海隅万世治安疏》,载《明经世文编》卷三五七。
③ 〔明〕庞尚鹏:《题为陈末论以保海隅万世治安疏》,载《明经世文编》卷三五七。
④ 〔明〕俞大猷:《正气堂集》卷十五《论商夷不得恃功恣横疏》。
⑤ 〔明〕沈德符:《万历野获编》卷三十《香山澳》。

（一）经广东至厄加勒斯角航线

明代人称南中国海为南洋，并以东经110°（经过雷州半岛、曾母暗沙及加里曼丹岛西岸）为界，在此线以东的海域为东洋，包括菲律宾群岛、加里曼丹岛、爪哇岛、苏拉威西岛及马鲁古群岛一带；在此以西的海域为西洋，包括马来半岛、苏门答腊岛、印度、斯里兰卡、阿拉伯海、波斯湾、红海、地中海沿岸等。就是说，东洋与西洋是隔南海相望，它们之间的基本地理分界便是南海。所以，经广东至厄加勒斯角航线，实际上就是洪武二年（1369）朱元璋命使臣刘叔勉"以即位诏谕其国"而到达西洋琐里，① 洪武三年（1370）八月命御史张敬之、福建行省都事沈秩出使浡泥，② 以及后来众所周知的永乐、宣德年间（1405—1433）郑和七下西洋所开辟的经南海到西洋的航线。这条航线是明初海上丝绸之路航程最长的远洋航线。现根据《娄东刘家港天妃宫石刻通番事迹碑》（见钱谷编：《吴都文粹续集》）和现存福建长乐的《天妃灵应之纪》碑文所记及参阅其他文献资料，将郑和经南海七下西洋所开辟之航线略述如下。

一下西洋：永乐三年（1405）六月，明成祖命郑和及王景弘"将士卒二万七千八百余人，多赍金币。造大船，修四十四丈、广十八丈者六十二，自苏州刘家港泛海至福建，复自福建五虎门扬帆"③ 出海，经广东南海到达西洋。史称：

> 永乐三年……中官郑和、王景弘、张大等造大船百艘，率卒二万七千余……满载陶瓷、锦绣、布帛，历漳、潮、琼崖，至占城，又沿暹罗湾……至印度诸邦，达波斯湾耀兵西洋。④

这就说明郑和从江苏刘家港出发，沿海岸边经福州、泉州、嘉禾千户所（厦门），到广东省的南澳山（今南澳岛）、大星尖（今广东省惠东县东南小星山岛对面突出海角处）、独猪山（即独州山，今海南省万宁市东南之大洲岛），到七洲洋（海南七洲列岛），然后到占城、爪哇、苏门答腊、锡兰山（斯里兰卡）、古里（今印度喀拉拉邦科泽科德）、旧港（今印尼巨港）等国家和地区。永乐五年（1407）七月，返国到南京向成祖复命。⑤

二下西洋："（永乐五年，即1407）秋九月，命太监郑和使西洋诸国，首从广东往占城国"⑥（见图1），到暹罗（泰国）、满剌加（马六甲）、浡泥（文莱）、苏门答腊、锡兰山、柯枝（今印度西南岸的柯钦）、小葛兰（今印度南部西岸的奎隆）、古里、加异勒（今印度南部东岸的卡昇尔镇）等国家。永乐九年（1409）夏回国。郑和此次出使，将大量的丝织品、香炉、花瓶、烛台、灯盏、香盒、金莲花、香油、蜡烛以及金

---

① 《明史》卷三二五《外国传六·西洋琐里》。
② 《明史》卷三二五《外国传六·浡泥》。
③ 《明史》卷三〇四《宦官传一·郑和》。
④ 《晋江新志》上册《西山杂志》。
⑤ 《明太宗实录》卷七一，永乐五年九月壬子。
⑥ 《万历广东通志》卷六《藩省志六·事纪五》。

1000 钱、银 5000 钱等贵重物品向当地佛寺布施。[①] 据史料记载，这次郑和下西洋是从广东出发的。但到底是从哪个港口起航，尚待进一步考证。

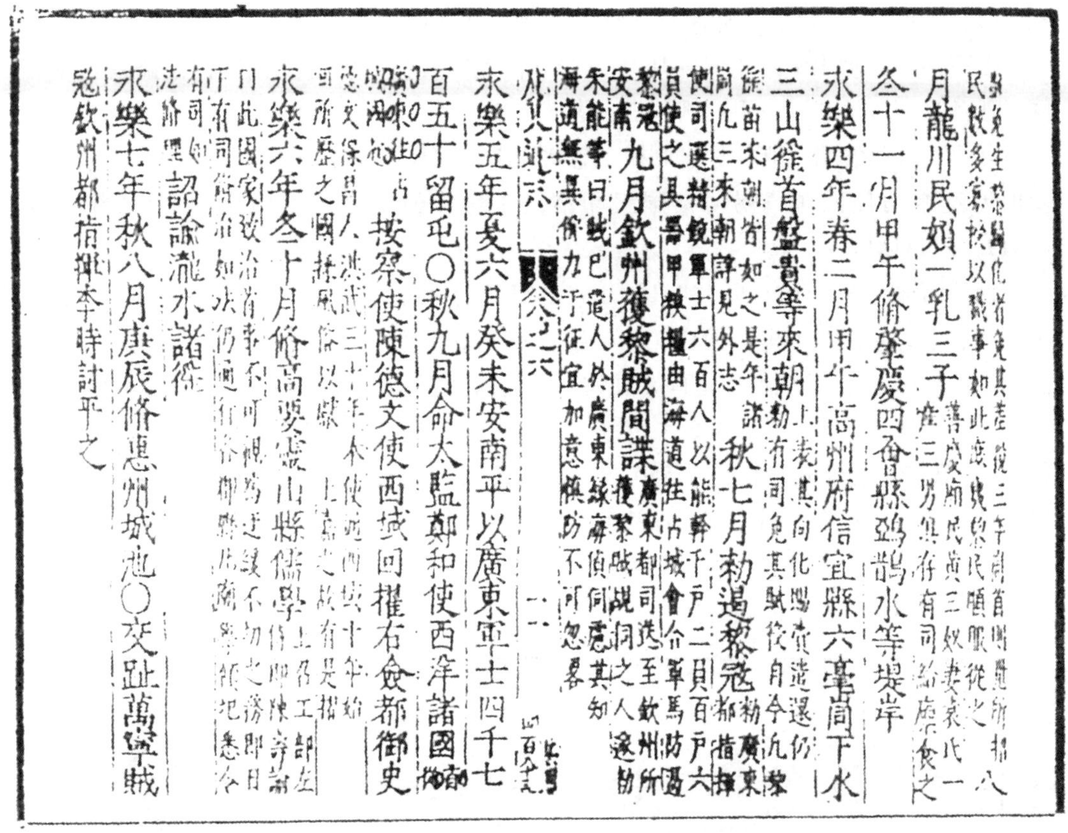
月龍川民婦一乳三子
冬十一月甲午脩肇慶四會縣鵶鵲水等堤岸
永樂四年春二月甲午高州府信宜縣六毫峒下水
三山徭首盤貴等來朝
秋七月勅遏黎寇
黎寇九月欽州獲黎賊間諜
永樂五年夏六月癸未安南平以廣東軍士四千七百五十留屯○秋九月命太監鄭和使西洋諸國
按察使陳德文使西域回擢右僉都御史
永樂六年冬十月脩高要縣山縣儒學
詔諭瀧水諸徭
永樂七年秋八月庚辰脩惠州城池○交趾萬寧賊寇欽州都指揮李時討平之

图 1 《万历广东通志》卷六《事记五》记载郑和首从广东往占城二下西洋原文

三下西洋：永乐七年（1409）九月，郑和“统领官兵二万七千余人，驾驶海舶四十八号，往诸番国开读赏赐。是岁秋九月自太仓刘家港开船，十月到福建长乐太平港停泊，十二月于福建五虎门开洋”。[②] 经广东南海，到占城、爪哇、满剌加、暹罗、苏门答腊、锡兰山。然后将船队分成两支，一支由郑和亲自率领到小葛兰、柯枝、古里；另一支前往加异勒、甘巴里（今印度南端科摩林角）。最后两支队伍均抵达印度南端西海岸。永乐九年（1411）六月，船队返回南京。[③]

四下西洋：永乐十年（1412）郑和船队十一月启程出海，经南海到达吉兰丹（今马来西亚吉兰丹州首府哥打巴鲁）、彭亨（今马来西亚彭亨州彭亨河口处北干一带）等地，然后绕过马来半岛西行，经加异勒到达古里，并由此西北行，到达忽鲁谟斯（今伊朗霍尔木兹岛）。郑和向忽鲁谟斯国王及后妃大臣赏赐纱罗、彩帛和锦绮等高级丝织物。

① 〔明〕巩珍著，向达校注：《西洋番国志》第 50 页，中华书局 1982 年版。
② 〔明〕费信：《星槎胜览》前集《占城国》。
③ 《明太宗实录》卷一一六，永乐九年六月乙巳。

此次郑和下西洋，多次从锡兰山及印度南端西岸诸地派出分船队分别到阿拉伯半岛各地、东非及阿拉伯海中岛国溜山（今马尔代夫群岛），并访问了阿拉伯半岛南端的阿丹（今也门亚丁）、东非的木骨都束（今索马里首都摩加迪沙）、不剌哇（今索马里布拉瓦）、麻林迪（今肯尼亚马林迪）。永乐十三年（1415）七月回国。①

五下西洋：永乐十四年（1416）十二月，此次航行路线与第四次西洋路线基本相同，任务是偕送爪哇、古里、满剌加、占城、锡兰山、木骨都束、溜山、南渤利、不剌哇、阿丹、苏门答腊、麻林迪、剌撒、忽鲁谟斯、柯枝、南巫里、沙里湾泥、彭亨诸国及旧港宣慰司使回国，赐柯枝国王印诰，并封其国中之山为镇山。②永乐十七年（1419）六月回国。

六下西洋：永乐十九年（1421）正月，郑和偕送忽鲁谟斯、阿丹、佐法儿、剌撒、不剌哇、木骨都束、古里、柯枝、加异勒、锡兰山、溜山、南渤利、苏门答腊、阿鲁、满剌加、耳巴里等16国使臣返国，并访问这些国家。③永乐二十年（1422）六月回国。

七下西洋：宣德六年（1431）六月，因为明宣宗"践祚岁久，而诸番国远者犹未朝贡"，郑和、王景弘率官兵27550人，船大小共16艘，遍历忽鲁谟斯、锡兰山、古里、满剌加、柯枝、不剌哇、木骨都束、南渤利、苏门答腊、剌撒、溜山、阿鲁、耳巴里、阿丹、佐法儿、竹步、加异勒等20个国家和旧港宣慰司。④宣德八年（1433）回国。图2是郑和下西洋的线路。

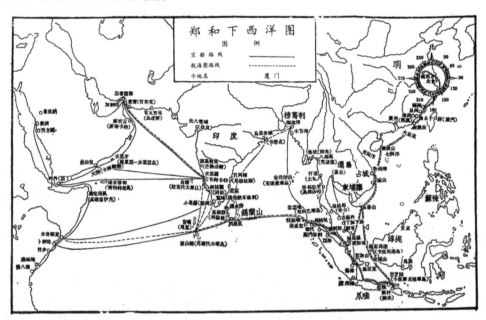

图2 郑和下西洋（向达整理）

---

① 《明太宗实录》卷一六八，永乐十三年九月壬寅。
② 《明太宗实录》卷一八三，永乐十四年十二月丁卯。
③ 《明太宗实录》卷二三三，永乐十九年正月戊子、癸巳。
④ 《明宣宗实录》卷六七，宣德五年六月戊寅。

郑和七下西洋，是明政府组织的大规模航海活动，而且都是经过广东南海水域到达西洋诸国的，其中第二次是从广东首航出发到占城，而且规模巨大。第一、第三、第四、第七次下西洋的船队人数均为两万多人，每次出航时间长达两三年之久，堪称一支强大的远洋舰队。前后历时28年，到达亚洲、非洲39个国家和地区，最远到达南纬8°55′的麻林迪。郑和七下西洋虽然只有第二次是在广东启航出发，但其他六次从江苏出发，到福建五虎门放洋后，均是要经广东的南澳岛、大星尖、独猪山、七洲洋再前往西洋各国的（见图3）。① 根据英国李约瑟教授的研究，实际上在明代，中国已有大帆船到达非洲最南端的厄加勒斯角进而入大西洋海域。② 明初由郑和七下西洋开辟的最远航线为明中叶以降广东海上丝绸之路向全球扩展奠定深厚的基础，郑和成为我国的"伟大航海家"（梁启超语），外国人也称其为"海军上将郑和"（Admiral Chengho）。他开创的洲际航线也对后来达·伽马绕过非洲南端的好望角开辟欧洲到印度的东方航线，以及麦哲伦的环球航行起了先导的作用。

（二）广州—澳门—果阿—里斯本—欧洲航线

自从葡萄牙人于嘉靖三十二年（1533）进入和租居澳门后，他们就利用明政府允准广东市舶司开放对外贸易的政策，开展对广东的贸易。自万历六年（1578）开始，得广东地方政府批准，葡萄牙人于每年一月和六月两次到广州海珠岛（已于1931年被填埋为平地，与北岸连成一片）参加为期数周的定期市（交易会）贸易，直接向中国商人购买生丝、丝织品、瓷器等商品，先运往澳门，然后转运到日本、东南亚国家以至欧洲国家出售。龙思泰在《早期澳门史》说到此事："葡萄牙人从1578年开始，常去广州……从1月份起采购运往印度和其他地方的货物，从6月份起采购运往日本的货物。每年两个月，三个月，有时是四个月。"因为葡萄牙人在中国澳门居住的时间长，比较熟悉行情，所以他们到广州贸易往往可以买到比别的国家商人在广州所能买到的更好的货物。正如1629年荷兰驻台湾第三任长官讷茨（Nuyts）在其向本国政府提交的一份关于中国贸易问题的报告中所说：

> 在澳门的葡萄牙人同中国贸易已有一百三十年历史了。他们……每年两次到广州（那边每年举行两次盛大的市集）去买货。他们的确从这种通商中获得比马尼拉的商人或我们更多的利润；因为他们在中国住了很久，积累了丰富的知识和经验，这使他们所得到的货品质量比别人好，品种比别人多；他们有机会按照他们的特殊需要定制货品，规定出丝绸的宽度、长度、花样、重量，以适合日本、东印度和葡萄牙市场的需要。③

---

① 〔明〕慎懋赏：《海国广记》之《安南》《占城》。
② 〔英〕李约瑟著，汪受琪译：《中国科学技术史》第4卷第3分册，图989，科学出版社2008年版。
③ 〔英〕甘为霖：《荷兰人侵占下的台湾》，载《郑成功收复台湾史料选编》第106页，福建人民出版社1962年版。

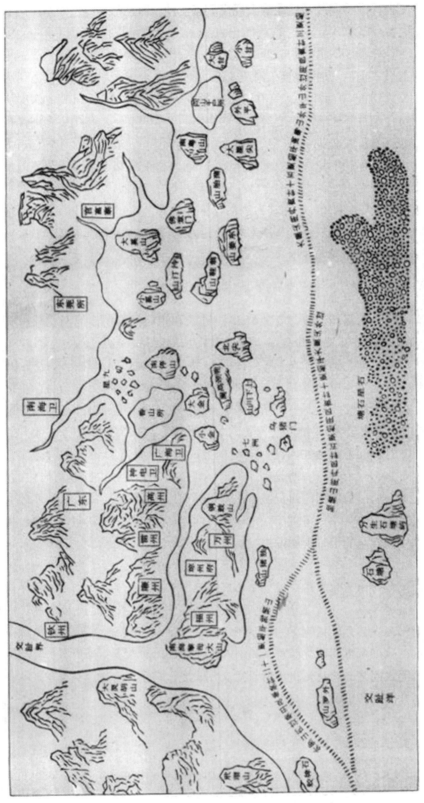

图3 郑和七下西洋途经广东海岸沿线（根据《郑和航海图》编制）

同广东的贸易打开局面之后，在澳门的葡萄牙人又以明朝皇帝的子民自居，在服从明政府管辖的前提下经营海上贸易，① 特别是大力经营澳门与印度的果阿（Goa）到里斯本的贸易。这样一来，就开辟了广州—澳门—果阿—里斯本的海上丝绸之路贸易航线。

果阿是印度迪斯瓦迪小岛上的一个市镇，有河道与内陆相通，是16世纪中叶印度西海岸仅次于卡里库特（科泽科德）的一个商业中心，也是波斯和阿拉伯马匹运入印度次大陆的一个枢纽。自从1510年11月25日葡萄牙占领该地之后，即成为葡萄牙东方殖民地的总部，也是葡萄牙东方贸易的基地。因此，葡萄牙人进入和租居澳门之后，自然要开辟澳门与果阿之间的贸易航线，并以果阿作为中转站，与里斯本以至欧洲各国进行贸易。这条航线分为两段：

第一段，从广州启航，经澳门出海，西行横过印度西海岸的果阿。

第二段，由果阿启航后，又分为两条航路前往里斯本和欧洲。一条走印度洋的溜山，西航经木骨都束和莫桑比克海峡，绕好望角，沿大西洋非洲西海岸北航到摩洛哥，最后抵达里斯本；一条离果阿后，从克亚丁渡海，绕葛得儿风（今亚丁湾东南面索马里的瓜达富伊角）和哈甫泥（今索马里哈丰角），沿东非海岸下木骨都束、不剌哇、麻林迪和慢八撒（今肯尼亚蒙巴萨），南至坦桑尼亚、莫桑比克海岸到南非，绕过好望角，沿大西洋非洲海岸北行到摩洛哥，再抵达里斯本，转至欧洲各国。这是一段新开辟的航线。这条从广州出发到里斯本乃欧洲各国的海上丝绸之路航线全程长达11890海里。

据陈忠烈先生的研究，当时自广州至欧洲的航线，还有一条是从广州启航，经南海到巴达维亚（今雅加达）后直接横渡印度洋到好望角，然后沿大西洋非洲沿岸北上抵里斯本。②

（三）广州—澳门—马尼拉—墨西哥—秘鲁航线

继上述广州—澳门—果阿—里斯本—欧洲航线之后，又开通了自广州到拉丁美洲墨西哥和秘鲁的航线。③

---

① 万明：《试论16—17世纪中叶澳门对海上丝绸之路的历史贡献》，载《文化杂志》2002年第43期。
② 陈忠烈：《相会在星空——十五至十七世纪的中西航海天文》（未刊稿）。
③ Leslie Bethell, *The Cambridge History of Latin America*, Vol. I, p. 459, Cambridge, 1984.

西班牙1571年侵占菲律宾之后，于万历三年（1575）开辟了自广州起航经澳门出海，到马尼拉中转，直至拉丁美洲的墨西哥的阿卡普尔科和秘鲁的利马的航线。《三洲日记》一书记述：

> 查墨（西哥）记载，明万历三年，即西历一千五百七十五年，（墨）曾通中国。岁有飘船数艘，贩运中国丝绸、瓷、漆等物，至太平洋之亚冀巴路商埠（即阿卡普尔科港），分运西班牙各岛（指西属拉丁美洲各殖民地，特别是指加勒比海诸岛）。其时墨隶西班牙，中国概名之为大西洋。①

万历十二年（1584），西班牙允准葡萄牙商人和中国商人从事自澳门到马尼拉的合法贸易。这样，一条世界上最长的大三角海上丝绸之路贸易航线得以形成。全程分为两段。第一段，冬季由广州起航，经澳门出海，再经万山群岛向东南行，东航至东沙群岛附近，再折东南方向，循吕宋岛西岸南下，航至菲律宾马尼拉港。第二段，从马尼拉起航，经圣贝纳迪诺海峡进入太平洋，乘六月中下旬的西南季风北行，到达北纬37°～39°之间的水域之后，借西北风横渡太平洋，其中北太平洋航线一段，向北推移到北纬40°～42°之间的水域（即今美国西部海岸300～400公里处）时，折向南航，以便更好地利用日本至美洲间洋流——"黑潮"，加快帆船航速折向南行驶，再利用盛行于海岸的西北风、北风直达墨西哥西海岸的天然良港阿卡普尔科和秘鲁的利马。② 这条航线的全航程平均需时半年左右，若航行顺利，有时三四个月亦可到达。在整个航程中，可以看到的岛屿有关岛、火山群岛（又名硫磺列岛）、金岛、银岛等。在北美海岸，通常最先看到的陆地是谢德罗斯岛（位于加利福尼亚海岸北端），继而看到灰岛、圣鲁卡斯岬角（位于加利福尼亚湾口处）、科连第斯岬角等。③ 广州—澳门—马尼拉—墨西哥—秘鲁远洋航线的开通，是南海海上丝绸之路的新篇章。从此以后，广东得以与全球各个国家和地区往来通航贸易。当时经这条航线贸易的主要商品是中国的丝货，所以被称为"太平洋上的丝绸之路"；而行驶于这条航线的多是西班牙的大帆船（Great Ship），因此在这条航线上进行的贸易被称为"中国—马尼拉—阿卡普尔科大帆船贸易"或"马尼拉中国大帆船贸易"。于是，始于汉代的广东海上丝绸之路，经唐、宋、元日趋发达，到明代达到了高峰，基本上实现了贸易全球化（见图4）。

---

① 〔清〕张荫桓：《三洲日记》卷五，第12页。
② William Lytle Schurz, *The Manila Galleon*, p. 366, New York, 1959.
③ E. H. Blair and J. A. Robertson, *The Philippine Islands, 1493–1898*, Vol. 4, pp. 21–22; Vol. 16, p. 200; Vol. 28, p. 309, Cleveland, 1903.

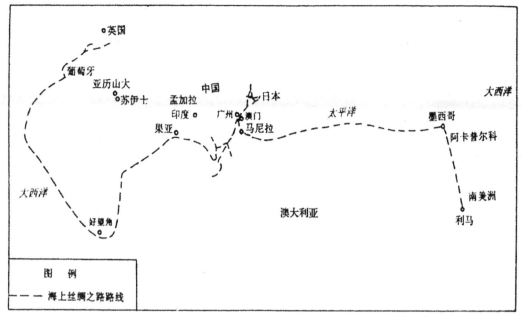

图4 明代海上丝绸之路环球航线

（四）广州—澳门—长崎航线

自从葡萄牙人进入和租居澳门后，澳门成为广东到日本长崎贸易的中转港，广州—澳门—长崎贸易航线十分繁忙。每年六至八月，船队自长崎出海驶来澳门，在澳门停留到十一月至十二月，其间除了等候西南季风到来，更重要的是等候从广州购买的丝货、瓷器等货物运到这里。然后于翌年六月至八月初载货驶回日本长崎，完成交易后于十月或十一月初乘东北季风返航澳门，在澳门卸下银子，购买从广州运来的丝货，又返航日本，进行新一轮的贸易。正如万历二十二年（1594）许孚远记述：

> 日本长岐（崎）地方，广东香山澳佛郎机番，每年至长岐（崎）买卖。装载铅、白丝、扣钱、红木、金物等货。①

据统计，自万历八年至崇祯三年（1580—1630）间，从澳门到日本贸易的商船数量如表2所示：

---

① 〔明〕许孚远：《请议处倭酋疏》，载《明经世文编》卷四百。

表2　1580—1630年澳门到日本贸易商船一览

年　份	抵日船数	年　份	抵日船数	年　份	抵日船数
1580	2	1597	1	1614	1
1581	2	1598	3	1615	1
1582	2	1599	0	1616	0
1583	1	1600	1	1617	1
1584	2	1601	0	1618	6
1585	1	1602	1	1619	8
1586	2	1603	0	1620	6
1587	0	1604	1	1621	6
1588	1	1605	1	1622	0
1589	1	1606	1	1623	7
1590	2	1607	0	1624	5
1591	1	1608	0	1625	5
1592	0	1609	1	1626	6
1593	1	1610	0	1627	1
1594	0	1611	1	1628	5
1595	1	1612	1	1629	2
1596	1	1613	0	1630	2

资料来源：根据 C. R. Boxer, *The Great Ship from Amacon: Annals of Macao and the Old Japan Trade, 1555 – 1640*, pp. 41 – 47、51 – 55、58 – 59、61 – 64、70、80 – 82、85、87、91、97、107 – 108、112 – 115；C. R. Boxer, *Fidalgos in the Far East 1550 – 1770: Fact and Fancy in the History of Macao*, pp. 42 – 51、69 – 70、101 – 105 的数据编制而成。

从表2可知，澳门到日本长崎贸易的商船数量由1580年的2艘增至1619年的8艘。而且，这些商船的载重量一般都在1000吨左右，甚至有高达1600吨～2000吨者。这些大帆船从澳门运去中国的丝绸等货物，换回大量日本白银、少量日本土特产以及日本奴隶（包括日本军队从朝鲜俘获的士兵），在两地的贩卖中获得巨额利润。

（五）广州—澳门—望加锡—帝汶航线

这条航线是广东与东南亚国家贸易的老航线。到了万历年间（1573—1620），广东与东南亚地区的贸易关系进一步巩固。澳门商船定期到帝汶岛收购檀香木，然后经澳门运入广州以至中国内地贸易。席尔瓦（F. Pedro da Silva）主教在1590年曾经记述商船经澳门运载檀香木入中国销售的情况：

檀香木在中国很受重视，虽然其一般价格是每担20帕塔卡（Pataca），但有一段时间,当由帝汶开往澳门的船只不足时,其澳门售价将达到150帕塔卡。①

随着澳门与帝汶岛之间的檀香木贸易不断发展,位于苏拉威西岛西南面的望加锡也成为澳门至帝汶之间的货物集散地。至16世纪晚期,葡萄牙人被驱逐出摩鹿加群岛,由于望加锡地理位置方便,葡萄牙人便把贸易活动转向这里。在1605—1607年间,葡萄牙人与望加锡统治者的关系得到改善,他们终于在东印度群岛找到了连接印度和远东的节点,以便提供运往中国的货物。望加锡已成为葡萄牙人庞大的东方商业体系中一个必不可少的中转站和贸易港。1625年,一位英国商人对澳门与这一地区的贸易状况做了如下描述:

> 每年有10～22艘葡萄牙单桅帆船(Galliot)自澳门、马六甲和科罗曼德尔海岸的港口来到望加锡停泊,有时上岸的葡人多达500人。这里的穆斯林苏丹允许他们自由奉行其宗教。他们在11～12月抵达,次年5月离开,把望加锡作为销售中国丝货和印度棉纺织品的转运港。他们用这些货物交换帝汶的檀香木、摩鹿加群岛的丁香和婆罗洲(今称加里曼丹)的钻石。……他们的贸易值每年达50万元西班牙古银币,仅澳门几艘单桅帆船载运的货物就值6万元……葡萄牙人把望加锡视为第二个马六甲……②

由于葡萄牙人在望加锡的商业地位得到巩固,广州—澳门—望加锡—帝汶航线成为海上丝绸之路贸易的一条固定航线。每年秋冬间,从澳门出发的葡船乘着东北季风,载着丝货和瓷器等中国货物,抵达望加锡;来年春夏间,又乘着西南季风,将檀香木、丁香、钻石等货物运回澳门。从上述记载看,澳门与帝汶和望加锡的贸易额尚不算大,然而,这条航线的重要价值在于,它是一条稳定的利润渐增的航线。葡萄牙人与望加锡的苏丹及其他实权人物已建立起稳固而良好的合作关系。此外,葡萄牙人还鼓励苏丹个人经营有利可图的望加锡—马六甲贸易,使他们与苏丹的合作有了更加牢固的物质基础。荷兰东印度公司自1625年起采取各种措施以加强对香料贸易的控制,甚至制定了以武力摧毁色兰和帝汶的香料生产基地的庞大计划。但事与愿违,前来望加锡贸易的葡船持续增加,望加锡作为葡萄牙在该地区的商业基地仍然发挥着重要作用。据时人记述,澳门葡人在檀香木贸易中的利润呈增长趋势。席尔瓦主教在1590年称:檀香木贸易的利润为100%;而兰热尔主教(Rangel)在1630年则估计为150%～200%。③

通过上述5条新旧航线,广东与东南亚、非洲、欧洲和拉丁美洲的许多国家和地区都开展了广泛的贸易活动。据《明会典》《皇明祖训》等书记载,明初实行朝贡贸易时,经广州领取勘合(准许证)登陆中国进行朝贡贸易的国家和地区有日本、朝鲜、暹罗、占城、利加、苏禄、浡泥、古里、古麻拉、爪哇、真腊、柯枝、锡兰山、苏门答

---

① H. J. de Santos Leitão, *Os Portugueses em Solor e Timor, de 1515 a 1720*, p. 175, 1948.
② C. R. Boxer, *Fidalgos in the Far East 1550 – 1770: Fact and Farcy in the History of Macao*, p. 177, 1948.
③ H. J. de Santos Leitão, *Os Portugueses em Solor e Timor, de 1515 a 1720*, p. 175, 1948.

腊、小葛兰等,"皆尝来往广东者"。此外还有从事民间私人贸易或间接到广州贸易的国家。嘉靖元年(1522),明政府撤销浙、闽两市舶司之后,广东和广州变成了贡使进出的唯一地区和口岸,所有与中国进行贡舶贸易的国家和地区的商人必从广东登陆,然后乘舟溯北江而上南雄,陆行过梅岭经南昌等地而抵南京或北京。

明中叶以后,随着新航线的开辟,亚、非、欧和拉丁美洲的国家和地区的商人更是纷至沓来,到广州进行贸易,其中,尤以西欧殖民国家最为积极和频繁。特别是葡萄牙亲王阿丰索(Prince Afonso)的宫廷药剂师皮莱斯(Tome Peras),在满剌加侦察得知"中国乃是一个伟大、富饶、豪华、庄严的国家";而"广州是印度支那到漳州沿海最大的商业中心";"全国水陆两路的大量货物都卸在广州";"中国人不得广州当局的允许,不得开向暹罗、爪哇、马六甲、巴西及其他地方去";"广州是一个富庶的城市"等信息之后,葡萄牙国王对广州乃至中国的财富更是垂涎三尺。① 于是,在正德十二年(1517)六月二十九日,葡萄牙政府任命安德烈(Fernão Peres de Andrade)为总指挥,率领由9艘舰船组成的一支"皇帝舰队",前来广州贸易。七月二十八日到达屯门,向南头备倭都指挥使请示入广州,但未得同意。于是,葡萄牙人于九月"驾大舶突至广州"。② 广东布政使兼海道副使吴廷举谴责其未经同意就闯进广州内河和升起旗帜,以及鸣放火炮的蛮横行径。随船队同行的皮莱斯则称,备倭指挥使已指派领水员、鸣炮为表示敬意。在既成事实的情况下,是年十月,两广总督陈金接见皮莱斯,让他们停泊于怀远驿码头,并准其上岸开设商站贸易。安德烈、皮莱斯及其随从六七名被优厚安顿到市舶使顾应祥的官署下榻。于是,皮莱斯使团得以公开在广州大做生意,进行了三个月的交易,获得巨额利润。至正德十三年(1518)一二月间,安德烈离开广州退到屯门,皮莱斯等7人留在广州等候核准进京谒见皇帝。后皮莱斯又贿赂内廷太监江彬,获准于正德十五年(1520)一月,偕译员火者亚三由广州起程北上,五月到达南京。时适值武宗南巡至南京,皮莱斯得武宗接见,并被允准随武宗于正德十六年(1521)一月同赴北京。三月,武宗病逝,世宗即位后处死了火者亚三及江彬,将皮莱斯押回广州入狱。皮莱斯拒绝以葡萄牙退出马六甲作为保释条件,最后病死于广州监狱。③ 在皮莱斯未押至广州时,葡萄牙又派一支以迪哥·卡尔乌(Diogo Calvo)为首的远征队前来中国贸易,经广东当局批准,得以在屯门及广州之间进行贸易。后因卡尔乌及同年六月底到达广州的柯亭何(Coutinho)远征队在广东海域从事海盗活动,广东海道副使汪鋐才指挥战舰50艘把他们驱逐出屯门港,是为有名的"屯门之战"。此役葡萄牙人伤亡惨重,被俘男女共110人,只有3艘船侥幸突围逃脱。直到获准租居澳门之后,葡萄牙人就经常到广州来进行贸易。

西班牙在发现新大陆和侵占菲律宾之后,也迫不及待地谋求同中国建立贸易关系。先是于万历十年(1582),西班牙国王任命教士阿丰索·桑切斯(Afonso Sanchez)等4人到澳门,欲与中国交涉仿葡萄牙租居澳门例在福建沿海开辟商埠,不果;又于万历二

---

① 转引自严中平《老殖民主义史话选》第503—504页,北京出版社1984年版。
② [明]张燮:《东西洋考》卷五《东洋列国考》。
③ 转引自严中平《老殖民主义史话选》第514页,北京出版社1984年版。

十六年（1598）八月，由菲律宾总督德鲁（Francisco de Tello）派遣萨穆迪奥（Don Juan de Samudio）船长乘快船经澳门入广州附近采购铁、硝石、锡等商品，并谋求在广州附近建立贸易站，亦未成功。中外史料均有记载：

> 万历二十六年八月初五日，径抵濠镜澳住舶，索请开贡，督抚司道咸谓其越境违例，议逐之。诸澳番亦谨守澳门，不得入。九月移泊虎跳门，言候丈量。越十月，又使人言，已至甲子门，舟破趋还，遂就虎跳门，径结屋群居，不去。海道副使章廷翰，饬兵严谕，焚其聚落。次年九月，始还东洋。①
>
> 1598年，商人萨穆迪奥到广州贸易，并向广州官员请准距广州58公里的松林岛作为西班牙人和我国贸易的港口。②

之后，西班牙人又于1599、1610、1618、1620、1621、1623和1637年七次派船来广州谋求贸易，但由于受到租居澳门的葡萄牙人的阻挠，未能达到目的。西班牙商船到澳门之后，只能通过当地葡萄牙人与广州开展间接贸易。

荷兰也于明末不断派商船来广州进行贸易。万历二十九年（1601），荷兰国王派遣水师提督格罗茨保根（Gaspar van Groesbergen）率领2艘军舰和200多人从马尼拉启航到达澳门，要求进广州贸易。在等候明政府批准期间，税使李凤私自邀请格氏入广州游览一个月，使之得以了解广州的商情。③ 万历三十年（1602），荷兰成立东印度公司（Dutch East India Company），又于崇祯十年（1637）派军舰4艘到澳门，然后贿赂广东总兵陈谦，得以由虎跳门直驶广州城内贸易。《明史》记载：

> 十年驾四舶，由虎跳门薄广州，声言求市。其酋招摇市上，奸民视之若金穴，盖大姓有为之主者。当道鉴濠镜事，议驱斥，或从中挠之。会总督张镜心初至，力持不可，乃遁去。已，为奸民李叶荣所诱，交通总兵陈谦为居停出入。④

英国是继葡、西、荷之后发展起来的最强盛的殖民国家，当其于1600年成立东印度公司（The United Company of Merchants of England Trading to the East Indies）之后，亦开始前来中国争夺广东的贸易份额。崇祯十年（1637）六月，英王查理一世（Charles I）派遣东印度公司主任威忒尔（John Weddell）率领5艘船舰，经果阿到澳门附近的特里哥，欲在澳门登陆，由于葡萄牙人阻挠，未果。又于八月十二日强行"长驱至粤之虎门"，要求进入广州贸易。他们在虎门停留数日，烧毁了当地官府衙门，占领虎门沙角炮台，抢走虎门要塞的35门大炮，劫掠附近乡村的粮食和财物，后又暗中贿赂广东总兵陈谦。九月，英船得以开入黄埔和广州，购买一批丝、糖、酒、布之类的货物，然后

---

① 《万历广东通志》卷六九《外志四·番夷》。
② E. H. Blair and J. A. Robertson, *The Philippine Islands*, *1493 – 1898*, Vol. 10, pp. 267 – 268, Cleveland, 1903.
③ 〔明〕王临亨：《粤剑编》卷三《志外夷》。
④ 《明史》卷三二五《外国传六·荷兰》。

"奔走下舡……扬帆离虎门"①。这是英国第一次强行闯入广州通商贸易，而且一开始就表现出了暴力掠夺的海盗行径。

其他如拉丁美洲的墨西哥、秘鲁等殖民地的商人也经马尼拉来广州进行贸易。为了扩展广州的对外贸易，万历年间（1573—1620），当地官府于每年春夏两季在广州海珠岛举办为期数周甚至数月的定期市（交易会），允许各国商人前来广州直接与中国商人贸易。由于当时已租居澳门，葡萄牙人有更多机会参加广州的交易会，获得更多更好的中国商品，运经澳门出口，转销日本、东南亚、非洲、欧洲和拉丁美洲的各个国家和地区。

正因为外国商人不断来广州贸易，所以广东省内和中国内地各省的富商大贾也纷纷将货物贩运到广州同外商交易。诚如时人霍与瑕记述：

> 近日，番夷市易，皆趋广州。……而近乡名曰游鱼洲，其民专驾多橹船只，接济番货。每番船一到，则通同濠畔街外省富商搬瓷器、丝绵、私钱、火药等违禁物品，满载而去，满载而还，追星趁月，习以为常，官兵无敢谁何。②

于是，靠近海珠岛定期市的濠畔街、高第街一带便成为"香珠犀角如山，花鸟如海，番夷辐辏，日费数千万金，饮食之盛，歌舞之多，过于秦淮数倍"③ 的繁华外贸商业区。广州城区亦得到进一步扩建，人口大增。有时广东商人一时在广州与外商交易不成，便亲自驾船经澳门出海，把剩余的货物运往马尼拉、暹罗、望加锡等地去贸易。讷茨也曾记述这一情形：

> 中国是一个物产丰富的国家，它能够把某些商品大量供应全世界。中国人把货物从全国各地运到他们认为最有现款购买他们货物的市镇和海港……后来他们运往广州市集上的货品的数量如此之大，以致葡萄牙人没有足够的资金购买……参加这些市集的商人们看到他们的货卖不出去，就用他们自己的船，责任自负地把货运往马尼拉、暹罗、望加锡等地去。④

至于广东商人从其他港口出海贸易者，更是屡见不鲜。嘉靖二十四年（1545），潮州商人"驾双桅船，挟私货，百十为群，往来东西洋"⑤。嘉万年间（1522—1620），澄海县海盗商人林道乾"遍历琉球、吕宋、暹罗、东京、交趾诸国"⑥。饶平县商人"海上操舟者……往来贸易耳，久之渐习，遂之夷国，东则朝鲜，东南则琉球、吕宋，南则

---

① 《明清史料》（乙编）第八本，第752页。
② 〔明〕霍与瑕：《霍勉斋集》卷十二《上潘大巡广州事宜疏》。
③ 〔清〕屈大均：《广东新语》卷十七《宫语·濠畔朱楼》。
④ 〔英〕甘为霖：《荷兰人侵占下的台湾》，载《郑成功收复台湾史料选编》第119页，福建人民出版社1989年版。
⑤ 《乾隆潮州府志》卷四十《艺文》。
⑥ 〔清〕郁永河：《海上纪略》，载《小方壶斋舆地丛钞》第九帙。

安南、占城，西南则满剌加、暹罗，彼此互市若比邻，然又久之，遂至日本矣"①。隆庆开海贸易后，广东从各个口岸出海贸易者更加多了，史称：

> 广之惠、潮、琼、崖，驵狯徒冒险射利，视海如陆，视日本如邻室耳，往来交易，彼此无间。②

明代粤东的海外贸易港口，主要有柘林、南澳、樟林、白沙等。（见图5至图9）

图5　1971年10月4日在南州坪河床出土的樟林古港红头船，全长39米（王文质摄）

柘林港（今饶平县柘林镇东部），宋代已有番船停泊，并建有天后宫，史称："天后宫，一在大城东门内，一在柘林守备营后，一在深澳，宋时番舶建。"③ 明朝中叶以降，番舶已经常往来，"商船凑集于此，就此觅车起货至大城"④。从这里乘红头船出海贸易的潮汕商人屡见不鲜。到清朝雍正年间（1723—1735），柘林港进入繁盛时期，当地商民制造红头船300多艘，除航行至台湾、广州、泉州、厦门、宁波、上海外，还有不少红头船航行至吕宋、暹罗、安南等东南亚国家贸易。⑤

白沙港（今属汕尾市），明代"通于夷岛，东出大陂……斯邑之门户也。……番舶

---

① 〔明〕谢肇淛：《五杂俎》卷四《地部二》。
② 〔明〕谢肇淛：《五杂俎》卷四《地部二》。
③ 〔明〕陈天资：《东里志·疆域志·祠庙》。
④ 〔明〕陈天资：《东里志·疆域志·山川》。
⑤ 饶平县《东里大观》编辑委员会编：《东里大观》第137页，2000年版。

之所往来，亡命之所走集"①。

明朝末年，广州到海外贸易者更是不乏其人。屈大均记述：

> 广州望县，人多务贾与时逐。以香、糖、果、箱、铁器、藤、蜡、番椒、苏木、蒲葵诸货……南走澳门，至于红毛、日本、琉球、暹罗斛、吕宋，帆踔二洋，倏忽数千里，以中国珍丽之物相贸易，获大赢利。②

图6　今日柘林港（黄启臣摄）

图7　柘林港旧址（黄启臣摄）

---

① 《嘉靖海丰县志》上卷《舆地志·封域》。
② 〔清〕屈大均：《广东新语》卷十四《食语·谷》。

图8　今日白沙湾（黄启臣摄）

图9　白沙港旧址（黄启臣摄）

有不少广东商人因在各国贸易发财而在那里定居下来，成为华侨商人。例如"南海梁道明贸易于爪哇国，久而情熟，挈家住居，积有年岁，闽广军民弃乡里为商从之者数千人"①。在爪哇新村，亦有1000多家商人定居，村主是广东人氏。这说明，明代从广州到海外贸易的人数比唐宋时期增加了。诚如张燮所记：

> 市舶之设，始于唐宋，大率夷人入市中国，中国而商于夷，未有今日之夥者也。②

明代往来广州贸易的中外商船相当多，特别是明中叶以后，由于广州通向全球航线的开通，闽广之民"造舟涉海，趋之若鹜，或竟有买田娶妇，留而不归者"③。据不完全统计，从万历八年至崇祯十五年（1580—1642），由广州经澳门往马尼拉的商船为69艘。④每年三月，中国的商船成群结队，满载丝货、瓷器等货物从广州扬帆启航，经澳门出海，历时半月至20天左右，抵达马尼拉港进行贸易；有的甚至远航至拉丁美洲、欧洲、非洲贸易，墨西哥著名诗人布兰西斯·布雷特·阿特曾赋诗记述：

> 每年一次的中国船啊，
> 运来沉沉的橡胶、香料，
> 和光滑泽润的丝绸，
> 堆积在阿卡普尔科港口。⑤

图10 明代广东船式

当时，从广州出海的中国商船一般是广东制造的二桅平底帆船（见图10），体积相当大，一船可载200～600人。船舱内分为许多小房间，每个房间可供一个或几个商人堆放货物。最大的帆船"方一百二十步，客两千人，木为城为楼橹，四门其上，可驰马往来"⑥。这种船的吨位，最小的是100吨，最大的达到300吨。当时外国资料记载：

---

① 〔明〕严从简：《殊域周咨录》卷八《爪哇》。
② 〔明〕张燮：《东西洋考》卷七《饷税考》。
③ 〔清〕徐继畬：《瀛寰志略》卷二。
④ E. H. Blair and J. A. Robertson, *The Philippine Islands*, 1493－1898, Vol.19, p.69, Cleveland, 1903.
⑤ 许必华：《漫游印第安之邦》第320页，安徽人民出版社1984年版。
⑥ 〔明〕范表：《海寇议后》，载《玄览堂丛书》续集第15册。

每年驶抵菲律宾的大型货船大都来自广东港和澳门港。有200吨的，也有255吨的，还有少数300吨的。小货船（Patoches）的载重量为100～150吨。①

取其中数，平均每艘帆船的载重量约为250吨，少数开往欧洲的帆船竟达到1000吨。

外国来广州贸易的商舶多是葡萄牙、西班牙设计建造的大帆船。当时，西班牙人在马尼拉湾的甲米地建有造船厂，雇用中国造船工人和技术人员制造大帆船，其吨位比中国帆船大些。每艘船的载重量在600～1600吨之间，可容纳500～600人，少数船吨位达到2000吨。②"每艘船都是海上一个坚强的堡垒。"③ 船内组织严密，其职员有司令官1名、大副2名、领水员3～4名、警官2名、医生2名和水手60～100名（甚至多至300名）。④

当时来广州贸易的大帆船往往是两艘同来，于是有旗舰与副舰之别。旗舰称为"司令舰"，副舰称为"海将军"。船上的司令官称为将军，副司令称为海将。西方国家就是开着这种大帆船载来大量墨西哥银元到广州购买中国的丝绸、瓷器、布匹、百货，然后运销世界各个国家和地区赚大钱（详见后文）。

随着广州对外贸易的发展和繁盛，内外港码头规模也进一步扩展。其扩展趋势是，内港码头向城外移动，近城外港向城内靠近，城外远处另增一批外港。明代广州的内港码头已移至城外蚬子步（今广州西关十八甫路）。"怀远驿"（今广州西关十八甫路北怀远驿街）（见图11）亦设于广州蚬子步附近，建有房舍120间，由市舶提举司管理，专供停泊贡舶、招待外国贡使和外商之用。⑤ 由于宋元时代的扶胥港"淤积既久，咸卤继至，沧海为田，潮当涨，就岸犹易；水稍退，则平沙十里，挽舟难行，进退

图11　广东怀远驿旧址（黄启臣摄）

---

① 《中外关系史译丛》第1辑第177页，上海译文出版社1984年版。
② William Lytle Schurz, *The Manila Galleon*, p. 197, New York, 1959.
③ William Lytle Schurz, *The Manila Galleon*, pp. 194－195, New York, 1959.
④ William Lytle Schurz, The Manila *Galleon*, p. 200, New York, 1959.
⑤ 〔清〕顾炎武：《天下郡国利病书》卷一二〇《海外诸蕃》。

两难"①,近城外港逐渐移至黄埔洲(今广州海珠区琶洲街黄埔村)、琵琶洲(又称琶洲)一带水域,即由东江口深水湾的东边向内移至黄埔深水湾的西边。黄埔洲较扶胥港距广州城更近,交通更方便,而且也是保卫广州安全的最后一道屏障,在倭寇和西方殖民国家侵扰的情况下,明政府极为重视黄埔港码头的建设。万历二十五年(1597),在江中琶洲岛上建立"九级浮屠,屹峙海中,壮广形胜,名曰海鳌"②。"海鳌"者,又名琶洲塔(见图12),是作为海舶进出港的"望海标志"而建。后又于万历四十七年(1619),由王命璇倡议再在赤岗红砂岩山岗上建赤岗塔(见图13),至天启年间(1621—1627)建成。从此,二塔与番禺莲花山上的莲花塔(万历四十年,即1612年建成)并称为广州的"三支桅杆",成为明代至清代广州河道上往来船舶的航标灯塔。至今仍屹立于珠江之畔,供人游览。

图12 广州琶洲塔(黄启臣摄)

图13 广州赤岗塔(黄启臣摄)

---

① 〔明〕崔弼:《波罗外纪》卷二《庙境》。
② 〔清〕顾祖禹:《读史方舆纪要》卷一〇一《广州府》。

同时，海禁期间，广州在珠江口外设置了一批属于外港性质的外国船舶停泊码头。如顾炎武所记："各国夷舰，或泊新宁广海望峒，或新会奇潭，香山浪白，濠镜十字门，或屯门虎头等海澳，湾泊不一，抽分有例。"① 其中最繁盛的是浪白、濠镜（今澳门），来往广州贸易的中外船舶，多于此停泊及起航出海，宋应星说，"闽由海澄开洋，广（东）由香山澳"②，即指此也。

三、贡舶贸易和市舶贸易

明代广东的对外贸易，在当时海禁政策的限制下，分为官府直接控制的贡舶贸易和私商经营的市舶贸易两种方式，正如明人王圻所述：

> 贡舶与市舶一事也。……贡舶为王法所许，司于市舶，贸易之公也；海舶为王法所不许，不司于市舶，贸易之私也。③

如果从法律观点来看王圻的解释，贡舶贸易是合法的官府经营方式，市舶贸易则是非法方式的私商经营方式。假若从历史的进程来划分，隆庆以前主要实行贡舶贸易，市舶贸易被视为走私贸易；隆庆以后，海禁开放，贡舶贸易衰落了，市舶贸易成为合法的和主要的经营方式。

（一）贡舶贸易

贡舶贸易是明朝官方直接控制海外贸易的一种制度，它与明朝前期实行海禁政策是分不开的。明政府禁止私人出海经商贸易，迫使海外各个国家不得不依赖朝贡贸易这唯一的贸易渠道。据统计，从洪武三年至三十一年（1370—1398）的28年间，仅是暹罗国经广东入中国朝贡贸易者就达35次，平均每年1.2次；到了隆庆元年至崇祯十七年（1567—1644）的77年间，暹罗国经广东入中国进行贡舶贸易仅有14次。④ 这种贡舶贸易的原则是：

> 凡外夷贡者，我朝皆设市舶司以领之……许带方物，官设牙行与民贸易，谓之互市。凡有贡舶即有互市，非入贡即不许互市。⑤

这条原则说明，只有向明朝朝贡的国家才能跟明朝进行贸易，显然是明政府通过朝

---

① 〔清〕顾炎武：《天下郡国利病书》卷一〇三《广东七》。
② 〔明〕宋应星：《天工开物》卷中《舟车第九》。
③ 〔明〕王圻：《续文献通考》卷三一《市籴考》。
④ 徐启恒：《两汉至鸦片战争期间的中泰关系》，载《中国与亚非国家关系史论丛》第82页，江西人民出版社1984年版。
⑤ 〔明〕王圻：《续文献通考》卷三一《市籴考》。

贡贸易加强对海外贸易的垄断。于是，明政府对贡期、贡道、贡品数、贡舶数等都做了明确的规定。贡期有二年一贡者，如琉球；三年一贡者，如暹罗、安南、朝鲜、爪哇等；十年一贡者，如日本；有不定期者，如三佛齐、浡泥、苏禄、吕宋等。贡道则仅在设有市舶司的广州、泉州和宁波三个地方。明政府按照广州自汉唐以来一直是东南亚各个国家来华停泊贸易的港口的传统习惯，规定暹罗、占城、真腊、满剌加等国"贡道由广东"① 入贡。规定贡舶到广东时停泊在沿海的"澳口"中，诸如新宁县（今台山市）的广海、望峒；新会县（今江门市新会区）的奇潭；香山县的浪白、濠镜、十字门；东莞县（今东莞市）的妈栖、屯门、虎门等泊口。② 此外，琼州府的海口，也曾作为占城贡舶停泊的澳口。③ 从洪武十六年至正德四年（1383—1509），经常由广州入境到广东以至全国各地进行朝贡贸易的，有占城、暹罗、爪哇、满剌加、真腊、苏禄东王和西王、峒里、柯枝、浡泥、锡兰山、古里、苏门答腊、古麻剌等12个国家和地区。嘉靖元年（1522），明政府撤销浙江、福建两市舶司，只留广东市舶司为外国入贡口岸。之后，几乎所有的国家和地区的"番货皆由广（东）入贡，因而贸易，互为市利焉"④。为了检验朝贡国家和贡使之真假，明政府给朝贡国家发给勘合之册并规定贡期。凡外国贡舶到达广州，必须申报海道抚按衙门，然后由镇巡官及广东三司委官与广东市舶司官员验对勘合，比对无误之后，由市舶司派员护送至北京。其路线是：自广州出发，乘船到佛山，然后溯北江而上，经韶州（今韶关市）到南雄，再越过梅岭，进入江西省南安（今赣南市南康区西南），又由水路辗转抵达北京附近的运河终点，上岸进京。明政府考虑到南雄至南安段相隔梅岭，舟楫不通，需要民夫担挑接运，费时过多，所以于永乐四年（1406）下令，"自今番夷入贡，如值农忙之时，其方物并于南雄收贮，候十一月农隙却令运赴南安"，然后运送北京。⑤ 贡使抵达北京后，明廷将贡使安顿在会同馆下榻。当时的会同馆分为南北两馆，北馆6所，南馆3所，弘治十四年（1501）时共有厅堂房舍470间之多。会同馆设大使1人，副使2人，另有馆夫4人，负责招待贡使。贡使的一切膳宿、交通、医药开支全部由明廷负责。贡使在会同馆向皇帝呈交朝见表文，等待觐见。朝见时，贡使着礼服，行跪拜礼，向皇帝呈上贡品，皇帝赐回贵重的"赏赉"品，以示礼尚往来。

皇帝朝见贡使并赏赐完毕之后，准许贡使将携来的非贡货物在会同馆开市贸易三五天。贸易完毕后，礼部派鸿胪寺官员伴送贡使到广州。贡使抵广州后，由广东布政使司宴请一次，然后遣送回国。由此可见，所谓朝贡者，实质是一种变相的贸易，目的是保证海禁政策的顺利实行，以便把对外贸易置于明政府的严格控制之下。这种朝贡贸易在明代前期是唯一合法的对外贸易形式，实质是明政府以"赏赉"方式向朝贡国家购买"贡品"，"这种贡品实际是一种变态的商品"⑥。这种贸易是以物物交换形式进行的。正

---

① 〔明〕申时行：《（万历）明会典》卷一〇五《朝贡一》。
② 〔清〕屈大均：《广东新语》卷二《地语·澳门》。
③ 《明英宗实录》卷一四三，正统十一年七月己巳。
④ 〔清〕屈大均：《广东新语》卷十五《货语·诸番贡物》。
⑤ 《明太宗实录》卷五五，永乐四年六月丙子；〔明〕余继登：《皇明典故纪闻》卷七。
⑥ 胡如雷：《中国封建社会形态研究》第180页，生活·读书·新知三联书店1979年版。

如史料所记载:"东洋贸易,多用丝……回易鹤顶等物;西洋交易,多用广货,回易胡椒。"① 到了正德年间(1506—1521),明政府由于财政拮据,入不敷出,不得不采纳广东都御使陈金的建议,"将暹罗、满剌加并吉兰丹国夷船货物,俱以十分抽三"② 的形式抽分。抽分制的实行,说明朝廷对贡舶贸易的态度发生了动摇,也预示了贡舶贸易的厄运。嘉靖三十四年(1555),连皇帝朱厚熜生活上需要的龙涎香竟然也求而不得了,只好由司礼监差官员"往香山澳访买,仅得十一两以归"。③ 可见,贡舶贸易已名存实亡了。

(二) 市舶贸易

市舶贸易即私商在广东港口或出海同外商进行的贸易。广东的私人通番贸易早已有之,只不过在明代初、中期属非法贸易而已。通常表现的形式是所谓"私通番货"。例如,"洪武二十六年,香山三灶岛吴添进通番"④;宣德时,广东市舶太监韦眷"私与海外诸番相贸易,金缯宝玉,犀象珍玩之积,郿坞不如也"⑤。明中叶以后,随着贡舶贸易的日益衰落,"广东民多挟大舸入海,与夷市","有力则私通番船",⑥ 已成为普遍现象。连豪门之家蹑足于此者亦不乏其人。如史料所记:

> 成、弘之际,豪门巨室间有乘巨舰贸易海外者。如人阴开其窦,而官人不得收其利权……至嘉靖而弊极矣。⑦

可见明代广东的私人市舶贸易活动一直没有停止过,而且越来越繁盛。从前述广州附近的渔游洲商民每逢番舶一到,就"专驾多橹船只接济番货",并且"习以为常",可见私商贸易发达之一斑。正如屈大均所说:"在昔州全盛时,番舶衔尾而至……豪商大贾,各以其土所宜相贸,得利不赀。"⑧ 这种私人的市舶贸易在明代初、中期就承揽过贡舶贸易中相当多的商品。时人严从简记述这种情况说:

> 夷货之至,各有接引之家,先将重价者私相交易,或去一半,或去六七,而后牙人以货报官……则其所存以为官市者又几何哉?⑨

由此可见,私人市舶贸易已占相当大的比重,贡舶贸易的"官市"已退居次要地位了。而且私人市舶贸易所经营的商品多是明政府严禁出口的生丝、丝织品、硝石、硫

---

① 《嘉靖广东通志》卷六六《外夷三》。
② 《嘉靖广东通志》卷六六《外夷三》。
③ 〔明〕张燮:《东西洋考》卷十二《逸事考》。
④ 〔清〕杜臻:《闽粤巡视纪略》卷二《香山》。
⑤ 〔明〕黄瑜《双槐岁钞》卷九《奖贤文》。
⑥ 《民国福建通志》卷三四《黄光昇传》。
⑦ 〔明〕张燮:《东西洋考》卷七《饷税考》。
⑧ 〔清〕屈大均:《广东新语》卷十五《货语·黩货》。
⑨ 〔明〕严从简:《殊域周咨录》卷八《暹罗》。

黄、铁锅等,而这些商品正是当时国际市场上最受外国人欢迎的抢手货。因而市舶贸易在国际市场上的声誉不断提高,从而在嘉靖以后取代了贡舶贸易,成为广东对外贸易的主要经营方式,得以合法存在和经营。

明代广东的私人市舶贸易,按其资本构成及经营者身份,可以分为独资经营和合资经营两种形式。

独资经营,首先是指那些"豪民造巨舰向外洋交易"① 者。这种经营者都是拥有雄厚资本的"豪门大姓""湖海大姓"。他们私造大船,招募大批海员从事海外贸易,从中赚取巨额利润;而且往往同朝廷或地方的官吏相互勾结,形成一股强大的政治势力,以保障其贸易的顺利进行。例如著名的海商舶主汪直(字五峰)、叶宗满,就是从广东造船出海从事贸易活动的。史称:

> 嘉靖十九年,直与宗满等之广东造巨舶,抵日本、暹罗诸国互市,致富不赀,夷人呼为"五峰船主"。②

汪直、叶宗满均是安徽徽州人氏。他们拥有雄厚的货币资本,在广东高州造一艘可容纳两千人的"巨舰联舫",运载丝货、硝石、硫黄等违禁商品到日本、暹罗、西洋诸国贸易;又充当日本商人的经纪人,替日本商人贩运货物来中国出售,③ 从中获取巨额利润,不到五六年工夫,便积累了大量财富。又如崇祯十五年(1642),海瑞的孙子海述祖在海南岛自造一艘首尾长28丈、桅高25丈的大舶船,"濒海贾客三十八人赁其舟,载货互市海外诸国,以述祖主之"。是年从广州扬帆出海,"次年入广州,出囊中珠,鬻于番贾,获赀无算,买田终老"。④ 海述祖不仅是海商,而且是舶主,除自己经营海外贸易外,还将部分船舶租给其他商人出洋贸易。但他仍深受封建社会那种"以末致富,以本守之"的传统思想影响,赚大钱后回广州"买田终老",把商业资本投向土地,自己亦由海商舶主变成为封建地主了。

合资经营,是指一些大、中、小商人合资造船,组成市舶贸易队伍,拥戴投资最多的富商为舶主,出海贸易,以获巨利。例如万历年间(1573—1620),"广东奸商,惯习通番,每一舶推豪富者为主,中载重货,余各以己资市物往贸易,年利恒百余倍。有苏和本微……计所得殆万钱"⑤。此"豪富者"被推举为舶主,负责主持贸易的一切事务,船中"重货"是属于他所有,其他出资较少的商人则"以己资市物往贸易"。究竟一个船队有多少商人合资,资料并未指明。但从时人郭春震"闽粤之人,驾双桅船,挟私货,百十为群,往来东西洋"⑥ 的记载来看,一个船队由几十人至一百人合资经营是有可能的。虽然人数不少,但获利盛丰,"恒百余倍"。哪怕资本微薄的苏和,所得利

---

① 《嘉庆澄海县志》卷七《山川》。
② 《民国歙县志》卷三《武备志·兵事》。
③ [日] 木宫泰彦著,胡锡年译:《日中文化交流史》第618–619页,商务印书馆1980年版。
④ [清] 钮琇:《觚賸续编》卷二《海天行记》。
⑤ [明] 周玄暐:《泾林续记》第37页,中华书局1985年版。
⑥ 《乾隆潮州府志》卷四十《艺文》。

润也是"殆万钱"的。

为了更有效地进行市舶贸易,这种合资经营的商舶,内部也有舶主、财富、总管、舵工等组织系统,其具体形式是:

> 每舶舶主为政,诸商人附之,如蚁封卫长,合并徙巢,亚比则财富一人,爰司掌记。又总管一人统理舟中事,代舶主传呼。其司战具者为直库,上樯桅者为阿班,司碇者有头碇、二碇,司繚者有大繚、二繚,司舵者为舵工,亦二人更代。其司针者名火长,波路壮阔,悉听指挥。①

由此可见,这种合资经营的商舶,内部组织是非常严密的,分工是明确而细致的,各明其责,各司其事。因此,这种市舶贸易能够经常按时往返海内外,顺利运作。正如顾炎武所说,这种商舶"装土产,径望东西洋而去,与海岛诸夷相贸易。其出有时,其归有候"②。其经济效益是相当可观的,史称:

> 民间酿金发赊艚与诸夷相贸易。以我之绮纨磁饵,易彼之象、玳、香、椒,射利甚捷,是以人争趋之。③

据有关史籍记载,明代后期,特别是隆庆开海贸易以后,这种合资经营的市舶贸易在私商经营海外贸易形式中所占的比重最大,可以说是海外贸易的主要形式。

以上两种私人市舶贸易形式,就其具体经营业务而言,则是"一条龙"和"订货加工"的贸易。所谓"一条龙",是指广东的舶主、海商、揽头和海外商人(特别是华侨商人)组成业务上国内外各个环节相互关联、相互配合的商业网络,经营对外贸易。具体的经营运作流程是:广东的舶主把外国商人订购货物的银元交给揽头,揽头到有关工场去收购外国畅销的中国商品,其中包括当时为世界所羡称和迫切需要的商品如生丝、丝织品、瓷器、砂糖、铁锅、中草药材等。所谓"揽头者就舶取之(银),分散于百工之肆,百工各为服食器物偿其值"④。海商、舶主将货物运抵国外卖给外商后,又从外商手中将中国内市场最需要的商品贩回,如在下港(今印尼爪哇岛西北岸的万丹,或泛指爪哇岛西北岸一带)就有这种情形。史称:

> 1596年(万历二十四年),下港侨居的中国人……个个手提天平前往各村腹地,先把胡椒的分量秤好,而后经过考虑付出农民应得的银钱。这样做好交易后,他们就在中国船到达前,预先把胡椒装好,他们购得的胡椒两袋可按十万缗钱等于一个卡迪(Caths)的价格卖出。……这些装去胡椒的中国船每年正月间有八艘至

---

① 〔明〕张燮:《东西洋考》卷九《舟师考》。
② 〔清〕顾炎武:《天下郡国利病书》卷九三《福建三》。
③ 〔明〕张燮:《东西洋考》卷七《饷税考》。
④ 〔清〕屈大均:《广东新语》卷十五《货语·银》。

十艘来航,每船只能装载约五十吨。①

从此可见,在广州与下港之间,由舶主、海商、揽头和华侨商人组成一条龙的商业网,大大提高了国内外商品的流通和销售以及资金周转的效率,使广东的对外贸易得以正常运转和蓬勃发展。

所谓"定货加工",是指广东的舶主、海商到海外贸易时,有意识有计划地接受海外商人(特别是侨居外国的华侨商人)订购的中国货物的样品及订金,返回广东后交给"揽头"去同有关工场商定,按样加工,定制货物,然后将货物按时贩运出海,卖给原来订货的外商。这在当时应该说是相当进步的外贸经营方式。值得注意的是,在广东外贸的"揽头"与"百工"之间产生的订货买卖关系,已多多少少有点儿"包买商"的性质。这是明代广东对外贸易经营形式的新元素。

四、进出口商品结构的变化

广东通过上述五条海上丝绸之路的环球航线,输出本国的商品和输入外国的商品,互通有无。其商品种类之多、数量之大、利润之巨都是空前的。现将当时的进出口商品介绍如下。

(一) 进口商品

世界贸易发展的事实证明,在古代社会,国家的对外贸易主要是为统治阶层和富有阶级利益服务的,因此主要进口商品不是民生商品,而是统治者或上层人士需要的奢侈品。荷兰历史学家戴闻达(J. J. L. Duyvendak)关于明代对外贸易进口商品的性质的论述值得参考,他说:

> 中国人考虑对外贸易之所以重要,总归赋有各种混杂的因素。从实用观点来看,对外贸易意味着从中得益的无数人的兴旺繁荣;国库依靠进口税而充盈,正如我们已看到的,尽管缗钱外流成灾,但从外贸所获利益,特别是对南方各省说来,颇为可观。整个海外贸易主要是搞奢侈品,即各种宝石、檀香、速香和沉香、香料、稀奇珍品,而这些货物的消费者都是富有阶级的人们,首先是朝廷及后宫贵妇们。②

确实如此,有明一代,无论是在以朝贡贸易为主的明代前期(1368—1556),还是在以私人市舶贸易为主的明代后期(1557—1644),从海外诸国进口的商品多是满足统治者及富有阶层的人们享用需要的奇香珍宝、飞禽走兽、银器细布等高级消费品。根据

---

① [日]岩生成一著,刘聘业译:《下港(万丹)唐人街盛衰变迁考》,载《南洋问题资料译丛》1957年第2期。
② [荷]戴闻达著,胡国强等译:《中国人对非洲的发现》第27页,商务印书馆1983年版。

明人申时行修《(万历)明会典》所记,大致可以分为下面的七大类:

第一,香料类:胡椒、苏木、乌木、黄花木、花梨木、丁香、檀香、速香、木香、沉香、降真香、黄熟香、安息香、龙涎香、奇南香、薰衣香、黑线香、抹身香、金银香、土降香、柏香、烧碎香、花藤香、麻藤香、沉栗香、丁皮香、龙脑、米脑、黄蜡、脑油、苏合油、蔷薇水等。

第二,珍禽异兽类:鹦鹉、孔雀、火鸡、莺哥、象、犀、白鹿、黑熊、倒挂鸟、红猴、白鹿、白獭、黑熊、黄黑虎、麒麟、黑猿、五色鹦鹉、黑小厮、撒哈剌象等。

第三,奇珍类:珊瑚、玳瑁、鹤顶、珍珠、翠毛、龟筒、宝石、象牙、犀角、水晶、玛瑙、孔雀翎等。

第四,药材类:没药、紫梗、藤黄、阿魏、人参、丁皮、血竭、芦荟、紫胶、肉豆蔻、大枫子、闷虫药、毕登茄等。

第五,军事用品类:弓、枪、剑、盔、马、铠、腰刀、马鞍等。

第六,手工业原料:锡、红铜、石青、硫黄、碗石、牛皮、磨刀石、番红土、西洋铁、回回青等。

第七,手工业制品类:竹布、角盟、锁服、金绦环、金系腰、贴金扇、纸扇、白绵细、细花席、西洋布、皮剔布、琉璃瓶、番花手巾、金银皿器、洒金厨子、洒金文台、描金粉盒、洒金手箱、各色苎布、龙文廉席、红丝花手巾、彩纱、红绵布、白绵布、乌绵布、圆壁花布、花红边缦、杂色缦、番花手巾帕、兜罗绵被、白缠头布、红撒哈剌布、红地绞节智布、红杜花头布、红边白暗花布、绵棋子花布、织人像花文打布、芯布、油红布、西洋细布、竹布、纸扇、宝石、金戒子、铜鼓、织红花丝打布、剪绒丝杂色花被面、丝杂丝竹布、红花丝手巾、织人像杂色红文丝缦、西洋铁、铁枪、摺铁刀、金镶戒子、撒哈剌白芯布、姜黄布、撒都细布、花缦、番锡、番盐、茭张席、灰筒、番刀弓等。①

以上150多种进口商品,经浙江、福建、广东三市舶司进入中国,其中经极少被罢革的广东市舶司管辖的广东口岸进口者为最多,史称:

> 广东去西南之安南、占城、暹罗、佛郎机诸番不远。诸番载来乃胡椒、象牙、苏木、香料等货。船至报水,计货抽分,故市舶之利甚广。数年之前,有徽州、浙江等处番徒,勾引西南诸番,前至浙江之双屿港等处买卖,逃免广东市舶之税。及货尽将去之时,每每肆行劫掠。②

在广东市舶司任职的市舶太监,为了讨皇帝喜欢以博得升官晋爵,更是大力建设仓库,储存"海外珍异诸物",以便随时向皇帝进奉。成化十九年(1483),市舶太监韦眷主持广东市舶司时:

---

① 〔明〕申时行:《(万历)明会典》卷一〇五《朝贡一》至卷一〇八《朝贡四》。
② 〔明〕俞大猷:《正气堂集》卷七《论海势宜知海防宜密》。

三月甲辰，广东布政司进宫库苏木四万四千六百余斤，象牙七千一百余斤。①

成化二十三年（1487）时：

> 户部言，前命给事中、御史查盘两广布政司仓库，积贮颇多，除银两、钱钞、硝黄等物仍留本处存贮，其金器、珍珠、珊瑚、鹤顶、玳瑁、象牙、香药、蔷薇露之类，请籍取至京，以备供用。从之。②

又如成化、弘治之际，"椒木、铜鼓、戒指、宝石溢于库"③。更有甚者，嘉靖元年（1522），广东市舶太监牛荣为获得更多珍异宝物出卖获利，竟然知法犯法，指使家人蒋义山、黄麟等"私收买苏木、胡椒和乳香、白蜡等货"运至南京向富有阶层出售，被刑部发现。史称：

> 嘉靖元年，暹罗及占城等夷各海船番货至广东，未行报税，市舶司太监牛荣与家人蒋义山、黄麟等私收买苏木、胡椒并乳香、白蜡等货，装至南京，又匿税盘出，送官南京。刑部尚书赵鉴等拟问蒋义山等违禁私贩番货例，该入官苏木共三十九万九千五百八十九斤、胡椒一万一千七百四十七斤，可值银三万余两，解内府收贮公用，牛荣寅（按：应为"夤"）缘内铛（按：应为"珰"）。得旨："这贩卖商货给主。"刑部尚书林俊复疏，谓："查得见行条例，通番下海买卖劫掠有正犯处死，全家边卫充军之条；买苏木、胡椒千斤以上有边卫充军货物入官之条；所以严华夷之辨，谨祸乱之萌。今蒋义山等倚恃威权，多买番货，天幸匿税事发，将牛荣等参奏。陛下方俞正法之请，寻启用倖之门，忽又有旨给主，明主爱一颦一笑敝袴以待有功者。今三万余两之物果一敝袴比，给还罪人果赐有功比，皆臣等之所未喻也。伏望大奋乾刚（按：应为'纲'），立断是狱，将代为营救并请讨之人下之法司，明正其罪。"上乃诏赃物照旧入官。④

事发后，刑部将苏木 399589 斤、胡椒 11747 斤没收，判牛荣家人蒋义山等死刑。史载：

> 嘉靖元年，暹罗、占城货船至广东。市舶中官牛荣纵家人私市，论死如律。⑤
>
> 嘉靖元年，占城及暹罗等国商泊（船）至广东。时太监牛荣提督市舶司，乘其货未报税，命家人蒋义［山］私与交易，收买各物。事发，蒋义［山］抵罪，

---

① 《明宪宗实录》卷二三八，成化十九年三月甲辰。
② 《明孝宗实录》卷六，成化二十三年十一月壬寅。
③ 〔清〕顾炎武：《天下郡国利病书》卷一二〇《海外诸番》。
④ 〔明〕严从简：《殊域周咨录》卷八《暹罗》。
⑤ 《明史》卷三二四《外国传五·暹罗》。

货没与官。①

在以上所列的进口商品中，又以第一类——香料数量为最大。例如，洪武十五年（1382），爪哇贡物中有胡椒 7.5 万斤；② 二十年（1387），真腊贡物中有香料 6 万斤，暹罗有苏木 1 万斤，胡椒 1 万斤；③ 二十三年（1390），暹罗贡胡椒、苏木、降真等 171880 斤。④ 这些香料均是朝廷所需的高级消费品。据史料记载，仅太医院一次就需要香料 5170 斤。⑤ 正统初年（1438—1442），内府供应库岁用香蜡达到 3 万斤；弘治六年（1488）增至 8.5 万多斤，十六年（1503）又增至 20 万斤。⑥ 日本刀也是一种数量较大的进口商品，主要原因是日本刀锋利，国内外差价大，利润高。屈大均记述：

> 有曰日本刀者……以故光芒炫目，犀利逼人，切玉若泥，吹芒断毛发，久若发硎，不折不缺。⑦

据说，一把日本刀在日本仅值 800～1000 文，而明朝给价高达 5000 文。⑧ 故日本则以朝贡为名，将大批刀具输入广东以至中国各地，赚取巨利。据统计，宣德八年（1433），日本入贡刀 3052 把；景泰四年（1453），增至 9900 把；⑨ 成化二十年（1484），又增至 38610 把。⑩ 据研究统计，日本人 11 次入贡刀的总额达到 20 万把之多。⑪ 可见，日本从朝贡贸易中攫取的利润是相当巨大的。此外，在贡舶贸易中，还有一种特殊的贡物——奴隶。据史料记载，洪武十一年（1378），彭亨来贡番奴 6 人；十四年（1381），爪哇贡黑奴 300 人；十六年（1383），安南进贡阉竖 25 人。⑫ 这种把奴隶当作贡物的现象，表明东南亚国家直到 15 世纪还遗存着奴隶制的残余。⑬

以上是明代前期进行朝贡贸易时各个朝贡国家随朝贡而带来的货品。至于从各个国家进口的商品种类之多少则因国而异。现将从当时从广东贡道而来国家的进口商品列表如下（见表 3），以见一斑。

---

① 〔明〕严从简：《殊域周咨录》卷七《占城》。
② 《明太祖实录》卷一八三，洪武二十年七月乙巳。
③ 《明太祖实录》卷二〇一，洪武二十三年四月甲辰。
④ 《明宣宗实录》卷十九，宣德元年七月乙巳。
⑤ 《明代宗实录》卷二五一，景泰六年三月庚戌。
⑥ 《明孝宗实录》卷一九八，弘治十六年四月丁未。
⑦ 〔清〕屈大均：《广东新语》卷一六《器语·刀》。
⑧ ［日］木宫泰彦著，胡锡年译：《日中文化交流史》第 577 页，商务印书馆 1980 年版。
⑨ 《明代宗实录》卷二三六，景泰四年十二月甲申。
⑩ 〔明〕郑舜功：《日本一鉴·穷河话海》卷七《贡物》。
⑪ ［日］木宫泰彦著，胡锡年译：《日中文化交流史》第 575 页，商务印书馆 1980 年版。
⑫ 《明太祖实录》卷一二一，洪武十一年十二月丁未；卷一三九，洪武十四年十月辛巳；卷一五五，洪武十六年六月壬午。
⑬ 周积明：《略论明代初中期的"朝贡"与"赐赉"》，载《武汉师范学院学报》1983 年第 5 期。

表3　明代前期从广东进口的海外商品

朝贡国名	进口商品
暹罗	象、象牙、犀角、孔雀尾、翠毛、龟筒、六足龟、宝石、珊瑚、金戒指、片脑、米脑、糠脑、脑油、脑柴、檀香、速香、安息香、黄熟香、罗角斗香、乳香、树香、木香、乌香、丁香、蔷薇水、碗石、丁皮、阿魏、柴梗、藤黄、藤竭、硫黄、没药、乌爹泥、肉豆蔻、胡椒、白豆蔻、荜芨、苏木、乌木、大枫子、荔布、油红布、白缠头布、红撒哈剌布、红地纹节智布、红杜花头布、红边白暗花布、乍连花布、乌边葱白暗花布、细棋子花布、织人像花文打布、织杂丝打布、红花丝手巾、剪绒丝杂色红花被面、织人像杂色红花文丝缦
占城	象、象牙、犀、犀角、孔雀、孔雀尾、橘皮抹身香、熏衣香、奇南香、金银香、土降香、烧碎香、檀香、柏香、花藤香、龙脑、乌木、苏木、花梨、芜蔓番沙、红印花布、油红绵布、白绵布、圆壁花布、乌绵布、花红边缦、杂色缦、番花手巾、番花手帕、洗白布泥
爪哇	火鸡、鹦鹉、孔雀、孔雀尾、翠毛、鹤顶、犀角、象牙、玳瑁、龟筒、宝石、珍珠、蔷薇露、奇南香、檀香、麻藤香、速香、降香、木香、乳香、黄熟香、安息香、乌香、龙脑、丁皮、没药、肉豆蔻、藤竭、血竭、芦荟、阿魏、大枫子、番木鳖子、荜登茄、荜芨、闷虫药、黄蜡、番红木、乌爹泥、金刚子、碗石、锡、西洋铁、摺铁刀、铁枪、芯布、油红布、苏木、乌木、胡椒
满刺加	犀角、象牙、玳瑁、玛瑙珠、鹤顶、金母鹤项、珊瑚树、珊瑚珠、金镶戒指、鹦鹛、黑熊、黑猿、白鹿、锁服、撒哈剌、白芯布、姜黄布、撒都细布、西洋布、花缦、蔷薇露、栀子花、乌爹泥、苏合油、片脑、沉香、乳香、黄速香、金银香、降真香、紫檀香、丁香、树香、木香、没药、阿魏、大枫子、苏木、乌木、番锡、番盐、黑小厮
真腊	象、象牙、犀角、孔雀翎、宝石、土降香、苏木、乌木、黄花木、胡椒、黄蜡
苏禄	梅花脑、米脑、竹布、绵布、玳瑁、降香、苏木、胡椒、荜芨、黄蜡、番锡
浡泥	五色鹦鹉、倒挂鸟、孔雀、鹤顶、犀角、熊皮、生玳瑁、龟筒、宝石、珍珠、金戒指、金绦环、金银八宝器、梅花龙脑、米脑、糖脑、降香、沉速香、檀香、丁香、肉豆蔻、黄蜡、螺壳、西洋白布、黑小厮
锡兰	宝石、珊瑚、水晶、金戒指、撒哈剌、西洋细布、乳香、木香、树香、土檀香、没药、硫黄、藤竭、芦荟、乌木、胡椒、碗石、象
古里	宝石、珊瑚珠、琉璃瓶、宝铁刀、佛郎双刃刀、金系腰、锡、阿思膜达涂儿气、龙涎香、苏合油、乳香、檀香、木香、栀子花、胡椒、花毡单旧兰布、芯布、红丝花手巾、番花人马像物手巾、线结花靠枕
苏门答腊	马、犀牛、龙涎、宝石、玛瑙、水晶、石青、回回青、锡、硫黄、番刀弓、撒哈剌、梭眼、木香、丁香、降真香、沉速香、胡椒、苏木

资料来源：根据〔明〕申时行《（万历）明会典》卷一○五至一○八的资料编制。

从上表所列各国进口商品中也可以看到其商品结构情况。例如，从暹罗进口的商品中，香木等奢侈品约占50%，珍兽奇鸟等占16.6%，各种布料仅占26.3%，而这些布料完全是供贵族阶级消费的高级织物。这同样说明，当时明朝从国外进口商品是以奢侈品为主。

到了明中叶以后，由于西欧各国陷入战乱、灾荒、瘟疫之中，人口锐减，土地荒芜，农产量下降，加上"价格革命"的冲击，经济日益萧条，物价上涨，各类商品极为匮乏。在这种情况下，这些国家根本没有什么民生产品可以打进中国市场。因而这一时期广东海外贸易的进口商品结构发生了变化，除了各国的土特产如胡椒、苏木、象牙、檀香、沉香、葡萄酒、橄榄油等货物外，大量的白银作为流通手段输入中国广东及其他省份。也就是说，外国商人是携带大量白银来广东购买中国货物，再贩回国内去倾销的，正如王临亨所说：

> 西洋古里，其国乃西洋诸番之会，三四月间入中国市杂（集）物，转市日本诸国以觅利，满载皆阿堵物也。余驻省（广州）时，见有三舟至，舟各赍白金（银）三十万，投税司纳税，听其入城与百姓贸易。①

据统计，自万历十三年至十九年（1585—1591）的7年间，由欧洲经果阿运经澳门输入广州的白银约90万两。② 万历三十七年（1609），一位曾经营过25年东西方贸易的马德里商人说："葡萄牙人从里斯本运往果阿的白银，几乎全由澳门流入中国。"③

从日本长崎运经澳门输入广州的商品基本上也是白银。正如顾炎武所说："过洋之船……自倭回者。……日本无货，只有金银。"④ 据外文资料统计，万历八年至崇祯三年（1580—1630）的50年间，由长崎运入澳门的白银为50万～300万两。⑤

从墨西哥经菲律宾马尼拉运经澳门而入广东的商品有白银、苏木、棉花、蜂蜡和墨西哥洋红等，其中也是以白银占多数，计万历十四年（1586）前为34万比索（Pesos），万历十四年为50万比索，万历二十六年（1598）为80万～100万比索，万历三十年（1602）为200万比索，万历三十二年（1640）为250万比索，崇祯六年（1633）为200万比索。⑥ 从万历十五年至崇祯十三年（1587—1604）的53年间，运经澳门入中国的白银总计达到2025万比索，占马尼拉运入中国白银总数2942万比索的68.9%。⑦ 当其时"银至广州，揽头者就舶取之，分散于百工之肆，百工各为服食器物偿其值。承平

---

① 〔明〕王临亨：《粤剑编》卷三《志外夷》。
② C. R. Boxer, *The Great Ship from Amacon: Annals of Macao and the Old Japan Trade, 1555 – 1640*, p. 7, Lisbon, 1963.
③ C. R. Boxer, *The Great Ship from Amacon: Annals of Macao and the Old Japan Trade, 1555 – 1640*, p. 7, Lisbon, 1963.
④ 〔清〕顾炎武：《天下郡国利病书》卷九三《福建三》。
⑤ C. R. Boxer, *The Great Ship from Amacon: Annals of Macao and the Old Japan Trade, 1555 – 1640*, p. 144, Lisbon, 1963.
⑥ 参阅全汉昇《中国经济史论丛》第1册第444页，香港新亚研究所1972年版。
⑦ 参阅王士鹤《明后期中国—马尼拉—墨西哥贸易的发展》，载《地理集刊》1964年第7号。

时，商贾所得银，皆以易货度梅岭者，不以银捆载而北也。故东粤之银，出梅岭十而三四"①。

以上由三条航线运经澳门的数量如此巨大的白银，绝大多数是外国商人用于到广东购买中国货物的。曾有人统计过，仅葡萄牙商人每年两次到广州参加定期市交易，就会带 100 万～200 万两的白银订购货物，②然后由广州经澳门，把中国商品源源不断地输往世界各个国家和地区。这说明 16—17 世纪的国际贸易是以中国商品为主导的。所以说，中国是经济全球化的第一个发展阶段——商品贸易全球化的中心市场。

(二) 出口商品

朝贡贸易时期的出口商品表现在明朝对朝贡国家的"赏赉品"上。主要是丝绸、瓷器、铁器、棉布、铜钱、麝香、书籍等，其中尤以生丝、丝绸、棉布为最大宗。例如永乐九年（1411），明朝给满剌加国王拜里速苏剌的赐品中就有锦绮纱罗 300 匹、绢 1000 匹、浑金文绮 2 匹，又给王妃锦绮纱罗 60 匹、织金文绮纱罗衣裳 4 袭；永乐十五年（1417），给苏禄国东王、西王、峒王的赐品有文绮 200 匹、绢 300 匹，给朝鲜国王赐品有文绮表里 200 匹、纱罗绒锦 5000 匹。③至于铜钱，获得这种赏赐数量最多的是日本，例如，永乐三年（1405），明政府给日本国王源道义（即征夷大将军足利义满）赐铜钱 150 万文；第二年又赐给 1500 万文，给王妃赐 500 万文。④明朝赏赐日本"这笔钱币，对于日本国内钱币的流通，当然发生了很大影响，在日本货币史上和经济史上是特别值得注意的"⑤。

到了明中叶以后，市舶贸易的出口商品，其品种和数量比朝贡贸易的赏赉品更为繁多。据不完全统计，全国有 236 种之多，包括手工业品、农副产品、矿产品、动物和肉制品、干鲜果品、中草药品和文化用品等 8 大类，其中手工业品共 127 种，占总数一半以上。这就说明，明代中国的手工业产品在国际市场上具有很强的竞争力，并受到世界各国的称赞和欢迎。一位研究中国问题的西方作家曾经描述过：

中国人有世界上最好的粮食——米；最好的饮料——茶；最好的衣料——棉布、丝织品及皮货。拥有这些主要物品和数不尽的其他次要物产。⑥

这些商品主要是从广州经澳门出口运销到世界各地贸易的。现将从广州经澳门出口的商品及销售地区分述如下。

第一，从广州经澳门出口到印度、非洲和欧洲各国的商品有生丝、各种颜色细丝、各种颜色绸缎、各种陶瓷器、各种中草药、砂糖、金炼、黄铜、各种生活用品等数十

---

① 〔清〕屈大均：《广东新语》卷十五《货语·银》。
② 参阅王士鹤《明后期中国—马尼拉—墨西哥贸易的发展》，载《地理集刊》1964 年第 7 号。
③ 〔明〕王世贞：《弇山堂别集》卷七七《赏赉考下·四夷来朝之赏》。
④ 〔明〕王世贞：《弇山堂别集》卷十四《皇明异典述九·四夷王赏功之优》。
⑤ 〔日〕木宫泰彦著，胡锡年译：《日中文化交流史》第 580 页，商务印书馆 1980 年版。
⑥ Robert Hart, These from the Land of Sinim: Essays on the Chinese Question, p. 61, Palala Press, 1970.

种,其中以生丝和丝织品为最大宗。正如当时的外国资料所记载:

> 葡人在澳门、广州之贸易输出品以绢为大宗,每年由葡人输出之绢约计五千三百箱。每箱装缛缎百卷,薄织物一百五十卷。①
>
> 《葡属亚洲》一书断言,他们每年的出口达5300箱精制丝绸,每箱包括100匹丝绸、锦缎和150匹较轻的织物(卫国在他的《中国新地图集》中说有1300箱)。②

其中贩运到欧洲的绢有1300箱,葡萄牙人从中赢利甚巨。现将万历二十八年(1600)从广州经澳门出口的由葡萄牙商船运往印度果阿和欧洲的货物列表如下(见表4),则可看到出口商品的数量和利润率之梗概。

表4 万历二十八年(1600)广州经澳门出口运往印度、欧洲的货物

货物名称	数量	利润率/%	说明
白丝	1000担	150	
各种丝线	大量		广州售价每斤1.8~2两
各种绸缎	10000~20000匹		广州售价每匹4~7两
黄金	3~4担	80~90	
金炼	大量		
黄铜	500~600担	100	
水银	100担	70~80	
朱砂	500担	70~80	
黄铜手镯	2000担	100	广州售价每担5~6两
砂糖	200~300担	100~150	
麝香	6~7担	150	
茯苓	2000担	100~200	
樟脑	200担		
瓷器	大量	100~200	
床、桌	大量		
被单、帷帐	大量		
其他货物	大量		

资料来源:C. R. Boxer, *The Great Ship From Amacon: Annals of Macao and the Old Japan Trade, 1555 – 1640*, pp. 181 – 182; C. R. Boxer, *The Christian Century in Japan 1549 – 1650*, p. 110; E. H. Blair and R. A. Robertson, *The Philippine Islands 1493 – 1898*, Vol. 19, pp. 310 – 311.

---

① Anders Ljungstedt, *An Historical Sketch of the Portuguese Settlements in China and of the Roman Catholic Church and Mission in China*, Boston, 1836.

② [瑞典]龙思泰著,吴义雄等译:《早期澳门史》第100页,东方出版社1992年版。

从表4可知，第一，由广州经澳门出口到印度、欧洲的商品中，就价值而论是以丝货为最大宗。另据有关资料统计，在万历八年到十八年（1580—1590）的10年间，每年运往印度果阿的丝货为3000担，赢利达36万两；崇祯九年（1636）达到6000担，赢利达72万两。①

第二，从广州经澳门出口到日本的商品有白丝、丝织品、棉线、棉布、金、铅、锡、水银、红木、砂糖、麝香、茯苓、大黄、甘草等，数量也是相当大的。我们亦将万历二十八年（1600）从广州经澳门出口的由葡萄牙商船运往日本长崎的货物列表如下（见表5），以见一斑。

表5　万历二十八年（1600）广州经澳门出口往长崎货物

货物名称	数　　量	广州价格	长崎价格	利润率/%
白　丝	500～600担	每担银80两	每担银140～150两	75～87
各种丝线	400～500担	每担银140两	每担银370～400两	164～186
各种绸缎	1700～2000匹	每匹银1.1～1.4两	每匹银2.5～3两	111～127
棉线	200～300担	每担银7两	每担银16～18两	128～157
棉布	3000匹	每匹银0.28两	每匹银0.5～0.54两	80～90
黄金	3000～4000两	每两银5.4两	每两银7.8两	44
水银	150～200担	每担银40两	每担银90～92两	125～130
铅	2000担	每担银3两	每担银6.4两	113
白铅粉	500担	每担银2.7两	每担银6.5－7两	155～160
锡	500～600担	每担15比索		
糖	210～270担	每担银0.8～1两	每担银3.5～5.2两	100～200
麝香	2担	每担8比索	每担14～16比索	75～130
茯苓	500～600担	每担银1～1.1两	每担银4～5两	300～354
大黄	100担	每担银2.5两	每担银5两	100
甘草	150担	每担银3两	每担银9～10两	200～233
陶器	20000件			

资料来源：C. R. Boxer, *The Great Ship From Amacon*: *Annals of Macao and the Old Japan Trade*, 1555 - 1640, pp. 179 - 181; C. R. Boxer, *The Christian Century in Japan 1549 - 1650*, p. 109; E. H. Blair and J. A. Robertson, *The Philippine Islands*, 1493 - 1898, Vol. 19, pp. 310 - 311.

---

① C. R. Boxer, *The Great Ship from Amacon*: *Annals of Macao and the Old Japan Trade*, 1555 - 1640, p. 144, Lisbon, 1963.

上表所列 16 种出口商品，就其价值而论，也是以丝货为最大宗。据另外一个统计资料，崇祯年间（1628—1644），每年由广州经澳门输往长崎的生丝 2460 担，价值达 147.6 万两白银。[①] 葡萄牙商人从中赢利相当惊人。上述 16 种出口商品中，利润率超过 100% 的就有 10 种，其中茯苓的利润率超过 300%。

第三，从广州经澳门出口到菲律宾而转口运往拉丁美洲的商品有生丝、丝织品、线绢、瓷器、陶缸、铁锅、铁、铜、锡、铅、水银、砂糖、火药、棉布、面纱、硝、花生、栗子、枣子、麝香、白纸、色纸、母牛、母马、火腿、咸猪肉、花边、安石榴、梨、橙、蜜钱、墨、珠子串、宝石、蓝玉等数十种，数量也是相当大的。现将万历十四年至崇祯十七年（1586—1644）主要从广州经澳门出口到菲律宾商品价值统计列表如下（见表6），以见一斑。

表6　万历十四年至崇祯十七年（1586—1644）
从广州经澳门出口至菲律宾商品价值　　　　单位：比索

年　份	商品价值	年　份	商品价值
万历十四年至十八年 （1586—1590）	163633.3	万历四十四年至四十八年 （1616—1620）	630716
万历十九年至二十三年 （1591—1595）	735500	天启六年至崇祯三年 （1626—1630）	310383.3
万历二十四年至二十八年 （1596—1600）	805183.3	崇祯四年至八年 （1631—1635）	571396.6
万历二十九年至三十三年 （1601—1605）	101033.3	崇祯九年至十三年 （1636—1640）	458063
万历三十四年至三十八年 （1606—1610）	733176	崇祯十四年至十七年 （1641—1644）	309999
万历三十九年至四十三年 （1611—1615）	1074700		

资料来源：张铠《晚明中国市场与世界市场》（《中国史研究》1988 年第 3 期）。

与此同时，明代出口瓷器的数量也是相当多的。2007 年 6 月 9 日，渔民在汕头市南澳岛海域海底发现了沉没于万历年间（1573—1620）的"南澳一号"古沉船，船中被打捞出水的文物包括 3 万多件明代青花瓷的盘、碗、罐、碟、瓶、盖盅等，据专家估计，大多数是产自潮州和汕头民间瓷窑的瓷器（见图14）。这些出水文物是揭示明代广东海上丝绸之路高度发展的重要物证。

[①] C. R. Boxer, *The Great Ship from Amacon: Annals of Macao and the Old Japan Trade, 1555 – 1640*, pp. 17 – 18, Lisbon, 1963.

图 14 "南澳一号"出水的瓷器
(宋金峪摄,载《羊城晚报》2007 年 6 月 9 日)

表 6 所列的商品价值仅是市舶司的统计数字,实际输入菲律宾的商品价值当不止此数。因为当时从广州经澳门到菲律宾贸易者还有一部分是走私性质的,市舶司无法统计在内。所以,据另一个统计资料记载,崇祯三年(1630)以后,中国由广州经澳门输往菲律宾的货物总价值平均每年为 150 万比索,① 折合白银约 100 万两。其中也是以丝货为最大宗。正如萨拉查主教记述:

> 华商载来之货物除上举粮食之外,大部分为丝织品(花缎、黑色及有花样之锦缎、金银线织成之锦缎及其他制品)以及大批白色黑色棉衣裳。②

据统计,万历十六年(1588)以前,从广州经澳门出口到马尼拉的货物总价值为 22 万比索,其中丝货价值为 19 万比索;万历二十一年(1593)出口的丝货价值达到 25 万比索。③ 万历四十七年(1619)以后,葡萄牙商人几乎垄断了这条航线的丝货贸易,从中赢取了高额利润。从广州出口到马尼拉的生丝,集中在马尼拉市东北角被人们称为"生丝市场"的交易场所进行交易。外商十分赏识中国丝货。有一个目击者说:"从中国运来的各种丝货,以白色最受欢迎,其白如雪。欧洲没有一种出品能够比得上中国的

---

① 陈荆和:《十六世纪之菲律宾华侨》第 67 页,香港新亚研究所 1963 年版。
② 陈荆和:《十六世纪之菲律宾华侨》第 67 页,香港新亚研究所 1963 年版。
③ 参阅全汉昇《中国经济史论丛》第 1 册第 460 页,香港新亚研究所 1972 年版。

丝货。"① 中国的丝货运往墨西哥和拉丁美洲之后，当地的民众，特别是富有的上层人士争相购买享用。史称：

> 每年有一个接船带着几个小船，满载着银子与传教士，从阿卡普尔科起航；跨越太平洋至马尼拉；返航时则满载中国的丝绸和棉纱，这是美洲人士最热望购买的。②

> 墨西哥和拉丁美洲上层人士生活奢侈，拥有大量银元，他们特别醉心于中国的丝绸。中国丝绸质地优良、价格低廉、式样新颖、工艺精美，在拉丁美洲极为畅销。……中国仿制西班牙出产的绫子、缎子、斗篷、缎带等丝织品，精致美观，遍销全境。西班牙商人往往获利高达八倍到十倍。由于贸易额巨大，人争趋之。西班牙、墨西哥和秘鲁商人纷纷涌去购置中国货物，从马尼拉贩运中国货，成了西属美洲商人的主要谋生之道。以致墨西哥除了销售中国丝织品，不复销其他国家的纺织品。③

因此，墨西哥用于购买中国丝绸的白银即经马尼拉流入中国。史料记载：

> 在1565—1820年，墨西哥向马尼拉输送了白银4亿比索，绝大部分流入中国。④

五、市舶司管理制度的衰落

市舶司在中国唐、宋、元、明四个朝代都设置过，是类似今天海关性质的机构。市舶司制度大致包括市舶司机构职责范围和各种事务的各项具体规章办法。明代的市舶司设在浙江、福建、广东三省。其中，浙江、福建两市舶司常有罢革，只有广东市舶司建制相对稳定，具有历史的整体性，而且其管理的广东海上丝绸之路的对外贸易最为兴盛，所以广东市舶司制度具有典型意义，特阐述如下。

（一）市舶司的机构设置

洪武三年（1370），明政府设置浙江、福建、广东三处市舶司负责管理对外通商，并规定："宁波通日本，泉州通琉球，广州通占城、暹罗、西洋诸国。"⑤ 广东市舶司衙

---

① ［美］菲律乔治著，薛澄清译：《西班牙与漳州之初期通商》，载《南洋问题资料译丛》1957年第4期。
② F. A. Kirkpatrick, *Latir America: A Brief History*, p. 28, Cambridge, 1938.
③ 转引自李春辉《拉丁美洲史稿》上册第326页，商务印书馆1983年版。
④ ［英］普什尔：《东南亚的华侨》，转引自李春辉《拉丁美洲史稿》上册第329页，商务印书馆1983年版。
⑤ 《明史》卷八一《食货志五·市舶》。

门设在广州"府城外西南一里，即宋市舶亭海山楼故址（今北京南路和东横街交界处）"①。至嘉靖四十一年（1562），郑若曾著《筹海图编》13卷，仍然记载广东"市舶提举司提举，驻扎广州"。可见《明史》卷三二五和《澳门纪略》卷上所记"正德时，移于高州之电白县。嘉靖十四年……移之濠镜"有误。洪武七年（1374），因朱元璋厉行海禁，广东、浙江、福建市舶司同时废止。永乐元年（1403），广东市舶司恢复，以后一直未被罢革，是明代保持时间最长的一个市舶司。而且到了嘉靖三十二年（1553），葡萄牙人进入及租居澳门后，鉴于澳门对外贸易的日益发展，广东市舶司在澳门还设立了一个下属机构。澳门史专家张天泽指出：

  中国人在澳门设了一个市舶司，以征收进出口商税和舶税。每当船只到港，检查官就通知市舶司官员，将一份船货清单呈交给他们。待日期确定后，市舶使或其代表在检查官和船长陪同下，登船丈量船体。舶税的数额取决于船只的大小。如果是葡萄牙的战舰，那么免征丈量船体的舶税。经过丈量后，船货便得进行估价纳税。然后，货物始能载往国外，或运至广州销售。船只离开时，须再通知市舶司官员。市舶税收均向广州地方府库上缴。②

由此可见，共同负责管理澳门对外贸易事务的是广东市舶提举司、澳门海防同知和香山知县，终明之世不变。史称：

  万历中，督抚奏请就其聚庐中大街，中贯四维，各树高栅，榜以"畏威怀德"，分左右定其门籍，以《旅獒》"明王慎德，四译咸宾，无有远迩，毕献方物，服食器用"二十个字，分东西各十号，使互相维系讥察，毋得容奸，听海防同知及市舶提举司纳束。③

广东市舶司的官制至永乐元年（1403）才系统地确定和建立。据《明太宗实录》记述：

  设市舶提举司，隶布政司。每司置提举一员，从五品；副提举二员，从六品；吏目一员，从九品。④

当时出任广东市舶司提举者，一般情况下是从科举士人中选任。现将永乐元年至崇祯末年（1403—1644）历任广东市舶司提举列表如下（见表7），以见一斑。

---

① 《嘉靖广东通志》卷二八《政事志一·公署上》。《明史》卷八一《食货志五·市舶》记：市舶司"设置广州城内一里，即宋市舶亭海山楼故址"，应是同一个地方。
② 张天泽著，姚楠、钱江译：《中葡早期通商史》第117页，中华书局香港分局1988年版。
③ 《康熙香山县志》卷十《外志·澳夷》。
④ 《明太宗实录》卷二二，永乐元年八月丁巳。

表7　明代历任广东市舶司提举

提举姓名	籍贯	出身	出任时间	资料来源
潘定复	不详	士人	永乐元年（1403）	《嘉靖广东通志》卷二八
张深	四川	监生	永乐九年（1411）	《嘉靖广东通志》卷四九
卢善敬	不详	不详	永乐十七年（1419）	《民国博罗县志》卷七
陈和	江苏淮安	监生	正统七年（1442）	《雍正广东通志》卷二七
祝仪	山东兖州	监生	景泰二年（1451）	《雍正广东通志》卷二七
祝应韶	不详	士人	景泰某年	《嘉靖广东通志》卷二八
许贵	江西吉安	监生	天顺七年（1463）	《雍正广东通志》卷二七
陶薰	广西玉林	监生	成化四年（1468）	《明宪宗实录》卷二〇七
江朝宗	四川巴县	进士	成化十五年（1479）	《明宪宗实录》卷一九〇
赵玹	不详	不详	成化二十一年（1485）	《明宪宗实录》卷二六六
陈祥	不详	不详	成化末年	《明孝宗实录》卷十二
陈文周	不详	不详	正德年间（1506—1521）	《海虞文征》卷二一
王宗瀿	福建晋江	进士	嘉靖十七年（1538）	《嘉庆大埔县志》卷三
姚生文	浙江仁和	贡生	崇祯末年	《道光广东通志》卷二四六

广东市舶司除了上述的提举、副提举等官员外，还有由北京派来的宦官出任的市舶太监。永乐元年（1403），朝廷首次恢复广东市舶司时，明成祖就决定任用"内臣齐喜提督广东市舶司"。齐喜遂成为明朝首位市舶太监。这样一来，在广东市舶司机构内就形成了两套权力系统：一套是以提举、副提举、吏目为系统的职责权力；另一套是以太监为系统的监督权力。但是，按照原来的规定，市舶司的职责权力系统是隶属于广东布政司的，而市舶太监却是皇帝私人的代表。于是，在明代君主中央专制极端发展的情况下，市舶提举的行政权力往往被市舶太监剥夺。因而，在嘉靖以前形成了"内官总管，提举官惟领簿而已"① 的格局。所以市舶太监逐渐成为明朝中后期的一项重要制度。设有市舶太监的公署即市舶太监府，或称"提督市舶衙门""市舶公馆""市舶内臣公馆"等。洪武三年（1370），广州古药洲奉真观被改为市舶公馆，嘉靖年间（1522—1566），有5个正厅、3条穿廊、5间后厅、22间左右厢房、3间仪门厅、2间东西耳房、3间大门，② 规模比广东市舶提举司衙门大得多，官员亦比市舶司多，计有征金殷实户47名，军殷实户37名，脚夫、跟班、皂隶若干名。③ 出任过广东市舶司市舶太监者有10人，

---

① 《嘉靖广东通志》卷六六《外志三·夷情上》。
② 《嘉靖广东通志》卷二八《政事志一·公署上》。
③ 〔明〕彭韶：《彭惠安集》卷一《奏议》。

现列表如下（见表8）。

表8　明代历任广东市舶司市舶太监

市舶太监姓名	籍贯	出任时间	资料来源
齐喜	不详	永乐元年（1403）	《皇明从信录》卷三
杜乔	不详	天顺元年（1457）	《同治番禺县志》卷三十
韦眷	广西宜山	成化十一年至弘治年初（1475—1489）	《明史》卷一六四
王宣	不详	弘治八年（1495）	《明孝宗实录》卷一〇四
熊宣	不详	正德四年（1509）	《明武宗实录》卷四八
毕真	不详	正德四年（1509）后	《明史》卷八一
梁参	不详	正德六年（1511）	《明武宗实录》卷七十
曹宏	直隶保定	正德六年（1511）	《明武宗实录》卷一二五
牛荣	不详	嘉靖元年（1522）	《明史》卷三二四
李凤	云南	万历二十七年至四十二年（1599—1614）	《明史》卷二四二

由于广东市舶司存在提举和市舶太监两套权力系统（浙江、福建市舶司同样如此），所以在管理广东丝绸之路的海外贸易事务的过程中，两者必然经常发生矛盾甚至争权夺利，而市舶太监则以皇帝私人代表的身份，攫取管理海外贸易的各种事权，造成广东海外贸易和市舶管理的许多弊端。特别是在成化十年至弘治二年（1474—1489）和万历二十七年至四十二年（1599—1614）两个时期，把持广东市舶太监一职的韦眷和李凤，更是借皇帝"专敕行事"①的特权，严重干预和破坏市舶司的职权和正常运作秩序，甚至知法犯法，"勾夷""通夷"，接受贿赂、鲸吞豪夺、肆意贪污，戮杀海商以至残害妇女，阻碍广东海上丝绸之路贸易的发展和社会经济的进步。②特别是到了成化末年至弘治初年，市舶太监又获得了"提督沿海"③和"兼管珠池"④的权力，更是无所不管、无恶不作，引起朝野的强烈反对，官员纷纷上奏弹劾和要求裁革市舶太监。嘉靖九年（1530），广东巡抚林富疏奏"乞革珠池、市舶内臣"，建议广东市舶事务由"巡视海道副使代管，待有番舶至澳，即同提举等官，督率各该管官军严加巡逻"，"礼部遂请罢市舶"。⑤嘉靖十一年（1532）五月，朝廷允准"革去中官"，史称：

---

① 《明史》卷二三七《包见捷传》。
② 四川师范大学历史系王川教授的博士论文《市舶太监与南海贸易》（香港天马图书有限公司2001年版）对韦眷、李凤等市舶太监的精辟论证，值得参考。
③ 〔明〕王世贞《弇山堂别集》卷九九《中官考十》。
④ 《道光广东通志》卷二四三《周孟中传》。
⑤ 〔明〕严从简：《殊域周咨录》卷二《日本国》。

嘉靖十一年五月，巡抚林有孚疏言：镇守内臣之害，兵部尚书李承勋复议，大学士张孚敬力持之，遂革镇守，并市舶守、珠池内臣皆革之，一时称快。①

这么一来，广东市舶司大权又重新由省、县掌管。正如时人严从简记述：

今市舶革去中官，舶至澳，遣各府佐县正之有廉干者往抽分货物，提举司官吏亦无所预。②

此后，广东市舶司一度由番舶停靠港口的地方官员主持抽分事务。例如嘉靖十七年（1538），番禺知县李恺曾主持对暹罗等国家的番舶抽分。嘉靖末年，广东海道也曾经负责对番舶的抽分事务，史称：

是年春，东莞兵变，楼船鼓行，直达省城下，……汤总兵克宽与战，连败绩，乃使诱濠镜澳夷人，约以免其抽分，令助攻之。……已夷平贼，汤剿为己功，海道抽分如故。③

但是，到了万历朝中期，市舶司又"以中官领职如故"④。结果，市舶太监卷土重来，把持广东市舶司。万历二十七年（1599），市舶太监李凤到广东市舶司任职，直到万历四十二年（1614）病死于任上，成为明代广东市舶司最后一任市舶太监。到了明后期，澳门已经发展成为广东海上丝绸之路广州港的外港和东西方国家进行国际大三角贸易的中继港，其市舶事务由广东市舶提举司官员、澳门海防同知和香山知县共同进行管理。

（二）市舶司的职责

关于市舶司的职责，朱明王朝一开始就有明确规定，即：

掌海外诸番朝贡市易之事。辨其使人表文勘合之真伪，禁通番，征私货，平交易，闭其出入而慎毂之。⑤

按此，将广东市舶司的职责分述如下。

1. 辨勘合

所谓"勘合"者，是明王朝发给海外国家来中国进行朝贡贸易的一种"凭证"。辨

---

① 〔清〕梁廷枏：《粤海关志》卷三《前代事实二》。《万历广东通志》卷七《藩省志·省署》记："嘉靖十年革去市舶内官"。
② 〔明〕严从简：《殊域周咨录》卷九《佛郎机》。
③ 〔明〕叶权：《贤博编·游岭南记》。
④ 《明史》卷八一《食货志五·市舶》。
⑤ 《明史》卷七五《职官志四·提举市舶司》。

勘合的目的是区别官方贸易和民间私人贸易的船舶,以此来维系官方的朝贡贸易的运作。史称:

> 勘合给于四夷,起于洪武壬戌。时以外夷入贡真伪难辨,乃以礼部立勘合文簿给与暹罗、占城、琉球等五十九处。凡入贡旷赉给勘合于各自布政使司,比对相同,然后发遣。①

郑舜功所记勘合内容基本如此,但勘合伊始年份有误,按《明太祖实录》记载应是"洪武癸亥"(洪武十六年,即1383)。《明会典》亦记为此年代,而且将勘合始发暹罗及勘合内容记述得更清楚缜密:

> 凡勘合号簿,洪武十六年始给暹罗国,以后渐及诸国。每国,勘合二百道,号簿四扇。如暹罗国暹字号勘合一百道及暹罗字号底簿各一扇,俱送府内。罗字勘合一百道及暹字簿一扇,发本国收填。罗字号簿一扇,发广东布政司收比。余国亦如之,每改元则更造换给。②

这一批勘合发给的国家共15个,即:暹罗、日本、占城、爪哇、满剌加、真腊、苏禄国东王、苏禄国西王、苏禄国峒王、柯枝、浡泥、锡兰山、古里、苏门答腊、古麻剌。③

关于勘合的式样,据日本学者藤冢礼之助的考证,其是一种长80厘米、宽35厘米的纸片,上面有朱墨印"×字×号"骑缝章,一半为勘合,一半为底部。④ 勘合还规定了各国入贡的贡期、贡舶、贡道和人数等。洪武八年(1375),明政府规定各国"三年一来朝"⑤,以后政策有所变化。按《明会典》记载,安南、占城、高丽、真腊、爪哇等国是三年一朝贡;琉球是两年一朝贡;暹罗是六年一朝贡;日本是十年一朝贡。

贡舶数量,宣德时规定"舟毋过三艘"⑥,一般是一艘,人数每船100人,至多不超过150人。日本入贡的人数多一些:永乐时规定毋过200人,宣德时毋过300人,嘉靖二十九年(1550)又规定"日本贡舶,每船水夫七十名,三船共计水夫二百一十名,正副使二员,居坐六员,士官五员,从僧七员,从商不过六十人"。⑦ 同时,规定上述真腊、暹罗、占城等国均由广州入贡。贡使到广州后,经广东布政使司核对底簿后,由市舶司派员随同护送至北京,再与北京礼部存档的勘合及底簿进行核对鉴定,两者朱墨、字号无误后,贡舶才能驶进广州港口。回国时,又要将赠送的物件逐一记在勘合

---

① 〔明〕郑舜功:《日本一鉴·穷河话海》卷七《表章》。
② 〔明〕申时行:《(万历)明会典》卷一〇八《朝贡四》。
③ 〔明〕申时行:《(万历)明会典》卷一〇八《朝贡四》。
④ 〔日〕藤冢礼之助:《日中交流两千年》(改订版)第196页,日本东海大学出版社1988年版。
⑤ 《明太祖实录》卷一百,洪武八年六月甲午。
⑥ 〔明〕严从简:《殊域周咨录》卷二《东夷》。
⑦ 〔明〕申时行:《(万历)明会典》卷一〇五《朝贡一》。

上，以后发给其他国家和地区的勘合与暹罗的基本相同。贡使回程抵达广州后，由广东布政使司出面接待并宴请，然后欢送回国。广东市舶司为了迎来送往朝贡国家的使节，早在永乐三年（1405）复置广东市舶司时，按明朝廷关于"以诸番贡使益多，乃置驿于福建、浙江、广东三市舶司以馆之：福建曰来远，浙江曰安远，广东曰怀远"①的要求，在"广州城砚子步，建屋一百二十间，以居番人"②，名曰怀远驿。驿内画栋雕梁，古朴典雅，供外国商人居住和洽谈生意。

2. 征私货

明政府将朝贡贸易舶船的货物分为贡品和私货两大类。贡品是朝贡国家上贡给明王朝的礼物，市舶司是不能征税的；私货则是朝贡国家王室以至其他私商附于朝贡贸易船舶带来贸易的货物。对于这部分私货，在明初至弘治年间（1368—1550）的182年间，明政府为了宣示其"怀柔远人"的政策，也是"悉蠲其税"的。正如时人黄佐记述：

> 布政司案查得，正统年间以迄弘治，节年俱无抽分。③

这种私货起初统由市舶司实行"给价收买"和"官抽六分"④的办法收购，可是市舶司后来发现朝贡贸易舶船带来的私货越来越多，价格亦很高，"给价收买"制度日益成为明朝财政上的累赘。于是到明中叶，市舶司不得不对私货实行抽分制度，向私货征税。正德四年（1602），广东市舶司开始对私货实行抽分制。史称：

> 惟正德四年，该（广东）镇巡等官都御史陈金等题，将暹罗、满剌加国并吉阐国夷船货物俱以十抽三。⑤

这显然是对外船进口货物征收30%的进口税。到了正德十二年（1517），陈金和副使吴廷举重申抽分制，得户部批准，将税率改为20%。史称：

> 旧制……其番商私赍货物入为易市者，舟至水次，悉封籍之，抽其十二，乃听贸易。⑥

从此以后，这种20%税率就形成了制度。但是抽分制的实行，意味着明政府对贡舶贸易的政策已发生动摇，预示着贡舶贸易走向衰亡。从此，明廷对商舶贸易的管理，主要采取征税办法。其征收的具体形式有四种。

---

① 《明史》卷八一《食货志五·市舶》。
② 〔清〕顾炎武：《天下郡国利病书》卷一二〇《海外诸蕃》。
③ 《嘉靖广东通志》卷六六《外志三·夷情上》。
④ 《明太祖实录》卷四五，洪武二年九月壬子。
⑤ 《嘉靖广东通志》卷六六《外志三·夷情上》。
⑥ 《嘉靖广东通志》卷六六《外志三·夷情上》。

第一，引税。明政府规定，凡海商从广州出海贸易，必须首先领取"引票"（通行证）。引票上写明经商者的姓名、籍贯、住址、年貌、商船计划到达的国家和地区、回销日期以及限定的器械、货物名称等，毋得遗漏。然后交纳引税。引税数目是：凡往东西洋者，每引税银3两，后增至6两。每次请引以100张为限，万历二十七年（1599）又准增至110张。出海时，又由市舶司派员登船验引，以防止夹带违禁物品及兵器出口，无此情形者才准予开航。

第二，水饷。水饷又称"丈抽法"，是以船的广狭为准，按船只的尺寸大小征收船税。如行西洋船，船阔1丈6尺以上者，每尺抽税银5两，一船共抽银80两，然后船每加大1尺者，加征银5钱，详细标准如表9所示。

表9　明代商船水饷征收标准

船阔	每尺抽银数/两	一船共抽银数/两
1丈6尺以上	5	80
1丈7尺以上	5.5	93.5
1丈8尺以上	6	103
1丈9尺以上	6.5	123.5
2丈以上	7	140
2丈1尺以上	7.5	157.5
2丈2尺以上	8	176
2丈3尺以上	8.5	195.5
2丈4尺以上	9	216
2丈5尺以上	9.5	237.5
2丈6尺以上	10	260

资料来源：〔明〕张燮《东西洋考》卷七《饷税考》。

上表说明，水饷是采取累进税率进行征收的，往东洋的船，因其体积较小，故按西洋船丈尺税标准"抽十分之七"，即减收30%。

第三，陆饷，即商品进口税。这是按进口货物之多寡或价值高低计算，征之于购买进口货物的铺商。万历三年（1575），初定各种船货抽税则例；十七年（1589），因货物高下、时价不齐，进行厘正。即有的按货物多寡征收从量税，有的按货物价值高低征收从价税，有的又按货物的上、中、下等则征税。四十三年（1615），又制定新的抽税则例，降低税率。据史料记载，除了苏木、犀角、番藤、交趾绢四种商品的进口税稍为增加外，其余79种商品的进口税均比万历十七年（1589）降低15%～20%。

第四，加征饷。这是专门向从吕宋回广东的商船征收的商舶税，一般由船主交纳。因为当时中国海商到吕宋去贸易，回程携带货物极少，而是运回大量的墨西哥鹰洋银元，这样就无从征收货物进口税。为弥补这一损失，明政府特规定，凡是从吕宋回来的商船,除征收水、陆饷外,"每船更追银百五十两,谓之加征"。① 后因海商极力反对,万历十八年(1590)又减为120两。

上述明代广东市舶司在广东所征之各种税收全是以货币形式征收的。从抽分实物税到征收货币税,这可以说是中国关税制度的重大进步,它表明明代中期后,随着海上丝绸之路市舶贸易的发展,具有近代性质的关税也开始露其端倪了。

3. 平交易

平交易,是指市舶司对外国商人与中国商人的贸易活动进行管理的职责。在正德三年(1508)之前,市舶司对朝贡国家带来的私货采用一种临时性质的"博买"方式,而且是在地方官吏监督下进行的。这是承袭宋代对进口商品采取直接控制的一种专买方式。但正德四年(1509),由于实行抽分制,市舶司就不再直接管理此事,而是设牙行与民贸易。史称:

> 凡外夷朝贡者,我朝皆设市舶司领之。在广东者,专为占城、暹罗诸番而设……其来也,许带方物,官设牙行与民贸易,谓之互市,明矣。②

这种官设牙行,是由"有抵业人户充当",发给他们"印信文簿,附写客商船户贯姓名、路引字号、货物数目,每月赴官查照"。③

于是,牙行成为广东市舶司港口中外商人互市贸易扩大发展的产物,实际上成为市舶司对番舶贸易的具体管理者,其具体管理事务有:

第一,番舶抵港口后,由牙行验货,并代为报官;

第二,市舶司对番货抽分后,由牙行评价,并介绍买卖;

第三,具体负责番货市场的有关事务管理。

这就说明,这种官牙已经脱离附属于市舶司的地位,开始代替市舶司执行管理贸易的职责,并且逐步控制与垄断海外贸易。据史料记载,嘉靖三十四年(1555),葡萄牙商船来广州贸易时,发现"商业的利源,是被原籍属于广州、徽州(安徽)、泉州(福建)三处的十三家商号垄断着"④。正如一则外国文献所记载:

> 当(外夷)帆船到达后,通知于广东的地方官。广东的评价者(Valuers)就来估价货物。然而他们(评价者)是和中国批发商人一起评价货物价格的。他们征收的税很高:胡椒20%,染木不少于50%,其他商品10%。整船还要交纳一种固定的吨位税(Tonnage tax)。然而,皮雷斯(Pires)并不认为过高的税率与马六甲商人的货物在中国赚取大量利润有关。按照他的意思,并不存在勒索。评价者或本身就是商人,或为商人的联手。显然,他们是为自身利益以及政府利益而活动。

---

① 〔明〕张燮:《东西洋考》卷七《饷税考》。
② 〔明〕郑若曾:《筹海图编》卷十二《开互市》;〔明〕王圻:《续文献通考》卷三一《市籴考》。
③ 〔明〕舒化等:《大明律例附例》卷十,载《玄览堂丛书》第3集第16册。
④ 〔法〕裴化行著,肖濬华译:《天主教十六世纪在华传教志》第94页,商务印书馆1936年版。

他们是税的接受者,然而他们自己也买胡椒,那是属于能自由贸易的货物。这种起着半官方作用的评价者带来那些马来人必须购回的一定数量的合适货物。

同时,他们供给马六甲船队粮食。据皮雷斯的记载,没有诓骗。然而,商人从大陆运输商品和粮食到船舶停泊处的利润,不是微不足道的,而是徘徊在30%至50%之间。在这中国评价商人(Merchant-Valuers)与马六甲半官方商人固定价格委员会之间,一定存在着某种协定。①

从这段史料可以看到,这些广东的评价者,有的"本身就是商人",或者是与商人有密切关系。他们既在中外商人贸易中评议物价,居间买卖双方,又是代官府征收进口关税(关税接受者)。同时,这些评价者也参与同外国商人的贸易活动。这种情况说明,明代后期的广东牙行商人已在代表市舶司掌管海外贸易的部分权力,即执行市舶司"平交易"的职务,但制度仍不健全,而且弊端百出,正如时人严从简所记述的:

夷货之至,各有接引之家,先将重价者私相交易,或去一半,或去六七。而后牙人以货报官……则其所存以为官市者,又几何哉!②

为了整顿这种官牙制度,嘉靖三十五年(1556),广东海道副使汪柏"乃立客纲纪,以广人及徽、泉等商人为之"③。所谓"客纲""客纪",也就是牙行组织的"纲"和"纪"。"纲"即主持其事者,"纪"即是牙行的经纪人。由这些人组成牙行去管理当时的番舶贸易。

隆庆改元,部分开放海禁,广东私人贸易风起云涌,官牙因此被纯粹的商业团体——三十六行所代替了。

(三) 市舶司的终结

从上面所述,显而易见,明代市舶司制度已"呈现变态"。④ 这种"变态"主要表现在明代前期与后期市舶司制度演变的特点和作用上。而且在演变过程中,具有900多年历史的市舶司制度也走上了瓦解的道路。下面我们分析明代市舶司制度前后期的演变进程的特点。⑤

1. 明代前期(1368—1556)的市舶司制度

这是明朝实行贡舶贸易时期建立起来的市舶司制度,与宋元两朝相比较,具有显著

---

① M. A. P. Meilink-Roelofsz, *Asian Trade and European Influence in the Indonesian Archipelago between 1500 and about 1630*, pp. 77 - 78, The Hague, 1962.
② 〔明〕严从简:《殊域周咨录》卷八《暹罗》。
③ 《嘉靖广东通志》卷六八《外志五·夷情下》。
④ 李剑农:《宋元明经济史稿》第161页,生活·读书·新知三联书店1957年版。
⑤ 此目较多地参考和吸收陈尚胜教授的研究成果。在此致谢!详见陈尚胜《闭关与开放》第147 - 165页,山东人民出版社1993年版。

的特点。

第一,设立市舶司的目的是"怀柔远人"。

宋元两代,封建朝廷实行开放对外贸易的政策,因此,设置市舶司的目的是"使商贾懋迁","以助国用"。① 正如宋高宗本人所说:

> 市舶之利,颇助国用,宜循旧法,以招徕远人,阜通货贿。②

到了明代,统治者实行"时禁时开,以禁为主"的对外贸易政策,所以设立市舶司的目的是"通夷情、抑奸商,俾法禁有所施,因以消其衅隙"③,即通过市舶司来执行海禁政策,以便将海外贸易置于官府垄断的朝贡贸易系统的严格控制之下。

正是由于明朝建置市舶司是出于"怀柔远人"的政治目的,其职责仅是"专管进贡方物,柔待远人"④。同时,明政府只准外国官方贡舶在广东与中方贸易,不准外国私商进来贸易,更禁止国内商人出海贸易。这与宋元时期市舶司"掌蕃货海舶征榷贸易之事,以来远人,通远物"⑤ 相比,就大相径庭了。

第二,市舶司官员配备职级下降。

宋代市舶司提举的职级较高,一般由转运使兼任或另设专官,而且是"多儒绅,为名吏者众"⑥。宋高宗认为:

> 提举市舶官轴委奇非轻,若用非其人,则措置失当,海商不至矣。⑦

元朝更以高官兼任提举。⑧ 但是,明代的提举等官员职级却下降了。提举仅是从五品,仅相当于散州的知州;副提举从六品,仅相当于州的同知、布政使司经历、问理等官职,属地方的中级官吏。市舶司官卑职微,隶属于布政使司,无权过问镇巡等地方官掌管的非进贡国商船事宜。特别是明成祖设置市舶太监之后,这些中官私占役户,横取财贿,骚扰商人,无恶不作,与地方官吏的斗争十分激烈。例如,在对非进贡国商船征税时,市舶太监与镇巡官互相公开争夺。正德四年(1509),有一艘外国商船遇风暴漂泊到广东沿海港口,镇巡官会议征收其货物税以充军需。市舶太监熊宣获悉此事后准备干预以揽取税利,即奏请朝廷。礼部坚决反对及阻止,并撤了熊宣市舶太监之职,以毕真代之。但毕真到任后,仍要求管理非进贡国商船的征税,礼部同样反对和阻止。⑨ 两者相争鹿死谁手姑且不论,但对非进贡国商船实行抽分征税,已经从根本上否定了朝贡

---

① 〔清〕徐松:《宋会要辑稿·职官四四》。
② 〔清〕徐松:《宋会要辑稿·职官四四》。
③ 《明史》卷八一《食货志五·市舶》。
④ 《福建市舶提举司志·沿革》。
⑤ 《宋史》卷一六七《职官志七·提举市舶司》。
⑥ 〔清〕徐松:《宋会要辑稿·职官四四》。
⑦ 〔清〕徐松:《宋会要辑稿·职官四四》。
⑧ 《元史》卷九四《食货志二·市舶》。
⑨ 《明武宗实录》卷六五,正德五年七月壬午。

贸易"有贡舶即有互市，非入贡即不许互市"的原则，"无论是期非期，是贡非贡，则分贡与市为二，不必俟贡而常可以来互市矣"。① 这样就使朝贡贸易在某种程度上发生了质的变化，即由官方之间的贸易变成官方与私人之间的贸易。

2. 明代后期（1567—1644）的市舶司制度

自正德初年伊始，明朝廷对原来市舶司的一些规章和办法进行了改革，同时增设了一些管理海外贸易的机构，使此时期的市舶司制度与前期有所变化。

第一，市舶司以增加财政收入的经济目的为己任。

正德三年（1508），广东市舶司开始实行抽分制，目的不再是"怀柔远人"，而是为了解决广东军饷不支和地方政府财政困难，即"岁可得银数万两，以充军国之用"②。两广总督林富在论述有关税的番舶贸易时说得更清楚：

> 旧规，番舶朝贡之外，抽解（私货）俱有则例，足供御用。此其利之大者，一也；番货抽分解京之外，悉充军饷。今两广用兵连年，库藏日耗，藉此可以充羡而备不虞。此其利之大，二也；广西一省，全仰给于广东。今小有征发，即措办不前。虽折俸折米，久已缺乏，科扰于民，计所不免。查得旧番舶通时，公私饶给。在库番货，旬月可得银数万两。此其利之大者，三也；贸易旧例，有司择其良者如价给之。其次咨民买卖，故小民持一钱之货，即得握椒，展转交易，可以自肥。广东旧称富庶，良以此耳。此其利之大者，四也，助国给军，即有赖焉，而在官在民，又无不给……③

正是出于解决"助国军给"的经济目的，在明代后期，广东市舶司逐步建立和完备由抽分制到丈抽制、由实物税到货币税、由进口关税到出口关税的市舶司关税制度。而丈抽制的实行使国家的税收大增。万历三十年（1602），广东市舶司征收的舶税达到饷银4万余两。④ 这些关税收入，除上缴官库的部分外，其余的则留地方充作军事开支。正如明人肖彦记述：

> 广州夸（夷）船税每年二万两解司充饷，余则存留该府备之食兵。⑤

第二，市舶司管理权力分解，导致市舶司制度终结。

明代后期，随着私人海商贸易的日益发展，特别是广东澳门口岸"聚海外杂番、广通贸易，至万余人"⑥ 的繁盛态势，市舶司就不再像明前期那样身兼市舶司和外贸管理

---

① 〔明〕王圻：《续文献通考》卷三一《市籴考》。
② 〔明〕郑若曾：《筹海图编》卷四《福建事宜》。
③ 〔明〕林富：《两广疏略》。
④ 梁方仲：《明代国际贸易与银的输出入》，载《梁方仲经济史论文集》，中华书局1989年版。
⑤ 转引自梁方仲《明代国际贸易与银的输出入》，载《梁方仲经济史论文集》，中华书局1989年版。
⑥ 《明史》卷三二五《外国传六·佛郎机》。

双重职能，只保留对进出口商舶进行检查和征收关税的职能。而"平交易"（对外贸易）的职能就由在外贸市场居间贸易的牙人代行。明政府为了控制这种业已发展的市舶贸易，不得不"官设牙行，与民贸易"。但这么一来，官牙就逐步取得了海外贸易的垄断权，更有三十六行代市舶司提举主持海外贸易和代理收税之事，史称：

> 粤中惟广州各县悉富庶，次则潮州，又次则肇。……广属香山（澳门），为海舶出入喉咙，每一船至，常持万金，并海外珍异诸物，多有至数万者。先报本县，申达藩司，令市舶提举同县官盘验，各有长例。而额外隐漏，所得不赀，其报官纳税者，不过十之二三而已。……继而三十六行领银，提举悉十而取一，盖安坐而得，无簿书刑杖之劳……①

由此看出：第一，三十六行既代理对外贸易事务，又代征关税；第二，海舶出入澳门港，先报地方官府，并由提举同县官盘验，甚至"船至澳，遣知县有廉干者，往船抽盘，提举司官吏亦无预"，说明抽查事务由知县负责。加上嘉靖中叶曾经一度革去市舶太监等，十分明显，市舶司制度已全面遭到破坏和衰落，市舶司机构已形同虚设。崇祯十七年（1644），明朝灭亡，在中国历史上维持时间最长的广东市舶司制度（也是中国市舶司制度）寿终正寝。到了清朝，便出现了行政管理和对外贸易分离的近代粤海关管理制度与广东十三行行商经营管理海外贸易的制度。

六、海上丝绸之路促进广东社会经济的发展

海上丝绸之路最重要的内容就是对外贸易。而对外贸易属于交换的范畴，就其一切要素来说，是由社会生产决定的。但作为生产过程中的一个阶段的交换，并不仅仅是一个消极的被决定的因素，在一定条件下，交换也能对生产起反作用，甚至起巨大的推动作用或阻碍作用。不断扩大的生产，需要不断扩大的市场；反之，不断扩大的市场，又能促进生产的发展，甚至引起整个社会经济、政治、思想和文化的变异。明代广东海上丝绸之路贸易的高度发展，必然对当时广东以至全国的政治、经济、思想和文化产生影响，发挥它的"经济增长的发动机"（Engine for growth）②的社会功能。

第一，促进与海外贸易直接有关手工业生产的发展。

世界经济发展史证明，商业的扩张往往是先于并推动工业发展的机制。正如马克思所说：

> 商业，是资本所由发生的历史前提。世界商业和世界市场是在16世纪开始资

---

① 〔明〕周玄暐：《泾林续记》第34页，中华书局1985年版。
② Dennis H. Robertson, "The Future of Interrational Trade", *The Economic Journal*, Mar. 1938.

本的近代生活史的。①

许多国家海外贸易的发展是走在工业进步的前面，而且经常推动工业沿着海外贸易发展变化的曲线前进。历史事实证明，明代广东海上丝绸之路的发展推动了广东以至全国的丝织业、冶铁业和陶瓷业生产的发展。

首先，明代广东海上丝绸之路的发展为丝货提供了广阔的国际市场，从而推动了广东和全国丝织手工业扩大生产规模和生产分工。例如，明中叶以后，佛山丝织业已发展到十八行，即丝缎行、什色缎行、元青缎行、花局缎行、纻缎行、牛郎纱行、绸绫行、帽绫行、花绫行、金彩行、扁金行、对边行、栏杆行、机纱行、斗纱行、洋绫绸行等。但仅佛山以及珠江三角洲的丝织品仍远远不能满足广东出口丝货贸易的需要，所以要大量收购长江三角洲苏、杭地区的生丝原料，纺织更好的粤纱；加上利用国外进口的苏木（又称苏枋）和紫矿（即紫铆）的绛红色和紫色等新式染料进行染印，而织出的"粤缎之质密而匀，其色鲜华，光辉滑泽"，"金陵、苏杭皆不及"，② 为"东西二洋所贵"③。这样，广东需要外省供应生丝原料，外省的生丝和丝织品也要依靠广东转运出口。于是江浙商人就"窃买丝棉、水银、生铜、药材一切通番之货，抵广（东）变卖"④，从而又促进长江三角洲地区丝织业生产的发展，使苏杭地区"正嘉以前，南溪仅有纱帕；隆万以来，机杼之家相沿此业，巧变百出"⑤。苏州城东居民"皆习机业"为生，并出现了织机专业化，市面上有大量的绫机、绢机、罗机、纱机、绸机、布机出售，进而织出精美绝伦的丝缎，供给"大部分欧洲之需"⑥，而且赢得了世界的声誉，令同时代欧洲产品望尘莫及。欧洲人也不得不发出"世上没有任何一个国家其工艺会如此精湛"⑦ 的感叹。美国学者艾维四对此更确切地说：

> 在生丝、纺织、染色和瓷器制造等方面，明代中国所达到的技术水准，要比世界其他绝大多数地区人民遥遥领先；在十五世纪后期，欧洲和其他各地视为珍贵的"亚洲奢侈品"当中，多半是中国出产的生丝、丝织品，产于江西景德镇、江苏宜兴及福建德化的精美无比的瓷器。⑧

而随着丝织业生产的日益发展和规模的不断扩大，在苏杭地区也出现了"机户出资、机工出力、相依为命"⑨ 的资本主义生产的萌芽。

---

① [德]马克思：《资本论》第1卷第133页，人民出版社1963年版。
② 《乾隆广州府志》卷四八《物产》。
③ [清]屈大均：《广东新语》卷十五《货语·纱缎》。
④ [明]郑若曾：《筹海图编》卷十二《行保甲》。
⑤ 《乾隆湖州府志》卷十一《物产》。
⑥ [英]乔丹·詹尼斯：《十八世纪中国的出口工艺》第62—63页，伦敦1950年版。
⑦ [英]乔丹·詹尼斯：《十八世纪中国的出口工艺》第62—63页，伦敦1950年版。
⑧ [美]艾维四：《明史与世界史》（未刊稿）。这是作者于1987年向香港中文大学召开的"十六至十八世纪之中国与欧洲"学术讨论会提交的论文。
⑨ 《明神宗实录》卷三六一，万历二十九年七月丁未。

铁锅、铁针、铁钉等铁器大量从广东出口，亦大大刺激广东以至全国冶铁业生产的发展。据统计，明代广东已经探明及开采的铁矿产地就有连山、连县、乳源、仁化、翁源、和平、阳山、新丰、龙川、平远、兴宁、梅县、五华、揭阳、河源、海丰、从化、清远、惠阳、番禺、高要、阳春、阳江、大埔、饶平、紫金、潮安等27县，并在这些县内建立了无数的民营铁冶场（所），仅惠阳及潮州两府就达44处之多。生产规模也相当大，如南海县的炼铁厂，崇祯年间（1628—1644）生产者达到三五千人。① 全省的铁产量增长迅速，正德末年为1800万斤，嘉靖十年（1534）猛增至2700万斤。② 短短10年增加50%。广州附近的佛山镇成为全国有名的铸铁中心，天启二年（1622）已有铁锅行、铁灶行、炒铁行、铁线行、铁锁行、农具杂品行、铁钉行等"炒铸七行"；在炒铁生产中发明和掌握了独具一格的"红模铸造"技术工艺，使铸铁的质量和工艺水平为全国之冠。正如时人张心泰所说："盖天下产铁之区，莫良于粤；而冶铁之工，莫良于佛山。"③ 而且在铸铁工场中出现了较细的生产分工，正如屈大均记述：

  凡一炉场，环而居者三百家，司炉者二百余人，掘铁矿者三百余、汲者、烧者二百有余，驮者牛二百头，载者舟五十艘，计一铁场之费，不止万金。④

由此可以看出，明末佛山铸铁业生产也出现了资本主义生产的萌芽。与此同时，全国冶铁生产也获得迅速的发展。据统计，明代全国发现和开采的铁矿产地达到246个州县，比元代的49个增加5倍多，相当于今天1000多个县的25%。全国的铁产量也大大增加了，永乐初年达到1847万斤（约9237吨），比元代中统四年（1263）的584万斤增加2倍多，嘉靖以后激增至45000吨。⑤ 这个铁产量在当时是处于世界第一位的。据统计，英国于1625—1635年（天启五年至崇祯八年）的铁产量仅有26000吨，⑥ 到了1720年（康熙五十九年）则下降至17000吨。⑦

明代中国瓷器在广东大量出口，也促进了佛山以及景德镇瓷器产量、花色品种的增加，质量的提高以及生产规模的扩大。例如，佛山的陶瓷业，到明中叶进行技术革新，提高了装窑和温度控制的技术和工艺水平，从而进入全盛时期。整个石湾陶瓷业分为大盆行、缸盘行、横耳行、花盆行、白釉行、黑釉行、红釉行、边钵行、埕行、钵行、塔行、扁钵行、大田行、茶煲行、中窑茶煲行、簿金行、古玩行、茶壶行、尾灯行、盏碟行、金箱行、电具行、面盆行、水铫行等大、中、小二十四行，"有陶窑一百零七座，

---

① 黄启臣：《十四—十七世纪中国钢铁生产史》第5、93页，中州古籍出版社1989年版。
② 据徐俊鸣《广东古代几种手工业的分布和发展》[载《中山大学学报》（自然科学版）1965年第2期]的数字统计。
③ 〔明〕张心泰：《粤游小识》卷四。
④ 〔清〕屈大均：《广东新语》卷十五《货语·铁》。
⑤ 周世德：《我国冶炼钢铁的历史》，载《人民日报》1958年11月22日。
⑥ 〔英〕迪恩：《第一次工业革命》第103-104页，剑桥大学出版社1965年版。
⑦ 〔法〕保尔·芒图著，杨人楩、陈希秦、吴绪译：《十八世纪产业革命：英国近代大工业初期的概况》第217页，商务印书馆1983年版。

容纳男女工人三万有奇"①。为了满足瓷器出口的需要，广州的商人还到景德镇买回大批白瓷坯，再加彩绘烧成色泽艳丽的彩瓷，号称"广彩"，以供出口。这又直接促进了景德镇瓷器生产的发展。嘉靖时，"景德镇，民以陶为业，聚佣五万余人"②。到万历年间（1573—1620），"镇上佣工皆聚四方无籍游徒，每日不下数万工"③。而且在民营瓷器工场中有了较细致的生产分工，瓷器生产分为和土、澄泥、造坯、过刮、汶水、打圈、过釉、入匣、满窑等工序，"共计一坯之力，过手七十二，方克成器"④。可见，这种民窑生产已经属于资本主义萌芽性质的工场手工业。

第二，加速了商品性农业的发展。

这一功能表现为两个方面。一方面是由于丝织品、砂糖、果品等商品沿着广东海上丝绸之路大量出口，直接刺激了珠江三角洲各地农村的蚕桑、种蓝、甘蔗、茶叶、莞香、果木、蔬菜、花卉等经济作物种植规模迅速扩大，并逐步形成了专业化的农业区域，不断改变原来传统农业生产的内部结构，粮食作物种植面积日益减少，经济作物种植面积不断扩大。嘉靖至万历年间（1522—1620），南海、顺德等县的种桑养蚕已跃居农业生产中的首位或第二位。明末甚至出现了"废稻树桑"的情形。时人张鉴记载："粤东南海县属……周回百余里，居民数十万，田地一千数百余顷，种植桑树以饲春蚕。"⑤甘蔗的种植也达到"连岗接埠，一望丛岩芦苇然"的程度，"番禺、东莞、增城……蔗田几与禾田等"⑥。同时，出现了以广州为中心的东至黄埔、西至顺德陈村、南到番禺大石，纵横50公里的果树种植专业区域。此外，以九江为中心的养蚕、以东莞为中心的种香、以新会为中心的种葵、以宝安为中心的水草等其他专业区也不断出现。这种情况加上城镇人口的大量增加，使广东从明中叶开始出现了缺粮的端倪。于是，粮食又变成商品卷入市场，使珠江三角洲和广东与广西、湖南、江西等邻省的商品交换空前活跃。

另一方面，随着广东海上丝绸之路的发展和中外经济文化交流的加强，明中叶后中国开始引进一批新的粮食作物和经济作物品种，又进一步加快了商品性农业发展的步伐。万历八年（1580），东莞县人陈益随海商从广州到安南经商，万历十年（1582）回国时，把番薯带回家乡试种成功。同时，高州人林怀兰亦"自外洋挟其种回国"种植。此后，番薯就在广东、福建、浙江、江苏等省传播种植，获得成功。清初全国各地皆种。玉米原产于拉丁美洲的墨西哥和秘鲁，嘉靖至万历年间（1522—1620）由往墨西哥经商的海商带回广东惠州开始种植，清初开始传播至全国各地。这两种粮食作物经过引进种植和广泛传播，终于成为国内的重要粮食作物，而且这两种作物属耐旱、抗灾的高产粮食品种，所以使全国粮食产量大为增加。据统计，明中叶以后，全国粮食年总产量

---

① 李景康：《石湾陶业考》，载《广东文物》第1025页，上海书店1990年版。
② 《明世宗实录》卷二四〇，嘉靖十九年八月戊子。
③ 《光绪江西通志》卷四九《舆地略七》。
④ 〔明〕宋应星：《天工开物》卷中《陶埏》。
⑤ 〔明〕张鉴等：《雷塘庵主弟子记》卷五。
⑥ 〔清〕屈大均：《广东新语》卷二七《草语·蔗》。

达到696亿斤，① 比宋代的464亿斤增长50%。这样就可以解决广东乃至全国的相当一部分粮食问题，从而能腾出更多的稻田、麦田改种经济作物，扩大农业生产的分工和经济作物专业种植区域的面积，进一步发展商品性农业生产。

第三，促进了货币经济的发展。

如"四、进出口商品结构的变化"所述，由于明代广东海上丝绸之路贸易一直处于出超地位，所以每年都有大量白银源源不断地经澳门流入广东，然后散布全国各地。在元明两代中国白银产量不足、无法满足商品交换对白银的大量需求的情况下，白银的大量流入既适时地解决了中国的"银荒"问题，又使白银成为真正的主要货币，在城市和乡村集镇中被广泛使用，标志着部分工农业生产进入了一个划时代的新阶段。明中叶以后，白银不仅在商业交易中流通，而且在部分工农业生产的雇佣劳动中也用它计算工资价格，并为赋役折银缴纳创造了条件，使中国赋税和徭役货币化进入大发展时期。如差役方面，许多地方实行"一条鞭法"，把里甲之役改为征银。嘉靖三十八年（1559），御史潘季驯在肇庆府"征银在官，毋令里甲亲之"，称均平银。均徭中的力差亦折银征收。隆庆三年（1569），肇庆府也无分银差，"十余年来，一切编银，官自雇役"了。可见，隆万以后，一条鞭法在全国范围内顺利地推行，是与广东海上丝绸之路外贸繁荣且白银大量流入密切相关的。一条鞭法的推行，把中国赋税制度的改革向前推进一大步，开了中国近代赋税制度的先河。

第四，促进了城市和市镇的发展。

随着海上丝绸之路的发展，广东和全国的市镇也像雨后春笋般相继兴起和发展。首先是广州已成为"百货之肆，五都之市"，人口增长很快，洪武时只有27500人，嘉靖四十一年（1562）增至30万人。② 为此，广州城进行了两次规模较大的扩建。第一次大约是在洪武十一年（1378）前后，把宋朝的三城连接起来，将城区向北面及东北面扩展。洪武十三年（1381），在越秀山上兴建镇海楼，楼高28米，分5层，称五层楼。嘉靖四十四年（1565），广州城又进行第二次扩建，把城区向南扩张。据地方志记载，这次扩建"自西南角楼以及五羊驿，环绕东南角楼，以固防御，长一千一百二十四丈，高二丈八尺，周三千七百八十六丈，上广二丈，下广三丈五尺。为门八：其东曰永安、西曰太平、南曰永清、东南曰小南、西南曰五仙、曰靖海、曰油栏、曰竹栏"③。显然，这次向南扩建是为了满足由于海外贸易繁盛而新发展起来的濠畔街一带繁荣商业区的需要。其次，有"天下四大镇"之美誉的佛山镇也有了大发展。佛山元代时被称为"佛山渡"，明初佛山已成村落，与周围15个村并称佛山堡，有88户人家。随着明代广州铁器出口贸易的兴旺，佛山迅速发展成为铸铁业中心，市镇规模日益扩大。正统末年已是"民庐栉比，屋瓦鳞次，几万余家"④ 的城市了。这时佛山打破了原有的以村落划分的模式，代之以店铺为基础的区域划分，把市区划分为二十四铺，"中分二十四区

---

① 参阅沈定平《从国际市场的商品看明清之际的生产发展水平》，载《中国史研究》1988年第3期。
② 中国人民对外文化协会广州分会编：《广州》第114页，广州文化出版社1959年版。
③ 《光绪广州府志》卷六四《城池》。
④ 〔明〕陈赟：《祖庙灵应记》碑文。

（铺），区可一里有半"①。这是标志着佛山从乡村向城市发展的里程碑。

与此同时，珠江三角洲及广东全省的市镇也迅速发展起来。据统计，嘉靖时全广东有市镇439个，②其中以珠江三角洲各县（指狭义三角洲的番禺、顺德、香山等县的全部；三水、新会、南海、东莞县的大部分；高要、增城、宝安等县的一部分）的市镇最为发达。永乐时整个三角洲的市镇有33个，嘉靖三十七年（1538）增至95个，万历三十年（1602）发展到176个，③占全省市镇的40%。其中，又以顺德、南海、东莞、新会四县为最多。明末，顺德县有墟市36个，东莞县有29个，南海县和新会县各有25个。④这个时期，为广州提供大量丝货的长江三角洲地区的苏州、松江、常州、杭州、嘉兴、湖州六府的市镇也是星罗棋布，四通八达。据统计，这六府所辖地区宋代只有市镇71个，明中叶发展到316个，是宋代的4.5倍。⑤而且这些市镇都有一定规模，例如湖州府的双林镇，成化时有2000人，崇祯年间（1628—1644）增至16000人。⑥

七、海上丝绸之路与广东海外移民

（一）明前期广东商民流寓南洋

随着广东海上丝绸之路的发展，广东商人向海外移民早在北宋末年就开始了。到了明代，广东商人到东西洋的国家如交趾、爪哇、满剌加、高棉、吕宋、浡泥以至欧洲贸易而短期或长期定居，成为商业移民者日益增多了。洪武年间（1368—1402），满者伯夷王朝统治下的三佛齐旧港，"国人多是广东、漳泉等处逃居此地"⑦。广东人陈祖义举家迁居该地，"充为头目，甚是豪横，凡有经过客人船只，辄便劫夺财物"⑧，拥有相当大的势力。永乐三年（1405），南海县商人梁道明开始于旧港贸易，"久而情熟，挈家住居，积有年岁，闽广军民弃乡里为商从之者至数千人，推道明为长"，"雄视一方"。⑨永乐五年（1407），郑和二下西洋船队航经旧港，遣人诏谕陈祖义；陈诈降，谋袭官军。有施进卿者，亦广东人，向郑和告密，郑和乃派兵击陈祖义，"杀贼党五千余人，烧贼船十艘，获其七艘，及伪铜印二，生擒祖义等三人。既至京师，悉命斩之"。同年，明朝设旧港宣慰司，以施进卿为使，赐诰印及冠带。⑩施进卿成为旧港"大头目，以主其地"；他死后，传位于子施济孙（Shih Chisun）。不久，"其女施二姐为王，一切赏罪

---

① 〔明〕陈赞：《祖庙灵应记》碑文。
② 据《嘉靖广东通志》卷二十《民物志·风俗》的数字统计。
③ 《珠江三角洲农业志》第1册第97页，1976年版。
④ 《珠江三角洲农业志》第1册第97页，1976年版。
⑤ 参阅樊树志《明清长江三角洲的市镇网络》，载《复旦学报》（社会科学版）1987年第2期。
⑥ 《双林镇舆地图》。
⑦ 〔明〕马欢著，冯承钧校注：《瀛涯胜览校注》第16页，《旧港国》，中华书局1955年版。
⑧ 〔明〕马欢著，冯承钧校注：《瀛涯胜览校注》第16－17页，《旧港国》，中华书局1955年版。
⑨ 〔明〕严从简：《殊域周咨录》卷八《爪哇》；《明史》卷三二四《外国传五·三佛齐》。
⑩ 《明太宗实录》卷七一，永乐五年九月壬子。

黜陟皆从其制"①。据琉球官方文献《历代宝案》记载，宣德、正统间（1426—1449）施二姐曾以旧港"头目娘"（Tan Mu Niang）、宝林邦"本目娘"（Pun Tan Niang）身份治理旧港，与琉球国有外交往来。她是旧港事实上的统治者。②广东侨民在旧港建立了雄厚的基业。

明前期在爪哇岛其他地方定居的广东商人也不少。如杜板，番名赌斑（Tuban），约有千余家，"以二头目为主，其间多有中国广东及漳州人流居此地"③。在新州，番名革昔儿者（Geresik, Grisse），"中国人初居于遂名新村，至今村主广东人也，约有千余家"④。施进卿的大女儿受弟妹的排挤，离开旧港来到爪哇，被满者伯夷国王委任为这里的港主，负责沟通国王与外商的联系，征收商舶泊岸费和货物进出口税；她还是爪哇伊斯兰教九大圣贤（Wali-Sengo）之最伟大者拉登·巴固（Raden Paku）的义母，对伊斯兰教的传播做出重要贡献。

（二）明中后期广东商人移民南洋

明中叶以后，随着以广州为始发港并以澳门为中转港的广东海上丝绸之路贸易进入鼎盛时期，时人称为"广中事例"⑤的喜好冒险、"以海为业"的广东商人通番贸易、居留南洋诸国形成高潮。

明代广东商人出海贸易继而定居国外，主要是为了改善生存条件，开拓新的生存空间，发财致富，属于自发经济移民，这是明中后期移民南洋的主要方式。另外，明中叶海禁森严，一些海盗为逃避官军追剿流亡海外，属政治性移民。此外，南明朝廷君臣官兵转战两广，最终被清兵击败，部分官员将士不愿投降，遂逃往安南等地定居下来，属政治性移民。这个时期，广东的海外移民以在如下几个区域为多。

1. 安南

安南与广东钦、廉两州山水相连，双边贸易历来十分频繁。成化十三年（1477），广东珠池奉御陈彝奏：南海县民遭风飘至安南被编入军队及被阉禁者超过100人。⑥成化中，海南文昌人吴瑞、刘求等13人到钦州做生意，遇风飘至安南，当局将他们"俱发屯田，以瑞独少，宫之"⑦。这些"飘至安南"的广东人，大多数实际上是到那里做生意。如张燮《东西洋考》云：

> 贾舶既到，司关者将币报酋，舶主见酋，行四拜礼。所贡方物，具有成数。酋

---

① 〔明〕马欢著，冯承钧校注：《瀛涯胜览校注》第17页，《旧港国》，中华书局1955年版。
② 参见张奕善《明代中国移民与东南亚回化的关系》，《东南亚史研究论集》第469页，台湾学生书局1980年版。
③ 〔明〕马欢著，冯承钧校注：《瀛涯胜览校注》第17页，《旧港国》，中华书局1955年出版。
④ 〔明〕马欢著，冯承钧校注：《瀛涯胜览校注》第9页，《旧港国》，中华书局1955年版。
⑤ 李庆新：《明中期海外贸易的转型与"广中事例"的诞生》，南开大学、北京大学编《郑天挺先生百年诞辰纪念文集》第189-199页，中华书局2000年版。
⑥ 《明宪宗实录》卷一〇六，成化八年七月癸亥。
⑦ 《明孝宗实录》卷一五三，弘治十二年八月辛卯。

为商人设食，乃给木牌于廛舍，听民贸易。①

位于交州城东南的宪（今越南海兴省兴安），16世纪末成为繁荣的港埠，有"小长安"之誉。广东人在该地经营中药、布料、香料、蜂蜜、丝及丝织品等生意。崇祯十年（1637），荷兰人在宪设立商馆，广东、福建商人主要从事中介业务，直至18世纪30年代宪衰落为止。②

16世纪末，安南黎朝分裂成南北对立的两个政权，北部为郑氏，南部为阮氏。阮氏政权建都顺化（今越南承天省省会顺化），为与郑氏争雄，一方面招揽中国人，另一方面侵略南邻占城。阮氏政权允许华商在会安（今越南广南省会安）选择一处合适的地方建立城镇，作为市集场所。清代大汕和尚称："大越国会安府者，百粤千川，舟楫往来之古驿；五湖八闽，货商络绎之通衢。"③会安很快发展成一座国际性贸易口岸。每年新年期间，当地开始为期7个月的交易季节。当地居民运来生丝、熟丝、黑檀木、鹰木、砂糖、麝香、肉桂、大米等土产；中国商船则运来瓷器、纸张、茶叶、银条、武器、硝石、硫黄、铅等货物。④由于生意兴隆，客居既繁，明朝各省商人在当地建立了天妃宫和会馆。清乾隆六年（1741）会安中华会馆碑记称："会馆之设，由来已久"，末署"各省船号众商立"。⑤说明在会安地方贸易居住的中国商人数量之众。

2. 占城

占城位于安南之南，是广东海上丝绸之路贸易的重要枢纽。永乐年间郑和下西洋，船队曾停泊于新州（今越南义平省东南岸归仁港）。史称：

> （占城）国之东北百里，有一海口，名新州港，岸有一石塔为记，诸处船只到此舣泊登岸。岸有一寨，番名设比奈，以二头目为主，番人五六十家居内，以守港口。⑥

嘉靖年间（1522—1566），安南屡起事端，侵扰占城，占城不得不把首都从新州迁往鹤顶，新州的贸易受到打击。明朝为牵制安南而扶持占城。津南人陈全之提出徙广东等地的海商以实新州，帮助占城恢复贸易的"足国裕民"计策。他说：

> 凡有闽广水商，久于该国者，尽室起赴新州，分田立宅，就其众中之豪，投以千百夫长之号，内以都护占城，外则大通诸国，运致土产，转相贸易；不出数年，

---

① 〔明〕张燮：《东西洋考》卷一《西洋列国考》。
② 参阅牛军凯《安南宪贸易港的兴衰》，载《东南亚学刊》1999年第2期。
③ 〔清〕大汕：《海外纪事》卷四第80－81页，中华书局1987年版。
④ ［英］布赛尔著，王陆译：《东南亚的中国人》，载《南洋问题资料译丛》1958年第2－3期。
⑤ 张文和：《越南华侨史话》第24页，台北黎明文化事业股份有限公司1975年版。
⑥ 〔明〕马欢著，冯承钧校注：《瀛涯胜览校注》第1页，《占城国》，中华书局1955年版。

番舶毕集；吴、浙、闽、广水商亦许经至，若遗官经理，起例抽分，足国裕民……①

由此可见，明中叶有不少广东商人在占城贸易和定居。

3. 暹罗

暹罗是广东商人移民的主要侨居地之一。明初有南海人何八观等"流移海岛，遂入暹罗"②。

葡萄牙传教士加斯帕尔·达·克鲁士（Gaspar da Cruz）的《中国志》称，有些广东人到满剌加、暹罗、北大年等地做生意，就居留下来，"不再返回中国"。③ 17世纪初，暹罗的首都阿瑜陀耶及北览波、万佛岁、北柳、柴真、万岑、那空是贪玛叻（六坤）、北大年、普吉岛、尖竹汉、曼吉、妓功、佛丕、叻丕、猜耶、廊营、董里等地都可能有广东商民侨居。④ 确实如葡萄牙人坎皮士（De Campos）所说，"中国人在泰国到处定居"⑤。德国学者贡德·弗兰克（Gnnder Frank）亦称：

> 这个城市（指阿瑜陀耶）是一个联系广泛的贸易中心，不仅与日本、澳门和广州，而且与东南亚群岛港口和马来亚半岛东海岸的北大年都有贸易往来。⑥

黄衷《海语》称，暹罗首都阿瑜陀耶有"奶街"，"为华人流寓者之居"。⑦ 可见，嘉靖中叶，阿瑜陀耶出现了"唐人街"。荷兰人法伦退因（F. Valentyn）著《新旧东印度志》所附暹罗国湄南河下游地图上标有"唐人岛"（Chinese Island），即"中国人居住之地"，⑧ 显示了17世纪初已有华侨在"唐人岛"聚居。

4. 北大年

北大年是暹罗的属国，又称大泥，明中叶后期"华人流寓甚多"⑨。16世纪70年代，这里已有一名华人拿督，对当地经济有相当大的影响。⑩ 嘉靖末，广东海盗林道乾在福建为官军所败，逃到台湾北港和昆仑岛。万历六年（1578），林道乾惧怕官军追

---

① 〔明〕陈全之：《蓬窗日录》卷二《西南夷》。
② 〔明〕严从简：《殊域周咨录》卷八《真腊》。
③ 〔英〕C. R. 博克舍编注，何高济译：《十六世纪中国南部行纪》第132页，中华书局1990年版。
④ 〔美〕G. 威廉·史金纳著，王云翔译：《古代的暹罗华侨》，载《南洋问题资料译丛》1962年第2期。
⑤ 〔美〕G. 威廉·史金纳著，王云翔译：《古代的暹罗华侨》，载《南洋问题资料译丛》1962年第2期。
⑥ 〔德〕贡德·弗兰克著，刘北成译：《白银资本——重现经济全球化的东方》第146页，中央编译出版社2000年版。
⑦ 〔明〕黄衷：《海语》卷一《风俗》"暹罗国"条。"奶"为泰语Nai的音译，意为自由民。当时暹罗社会由国王、僧侣和贵族官僚、乃（奶）、派（依附）、奴隶等构成，华人为自由民，属"奶"阶层。参阅中山大学东南亚历史研究所编《东南亚史》第92页，广东人民出版社1987年版。
⑧ 张美惠：《明代中国人在暹罗之贸易》，载《台湾大学文史哲学报》1951年第3期。
⑨ 〔明〕张燮：《东西洋考》卷三《西洋列国考》。
⑩ 〔新加坡〕王赓武：《南海贸易与南洋华人》第216页，中华书局香港分局1988年版。

击,率部南航到大泥,"攘其边地以居,号道乾港",聚集广东、福建海盗2000余人。①北大年女王招其为婿,引华人为大臣,鼓励华人移民,使北大年成为广东人居留人数最多的地区之一。有记载说,吉兰丹波赖村"全村住的都是三百多年前集体移入居住的华人。他们现在讲的还是汉语客家系语言。传说移入时的领袖张伯才是海盗头子。考三百年前,正是明末清初的时候,无需解释这些移民便是抱着反清复明的华侨先民了"②。

5. 满剌加

广东商人侨居满剌加历史悠久,《明史·满剌加传》称其居民"间有白者,唐人种也"。嘉靖年间(1522—1566),南海人黄衷说,满剌加"俗禁食豕肉,华人流寓或有食者,辄恶之,谓其厌秽也"③。说明当地侨民入乡随俗,甚至有信奉伊斯兰教者。16世纪初,满剌加设有4个沙班达尔(Shahbandar,即港长、港务官),由华人、爪哇人、束巴亚人及孟加拉人各1人担任,说明华人在满剌加受到重视和信任。沙班达尔的职责是接待帆船船主,向其引见盘陀河罗(Bendahara,即首席大臣),为他们分配货栈、发送货物、安排宿舍和预定象只(运输工具),并征收港口税。由华人担任的沙班达尔负责管理来自中国和印度支那的商船。④据葡萄牙人阿伯奎记载,满剌加第二代国王沙根达萨(Xaguendarsa)曾娶中国船长大王(the King of Chinese Captain)之女为妻。⑤说明华侨在满剌加社会地位较高。

葡萄牙人占据满剌加后,任命1名终身任职的盘陀河罗管理亚洲外侨事务,另外实施民族自治,设"甲必丹"(Captain)管理各侨居族群,其中摩尔人、欣都人、爪哇人各设甲必丹1人,包括华人在内的其他各族设甲必丹1人。1641年,满剌加华侨有300～400人。⑥

6. 印度尼西亚诸国

明初,爪哇灭三佛齐,然不能尽有其地,"华人流寓者往往起而据之"⑦。广东人梁道明、陈祖义、施进卿等在旧港、杜板、新村等地集聚了大批粤、闽侨民,"很多广东籍富商住在那里,其中有些已改信了伊斯兰教"⑧。嘉靖末年,"闽、粤海寇遗孽逋逃至

---

① 《明史》卷三二三《外国传四·鸡笼山》、卷三二五《外国传六·浡泥》。史载林道乾留居大泥期间,曾铸大炮三尊,试炮时不幸爆炸身亡。又谓林道乾有妹林姑娘(Lin-kao-nian)追踪至大泥,劝道乾归国,道乾不从,姑娘自尽死,其墓至今犹存,华人莫不崇拜云。参阅李长傅《中国殖民史》第143页,商务印书馆民国二十六年版。
② 《霹雳客属公会开幕纪念特刊》,转引自台静农、余又苏《明代中国与马来西亚的关系》第119-120页,台湾大学文学院1964年版。
③ 〔明〕黄衷:《海语》卷一《风俗·满剌加》。
④ 林远辉、张应龙:《新加坡马来西亚华侨史》第52页,广东高等教育出版社1991年版。
⑤ Victor Purcell, *The Chinese in Malaya*, Kuala Lumpur, p. 20, Oxford, 1967. 据16世纪马来人历史文献《马来纪年》记载,满剌加苏丹芒速沙曾娶一位中国公主为妃。此事不见于中国文献记载,不可靠。
⑥ [英]布赛尔著,王陆译:《东南亚的中国人》,载《南洋问题资料译丛》1958年第2-3期。
⑦ 《明史》卷三二四《外国传五·三佛齐》。
⑧ [英]W.J.卡德著,黄文端等译:《中国人在荷属东印度的经济地位》,载《南洋问题资料译丛》1963年第3期。

此，积二千余人"①。到荷兰人进入爪哇时，万丹、北加浪岸、厨闽（即杜板）、锦石（即革昔儿）等港口，"都以中国人住区而闻名"，而这里的华人都是广东、福建两省的移民。② 英国学者 W. J. 卡德指出：

16 世纪末，有相当多的中国人贸易中心出现于爪哇（厨闽）、锦石、泗水、饶洞、万丹、日葛礁和其他岛屿（苏门答腊、西婆罗洲）上；这些中国人都是福建和广东两省的人。③

荷兰史学家范勒尔也提到 15 世纪以后广东商人移民印度尼西亚的情况：

从华南各港，主要是广州和福建各城市驶出的帆船，载着中国商人和成群结队的侨民……驶向印度支那和印度尼西亚的海岸和港口。④

16 世纪末，万丹华侨人口有 3000～4000 人之多。⑤ 他们聚居的"唐人街"，"用坚固的栅栏和堑壕围住，其中房屋是（万丹）城中最漂亮的仅有的石头建筑物"。⑥ 1619 年，荷兰人在爪哇岛建立巴达维亚城，万丹的华商中有不少人迁居到这里，比较著名的华商和汉人侨领有 Bencon、Jancon 和 Simsuar。据荷兰学者施列尔（C. Schlegel）考证，Jancon 可能是广东方言 Yan-kong，汉名"甄缸"。日本学者岩生成一则认为应作"杨公"。荷兰学者包乐史在档案中找到 Jancon 的亲笔签名（"花押"），认为 Jancon 系广东音 "Sumkan"（"心肝"）演变而来。这些考证如果可靠，亦可以证明广东侨商在万丹、巴达维亚等地定居并拥有相当大的势力。

7. 菲律宾群岛

明初，苏禄国朝贡取道广州，有利于加强双边关系。西班牙人占领菲岛后，为获得劳动力和生活用品，同时希望与中国通商贸易，因此鼓励中国商民前往马尼拉贸易。广东商人运载各种商品到菲律宾，由当地商人分销，最后运回银元和其他外国产品。史载：棉兰老岛沙瑶"物产甚薄，华人商其地，所携仅瓷器、锅釜之类，重者至布而止"；在苏禄群岛，"土人以珠与华人市易，大者利数十倍。商舶将返，辄留数人为质，冀其再来"。⑦ 同时，西班牙人一直渴望能像葡萄牙人一样，直接与中国贸易。1580 年，西班牙与葡萄牙合并，为开通马尼拉至澳门的贸易提供机遇，西班牙人有意识地把对华

---

① 《明史》卷三二五《外国传六·淳泥》。
② [美] G. W. 史金纳著，力践译：《爪哇的中国人》，载《南洋问题资料译丛》1963 年第 2 期。
③ [英] W. J. 卡德，黄文端等译：《中国人在荷属东印度的经济地位》，载《南洋问题资料译丛》1963 年第 3 期。
④ [荷] 范勒尔：《印尼的贸易与社会》第 193 页，转引自薛国中《15—17 世纪中国在东西方海上贸易中的地位》，载吴于廑主编《十五、十六世纪东西方历史初学集续编》第 336 页，武汉大学出版社 1989 年版。
⑤ [日] 岩生成一著，刘聘业译：《下港（万丹）唐人街盛衰变迁考》，载《南洋问题资料译丛》1957 年第 2 期。
⑥ [英] 布赛尔著，王陆译《东南亚的中国人》，载《南洋问题资料译丛》1958 年第 2－3 期。
⑦ 《明史》卷三二三《外国传四·沙瑶》；卷三二五《外国传六·苏禄》。

贸易重点从漳州转移到澳门,以加强与广东的联系。广东对于菲律宾的贸易重要性的上升,使商民居留菲律宾者日众。

菲律宾华侨以来自广东、福建两省者为多,西班牙人称之为"常来"(Sangleys),即闽南话"生理"(经商)的谐译。康熙五十五年(1716),圣祖遣使访问"吕宋、噶剌吧等处,常留汉人,自明代以来有之,此海贼之薮也"。乃于次年重颁禁海之令,禁止中国商船前往南洋吕宋、噶剌吧等处贸易。① 由此可见,明代广东商民侨居菲律宾、巴达维亚等处者为数不少。万历二年(1574),广东著名海盗商人首领、饶平人林凤由于受到粤闽官军的追剿,无法在东南沿海立足,因此统率水手2000人、士兵2000人、妇女1500人,分乘62艘海船开往菲律宾,企图占领菲岛作为立国安身之所。马尼拉一战失利,林凤率众逃到班加西南;第二年,林凤又受到西班牙人的追剿,于是率亲信逃回潮州、惠州,后不知所终。

菲律宾的广东华侨起初散居在西班牙人中间,后来西班牙人发现华侨人数增长很快,害怕会危害他们的安全,乃将华侨集中在一起,"在堡垒的大炮下盖起房子来"。这个地方叫"八连"(Paria),华人称"涧内"。自万历十年(1582)建立以来,涧内多次发生火灾,但每次焚毁以后,又以更大规模重建。西班牙人第一次屠杀华侨后,令华人在城外另一个地方建立新涧;新涧"起盖未完",西班牙人又强令华人迁居远离马尼拉的巴石河口的比农多岛。万历二十三年(1595),新涧再毁于火,华侨获允迁回马尼拉城附近。据英国史学家布赛尔称,华侨主要聚居在两个村子:一是近城的维南杜克,即宾南杜,住户为已婚的基督徒;二是涧内,即八连,住户为商人。② 华侨在菲律宾除经营商业外,还从事农业、手工业、渔业、园艺业和各种服务业。

隆庆四年(1570),马尼拉仅有华侨40人;隆庆六年(1572)前后,增加到1500人;到万历十六年(1588),猛增至1万余人。1603年,西班牙殖民者对马尼拉华侨进行血腥屠杀,死亡2万余人。此后,西班牙当局限制华侨在马尼拉定居,人数不准超过1500人。不过,居留下来的华侨仍然为数不少。万历三十二年(1604),居住在马尼拉城内西班牙人家中的华侨就有4000多人;到天启元年(1621),马尼拉持有居留证的华侨有16000多人,另外还有1/3的华侨是没有居留证的。这样,马尼拉城及其附近就有华侨22000多人。崇祯八年(1635),马尼拉涧内有华侨2万人以上,其他海岛有1万多人,全菲华侨有3万多人。崇祯十七年(1644),菲律宾检察官在《关于华人许可证的报告》中提到:"1638年和1639年,有2.5万或3万华人。"这是指领有居住证的华人人数,如果加上无证居留者,数字将达到3万多或4万人。崇祯十二年(1639),西班牙殖民当局发动第二次屠杀华侨事件,菲律宾华侨遇难人数在22000～24000人之间。③

---

① 《清圣祖实录》卷二七〇,康熙五十五年十月壬子;卷二七一,康熙五十六年正月庚辰。
② [英]布赛尔著,王陆译:《东南亚的中国人》,载《南洋问题资料译丛》1958年第2-3期。
③ [英]布赛尔著,王陆译:《东南亚的中国人》,载《南洋问题资料译丛》1958年第2-3期;黄滋生、何思兵:《菲律宾华侨史》第106-108页,广东高等教育出版社1987年版。

（三）广东华侨对南洋国家开发的贡献

广东商人移民至南洋各个国家和地区后，主要从事商业、农业、采矿业、园艺业和渔业，对南洋各个国家和地区的经济开发做出了贡献，功不可没。

在爪哇的万丹，华侨大部分经商，还有种植水稻、胡椒和酿酒。① 据荷兰文献记载，17 世纪初，万丹设有 3 处市场，第一个市场在城市东侧，凌晨开市，生意做到早上 9 时收市，广东人和印度等国的商人一起，经营生意。中国摊棚（Chinese Cramen）成一排，与波斯人、阿拉伯人和孟加拉人为邻。他们出售从广东运去的生丝、纺织品、绒缎、金捆、金绒、陶瓷、漆器、大小铜壶、水银、精巧木柜、各种纸张、历书、金封面的书、镜子、梳子、念珠、硫黄、日本刀、加漆刀鞘、人参、扇子、阳伞等。第一个市场收市后，第二个市场——王宫广场（Paceban）开市，广东人在这里做胡椒贸易。第三个市场即唐人街市场，下午开市，销售各种日用商品，也有山羊、鸡等，夜晚收市。②

在巴达维亚，广东华侨分别从事种植水稻、蔬菜、水果、胡椒、甘蔗等农作物；从事榨糖、酿酒、榨油等农产品加工业；从事捕鱼、饲养牲畜、伐木、制板船舱、开凿运河、除草、挑水、裁缝、制鞋、编帽、烧砖瓦、制石灰、打石、打铁、木匠、建造房屋、行医等行业。③ 还有相当多的人从事商业批发、零售业务，运来中国纺织品、瓷器、砂糖、铁器、水果等货物，销售后采购香料，运回白银，几乎左右了巴达维亚的商业活动，以至于有人认为巴达维亚贸易是"中国海上贸易的一个重要分支"④。

在安汶岛，广东侨民是"聪明、勤俭、亲切，而又善于谋利的国民。早在 1625 年以前，就住在安汶岛最适宜的土地上从事耕种，经营园艺，雇佣契约，约定给予住房"⑤。此外还从事樵夫、木匠、石工、烧瓦匠、渔夫等职业。

在菲律宾，华侨除经商外，他们"所做的工作是机匠、木匠、园丁、农夫及其他生产粮食的劳作"⑥。他们在马尼拉建筑了许多教堂、修道院和堡垒。"菲律宾群岛第一个印刷者或者也是一个中国人"⑦，他们"开发了处女地，于无数世纪静止的荒野之中，开辟了茂盛的稻米、苎麻、蓝靛、椰子、烟草和其他谷类的耕种地；他们在峡谷山林间，披荆斩棘，开荒辟野，而后发掘了腹地的宝藏"⑧。

广东华侨把中国先进的生产技术和经验带到侨居国家，对提高各国生产技术与经济

---

① ［荷］费慕伦：《巴达维亚的华人与 1740 年的骚乱》，载新加坡《南洋学报》1953 年第 9 卷第 1 期，转引自李学民、黄昆章《印尼华侨史》第 112 页，广东高等教育出版社 1987 年版。

② 曹永和：《明末华人在爪哇万丹的活动》，载《中国海洋发展史论文集》（二）第 231 - 233 页，台湾"中央研究院"三民主义研究所 1986 年版。

③ 转引自李学民、黄昆章《印尼华侨史》第 125 页，广东高等教育出版社 1987 年版。

④ 转引自吴于廑主编《十五、十六世纪东西方历史初学集初编》第 341 页，武汉大学出版社 1989 年版。

⑤ Valentijn Francois, *Oud en Nieuw Oost Indien*, Vol. II, p. 257. 转引自［日］岩生成一著，李述文译《论安汶岛初期的华人街》，载《南洋问题资料译丛》1963 年第 1 期。

⑥ 陈台民：《中菲关系与菲律宾华侨》第 161 页，香港朝阳出版社 1985 年版。

⑦ ［英］布赛尔著，王陆译：《东南亚的中国人》，载《南洋问题资料译丛》1958 年第 2 - 3 期。

⑧ 转引自陈碧笙主编《南洋华侨史》第 51 页，江西人民出版社 1989 年版。

水平起到了重要作用。万丹华侨在16世纪改进了胡椒种植法，即采用木柱法。他们不是模仿土著让胡椒藤缠绕在树上（胡椒子结在藤蔓上），而是在地上插一根短粗的杆子让藤蔓缠绕，这样便于保存藤蔓所吸收的养料。华人还把藤蔓上的叶子摘掉，使胡椒子受到更多的光照。此外，他们还合理密植，使胡椒园从原先的每公顷1200株增至2500株，产量增加一倍以上。由于成功地应用了上述先进的种植法，16世纪，万丹成了世界最大的胡椒生产地。拜加和勿里洞最初的农田几乎都由华人耕作，至16世纪60年代，胡椒出口量占总产量的80%，是世界第一胡椒出口地。① 在巴达维亚及爪哇北部沿海的扎巴拉、三宝垄、巴苏鲁安等地，华侨采用了牛拖水力推动石磨榨糖的中国技术，取代土著传统工艺，大大增加了糖的产量，使当地经济走向繁荣。在苏禄，华侨给当地居民传授水果品种嫁接改良技术，介绍开采金矿、铁矿技术和炼铁、冶金、制炮、造火药、造纸、建筑及使用罗盘航海的技术。② 在菲律宾，华侨工匠除了以自己的手工业产品满足当地日常需要外，还把当时先进的生产技术传授给菲律宾人，例如他们教会了菲律宾人榨蔗和炼铁的方法。③

此外，暹罗造船业、制瓷业在16—17世纪兴盛起来，很大程度上也是华侨积极参与、无私传授技术的结果。

总之，大批广东商民移居南洋国家，从事各种各样的职业，对于相对落后或有待开发的南洋各国而言，既提供了大量先进生产技能和年富力强的劳动人手，又带来了丰富的中国商品、资金和生产工具，成为推动南洋各个国家社会进步和经济开发的积极因素。

约翰·福尔曼（John Foreman）在论及包括广东商人移民在内的华侨对东南亚国家经济开发所发挥的作用时，高度评价道：

> 中国人的确是首先把贸易工业和有成果的劳动等观念传给当地土著人的。他们教导土著很多其他方面有用的事物，如从甘蔗榨取糖汁和锻炼熟铁的劳动。他们首先把用直立的石榨取糖汁和用大铁锅熬糖的制糖法介绍到这个殖民地（马来西亚）。④

至于伴随移民而来的中国传统文化与文明理念、宗教信仰、风俗习惯输往南洋并与当地文化相互交融，其影响更为深远。

八、海上丝绸之路与中西文化交流

海上丝绸之路不仅是丝绸、瓷器和茶叶等商品的贸易之路，而且是各国灿烂文化的

---

① 孔远志：《中国印度尼西亚文化交流》第252页，北京大学出版社1999年版。
② 陈碧笙主编：《南洋华侨史》第51、52页，江西人民出版社1989年版。
③ 转引自陈碧笙主编《南洋华侨史》第51页，江西人民出版社1989年版。
④ 转引自陈翰笙主编《华工出国史料》第4辑第50页，中华书局1981年版。

交流传播之路。特别是到了明代,由于海上丝绸之路打通了全球化贸易航线,随着丝绸之路贸易的发展,中西文化发生了更大规模的、更直接的和更具实质性的接触和碰撞,进而互相激荡、互相渗透、互相影响、互相容纳、互相促进、共同进步,进而成为最重要的、影响最深远的一次中西文化交流。这就是人们习惯称呼的"西学东渐"和"中学西传"。下文要阐述的是当时以广东海上丝绸之路为载体的中西文化互动。

(一)"西学东渐"

中西文化交流源远流长,但西方文化向中国大规模传入应始于明代中叶时天主教的传入。正如侯外庐先生的研究指出:

> 中国正式接触到所谓"西学",应以明末因基督教传入而带来的学术为其端倪。①

确实如此。自从1552年(嘉靖三十一年)4月耶稣会士方济各·沙勿略(Francis Xavier)奉命从果阿东来广州传播天主教未果而死于新宁县上川岛后,罗明坚(Michel Ruggieri)、利玛窦(Matteo Ricci)等一大批耶稣会士继续东来,经澳门入肇庆、韶州(今韶关)、南雄以至南昌、南京、北京等内地传播天主教。其传教的目的,当然是"使中国人同基督教国家的大众一起承认和崇拜真神上帝"②。但是,由于这些"东来者,大都是聪明特达之士,意专行教,不求禄利。其所著书多华人所未道"③,特别是"意大利耶稣会士利玛窦等,以传授科学知识为布道手段,他们带来的科学知识不仅为中国所无,而且在西方也还是很新颖的"④,于是,一个不因耶稣会士主观意志而转移的客观效应得以实现,那就是以耶稣会士为媒介而实现的"西学东渐"和"东学西传"。正如台湾地区学者方豪先生研究指出:

> 利玛窦为明季沟通中西文化之第一人。自利氏入华,迄于乾嘉厉行禁教之时止,中西文化之交流蔚为巨观,西洋近代天文学、历学、数学、物理、医学、哲学、地理、水利诸学,建筑、音乐、绘画等艺术,无不在此时传入。⑤

1. 天文学和历学

中国的天文学和历学历史悠久,很早就有"浑天仪"和历书。但中国的历书需要每年制定,不够科学。利玛窦入肇庆、韶州传教,参照自己带来的《万国舆图》绘制地图,制作更科学的浑天仪、地球仪、考时晷和报时器等,向广东民众介绍天文科学知

---

① 侯外庐:《中国思想通史》第4卷第1189页,人民出版社1980年版。
② 《中国丛报》1836年。
③ 《明史》卷三二六《外国传七·意大里亚》。
④ 周扬:《三次伟大的思想解放运动》,载《光明日报》1979年5月8日。
⑤ 方豪:《中西交通史》下卷第692页,岳麓书社1989年版。

识,并让人们参观这些仪器,是为西方天文学传入中国之始。利玛窦又于1605年翻译出版了天文学专著《乾坤体义》。此书上卷详细地介绍了"日月地影三者定薄蚀,以七曜地体为比例倍数,日月星出入有映蒙;则皆前人所未发,其多方罕譬,亦复委曲详明"①。中卷阐述"地与海本是圆形,而合为一球"和"日球大于地球,地球大于月球"的科学知识。利氏还著《经天略》一书,将西方国家已测定的诸恒星编成歌曲,便于中国民众背诵和掌握。继利氏之后,熊三拔(Sabbathinus de Ursis)等又从理论上论证"地圆地小之说";② 阳玛诺(Emmanuel Diaz)又于1615年著《天问略》一书,进一步论证地圆之说。在利氏等人传播的天文科学知识的影响下,当时李之藻著《浑盖通宪图说》一书,更具体地介绍"地圆""地动"理论,使中国天文学首次冲破了传统的"天圆地方说"。正如刘献廷所说:"地圆之说,直到利氏东来,开始知之。"③

在西方天文学传入中国后,崇祯皇帝于崇祯三年(1629)命礼部尚书徐光启为监督、李之藻为副监督(后因李之藻病由李天经督修),组织李之藻和耶稣会士邓玉涵(Jean Terrenz)、汤若望(Johann Adam Schall von Bell)、南怀仁(Ferdinand Verbiest)、熊三拔、蒋友仁(Michel Benoist)、罗雅谷(Jacobus Rho)等人在北京宣武门内的自善书院成立西局,修改历书,至1633年完成,定名为《崇祯历书》,共130卷,又名《西洋新历法书》。该书集西方天文学和历学之大成,采取欧洲近代科学方法编成,并运用了哥白尼(Nicolaus Copernicus)所著《天体运行论》一书的资料,纠正了元代郭守敬制定的《授时历》的误差,因此是一部天文学的百科全书,具有很高的科学价值。

2. 数学

上述利玛窦译著《乾坤体义》一书的"下卷皆言算术,以边线面积平圜椭圜互相容较"。此是西方近代数学传入中国之始。④ 1607年,由利玛窦口授,徐光启笔译欧几里得(Euclid)著《几何原理》六卷,"卷一论三角形,卷二论线,卷三论圆,卷四论圆内外切,卷五、六俱论比例"⑤,向中国介绍了西方近代数学的最基本的内容知识。1607年,利氏和徐光启合译《测量法义》一书,介绍了勾股、测量知识。1608年,由利氏口授,李之藻笔译《圜容较义》一书,阐述圆的外接。1613年,利氏口授,李之藻笔录《同文算指》一书,阐述比例、级数、开方等知识。接着,利氏和徐光启合著了《测量异同》《勾股义》两书,详细地阐释三角学的知识(见图15)。

---

① 《四库全书总目提要》卷一〇六《子部十六·天文算法类二》。
② 《四库全书总目提要》卷一〇六《子部十六·天文算法类二》。
③ 〔清〕刘献廷:《广阳杂记》卷二。
④ 张荫麟:《明清之际西学输入中国考》,载《清华学报》1924年第1卷第1期。
⑤ 《四库全书总目提要》卷一〇六《子部十六·天文算法类二》。

图 15　徐光启与利玛窦交流中西文化
（原载于费赖之《在华耶稣会士列传及书目》）

继利氏之后，耶稣会士艾儒略（Julius Aleni）于1631年著《几何要法》，邓玉涵于1630年著《大测》，罗雅谷于1630年译著《比例规解》等，并先后出版发行，对推动中国近代数学的发展具有重要的意义。

3. 物理学

利玛窦入肇庆传教时，曾带来自鸣钟和望远镜。1620年，汤若望又带来新式望远镜，并于1626年用中文著《远镜说》一书，向中国详细地介绍了望远镜的原理、性能和制作工艺，是为近代光学传入中国之始。自此，近代机械技术开始传入广州，广州工匠即按利玛窦自鸣钟的原理仿造自鸣钟。1627年，由耶稣会士邓玉涵口授，王徵笔录著《远西奇器图说录最》（简称《奇器图说》），在北京出版发行。这是第一本向中国介绍近代物理学知识的著作。全书分三卷，分别介绍重心、比重、杠杆、滑车、螺旋、斜面、起重、引重、转重等近代物理学的基本知识，"其制器之巧，实为甲于古今……书中所载，皆裨益于民生"①。在工程物理学的水利学方面，熊三拔于1612年著《泰西水

---

① 《四库全书总目提要》卷一一五《远西奇器图说提要》。

法》六卷，集西方国家近代水利工程学的精粹，首次向中国介绍水利科学的"吸水蓄水之法"①，影响很大。徐光启研究了熊氏本书后，结合中国原有的水利知识和实践经验，于天启五年至崇祯元年（1625—1628）撰写完成《农政全书》六十卷，其中卷十二至二十的水利部分皆依据《泰西水法》，但更系统、更通俗地介绍了西方国家有关修筑水库的技术和方法，创立了中国的近代水利学。到了1634年，邓玉涵将一副望远镜送给崇祯皇帝，中国的物理学术界为之震动。

4. 西医学

西医和西医学传入广东至中国内地，是以耶稣会士在澳门开办西医院为张本的。1568年，耶稣会士卡内罗（Melehoir Carneiro）来澳门传教时，计划集资在广州开办一所医院，但未得明政府批准。于是第二年，他先在澳门"开设一座医院，不分教内教外之人，一律收容"②。这是中国乃至亚洲第一所西医院。这座医院称拉法医院（俗称白马行医院，故址在今葡萄牙驻澳门总领事馆处），分内、外两科诊疗医病。看内科者除诊脉外，还以玻璃瓶盛弱水验其色，以识其病根；所用药皆露汁，是西医药传入中国之始。徐光启十分赞扬这种西药，说：

> 西国用药法……所服者皆药之精英，能透人脏肺肌骨间也。③

看外科的医生，"有安哆尼，以外科擅名"，所用"药露有苏合油、丁香油、檀香油、桂花油，皆以瓶计，冰片油以瓢计"，④ 很受市民欢迎。

与此同时，耶稣会士也纷纷把西医学知识和理论介绍到广东和中国其他地区。1594年，利玛窦撰写《西国记法》一书，其中在《原本篇》中，论及人脑神经知识，"记含之室在脑囊，盖胪后枕骨下为记含之室"⑤，是为神经学传入中国之始。艾儒略于1610年抵达澳门，1613年入内地传教，著有《职方外纪》五卷和《性学觕述》八卷，均涉及医学内容。1623年，由毕方济（Francesco Sambiasi）口授，徐光启笔录《灵言蠡勺》二卷，论述人体结构和生理功能等医学内容。邓玉涵于1621年抵澳门，在当地行医，曾解剖日本神父的尸体，是西方医生在中国首次进行人体解剖实践。后来他与龙华民、罗雅谷合译《人身图说》，进一步阐释人体解剖的医学理论。穆尼阁于1643年经广东到江苏、浙江传教，并口授薛凤祚著《天步真原》三卷，涉及天上星辰变迁与人体疾病的部位、性质等关系。傅汎际（Franciscus Eurtado）在其所著《寰有铨》和《名理探》两书中阐述了心脏和视觉之功能、大脑的作用及人之四体液的关系。卫匡国（Martinus Matini）来华传教后，著有《真主灵性理证》一书，介绍人体骨骼数目及人体生理功能等医学生理基础知识。

---

① 《四库全书总目提要》卷一〇六《子部十九·农家类》。
② *Lettre de* 1575 *dans Lettre*, p. 215, 217.
③ 转引自方豪《中国天主教史论丛》甲集第118页，商务印书馆1944年版。
④ 〔清〕印光任、〔清〕张汝霖：《澳门纪略》下卷《澳藩篇》。
⑤ 范行准：《明季西洋传入之医学》，1943年版。

在西医学知识的影响下，中国学者多多少少接受了西医学的理论。例如方以智所著《医学会通》一书，涉及西医理论；《物理小识》卷三引用了汤若望《主制群征》一书中所论述的"血养筋连之故"的西医学知识：

> 血者资养之料也。血以行脉，脉有总络，络从肝出者二，一上一下，各渐分小脉，至细微，凡内而脏腑，外而肤肉，无不贯串……从心出者亦有二大络，一上一下，分细周身，悉与肝络同。所不同者彼行血、存血，此专导引热势及生养之路耳。心以呼吸进新气，退旧气，直合周身，脉与之应。少间不应，辄生寒热。诸症医者心从三部跃动之势揣之，病源盖以此也。①

这显然是方以智用肝血、心血供应之理论来汇解中医诊脉于三部九候之理，堪称中西医会通思想的启蒙者。金声更精西医，他著《本草备要》《医方集解》《汤头歌诀》等书，对西医学的推广普及贡献良多。到了清代，西医学在中国有了更进一步的发展。

5. 地理学

利玛窦入肇庆传教时，带来一幅《万国舆图》，挂在卧室，岭西按察司副使王泮见之，喜其绘制之精巧，请利氏译为中文，以便印行。利氏即将西文地图重新摹绘一幅，注上中文，名曰《山海舆地图》。此乃西方地理学和地图学传入中国之始。利氏后于1598年修订该图，在南京翻刻印行12次，影响极大。正如当时利玛窦所说：

> 世界地图已传遍各地，这确是他们不曾听见过的，连想也不会想到的。已经翻印十次以上，中国学者与显贵无不争相传阅，著文称赞和加以翻印。②

此后，耶稣会士艾儒略于1611年经澳门入广州，1613年由广州入北京、上海、扬州等地传教，于1623年在杭州出版其著作《职方外纪》六卷，卷一绘有《万国全图》《北舆地图》《南舆全图》《亚细亚地图》《欧逻巴图》《利未亚图》和《南北亚墨利加图》，然后分洲阐明各地区的地理概貌，分"亚细亚总说""欧逻巴总说""利未亚总说""亚墨利加总说"，卷六为"四海总说"，其解说比利玛窦的《万国舆图》更为详尽。他又另著《西方问题》两卷作为补充。

利玛窦1602年入北京后，为迎合神宗皇帝的心意，测量了南京、杭州、北京、西安等地的经纬度，特别绘制了一幅《坤舆万国全图》，把中国画在中央，令神宗十分满意。此为中国有近代世界地图之始。全图按地球经纬度制作，将世界五大洲（亚细亚、欧逻巴、利未亚、亚墨利加、墨瓦蜡尼加）和五带（热带，南、北温带，南、北寒带）等地理科学知识详细地介绍给中国，使中国人周知世界大势，扩展全球眼界。

---

① 转引自马伯英等《中外医学文化交流史》第478页，文汇出版社1993年版。
② Peng Yoke Ho, *China and Europe: Scientific and Technoligical Exchanges from the Sixteenth to Eighteenth Centuries*//Thomas H. C. Lee, *China and Europe*, Hong Kong, 1991.

6. 农业科学

16世纪以来，西方农业科学沿着海上丝绸之路传入中国，除上述从工程学角度所述的水利学外，海外农作物品种引进广东以至全国所产生的影响最大。例如番薯，原产地是中美洲的墨西哥和哥伦比亚，1492年新大陆被发现后，逐渐传播到欧洲和东南亚国家种植。到明万历十年（1582），从广东东莞县到安南经商的陈益率先带回番薯，在其家乡虎门小捷村（今梁屋）种植，获得成功。其族谱记载此事甚详，云：

>万历庚辰（万历八年），客有泛舟之安南者，公（指陈益）偕往，比至，酋长延礼宾馆，每宴会，辄食土产曰薯者，味甘美。公觊其种，贿于酋奴，获之。地多产异器，造有铜鼓，音清亮，款制工古，公摩挲抚玩弗释，寻购得，未几伺间遁归。酋以夹物出境，麾兵逐捕，会风急帆扬，追莫及。壬午（万历十年）夏，乃抵家焉。先是邻蠢卢其武断乡曲，公尝排击其恶，卢衔之，阙公归，撼其事，首白当道，时航海关防严肃，所司逮公下狱，定庵公（指陈益兄陈履）方转部郎，闻报大骇，适同谱御史某奉命巡按东粤，诣诉状。抵任，首择释之。初，公至自安南也，以薯非等闲物，栽种花坞，冤白日，实已蕃滋，掘啖益美，念来自酋，因名"番薯"云。嗣是种播天南，佐粮食，人无阻饥。……公置莲峰公（指陈益祖父陈志敬，号莲峰）墓右税三十五亩，招佃植薯。遗嘱岁祀以薯荐食，历代尊之。①

由于番薯环境适应性强，能耐旱、耐风、耐瘠，病虫害少，宜于旱地山地种植，所以陈益在东莞试种成功后，很快传到福建、江苏、浙江各地种植。至清代前期，除了新疆、西藏、内蒙古、东北等地外，关内各省均已广泛种植番薯。番薯因为产量高，"每亩可得数千斤，胜种五谷几倍"②，所以成为当时中国的重要粮食作物之一。如福建"地瓜一种，济通省民之半"③。其他地方也有"红薯半年粮"的谚语流传。

与此同时，西方的蔬菜品种也纷纷传入广东以至内地种植。例如辣椒"大约明末清初由南美洲传入广东，辗转传入中原"④；木瓜原产墨西哥，于明末清初传入广东；番茄原产秘鲁，"约在1621年葡萄牙人将番茄传到中国"⑤；南瓜原产美洲，在明中叶传入中国；马铃薯原产秘鲁、厄瓜多尔、哥伦比亚，于顺治七年（1650）前后由荷兰人引入台湾种植；等等。这些蔬菜品种的引进和种植，如前所述，对于明代广东以至中国商品性农业的发展起到了推动的作用。

7. 语言和音韵学

中国的文字是表意文字，一字一音，不采用字母拼音方案。为了解决学习中文和汉

---

① 《凤冈陈氏族谱》卷七《家传·素讷公小传》，转引自《宣统东莞县志》卷十三《物产上》。
② 〔清〕陆耀：《甘薯录》，转引自《金薯传习录》。
③ 〔清〕施鸿保：《闽杂记》卷七。
④ 《民国广东通志稿》之《物产·蔬菜类》。
⑤ 《台湾农家要览》之《园艺作物·蔬菜篇》。

语读音不易掌握的困难,利玛窦和罗明坚于1584年编写了一本《葡华字典》,运用罗马字母拼音方法,在每个中文字旁边注上罗马字母拼音,以见其字即能读其音。这是以西文字母拼音汉字之始。利、罗两氏所注罗马字母拼音,共26个声母,43个韵母,4个次音和5个字调符号,每个中文注有声、韵两字母,标明清平、浊平、上、去、入五声符号,① 以便西人学习和掌握汉语。1605年,利玛窦在北京著《西字奇迹》一书,是以拉丁字母拼写汉语之始。金尼阁于1625年著《西儒耳目资》三卷,是更系统地运用罗马字母注音汉字的中文字典。全书分三编,第一编是《译引首谱》,第二编是《列音韵谱》,第三编是《列边正谱》。其编排是按形、声、义为序,"首册言文字学,及译者之大意;次册是依字之音韵,排列华字;末册是从字之边画排列华文,而以西字拼其音"②。本书不仅便于欧洲人学习中国汉语,而且对中国汉语拼音也产生了直接和深远的影响。方以智著《通雅》一书,其中《切韵声原》一章所附的音韵图表,曾4次直接引用《西儒耳目资》。民国初年,黎锦熙、钱玄同、赵元任、林语堂等语言学家倡导以罗马字母拼音方法来注音汉字,与《西儒耳目资》的罗马字母注音汉字不无关系。

8. 美术学

利玛窦初抵澳门、肇庆时,在教堂内悬挂着两幅手抱婴儿的天主圣母像和一幅天主像,并于1600年入北京时将其作为礼物献给明神宗,此为最初传入中国的西洋美术作品。罗明坚在广州时,亦将意大利的美术印刷品公开陈列,任人参观。这些美术印刷品不仅印工奇异美妙,而且装订堂皇,内中生动的图画琳琅满目,美不胜收,吸引了无数的中国观众和画家参观。以后,耶稣会士又将西洋的雕版画带入中国,如程大约墨苑中私人收藏的4幅西洋宗教画就属此类。1629年,会士毕方济著《睡画二答》一书,宣传西洋画及雕版之艺术方法。时人顾起元将这些西洋宗教画与中国画进行对比研究,认为西洋画是以透视方法作画,具有与中国画不同的优点和特点。他向利玛窦请教,利氏回答他说:

> 中国画但画阳,不画阴,故看之人面躯正平,无凹凸相。吾国画兼阴阳写之,故面有高下,而手臂皆轮圆耳。凡人之面,正迎阳,则皆明而白;若侧立,则向明一边者白,其不向明一边者,眼、耳、鼻、口凹处,皆有暗相。吾国之写象者皆此法,用之故能使画像与生人亡异也。③

这就是西洋画立体感强、人物形象栩栩如生的奥妙。入清以后,耶稣会士利类思、南怀仁、郎世宁等纷纷作画,使西洋画在中国风靡一时。由郎世宁口授、数学家年希尧撰写的《视学》一书,向中国系统地介绍了西洋画透视法的知识和技艺。④ 此后,中国画家十分注重研究和吸取西洋画的优点,将透视法和中国画的传统画法结合起来作画,

---

① 罗常培:《耶稣会士在音韵学上的贡献》,载《"中央研究院"历史语言研究所集刊》第1卷第3分册。
② 徐宗泽:《明清耶稣会士译著摘要》第321页,中华书局1989年版。
③ 〔明〕顾起元:《客座赘语》卷六《利玛窦》。
④ 〔清〕印光任、〔清〕张汝霖:《澳门纪略》下卷《澳藩篇》。

使中国美术别开生面。例如,明末福建人曾琼采用西洋透视法作画,重墨骨而后敷彩加晕染,使得画照传神,独具一格,形成了江南画派的写实手法。

9. 音乐

西洋音乐之传入中国,也是以耶稣会士经澳门传入广东以至内地为伊始的。王临亨记述:

> 澳门夷人……制一木柜,中寅笙、簧数百管,或琴弦数百条,设一机以运之。一人扇其敷,则数百簧皆鸣,一人拔其机,则数百弦皆鼓,且疾徐中律,铿然可听。①

当时澳门的教堂还流行一种演奏风乐的风琴,声音十分悦耳好听,史称:

> 三巴寺楼有风琴,藏革楼中,排牙管百余,联以丝绳,外按以囊,嘘吸微风入之,有声呜呜自楗出,八音并宣,以和经呗,甚可听。②

利玛窦在肇庆、韶州传教时,带有西琴一张,其结构为"纵三尺,横五尺,藏棱中,弦七十二,以金银或炼铁为之,弦各有柱,端通于外,鼓其端而自应"③。他到北京后,亦将其作为礼物呈献给明神宗,还特意谱写《西琴曲意》,供以弹之。神宗对西琴甚感兴趣,特派乐师4人学习弹琴。利氏还送给神宗一张"其制异于中国,用钢铁丝为弦,不用指弹,只以小板案,其声更清越"的铁弦琴。除利氏外,会士徐日昇、德格里等亦精通西洋音乐,并将其向中国极力传播。

以上西方国家的科学、技术、文化经澳门传入广州、肇庆、韶州和内地后的最终表现形式,则反映在耶稣会士所撰、译的各种著作中。据不完全统计,在明代,耶稣会士撰、译的各种著作共达102部之多,可供参考。

(二)"中学西传"

中西文化交流是双向的。乘商船沿海上丝绸之路东来广东以及中国其他地区的西方国家耶稣会士,十分努力地去学习中国的语言文学,研究中国儒家哲理,翻译和诠释中国经籍,并向欧洲国家介绍。于是,中国儒家经典流行于欧洲各国,传诵一时,并激起西方知识分子的"中国热",产生了所谓"中国风"(Chinoiserie)。汉学研究(Sinology)在欧洲顿时兴起,出现了研究汉学的组织,使汉学在欧洲各国文化学术界独树一帜,从而使中国优秀文化(包括思想文化、科技文化、制度文化等)对西方国家近代文化的涵化更广泛、更强烈、更深入。

---

① 向达:《记牛津所藏的中文书》,载《北平图书馆馆刊》1936年第10卷第5号。
② 〔明〕王临亨:《粤剑编》卷三《志外夷》。
③ 〔明〕王圻:《续文献通考》卷一二〇《乐考》。

1. 中国古典经籍的西传

耶稣会士在中国传教过程中,不断攻读中国儒家的古典经籍,并翻译成西文寄回他们的祖国出版发行。罗明坚是最早将中国古典经籍西译的人。他于1581年9月至10月间,"和他的同伴哥美斯等三次入广州城,又住在暹罗馆……闲时……仍旧继续研究中国文学",并且把中国儿童所用的《研究道德》(《三字经》)给会长送去。在送这本书的时候,他写了一句"时间仓促,拉丁文译文也很不通顺"①。1588年,他奉命自澳门回欧洲到罗马向教宗汇报期间,又将中国《四书》中的《大学》一书的部分内容翻译为拉丁文,后由另一名耶稣会士波西维诺(Antonio Possevino)编入百科全书式的《历史、科学、救世研究丛书选编》(*Bibliotheca Setecta qua agitur de ratione stucliornm in historia, in disciplinis, in Salute omniun procuranda*, Roma, 1593)。1593年,利玛窦在韶州传教期间,"把四书《大学》《中庸》《论语》《孟子》译为拉丁文",并"加写短短的注释,以便所言更加清楚",② 寄回意大利出版。1626年,比利时会士金尼阁(Nicolaus Trigault)把《五经》(《诗》《书》《易》《礼记》《春秋》)译为拉丁文,在杭州刊行。

2. 中国儒家哲学思想的西传

中国儒家哲学思想的西传,是以耶稣会士沿海上丝绸之路东来广东以至内地为张本的。利玛窦经澳门入肇庆和韶州传教,及以后到南昌、南京、北京传教期间,都利用儒家"这一教派的权威"来宣传天主教。所以,利玛窦非常着力研究以孔子为代表的儒家哲学思想,不断向西方国家介绍。他说:

> 中国最大的哲学家是孔子,生于公元前551年,活了七十余岁,一生以言以行以文字,诲人不倦。大家都把他看为世界上最大的圣人尊敬。实际上,他所说的和他的生活态度,绝不逊于我们古代的哲学家;许多西方哲学家无法与他相提并论。故此,他所说的或所写的,没有一个中国人不奉为金科玉律;直到现在,所有的帝王都尊敬孔子,并感激他留下的遗产。他的后代子孙一直受人尊重;他的后嗣族长享有帝王赐的官衔厚禄及各种特权。除此之外,在每个城市和学宫,都有一座极为壮观的孔庙,庙中置孔子像及封号;每月初及月圆,及一年的四个节日,文人学子都向他献一种祭祀,向他献香,献大宰,但他们并不认为孔子是神,也不向他求什么恩惠,所以不能说是正式的祭祀。③

利玛窦在这里对孔子做了详细的介绍。值得注意的是,他对孔子的儒家思想做了性质的界定,认为"他们并不认为孔子是神"。这对日后发生的"礼仪之争"起着决定性的作用,从而使欧洲启蒙思想家得到启示,将儒家作为无论神或自然神来解析,并以此

---

① [法]裴化行著,肖濬华译:《天主教十六世纪在华传教志》第191页,商务印书馆1936年版。
② 罗渔译:《利玛窦书信集》上册第134-135页,台湾辅仁大学出版社、台湾光启出版社1986年版。
③ [意]利玛窦著,刘俊余、王玉川译:《中国传教史》第23-24页,台湾光启出版社1986年版。

来批判基督教对孔子儒家礼仪的攻击。他在《中国传教史》中严正指出儒家哲理与天主教的主张并不矛盾：

> 从开始我们的信仰就受到儒家的保护，原来儒家的道理没有任何与天主教相冲突的地方。否则，如果神父他们必须应付所有的教派，那么四面八方都是敌人，将难以对付。①

为了进一步论证天、儒相通，利玛窦还从儒家的伦理观和政治实践两方面介绍儒家学说，高度评价儒家的伦理观，说这是中国人对先祖父辈的孝敬：

> 从皇帝到平民，儒教最隆重的事，是在每年的某些季节，给逝去的祖先献供，有肉，有水果，焚香及丝巾……穷人则以纸代替丝布。他们认为这是尽孝道。所谓"事死如事生，事亡如事存，教之致也"。他们并非认为死人会来吃上述的东西，或需要那些东西；他们说是因为他们不知道有什么别的方法，来表示对祖先的爱情及感恩之情。②

不难看出，利玛窦对中国儒家的伦理观是理解的、宽容的、赞同的。这当然是出于他的护教策略，但毕竟将中国儒家哲理合情合理地向西方国家传播出去了。

与此同时，利玛窦也将中国的道教、佛教等向西方国家做了介绍，从而产生深远的影响。德国哲学家莱布尼兹（Gottfried Wilhelm Leibniz）对儒家经典十分感兴趣，他发奋研读耶稣会士翻译的儒家经籍，于 1697 年出版著作《中国近事》（*Novissima Sinica Historiam Nostri Temporis Illustratura*），全面向欧洲国家介绍儒家哲学思想。他又吸收老子关于"道"的思想精华，于 1714 年发表了《单子论》（*The Monadology*），创立了德国古典思辨哲学，并把此学说传授给学生沃尔夫（Christian Wolff），沃氏又传授给学生康德（Immanuel Kant）、谢林（Friedrich Schelling）、黑格尔（Georg Hegel），进而创立了近代德国古典哲学。黑格尔著《小逻辑》一书，成为其创立辩证法的支柱。而马克思又在黑格尔辩证法内核的基础上，建立了唯物辩证法思想体系。

3. 中国科举制度的西传

中国的科举制度也是通过 16 世纪的广东海上丝绸之路西传欧洲国家的。1556 年，葡萄牙耶稣会士加斯帕尔·达·克鲁士经澳门入广州至内地传教，1569 年回国，次年写了一本 29 章的巨著《中国志》，对中国通过科举制度考试选拔官员的做法表示赞赏；并把中国科举制度介绍给欧洲国家，说：中国的官员"必须有那项功名或头衔"，他们奉行"学而优则仕"。该著作原在意大利威尼斯以意大利文出版，后由 R. 威尔斯译成英文，改名为《来自中国行省的报告》，收录于里查德·艾登编辑的《东西印度群岛及

---

① ［意］利玛窦著，刘俊余、王玉川译：《中国传教史》第 23—24 页，台湾光启出版社 1986 年版。
② ［意］利玛窦著，刘俊余、王玉川译：《中国传教史》第 85 页，台湾光启出版社 1986 年版。

其他国家旅行记》一书中。该著作英文版的出版,使英国人于 16 世纪末对中国科举制度有所了解。1596 年,英国女王伊丽莎白一世曾致信明神宗朱翊钧,表示对中国通过科举考试制度选拔文官饶有兴趣。

后来,利玛窦著的《中国传教史》也向西方国家详细地介绍中国的私塾制度和科举考试制度。他说,中国"最隆重的学位,是关于伦理学的,考中的人,能进身仕途",而考试的内容就是"孔子曾修订的四部古书,他自写了一部,共有五经"。"除五经以外,又有三位或四位作家的各种道德劝言,收集在一起,称为四书"。① 他进一步解析中国科举考试为什么以"四书""五经"为内容:

> 因为这些书里的言论颇为高明,古代的君主便订立了法律,学者都应以这九部书为其学问之基础;只能理解还不够……还要练习,把其中的每一句话发挥成各式各样的文章。因为每个人不可能把这九部书全部读过,以致能以其中任何一句话为题,立刻写成典雅的文章,就像在考试时所要求的。故此每个人都须精通四书,至于五经,每人可任选一部,以应考试。②

由此可见,利玛窦对中国以科举考试制度选拔文官及其考试内容是颇为赞赏的。后来,在中国各地传教,住满 38 年后逝世于广州的葡萄牙耶稣会士曾德昭(Alvaro de Semedo)所著《中国通史》被译成英文在伦敦出版,其中有 3 章专门系统地介绍中国科举考试选拔文官制度考试的内容和方式,在英国引起更广泛的影响,为后来英国实行考试选拔官员打下良好的基础。

4. 中国数学的西传

中国数学西传是以耶稣会士曾德昭在其于 1645 年在巴黎出版的《中国通史》一书中介绍《易经》为伊始的。曾德昭在介绍儒家经典著作时也提到《易经》:

> 这些书的第一部叫作《易经》,论述自然哲学,及事物的盛衰……还有自然法则;用数字、图像和符号表示哲理,把这些用于德行和善政。③

后来,意大利耶稣会士卫匡国在其著作《中国古史》中,更向西方国家介绍《易经》"是中国第一部科学数学著作"。他说,《易经》的六十四卦的变化与数学知识高度一致,表明"所有事物都是从混沌开始的,精神的现象是从属于物质的东西的。《易经》就是这一过程的典型化"④。这就说明,卫匡国是把《易经》视为数学模式介绍给西方国家的。德国微积分创始人之一的莱布尼兹的"数"或"代数"也受到《易经》的影响。他从《易经》的易卜配列中发现其中的二元算术原理与他在 1679 年发明的二

---

① [意]利玛窦著,刘俊余、王玉川译:《中国传教史》第 25–26 页,台湾光启出版社 1986 年版。
② [意]利玛窦著,刘俊余、王玉川译:《中国传教史》第 25–26 页,台湾光启出版社 1986 年版。
③ [葡]曾德昭著,何高济译:《大中国志》第 59 页,上海古籍出版社 1999 年版。
④ D. E. Mungello, *Curious Land*: *Jesuit Accommodation and the Origins of Sinology*, pp. 128–129, Stuttgart, 1985.

元算术基本原理完全吻合。

5. 中国语言文字的西传

沿着广东海上丝绸之路经澳门入广州、肇庆、韶州传教的耶稣会士,为了传教的需要,努力学习中国的语言文字,并根据自己学习汉语的经验,编写字典、辞典,为欧洲人学习汉语提供了方便。首先是罗明坚、利玛窦合编了《葡华词典》以及利玛窦、郭居静合编了《西文拼音华语字典》(*Vocabularium Ordine alphabetico europaeo more Concinnatum, et peraccentus suos digestum*)。其次,1610 年,金尼阁到澳门后入韶州、南京等地传教,1626 年在中国学者王徵、吕维祺、韩云等人的帮助下,撰写《西儒耳目资》一书,发明了汉字的拉丁拼音方案。他用 5 个元音(自鸣字母)和 20 个辅音(同鸣字母)互相结合,配上 5 个声调记号,拼切出汉字的读音,以方便西方人学习汉语。向欧洲国家介绍中国汉字产生影响最大的是耶稣会士基歇尔(Athanasius Kircher)。他于 1667 年出版的《中国图说》(*China Illustrata*),书文抄录汉字《大秦景教碑》的碑文,并在每个汉字旁边对应注上拼音,又用拉丁文注明含义,实际上已经将《大秦景教碑》的碑文加以注音、注义,做成词典,每个字都有标号,可以随时查阅。这使得欧洲人可从字形、字音、字义三方面来认识汉字,为其学习中国语言文字提供了极大的方便。

6. 中国科学技术的西传

16 世纪中国在科学技术的某些领域并不落后于西方国家,所以不少耶稣会士东来广东及至内地传教后,也不断把中国的科技介绍到西方国家去。利玛窦首先向西方国家详细地介绍了中国的印刷术:

> 他们的印刷比我们的历史悠久,因为在五百年前已经发明了印刷术,但与西方的有所不同。中国字的数目极多,不能用西方的方法,不过现在也采用一种拼凑法。他们最流行的方法,是取一梨木或苹果木板,或枣树木板,因为平滑无节,把要刻的字或画反贴在上面。然后细心把纸拿开,留在木板上的只有字迹。最后用刻刀把字和字外的地方挖深,只让字迹或画凸出。用这样的木板想印多少张就印多少张。这种办法刻中国字相当容易,因为常比我们的字大;西方文字用这种办法就不容易了。
>
> 至于论速度,我觉得,西方印刷工人排版与校对一张所用的时间,与中国工人刻一块版所用的时间不相上下,也许中国工人用的时间还少一点。所以印一本中国书比一本西文书的费用较低。中国人的办法还有一个优点,即木板常是完整的,何时想印就印;三四年后,也能随便修改;改一个字易如反掌,改几行字也不甚难,只要把木板加以裁接。①

门多萨在其著作《中华大帝国史》中,介绍了中国的制炮技术和印刷术,认为中

---

① [意]利玛窦著,刘俊余、王玉川译:《中国传教史》第 17-18 页,台湾光启出版社 1986 年版。

国使用大炮早于西方国家,印刷术也早于德国的约翰·谷腾堡(Johannes Cutenberg)。他说:

> 现在他们(指中国)那里还有很多书,印刷日期早于德国开始发明之前五百年,我有一本中文书,同时我在西班牙和意大利,也在印度群岛看见其他一些。①

门多萨又详细介绍了中国的造船和修船技术:

> 他们(指中国)用来修理船只的沥青在该国十分丰富;用他们的话叫作漆,是由石灰、鱼油及他们称为油麻的膏制成;它很坚固、防蛀,因此他们的船比我们的耐用两倍。但却大大妨碍行动。他们船内的泵和我们的大不相同,要好得多;它是由很多片组成,有一个抽水的较小,安在船内侧,他们用它轻易地把船内的水抽干。②

7. 中国工艺美术的西传

16—17世纪通过海上丝绸之路贸易运往欧洲的丝绸、瓷器、漆器等货物,既是精湛的高级消费品,又是优美绝伦的工艺美术品,深受欧洲国家民众的青睐。特别是各国君主酷爱中国的瓷器,例如:德国卡塞尔朗德博物馆收藏的一件特藏珍品明代瓷器,上面印有卡泽伦博格伯爵的纹章。英国牛津大学新学院所藏的瓦汉杯(Warham Cup)——印有明弘治年号的青瓷碗,是主教瓦汉于1502—1533年间赠送的;还有一对宣德年间(1426—1435)制造的瓷碗,是1506年卡斯蒂利亚国王腓力一世送给约翰·特伦查爵士的珍品。1553年,葡萄牙人进入和租居澳门之后,除了做丝绸生意外,就是将中国瓷器贩运到欧洲。17世纪初,荷兰、英国人更是来广东大做瓷器生意。据不完全统计,1602—1682年间,荷兰东印度公司从广东贩运了超过1600万件中国瓷器,③于是中国瓷器在欧洲很受欢迎。此后欧洲各国纷纷按中国瓷器的工艺仿制中国瓷器。大约于1540年前后,威尼斯人开始仿制蓝色瓷器;1574—1584年,佛罗伦萨曾仿造中国硬胎瓷器,后来又成功地制成"美第奇"(Medici)瓷器,"此种装潢品正与当时中国流行者十分相似"。后来,"人们企图改良从1625年开始所制的本地乳蓝陶瓷,使它越来越近乎华瓷"④,从而促进17世纪初叶欧洲其他国家陶瓷业的发展。到1628—1637年间,荷兰和德国有了各自的陶瓷厂。"这个时候,欧洲制造品大量采用中国的饰纹,又进而仿效中国的款式。瓷器本是被认为中国所独创,其仿效中国制法,也是很自然的。"⑤ 当时欧洲绘画界出现的"中国热",可以说主要就是源于瓷器绘画中的中国风格

---

① [意]利玛窦著,刘俊余、王玉川译:《中国传教史》第121页,台湾光启出版社1986年版。
② [意]利玛窦著,刘俊余、王玉川译:《中国传教史》第136页,台湾光启出版社1986年版。
③ 沈福伟:《中西文化交流史》第457页,上海人民出版社1985年版。
④ [德]利奇温著,朱杰勤译:《十八世纪中国与欧洲文化的接触》第22页,商务印书馆991年版。
⑤ [荷]包乐史著,庄国土译:《中荷关系史》第90页,荷兰路口店出版社1989年版。

工艺美术。当时就有人赋诗赞美具有中国工艺美术风格的瓷器：

中华土产有佳瓷，尤物移入众所思。
艺苑能辟新世界，倾城不外亦如斯。①

1550年，中国的壁纸（称贴落）亦由西班牙、荷兰的商人从广州贩运到欧洲出卖。这种每幅通高12尺、宽4尺的壁纸上有花鸟、山水、人物等图案，十分漂亮，强烈吸引欧洲国家的顾客。之后，欧洲各国亦按此工艺美术制作壁纸。1618年，法兰克福成功仿制中国华丽鸟图案的金银色壁纸。

8. 中国音乐的西传

利玛窦是系统地向欧洲国家介绍和传播中国音乐的第一人。1584年9月13日，他在广东肇庆传教时，曾寄信给西班牙税务司罗曼，谈到中国音乐：

人们（指广东人）都很爱好吃喝声色之乐，且有专门书籍，记载弹琴的姿势与季节的举行，整年有舞蹈和音乐，还有作乐的处所……②

利玛窦所指的音乐书还附有音乐或作乐的插图，如嘉靖至万历年间（1522—1620）。王圻父子编著的《三才图会》就是如此。1592年，利玛窦在肇庆曾与明代著名戏曲家汤显祖会晤，了解了更多明代中国戏曲的知识，从而更深入地向西方国家介绍中国的戏曲。他说：

我相信这个民族是太爱好戏曲表演了。至少他们在这方面肯定超过我们。这个国家有极大数目的年轻人从事这种活动。有些人组成旅行戏班，他们的旅程遍及全国各地；另有一些戏班则经常住在大城市，忙于公众或私家的演出。……有时候戏班主买来小孩子，强迫他们几乎从幼就参加合唱、舞蹈以及表演和学戏。……凡盛大宴会都要雇用这些戏班，听到召唤他们就准备好上演普通剧目中的任何一出。通常是向宴会主人呈上一本戏目，他挑他喜欢的一出或几出。客人一边吃喝一边看戏，并且十分惬意，以致宴会有时要长达十个小时，戏一出接一出地连续演下去直到宴会结束。戏文一般都是唱的，很少是用日常声调来念的。③

利玛窦接着介绍中国道教的音乐和乐器说：

这个教派（指道教）的道士们住在皇家祭祀天地的庙里，他们的部分职责就是

---

① ［德］利奇温著，朱杰勤译：《十八世纪中国与欧洲文化的接触》第27页，商务印书馆1991年版。
② 罗渔译：《利玛窦书信集》，下册第50-51页，台湾辅仁大学出版社、台湾光启出版社1986年版。
③ ［意］利玛窦、［比利时］金尼阁著，何高济等译：《利玛窦中国札记》第24页，中华书局1983年版。

当皇帝本人或代表皇上的大臣在这些庙里举行各种献祭时必须在场。这当然有助于提高他们的声望和权威。这种场合的乐队也由道士们组成。凡是中国人所知道的各种乐器都包括在乐队里面，但是他们奏出来的音乐让欧洲人听起来肯定是走调的。这些乐师还常常被请去办丧事，他们穿上华丽的道袍，吹笛和演奏别的乐器。①

1599年3月3日，利玛窦又介绍他在南京观看祭祀孔子仪式的音乐：

> 这里让我们插进几句话谈谈中国的音乐，这是欧洲人很感兴趣的一种艺术。……纪念孔子……这种特殊的典礼伴有音乐；他们提前一天邀请主管官出席乐队的预演会，以决定这种音乐是否宜于这种场合。……乐队预演会是由称为道士（Tausu）的儒生的祭司组织的，在一座为了崇奉上天而建立的大厅，或者不如说皇家的庙宇里面举行。……组成乐队的祭司们穿上华贵的法衣就仿佛他们要去参加祭祀仪式那样。在向大臣致敬后，他们就开始演奏各式各样的乐器：铜铃、盆形的乐器，有些是石制的，上面蒙有兽皮，像鼓一样，类似琵琶的弦乐器，骨制的长笛和风琴，不是用风箱吹而是用嘴吹。他们还有一些别的乐器，形状也像动物，他们用牙齿嚙着芦管，迫使管内的空气排出来［译者注：原意大利文所录的乐器及德礼贤的译文如下：campane（编钟）、campanelle（铃）、baccili（钹、响板）、alti（韵锣、铛锣）、altri di pietra（编磬）、pelle（大鼓、柷、应鼓、搏拊）、altri corde lento（琴、瑟）、altri di flauti（龠管、麓垻笛）、vento（排箫、凤笙箫、笙）、altri earno ccme animali（敔）。］在预演会上，这些古怪的乐器一齐鸣奏，其结果可想而知，因为声音毫不和谐，而是乱作一团。中国人自己也知道这一点。他们的一位学者有一次说，他们祖先所知道的音乐艺术经过几百年已经失传了，只留下来了乐器。②

由上可见，利玛窦在向西欧国家介绍和传播中国音乐方面做了许多开拓性的工作，这是值得肯定的。

与此同时，据说明末朱载堉在其《律历融通》一书中提出的十二平均律的生律方法和《律吕精义》一书提出的相邻半音的频率比为1.05946的"密率"的理论，也是经利玛窦、邓玉涵等耶稣会士传至西欧国家，但此说法目前缺乏足够证据，尚需进一步研究。

9. 中国风俗的西传

中国饮茶的风俗也是通过广东海上丝绸之路传到欧美国家的。多明峨会最早派往亚洲传教的会士、葡萄牙人加斯帕尔·达·克鲁士于1556年到达广州，并在中国沿海一带游览数月，然后回国。他根据自己在广东及沿海地区所见所闻撰著的《中国志》（*Tractado em que se Contam muito por extenso as cousas da China*），于1570年他病逝16天

---

① ［意］利玛窦、［比利时］金尼阁著，何高济等译：《利玛窦中国札记》第111–112页，中华书局1983年版。
② ［意］利玛窦、［比利时］金尼阁著，何高济等译：《利玛窦中国札记》第360–361页，中华书局1983年版。

后在他的故乡埃武拉出版发行。他在书中首次向欧洲介绍中国的饮茶风俗：

> 如果有人或有几个人造访某个体面人家，那习惯的做法是向客人献上一种他们称为茶（Cha）的热水，装在瓷杯里，放在一个精致的盘上（有多少人便有多少杯），那是带红色的，药味很重，他们常饮用，是用一种略带苦味的草调制而成。他们通常用它来招待所有尊敬的人，不管是不是熟人，他们也好多次请我喝它。①

1606—1607 年，荷兰东印度公司从澳门首次贩运中国茶叶到巴达维亚，约于 1610 年贩运到欧洲。于是，本土的荷兰人于 1637 年开始饮茶。中国茶于 1636 年传至法国巴黎，1650 年传至英国。从此，英国、法国逐步兴起饮茶风。1660 年 9 月 22 日，英国人塞缪尔·佩庇斯（Samuel Pepys）记述：

> 我当真要了一杯茶（一种中国饮料），那是我以前从未喝过的。②

与此同时，中国人乘轿子及轿式马车的风俗也传到欧洲。法国国王路易十四在位期间（1643—1715），法国贵族官吏已有出行时乘轿的习惯。轿顶围被的质料和颜色，按官吏等级高低严格规定，轿身以漆油绘，一般流行芍药和牡丹等中国花卉的颜色。但法国人抬轿不像中国人那样用肩扛，而是用手举抬，法语称为"抬椅"（Chaise à porteurs）。

（原载《广东海上丝绸之路史》第七章，广东经济出版社 2003 年版，编入本文集时体例有所调整）

---

① ［英］C. R. 博克舍编注，何高济译：《十六世纪中国南部行纪》第 98 页，中华书局 1990 年版。
② 范存忠：《中国文化在启蒙时期的英国》第 77 页，上海外语教育出版社 1992 年版。该书记为 1666 年，似是笔误或印刷错误。

试论明清时期商业资本流向土地的问题

中国封建社会的经济曾有过较高的发展水平。明中叶以后,"中国封建社会内的商品经济的发展,已经孕育着资本主义的萌芽"①。但是,此后的300多年,中国资本主义萌芽一直是"萌而不发",中国封建社会长期延续。造成这一历史现象的原因是多方面的、复杂的,但如果从中国封建社会经济结构本身来考察,笔者认为,明清时期商业资本主要不是流向产业、转化为产业资本,而是主要流向土地、转化为土地资本,这是一个重大的原因。

一

明清时期,特别是嘉靖以后,商业和商业资本"一马当先"地向前发展,无论是商业的发展规模、商人的活动范围,还是商业资本的积累,都超过以往任何朝代。

随着商业的日益发展,出现了许多闻名全国的大商人集团,如粤商、闽商、徽商、浙商、晋商、苏商、秦商、赣商、鲁商、京商等。这些富商巨贾通过贱买贵卖的商业贩运活动,集中了社会相当一部分货币财富,拥资10万、100万者比比皆是。明人王士性记述:"(山西)平阳、泽、潞豪商大贾甲天下,非数十万不称富。"②谢肇淛也说:"富室之称雄者,江南则推新安,江北则推山右。新安大贾,鱼盐为业,藏镪有至百万者。其他二三十万则中贾耳。山右或盐,或丝,或转贩,或窖粟,其富甚于新安。"③到了清代,商人更加富豪。例如山西商人元氏,拥资"号称数千万两"④;继之而起的曹、乔、渠、常、刘数十姓,亦拥有10万至数100万两的财产。广东十三行怡和行行商伍秉鉴拥有资产2600万墨西哥银元(相当今天的50亿美元),成为当时的世界首富。同文行行商潘正炜的总资产达到1亿法郎。⑤

就西欧国家的一般发展道路而言,在封建社会后期,发达的商业资本是流向产业、

---

① 《毛泽东选集》(合订本)第589页,人民出版社1966年版。
② 〔明〕王士性:《广志绎》卷三《江北四省》。
③ 〔明〕谢肇淛:《五杂俎》卷四《地部》。
④ 徐珂:《清稗类钞》。
⑤ 〔美〕威廉·C. 亨特著,冯树铁译:《广州番鬼录》第36页,广东人民出版社1993年版;梁嘉彬:《广东十三行考》第266页,广东人民出版社1999年版。《印度邮报》1844年6月6日文章写道:他(潘正炜)把2600万元留给自己的儿子。

转化为产业资本的,但中国明清时期商业资本的发展道路则不同。虽然也有少数商业资本流向产业、转化为产业资本,大多数商人却是把商业资本用来购买田地和增置屋宅,转化为土地资本。可以说,这是明清时期商业资本的主要流向。

为了说明这一问题,现将明清时期全国范围内商人购置田产的情况分区叙述如下。

(一) 华南地区

明清时期,华南地区商人利用积累起来的商业资本购买土地、屋宅是相当普遍的。明正统七年(1442),南海县商人聂烟波出海经商获利后就购置土地,其族谱记载:

> 公嗜航海,巨船装运雷阳之粟,冲风冒雨,历涉大洋,海途险阻,备尝艰苦,皆赖乃祖宗之福庇,安稳无虞,由是基业大进,峥嵘阀阅,大振家产。于是田园倍增,手扩租业无算,以为子孙修久之计,不可羡欤。①

正统年间(1436—1449),中山县小榄镇的大商人何图源经商发家后也买田收租,又将租谷贩运福建。据调查记载:"何图源开始贩买砖瓦致富,后在小榄周围买土地二万余亩,成千成万石计的租谷。……何图源将农民交来的租谷,远贩到福建去出卖。"②

嘉靖十四年(1535),顺德县商人龙翠云乘土地兼并日盛之机,以商利购买田地。其族谱有详细的记载:

> 翠云公……以贩棉为业……不数年而资本渐充,信用盖著,熟于操纵,销流之广,几冠全省。以其余蓄分置产业……自置田产八十余顷。③

名臣海瑞的孙子海述祖出海贸易赚了大钱之后,崇祯十五年(1642)一回到广州就买田养老。史籍记述:

> 海忠介公之孙述祖……崇祯壬午二月,扬帆出洋……次年入广州,出橐中珠鬻于番禺,获资无算,买田终老。④

清乾隆年间(1736—1795),广东有些商人到外省做生意赚钱后就地购买田地。如番禺县五凤乡商人林世经,全家去广西贵县经商,到他儿子林大懋当家,就在贵县"逐渐购买房产及田地,共买了几十万斤租的田地,连贵县东湖、城郊的莲塘也买了过来,租给别人养鱼、种藕,又在贵县城买了七八十间铺"⑤。鸦片战争前夕,就连广东十三

---

① 《聂氏家谱》。
② 《小榄何族发家史》(手抄本)。
③ 《龙氏族谱》卷七《华山堂祠堂记》。
④ 〔清〕钮琇:《觚剩续编》卷三《海天行记》。
⑤ 广西僮族自治区通志馆编:《太平天国革命在广西调查资料汇编》第28—30页,广西僮族自治区人民出版社1962年版。

行的大行商伍秉鉴、潘正炜和卢观恒等也把商业资本"冻结在地产上"①。

（二）江南地区

明清时期的江南地区虽然是商品经济和手工业生产发达的地区，但是当地商人仍然坚守"以末起家，以本守之"的信条，把商业资本投向土地。嘉靖年间（1522—1566）南京商人许怀泉就是一个代表。焦竑为他所写的墓志铭说："君讳承谦，字涵卿，怀泉其号也。……谓治生当以末起家，以本守之，买田数顷。"②

足迹遍天下的徽商，到外地经商发家后，也把大部分商业利润用来购置田宅。嘉靖年间（1522—1566）商人江珍就是一例。据《溪南江氏族谱》所载，江珍"辞其兄，北贾青齐梁宋，业日起，归而治盐策钱塘……纤俭如故，独置田产……其年丙子春，仅四十三顷"③。

名扬全国的福建海商也没有放弃对土地的欲望和追求，他们不断回乡购买土地。如明末的郑芝龙家族，拥有上百艘海船，雇用上千人，大量采购苏、杭、南京一带的生丝等土特产品，贩运到日本、琉球、吕宋及印度支那半岛进行贸易，其商业资本是相当雄厚的。这样的大海商也在家乡购置大量土地。史籍记载："芝龙田园遍闽广，秉政以来（指拥立唐王为帝），增置庄仓五百余所。"④

到清代康、雍、乾时期，江南地区的商人购买土地的热情空前高涨。如徽州府休宁县商人巴尔常兄弟四人，康熙时只有27亩土地，之后外出经商，从乾隆十四年（1749）开始利用积蓄起来的商业资本购买土地，至乾隆四十六年（1781）就购买了土地171亩；⑤ 旌德县商人汪翰，原来只有田8分和房屋1间，后来他质田习贾，先替某布店做管事，然后自己开布店经商，继置屋宅，囤谷居奇，赚利后转买田地，至鸦片战争前夕买田达到800多亩。⑥

乾隆以后，江南地区商人购买土地更普遍了，而且是购买成百上千亩地。如无锡商人王锡昌买田3000亩；⑦ 无锡商人薛氏买田约4万亩；⑧ 海州行商殷克勤也"有田七八千亩"；⑨ 江苏镇江县商人李嘉也买膏腴之地2000亩。⑩

（三）北方地区

明代北方地区商人购买土地的情况，有记载者不多。但到了清代乾隆以后，商人购

---

① Mac Nair, *Modern Chinese History Selected Reading*, p. 40, 转引自伍丹戈《鸦片战争前夕土地制度、剥削关系和剥削形态的变化》，《复旦大学学报》1963年第1期；[英]格林堡著，康成译：《鸦片战争前中英通商史》第57页，商务印书馆1961年版。
② 〔明〕焦竑：《澹园续集·隐君墓志铭》。
③ 《溪南江氏族谱·明赠承德郎南京兵部车驾署员外郎事主事江公暨安人郑氏合葬墓碑》。
④ 《明季南略·郑芝龙降清》。
⑤ 《休宁巴氏置产部》，转引自李文治《论清代前期的土地占有关系》，载《历史研究》1963年第5期。
⑥ 《休宁巴氏置产部》，转引自李文治《论清代前期的土地占有关系》，载《历史研究》1963年第5期。
⑦ 〔清〕齐学裘：《见闻随笔》卷十六《侠丐》。
⑧ 余霖：《江南农村衰落的一个缩影》，载《新创造》1932年第2卷第12期。
⑨ 李文治编：《中国近代农业史资料》第1辑第190页，生活·读书·新知三联书店1957年版。
⑩ 李文治编：《中国近代农业史资料》第1辑第190页，生活·读书·新知三联书店1957年版。

置田产日益增多。像显赫一时的山西票号商人，本来他们是以拥有大量货币财富经营和控制汇兑业务而著称于世的，但他们之中利用商业资本购买土地者也不乏其人。乾隆三十八年（1773）十二月，山西巡抚觉罗巴延上奏疏反映这种情况："浑源、榆次二州县，向系富商大贾不事田产，是以丁粮分征，今户籍日稀，且多置买田地。"① 而且有不少商人乘灾荒之年到外省去抢购土地。史籍记载："前年豫省被灾，惟郏（县）为重。而郏人在籍置产者，尚不及十之一二，（山）西商射利居奇者，已不啻十之八九。"② 商人彭太在河南南召县做生意获得财富后大量买田更是一个典型。他原籍山西曲沃县，乾隆年间（1736—1795）到河南南召县经商，"每年的商业剥削约有几十万两银子收入"，几年之内买地"猛增到六百多顷"。③

光绪年间（1875—1908），山东商人购置田宅达到高潮。19 世纪七八十年代，仅章丘等 46 个县的 131 家地主中，商人买地而成为地主的就有 64 家，占总数的 49%。而且这些商人都是买地几十亩、几百亩、几千亩的。④ 例如章丘县旧车镇矜恕堂孟氏，他在北京、济南、天津、烟台、青岛、上海、福州等城市开布店经商获得大量商业利润后，就逐年购买田地。从咸丰四年（1854）到辛亥革命前夕的 50 多年间，共买田地 2140 亩。⑤

北京的商人在乾隆年间（1736—1795）买地也不少，正如昭梿所说："京师如米贾祝氏，自明代起家，富逾王侯。……宛平查氏盛氏，其富丽亦相仿。……怀柔郝氏，膏腴万顷。"⑥

（四）西南地区

随着地主经济基础不断扩大，在边疆的一些少数民族地区也出现了商人购买田地的情况。例如云南大理县喜洲白族人董学祖撰《郡庠生公同配严氏墓志铭》，追溯其祖父董必昇在万历年间（1573—1620）经商发家买地的情形："自幼艰苦，乃壮有室，从事资迁，家计累累起，资财饶裕，置腴田，造广厦，以上乡富擘得名。"⑦ 清代乾隆年间（1736—1795），四川商人购买土地也逐渐多起来。例如在云阳县商人中，彭自圭经商起家后，即买田谷至百余石；旷希贤、涂开盛也是"兼事农商，渐买田宅为富人"；曾毓琏父子在湖南、四川间往来经商，"懋迁一纪，获利转丰，买田数十亩，城东街宅数十区"。⑧

以上叙述的只是明清时期各地商业资本流向土地的一小部分事实。实际上，当时各

---

① 《清高宗实录》卷九四八，乾隆三十八年十二月己丑。
② 〔清〕孙珩：《归田稿文》卷六《复同寅议赎地书》。
③ 河南人民出版社编辑《罪恶之家》第 146 页，河南人民出版社 1964 年版。彭家发展到新中国成立前夕，购地面积达到 860 顷，占南召县全部耕地面积的 20%。
④ 景甦、罗崙：《清代山东经营地主底社会性质》第 112 页，山东人民出版社 1958 年版。
⑤ 景甦、罗崙：《清代山东经营地主底社会性质》第 86 页，山东人民出版社 1958 年版。
⑥ 〔清〕昭梿：《啸亭续录》卷三《本乡富民之多》。
⑦ 中国科学院民族研究所云南民族调查组、云南民族研究所编：《云南省白族社会历史调查报告》第 14 页，1963 年版。
⑧ 《民国云阳县志》卷二七《耆旧三》。

地商人购买土地的事例还有很多。为了更好地说明问题，又节省篇幅，笔者将看到的明清时期商人购买土地事例列表如下（见表1），备供参考。

表1　明清时期各省商商人购买土地事例

年　代	地　区	姓　名	经营商业情况	购买土地情况	资料来源
明代	安徽祁门	胡天禄		买田300亩	《道光安徽通志》卷一九六
明代	福建龙溪	林光天	经商于吕宋	置祠产族田	《万历泉州府志》卷二十
宣德五年	广东顺德	龙祖瑶		多置沙田	《龙氏族谱》卷三
正统七年	广东南海	聂烟波	贩买纺织品	田园倍增	《聂氏家谱》
正统七年	广东南海	聂天根	贩买纺织品	置田产	《聂氏家谱》
正统八年	广东香山	何图源	海外营运	买田20000亩	《小榄何族发家史》
成化十八年	广东香山	何万根	海外营运	复置田产	《何氏族谱》卷一
嘉靖十四年	广东顺德	龙翠云	贩运棉业	买田8000亩	《龙氏族谱》卷七
嘉靖十九年	广东香山	何万虞	海外营运	创置田宅	《何氏族谱》卷一
嘉靖四十四年	广东顺德	龙茂锡	贸易于海南岛	买田力田	《龙氏族谱》卷七
嘉靖年间	安徽徽州	汪仲	买田筑舍		《太函集》卷二八
嘉靖年间	安徽徽州	汪通保		置田宅	《大函集》卷二八
嘉靖年间	安徽徽州	江珍	买田4300亩		《太函集》卷六七
嘉靖年间	江苏南京	许怀泉	买田数百亩		《澹园续集》卷十四
嘉靖年间	江苏常熟	钱敬虞	大商人地主		《海虞文征》卷二二
嘉靖年间	江苏无锡	安国		大商人地主	傅衣凌：《明代江南市民经济初探》第42页
嘉靖年间	江苏无锡	邹望		大商人地主	傅衣凌：《明代江南市民经济初探》第42页
嘉靖年间	江苏无锡	华麟祥		大商人地主	傅衣凌：《明代江南市民经济初探》第42页
隆庆六年	广东香山	何万泽	海外营运	增置田宅	《阿氏族谱》卷一
万历年间	安徽新安	汪宗姬	贩运盐鱼	争购田地	《五杂俎》卷四
万历年间	云南大理	董必昇	贸财饶裕	购置腴田	《云南省白族社会历史调查报告》第13页
万历年间	广东顺德	邓我岗		买田30多亩	《邓氏家谱》
万历年间	广东顺德	邓滕宇	海外经商	买田园庐舍	《邓氏家谱》
天启元年	广东南海	霍从贤	海贾于外	购捐祠田	《霍氏族谱》卷九
崇祯十五年	广东琼山	海述祖	海商舶主	买田养老	《觚剩续编》卷三
明末	广东新会	卢纵庵	小贩，后建铁冶	收购田产	《潮连乡志》卷五

续表1

年　代	地　区	姓　名	经营商业情况	购买土地情况	资料来源
明末清初	福建南安	郑芝龙	贸易于日本、南洋	买庄田及庄仓500所	《明季南略》
康熙二十八年	江苏	徐乾学	贩运盐业	买田10000亩	《东华录》卷十五
康熙年间	广东佛山	冯绍裘		买置田宅	《佛山忠义乡志》卷十四
康熙年间	广东佛山	梁俊伟		买置田宅	《佛山忠义乡志》卷十四
康熙年间	浙江平湖	陈元师	开丝绸店	买地100000亩	《啸亭续录》
康熙年间	福建	某商人	纸商	买山地200槽	《光绪容县志》卷六
康熙年间	广东南海	潘仰辰		买尝田产	《潘式典堂族谱》卷六
康熙六十一年	广东佛山	孔广芬		广置田亩	《孔氏族谱》
雍正年间	安徽徽州	姚氏	贩买于西口	买田造屋	《姚氏家书》
雍正年间	安徽徽州	姚氏	在外经商	买大量田产	《姚氏家书》
乾隆初年	安徽徽州	汪应庚		买田1500亩	转引自叶显恩《试论徽州商人资本的形成与发展》
乾隆年间	安徽徽州	黄汝极		购买学田	转引自叶显恩《试论徽州商人资本的形成与发展》
乾隆年间	安徽歙县	江才		买田园第宅	转引自叶显恩《试论徽州商人资本的形成与发展》
乾隆年间	安徽徽州	鲍启发		买田1200多亩	转引自叶显恩《试论徽州商人资本的形成与发展》
乾隆年间	安徽徽州	鲍志道妻		买捐田100亩	转引自叶显恩《试论徽州商人资本的形成与发展》
乾隆年间	广东番禺	林大懋	贩运谷米、布匹	买田几十万斤租	《太平天国革命在广西调查资料汇编》第29页
乾隆年间	广东	郑氏		买大圩周围土地	《太平天国革命在广西调查资料汇编》第29页
乾隆年间	广东南海	柯凤翔		买山种槟榔	刘永成：《清代前期农业资本萌芽初探》
乾隆年间	广东南海	柯凤集		买山种槟榔	刘永成：《清代前期农业资本萌芽初探》
乾隆年间	四川云阳	旷圣明		买田宅	《民国云阳县志》卷二七
乾隆年间	四川云阳	彭自圭		买田100多石	《民国云阳县志》卷二七
乾隆年间	四川云阳	曾毓琏		买田数十亩	《民国云阳县志》卷二七
乾隆年间	四川云阳	旷希贤		买田宅	《民国云阳县志》卷二七
乾隆年间	四川云阳	涂开盛		买田宅	《民国云阳县志》卷二七

续表1

年　代	地　区	姓　名	经营商业情况	购买土地情况	资料来源
乾隆年间	北京	祝氏	贩运米粮	买屋1000多间	《啸亭续录》卷二
乾隆年间	北京怀柔	郝氏		买田100万亩	《啸亭续录》卷二
乾隆年间	山西曲沃	彭大	开粮行布店	买田10万亩	《罪恶之家》第146页
乾隆年间	河南巩县	康应魁	开布店 杂货店	买田10万亩	《罪恶之家》第3页
乾隆年间	江苏武进	薛梧冈		买田于溧阳	《初月楼阁见录》卷八
乾隆年间	江苏无锡	王锡昌		买田3000亩	《见闻随笔》卷十六
乾隆年间	江苏无锡	薛氏	贩买粮食	买田40000亩	《新创造》1932年第2卷第12期
乾隆年间	安徽	吴荣让	经营茶漆业	买田及山林	《太函集》卷四七
乾隆年间	安徽婺源	江拱乾		广置田宅	《初月楼阁见录》卷九
乾隆四十年	安徽休宁	巴尔常	开押店	买田171亩	转引自李文治《清代前期的土地占有关系》
乾隆四十三年	山东章丘	李可式	开酒醋店	买田165亩	《清代山东经营地主底社会性质》第50页
嘉庆年间	湖南衡阳	刘重伟		买田100万亩	《同治衡阳县志》卷十一
道光年间	山东文登	某商人	开当铺	购买土地	《民国文登县志》卷三下
道光年间	山东淄川	马家	开铺兼放债	买六七十里田地	《中国近代农业史资料》第1集第192页
道光年间	广东广州	伍秉鉴	行商	购地	《广东十三行考》第295页
道光二十年	广东广州	潘正炜	行商	资金冻结于土地	《鸦片战争前中英通商史》第57页
道光二十年	安徽旌德	汪承翰	开布店	买田1000亩	转引自李文治《清代前期的土地占有关系》
道光至咸丰年间	广东南海	潘宽怀		广买田园	《潘式典堂族谱》卷六
道光至咸丰年间	山东章丘	孟昭宾		买田1050亩	《清代山东经营地主底社会性质》第77页
咸丰年间	山东章丘	孟家	开杂货店	买田2140亩	《清代山东经营地主底社会性质》第86页
咸丰年间	安徽黟县	汪源		买田筑室	《中国近代农业史资料》第1集第190页
同治九年	山东章丘	李方彩		买田515亩	《清代山东经营地主底社会性质》第53页

续表1

年　代	地　区	姓　名	经营商业情况	购买土地情况	资料来源
同治年间	河北文安	张锦文		买20000亩	《民国文安县志》卷六
光绪六年	河北滦县	刘氏		买田4983亩	《中国近代农业史资料》第1集第191页
光绪年间	浙江镇海	李嘉		买田2000亩	《中国近代农业史资料》第190页
光绪年间	江苏靖江	王某	开铺	买田1000多亩	《中国近代农业史资料》第190页
光绪年间	山东临清	徐大头	开铺	买田	《武训历史调查记》第60页
光绪年间	山东临清	冀耀祖	开铺100多间	买田3000亩	《武训历史调查记》第60页
光绪年间	山东临清	孙家	开铺	买田10000亩	《武训历史调查记》第60页
光绪年间	山东淄川临池村	薛本红	开酒店、杂货店各2处	买田480亩	《清代山东经营地主底社会性质》附表二
光绪年间	山东沈古村	沈家	开酱铺	买田240亩	《清代山东经营地主底社会性质》附表二
光绪年间	山东大史村	毕家		买田800亩	《清代山东经营地主底社会性质》附表二
宣统二年	江苏海州	殷克勤		买田8000亩	《中国近代农业史资料》第1集第190页
宣统二年	江苏海州	姜有珍		买田6000亩	《中国近代农业史资料》第1集第190页
宣统二年	广东香山	韦必达	经商于澳门	买田10多亩	《韦氏族谱》卷四

从以上商人购买土地的大量事例中，我们不难看出明清时期商业资本主要流向土地、转化为土地资本的一些特点。

第一，商人购买土地具有全国性的意义。

当时从全国政治中心北京到最南的海南岛，从商品经济和手工业生产发达的江南到经济比较落后的西双版纳，东西南北包括北京和广东、福建、浙江、江苏、江西、安徽、湖南、湖北、广西、云南、四川、河南、山东、山西等14个省，都普遍存在商人购买土地的历史现象。这说明，明清时期商业资本流向土地不是发生在个别地区，而是全国性的。其中又以南方商品经济发达的地区为多，如长江三角洲的苏州、常州、无锡、南京、常熟、靖江、镇海、高邮、武进、平湖等地，广东的广州、佛山、南海、顺德、中山、新会、番禺等地。这就说明，在明清时期，哪怕是商品经济发达的地区，商人对于"求田问舍"的兴趣仍然是十分大的。有的学者认为明中叶以后商人对土地不感兴趣或者兴趣越来越小，是不太符合历史实际的。

第二，商人通过放高利贷折买土地相当流行。

明清时期，商人除了直接以商业资本购买土地外，还流行将商业资本转化为高利贷资本，在城乡从事高利贷活动，以更有利的手段取得土地。因为明清时期高利贷利息特别高，一般较低的利率也是"三分起息"，即30%，有的达到60%甚至是90%，① 是当时世界上最高的。② 在这种情况下，富商大贾往往向自耕农或小土地主放高利贷，然后"指田为当""以田为质"，最后乘借债人一时还不起债息之机，把土地攫为己有。灾荒之年更是如此。正如乾隆五十年（1785）五月，河南巡抚毕沅上奏疏所说：

> 豫省连岁不登，凡有恒产之家，往往变卖糊口。近更有于青黄不接之时，将转瞬成熟麦地，贱价准卖。山西等处富户（商人）闻风赴豫，举放利债，藉此准折地亩。③

在高利贷的盘剥下，不少人被迫将田抵折给商人。例如河南卢氏县张立卿，"借到三川镇广盛号钱五百千……至（嘉庆）十四年……已归还四百余千，及十六年春利息未给，逐月翻算，本利混加作八百千，准折腴田八十亩，勒写当约可证"④。光绪年间（1875—1908），山东章丘等46个县的64家经商买田的商人地主中，就有45家是放高利贷的，占70.3%。⑤

第三，商人购买土地的目的是榨取封建地租。

明清时期，商人热衷于购买土地，其经济目的无非是把土地租给农民耕种，坐收封建地租。至于土壤的改良、种子的精选、农业生产技术的改进等，商人是不闻不问的。也就是说，商人购买土地完全不是对土地经营的投资，而是进行封建地租剥削。对于这一点顾炎武讲得很清楚："况富室不能自种，必业与贫民，贫民虽弃产，而实与富室共其利，收一石，则人分五斗，收十石，则人分五石。"⑥ 正因为如此，商人购买土地后，并不是成为"资本主义租地农场主"，而是一半是商人，一半是地主。例如表1中列出的江苏常熟县的钱敬虞，无锡县的安国、邹望、华麟祥等，既是大商人，又是大地主，一身而二任。这种商人地主具有浓烈的封建性，同英国封建社会后期的农业经营者有很大的区别。这是我们讨论明清时期社会经济结构和资本主义萌芽问题时必须注意的。

二

为什么明清时期的商业资本主要流向土地、转化为土地资本呢？这里面有深刻的经

---

① 梁方仲：《一条鞭法年表》，载《岭南学报》1952年第12卷第1期。
② ［英］亚当·斯密著《国民财富的性质和原因的研究》（杨敬年译，陕西人民出版社2001年版）上卷第398页指出：欧洲大部分地区的普通利息率似乎是10%，以后又"似乎已下降到6%、5%、4%、3%"。
③ 《清高宗实录》卷二五五，乾隆五十一年五月庚午。
④ 《孔府档案》。
⑤ 景甦、罗崙：《清代山东经营地主底社会性质》附表二，山东人民出版社1958年版。
⑥ ［清］顾炎武：《天下郡国利病书》卷十四《江南二》。

济、政治、社会心理等多方面原因。

(一) 土地的自由买卖为商业资本流向土地开辟道路

中国自从战国时期商鞅变法肯定了"除井田,民得买卖"以后,土地自由买卖成为封建社会普遍存在的历史现象,这也是以地主土地所有制为基础的封建经济结构的基本特点。明清时期,随着商品经济的发展和资本主义萌芽的出现,土地自由买卖更加盛行。所谓"贫富无定势,田宅无定主,有钱则买,无钱则卖"①。"百年田地转三家。言百年之内,兴废无常,必有转售其田至于三家也。今则不然……十年之间,已易数主"②,甚至是"千年田,八百主"③,就是当时土地买卖频繁的写照。根据现在我们看到的安徽、福建、广东等地区保留下来的大量的土地买卖契约,可以证明当时土地买卖是相当频繁的。明人丘濬和清人钱泳也曾从土地价格不断上涨这个侧面反映土地买卖频繁的情况。他们说:

> 今承平日久,生齿日繁,天下田价,比诸国初,加数十倍。④
>
> 前明中叶,田价甚昂,每亩值五十余两至百两,然亦视其田之肥瘠。崇祯末年……年谷屡荒,咸以无田为幸,每亩只值一二两……至本朝顺治初,良田不过二三两,康熙年间,长至四五两不等。雍正间,仍复顺治初价值。至乾隆初年,田价渐长。然余五六岁时,亦不过七八两,上者十余两。今阅五十年,竟亦长至五十余两矣。⑤

既然土地像商品一样可以自由买卖,这就为商业资本开辟了一条大道,于是,掌握了大量货币资本的富商大贾就纷纷购置田产,最后演变成商人地主,走上了一条与西欧国家商人不尽相同的发展道路。

虽然西欧各国在封建社会初期也曾出现过土地可以买卖的情况,但在封建制度巩固和发展的中世纪的大部分时间里,占统治地位的是领主经济,世袭领地和采邑是其土地所有制的形式,特点是土地不能自由买卖,土地由分封和世袭取得,并以断分制与长子继承制作为侧面的保障,两者互为补充。由于实行土地长子继承制,地权在家族中比较稳定,基本上没有发生土地扩大或缩小的现象;而土地不能自由买卖,又方便了长子继承制的实行。因此,在西欧国家,领主和商人,即地权与商业资本是对立的。对于商人来说,地权是封锁的。所以,商人企图用经商积累起来的商业资本购买土地是比较困难的。在这种情况下,商业资本自然就流向产业、转化为产业资本。

---

① 〔宋〕袁采:《袁氏世范》卷三《治家》。
② 〔清〕钱泳:《履园丛话》卷四《协济》。
③ 〔清〕顾炎武:《天下郡国利病书》卷二三《江南十一》。
④ 〔明〕邱濬:《畿辅通志·诏谕》。
⑤ 〔清〕钱泳:《履园丛话》卷一《田价》。

（二）土地财产比较稳定，有力地吸引着商人的投资

明清时期，随着商品经济的发展，经商的确利润高，商业资本也容易形成。这是一方面。另一方面是经商风险较大，商业资本容易丧失也是事实。正如当时人所说："（商业）一朝失利，富转为贫，前之拥多金以自豪，今且饭粗粝而不足。"① 唯有土地既可以生息，又容易保持，被抢劫、偷盗、焚毁的风险比较低。关于这一点，清人张英讲得十分生动：

> 天下货财所积，则时时有水火盗贼之忧，至珍异之物，尤易招忧连祸。草野之人，有十金之积，则不能高枕而卧。独有田产不忧水火，不忧盗贼，虽有强暴之人，不能竟夺尺寸；虽有万钧之力，亦不能负之以趋，千万顷可以值万金之产，不劳一人守护，即有兵燹离乱，背井去乡，事定归来，室庐畜聚一无可问，独此一块地，张姓者仍属张，李姓者仍属李，芟夷垦辟，仍属殷实之家。呜呼！举天下之物，不足较其坚固，其可不思所以保之哉。
>
> 尝见人家子弟，厌田产之生息微而缓，羡贸易之生息速而饶，至鬻产以从事，断未有不全军尽没者。余身试如此，见人家如此，千百不爽一，无论愚弱者不能行，即聪明强干者，亦行之而必败，人家子弟，万万不可错此著也②。

陶煦也认为："金宝庐舍，转喷灰烬，惟有田者，岿然而独无恙。"③

既然"市井富室，易兴易败"，而土地财产"不忧水火，不忧盗贼"，于是，一般人选择职业的基本原则就是"耕读为上，商贾次之，工技又次之"④，而商人经营的趋向"自当以田地为上，市廛次之，典与铺又次之"⑤。

（三）占有土地带来的经济收益刺激了商人购买土地的积极性

占有土地带来的经济收益主要是地租。明清时期，地租仍然是剩余劳动的通常形态和剩余劳动产生的主要源泉，就其总量而言大于工商业利润。这就决定了人们的经营兴趣和投资倾向，吸引商人把商业资本投向土地。

明清时期，地主的地租收入是相当大的一笔财富，因为当时的地租率达到50%、60%、70%甚至80%。明末清初长江三角洲的地租率如表2所示。

---

① 《嘉庆龙山乡志》卷四《田塘》。
② 〔清〕张英：《恒产琐言》，载〔清〕吴省兰辑《艺海珠尘》第21册。
③ 〔清〕陶煦：《租核·推原》。
④ 〔清〕张又渠：《课子随笔》卷三《宗约》，转引自《中国资本主义萌芽问题讨论集》（续编）第101页，生活·读书·新知三联书店1960年版。
⑤ 〔清〕钱泳：《履园丛话》卷七《产业》。

表2 明末清初江苏、浙江六地区地租

年代	地区	每亩米产量/石	每亩地租米/石	地租率/%
明末清初	苏州、松江	1.0～3.0	0.8～1.3	43～80
顺治十五年（1658）	桐乡	3.0	1.5	50
康熙二十年（1681）	松江、华亭、安邑、清浦	1.5～2.0	1.0～1.6	60～80

资料来源：陈振汉《明末清初（1620—1720）中国农业劳动生产率、地租和土地集中》，载《经济研究》1955年第3期。

从上表看，43%～80%的地租率仅是指正式租约规定的正额地租，而佃户在承租土地时必须交纳的"揽田"费及"预租""押租"还不包括在内。如果包括在内的话，地租率必定超过上述数字。因为"押租"也是很高昂的，例如，嘉庆三年（1798），江苏华亭县每亩预租额达744.4文；嘉庆十三年（1808），广东潮阳县每亩预租额为2000文；嘉庆十四年（1809），四川简州每亩预租额为16000文；嘉庆二十三年（1818），浙江诸暨县每亩预租额是2166.6文。①

在地租率很高的情况下，谁拥有更多的土地，谁就可以得到一笔数量相当大而又比较稳定的地租收入，特别是在分租制逐步被定租制取代之后，更保证了土地占有者不论丰年歉年都可以获得稳定而高额的地租收入。这就刺激了商人追求和购买土地的欲望，从而出现了商人纷纷购买土地的热潮。

粮食作为明清时期国内市场的最大宗商品，价格日益昂贵，也是商人购买土地的一种吸引力量。明清时期，随着农产品商品化的发展和人口数以亿万计地迅速增长，粮食价格不断上涨。我们以50年为一期做统计，则可见米价上涨的具体情形（见表3）。

表3 明清时期米价上涨情况

年　代	每公石平均价格/公分银	比1401—1450年增长/%
洪武元年至建文二年（1368—1400）	17.19	—
建文三年至景泰元年（1401—1450）	10.84	—
景泰二年至弘治十三年（1451—1500）	16.35	50.83
弘治十四年至嘉靖二十九年（1501—1550）	20.19	86.25
嘉靖三十年至万历二十八年（1551—1600）	23.00	112.18
万历二十九年至崇祯十七年（1601—1644）	32.19	196.96
顺治元年至康熙三十九年（1644—1700）	33.39	208.03
康熙四十年至乾隆十五年（1701—1750）	36.70	238.56

① 据李文治编《中国近代农业史资料》第1辑第76页表计算，生活·读书·新知三联书店1957年版。

续表3

年　代	每公石平均价格/公分银	比1401—1450年增长/%
乾隆十六年至嘉庆五年（1751—1800）	63.02	481.34
嘉庆六年至道光三十年（1801—1850）	81.01	647.32
咸丰元年至宣统二年（1851—1910）	85.85	691.97

资料来源：据彭信威《中国货币史》第498、601页所记数字编制。

表3显示，从建文三年（1401）起，每隔50年米价以25.29%的速度增长，清末米价比15世纪上半叶上涨近7倍。如果把银价换成黄金来计算，同国际上的粮价相比，15世纪至16世纪前半期的150年间，中国的米价高于英、法两国小麦的价格。① 可见，对于商人来说，粮食是一大财富。加上明清时期粮食平均亩产量比隋唐时期增加一倍，② 使商人意识到，只要占有更多的土地，就可以拥有大量的地租收入，就可以囤积更多的商品粮食，就能增殖更多的财富。这就更加吸引商人去购买土地。正如当时人所说："上至绅富，下至委巷工贾胥吏之俦，赢十百金，莫不志在良田。"③

（四）明清政府推行"重农抑商"政策，迫使商人购买土地

明清政府继续推行"重农抑商"的传统国策，并以更完善的"禁榷""重税"和"官工"等制度来加以贯彻执行，又辅之以海禁政策相配合。

明清政府实行禁榷制度，不仅沿用历代做法，对盐、铁等商品实行官营，而且连金、银、铜、锡、硝、硫黄等也列入禁榷专营之列。为了保证这种禁榷制度的执行，还把榷盐列入了《大明律》《大清律例》，专设"盐法"一款，严格规定：

> 凡犯私盐者，杖一百，徒三年；若有军器者加一等，诬指平人者加三等；拒捕者斩，盐货车船并入官；引领牙人及窝藏寄顿者杖九十，徒二年半；挑担驮载者杖八十，徒二年。④
>
> 凡客商贩卖私盐，不许盐引相离，违者同私盐法。其卖盐了毕，十日之内交退引者，笞四十；若将旧引影射盐货者，同私盐法。⑤

越到后来，惩治"私盐"的条例就愈多，处罚也愈加残酷。如雍正六年（1728）定例：

---

① 彭信威：《中国货币史》第624页，上海人民出版社1958年版。
② 参阅余也非《中国历代粮食平均产量考略》，载《重庆师范学院学报》1980年第3期。
③ 〔清〕陶煦：《租核·推原》。
④ 《大明律》卷八《户律五·课程·盐法》。
⑤ 《大清律例》卷十三《户律·盐法》。

凡拿获私贩，务须逐加究讯，买自何地，卖自何人，严缉窝顿之家，将该犯及窝之人，一并照兴贩私盐例治罪。盐买自场灶，即将该管场司并沿途失察各官，题参议处，其不行首报之灶丁，均照私盐例治罪。①

明清封建政府的禁榷绝不限于私盐一项。如茶叶，本来是一种饮料而已，与封建统治关系不大，但政府同样用法律形式加以限制商人私营茶叶，严格规定："凡贩私茶者同私盐法治罪"，"私茶出境与关隘失察者，并凌迟处死"。②

这种依靠法律的力量推行的禁榷制度，把有发展前途的重要商业部门收归官府经营，剥夺了商人经营最有利的大型商业的权利。商人只好经营一些小商业，使商业资本只能在封建经济的罅隙里形成和发展。

"重征商税"是明清封建政府为抑制商业发展而采取的一种竭泽而渔的制度。当时的商税分关税（通过税）和市税（市租）两大类。为征收关税，明政府从宣宗朝开始就在长江和运河沿岸设立了33个钞关；万历年间（1573—1620）又增设关卡，征收更重的商税。洪武年间（1368—1398），商税是三十税一；洪熙元年（1425）开始征收"门摊课钞"；宣德年间（1426—1435），这项税收增加了5倍。此后，商税一直呈直线上升。以杭州附近的北新关为例，可见一斑（见表4）。

表4 明代北新关商税增长情况

年代	商税额/两	比嘉靖二年增长/%
嘉靖二年（1523）	20000	—
嘉靖二十三年（1544）	26000	30
万历三十九年（1611）	49000	145
崇祯年间（1628—1644）	110000	450

资料来源：据《北新关志》卷四《课额》的数字编制。

从表4可知，在121年中，商税额增长了4.5倍。浙江、芜湖钞关商税增加得更多。张秉清说："（初）榷取之课不过四千两，渐增为一万二千两，而（正德）及三万七千两有奇。"③ 说明正德年间（1506—1521）的商税额是原来的9倍多。

特别是万历二十四年（1596）以后，明封建政府派出税监矿使四出榷税，疯狂掠夺，9年间搜刮了税银300万两。经此浩劫，全国客商锐减，商业矿业纷纷倒闭。万历三十年（1602）九月，户部尚书赵世卿在奏报中反映了这种事实：

河西务关则称：税使科敛，以致商少，如先年布店计一百六十余家，今止三十余家矣；在临清关则称：往年伙商三十八人，皆为沿途税使抽罚折本，独存两人矣；又称：临清向来缎店三十二座，今闭门二十一家；布店七十三座，今闭门四十

---

① 《大清律例》卷十三《户律·盐法》。
② 《大明律》卷八《户律五·课程·私茶》。
③ 〔清〕张秉清：《芜湖榷司题名记》，载《食货典》卷二三〇《杂税部》。

五家；杂货店今闭门四十一家。辽左布店绝无矣。在淮安关则称：河南一带货物多为仪真、徐州税监差人挽捉，商畏缩不来矣。其他各关告苦告急之人无日不至。①

清政府为了加强对商业的管制，除了设户部二十四关、工部五关外，又在乾隆二十六年至四十一年（1761—1776）编制了一部管制商业的法规——《钦定户部则例》，其中有《关税》5卷、《税则》29卷，明令：

  商货须直赴关口按例输税，陆路不许绕避别口，水路不得私走支河，若有船户脚夫包送，希图漏税等弊，将奸商船户分别究治，地方官并予议处。

同时，该则例还规定了各钞关一定要完成的税收总额。乾、嘉两朝计全国钞关税收总额为435万两白银。有了这部商税法规后，商税名目变得更多，从盐、矿、茶、酒、船、市舶到米、鸡、豕，"皆令输税"，此外，还有牙税、落地税等。这部成文法规助长了抽税官吏的暴虐。那些钞关官弁更在常法之外巧立名目，倚势作奸，垄断职权，鱼肉商民；动不动就以不完税为名，没收商人的财货，甚至对商人痛打笞责。

在明清封建政府重重商税的压榨下，商人视商业如畏途，许多商人不敢扩大甚至停止商业经营，而选择把商业资本投向土地，坐收封建地租之利。

明清时期，"官工制度"进一步实行。明清封建政府直接委任了织造总监、织染局员外郎等管督和经营手工业的专职官吏，把那些销售量最大的、最有利可图的手工业统统交由官府设局经营。明代官营手工业几乎无所不包，分工达188种，工匠经常保持在30万人左右。清朝的官营手工业体制沿袭明制，但官营织造业、军器火药制造业、铸钱业、陶瓷业等部门的生产规模则比明朝更大。

为了保证官营手工业的发展，封建政府还对私人手工业加以严格的管制，甚至对其实行残酷的压迫和掠夺。以矿冶业为例，明初，政府规定私自开矿者以盗窃论，给予极重的惩罚："凡盗掘金银铜锡水银等项矿砂，每金砂一斤折钞二十贯，银砂一斤折钞四贯，铜锡水银等砂一斤折钞一贯，俱比照盗无人看守物准窃盗论。"②

正统以后，限制更严，惩罚更重。正统三年（1438）下令：凡军民私煎福建、浙江等处银矿者，"正犯处以极刑，家口迁化外"。五年（1440）又下令：浙江、福建如有聚众偷采银矿者，"调军捕获，首贼枭首示众，为从及诱引通同有实迹者，连当房家小，发云南边卫充军"。③ 成化七年（1471）再下令：云南宁州等处军民客商，若有"偷采私煎及潜行贩买（铜货）出境者"，本身处死，全家发烟瘴地区充军。④ 此外，封建政府还对许多重要矿区设兵巡守，动辄捕捉开矿商民，如广东翁源县"铁山在县东一百六十里（河源界），山出铁，居民招集采铁，动以千计，私小害大，有司（地方官

---

① 《明神宗实录》卷三七六，万历三十年九月丙子。
② 《明律集解·附例》卷十三《刑律·贼盗》。
③ 〔明〕申时行：《（万历）明会典》卷三七《金银诸课》。
④ 〔明〕申时行：《（万历）明会典》卷三七《金银诸课》。

府）常捕治之"①。

清政府特别严格控制铁矿的开采冶炼，拼命提高铁课征收。乾隆四十六年（1781）规定：江西上饶等地铁矿"每铁一百斤，抽课二十斤，每斤折银一分"②。同时规定：凡采铁冶炼，必须将炉座的数目，产量，工场主、矿工、铁工的姓名、履历详细填报，由官府批准发给执照。在当时铁课率高达到20%～30%的情况下，矿业主无利可图，只好纷纷闭炉告退。

与此同时，明清封建政府对其他私人手工业同样实行严格控制，限制其发展。正统元年（1436）规定："禁私造黄、红、绿、青、蓝、白地青花诸瓷器，违者罪死。"③清朝初年又规定："机户不得逾百张，纳税当五十金，织造批准注册给文凭，然后敢织。"④并严禁建造商船："其打造海船卖与外国图利者，造船人与卖船之人，为首者斩，为从者发边卫充军。"⑤

封建政府对私人手工业的诸多钳制和摧残，使得业已发展的私人手工业惨遭破坏。例如明末清初，广东的民营冶铁业的炼铁炉曾达到130座，但至雍正十二年（1734）已萎缩至"五六十座"⑥，到嘉庆四年（1799）只剩下"二十五座"⑦了。佛山镇的铸铁业，乾隆时曾发展到130家炉户，但嘉庆以后则纷纷倒闭，光绪二年（1876）只剩下40家，⑧光绪九年（1883）又剩下30家，⑨光绪十四年（1888）仅剩下20多家了。⑩

由此可见，明清时期封建政府的官工制度，一方面是官府经营了全国最重要的手工业部门，使私人手工业所能经营的项目为数不多；另一方面，由于官府以法律形式对私人手工业加以限制、摧残、压迫和掠夺，导致商人不愿意把商业资本投向手工业，而是投向土地，结果严重地束缚了手工业的资本主义萌芽。

明清时期，商业资本主要倒流回土地，这是中国封建社会后期社会经济发展道路的一个明显特点。西欧国家封建社会后期的经济发展道路与此不同，西欧国家奉行"重商主义"政策，保护工商业，从经济上给予支持和补贴，结果工商业者集中在交通发达、物产丰富的城市中从事工商业活动。他们唯利是图，远涉重洋，"奔走于全球各地。它必须到处落户，到处创业，到处建立联系"⑪。他们的乡土观念非常淡薄，对土地没有浓烈的兴趣。当商人经商获利、掌握了货币资本之后，就越来越成为摧毁封建经济的力量。最后，由商人、高利贷者和手工业主集合组成的新兴资产阶级领导进行了资产阶级革命，推翻封建地主阶级的统治，建立了资本主义制度。

---

① 〔清〕顾炎武：《肇域志·广东·广州府》。
② 《钦定户部则例》，乾隆四十六年。
③ 《明史》卷八二《食货志六·烧造》。
④ 《同治上江两县志》卷七《食货志》。
⑤ 《光绪大清会典事例》卷七七五《刑部·兵律关律·私出外境及违禁下海一》。
⑥ 〔清〕鄂弥达：《请开矿采铸造疏》，载《皇朝经世文编》卷五二。
⑦ 《道光广东通志》卷一六七《政经略十》。
⑧ 《光绪二年重修佛山镇栅下天后元君古庙官绅值事善信芳名喜认各物签题式金各行工料杂项费用进支数目刊列碑记》，现存佛山栅下天后庙内。
⑨ 《光绪九年佛山清涌碑》（现存佛山祖庙）。
⑩ 《民国佛山忠义乡志》卷六《实业》。
⑪ 《马克思恩格斯选集》第1卷第254页，人民出版社1972年版。

三

明清时期,商业资本主要流向土地、转化为土地资本的历史倒退现象,给中国历史的发展以深刻的影响,给中国社会带来严重的后果。

（一）进一步加剧了土地兼并,增强了封建经济结构的稳固性

商业资本的发展虽然对封建自然经济或多或少地起着瓦解的作用,但就商业资本身的性质而言却是保守的,不是革命的。它需要保持旧的经济结构,才有可能从中获取巨额利润。可以这样说,商业资本像寄生虫一样,既要大量吸吮被寄生体的血液,破坏被寄生者的机体,又不能让被寄生体死亡。明清时期,商业资本主要流向土地的历史实际,突出地表现了商业资本的这种保守性。随着商业资本流向土地而出现的大量商人地主,既壮大和巩固了封建地主阶级的队伍,又在他们争购土地的热潮中使土地高度集中于极少数的地主手中。结果是,中国封建社会古已有之的"富者田连阡陌,贫者无立锥之地"的社会问题空前严重。顾炎武曾经把这种土地高度集中的情况概括道:"吴中之民,有田者什一,为人佃作者十九。"① 其实,何止是吴中之民,全国之民又何尝不是如此。总之,占全国人口不到10%的地主占有全国绝大部分的土地。据万历六年（1578）全国土地丈量的统计:"十三布政司并直隶府州实在田土,总计七百一万三千九百七十六顷二十八亩零。"② 耕地面积是701397628亩,按是年全国人口60692856人计,③ 平均每人只有11.6亩,而地主占的土地则是以千百万亩计。其中,除了动辄以万顷计的皇室、勋戚、阉宦的庄田外,拥地千顷、万顷的乡族地主和商人地主也是大有人在的。

清朝初年,地主大土地所有制有所削弱,小土地所有制有所发展。但到了康、雍、乾时期又出现土地兼并的高潮,土地又越来越集中到地主手中。例如江苏的一个图,康熙四十年（1701）,全图占有土地者23户,共占土地3230.5亩。其中占地0.5～5.5亩者有10户,占地13.7～18亩者有2户,占地43亩者有1户。以上13户占全图的田地面积的3.5%。而占地251～334.7亩者有10户,这10户占全图田地面积的96.5%。按清朝图甲推算,这个图的无地农民应为87户。这是土地集中的一个典型。④ 一个县的土地占有情况也大致如此。如史料记述江北的情形说:"区方百里以为县,户不下万余……其十之一,则坐拥一县之田。"⑤

这种土地高度集中的现象一直延续到近现代。毛泽东于1928年在江西、湖南等地进行详细调查后指出:

---

① 〔清〕顾炎武:《日知录》卷十《苏松二府田赋之重》。
② 〔明〕申时行:《（万历）明会典》卷十七《户部四·土田》。
③ 〔明〕申时行:《（万历）明会典》卷十九《户部六·户口—户口总数》。
④ 转引自孙毓棠《清初土地分配不均的一个实例》,载《历史教学》1951年第7期。
⑤ 〔清〕盛枫:《江北均丁税》,载《皇朝经世文编》卷三十。

江西方面，遂川的土地最集中，约百分之八十是地主的。永新次之，约百分之七十是地主的。万安、宁冈、莲花自耕农较多，但地主的土地仍占比较的多数，约百分之六十，农民只占百分之四十。湖南方面，茶陵、鄪县两县均有约百分之七十的土地在地主手中。①

可见，中国从明清以来几百年间，土地集中程度是何等惊人。

但是，这种土地集中的性质和作用不同于英国15—16世纪的圈地运动。英国的圈地运动是资本原始积累的一个基本环节，是适应资本主义发展需要的，即一方面把各种前资本主义形态的财富转化为资本，另一方面把生产者——主要是农民转化为自由雇佣劳动者。这是一个创造资本的过程，是一个劳动者与生产资料所有权分离的过程。经过这种圈地运动的剥夺，就"把封建所有地和氏族所有地转化为近代的私有财产，这许多就是牧歌似的原始积累的方法。这些方法，为资本主义农业夺得了地盘，使土地合并于资本，并为城市工业创造出像鸟一样自由的无产阶级的必要供给"②。所以，英国圈地运动的结果，是封建土地所有制的消灭，资本主义农业企业的出现，资本主义制度的确立。而中国明清时期的土地兼并和高度集中则是一种封建性的剥夺，是一个创造封建财富的过程。尽管在这个过程中也使部分农民失去土地而变成"流民"，却不是为城市工业提供自由劳动力，而实质是一种劳动力过剩。结果，离开土地的农民除了一部分不得已"亡逃山林"外，大部分还是留在农村，为生活所迫而转化为佃农，遭受地主阶级高额地租的残酷剥削。因此，明清时期土地的兼并和集中不仅没有瓦解封建土地所有制，反而增强了以地主大土地所有制为基础的封建经济结构的稳固性和坚韧性。

（二）商业资本流向土地，保留和发展了封建的剥削方法，阻碍和破坏了社会生产力的发展

前面曾经叙述过，明清时期商人购买土地的一个重要的方法是向农民放高利贷，要农民以田抵押，最后在还不起债的情况下以田质债。所以，明清时期商业资本在流向土地的过程中，无疑是得到由它转化而来的高利贷资本的协助，即商业资本利用高利贷资本中间剥削的环节，最后终归是"斧头打凿凿打木"地落实到土地上。而当商人购买土地变成商人地主后，高利贷资本和商业资本又附着于封建土地关系，成为土地剥削关系的旁支，形成了土地资本、商业资本和高利贷资本相结合的封建的剥削形态，残酷地剥削农民。正如斯大林所说：

中国农村里是不是存在着商业资本呢？是的，是存在着，不仅存在着，而且从农民身上榨取脂膏并不亚于任何封建主。但是这种原始积累型的商业资本在中国农村中是和封建主的统治、和地主的统治独特地结合着的，它从地主那里袭用了中世

---

① 《毛泽东选集》（合订本）第67－68页，人民出版社1966年版。
② ［德］马克思：《资本论》第1卷第809－810页，人民出版社1963年版。

纪的剥削和压迫农民的方法。同志们，这就是问题之所在。①

斯大林的这个论断完全符合明清时期商业资本流向土地从而强化封建剥削的历史实际，为理解商业资本流向土地所造成的严重影响和后果提供了一把钥匙。当时的地主阶级就是凭借高地租、高商业利润和高利息这种"中世纪的剥削和压迫农民的方法"，去榨取农民的全部剩余生产及其一部分或大部分必要的最低限度的生活资料，致使农民的生活一直是"衣牛马之衣，食犬彘之食"，"谷未登场，帛未下机，已非己有"。这说明在残酷的中世纪封建剥削形态下，农民生产者的生存条件已降低到生理需求的最低限度，甚至无法维持这最低限度的需求，使社会生产力受到极大的摧残。

广大农民特别是佃农，在这种"重困废羸，搥骨沥髓"的情况下，根本提不起生产的兴趣，根本不可能改善生产和扩大再生产。马克思说过："对小农民来说，一头母牛的死亡，就会使他不能按旧日的规模来重新开始他的再生产。"② 同时，在这种中世纪式的残酷剥削下，农民的购买力几乎趋于零，国内广大农村市场缩小到最小范围，使整个社会的扩大再生产失去了市场条件。这样，社会生产力就无从提高和发展。从总体看，明清时期国民经济的发展是缓慢的，不具备向资本主义生产方式过渡的充分物质条件。因而也就使中国封建社会向资本主义转变时，只能是鹅步鸭行地前进，表现得十分吃力。明清时期资本主义萌芽缓慢发展和封建社会长期延续的基本原因即在于此。正如毛泽东所说：

> 地主阶级这样残酷的剥削和压迫所造成的农民的极端的穷苦和落后，就是中国社会几千年在经济上和社会生活上停滞不前的基本原因。③

这里说的是"基本原因"，不是"唯一的原因"，也不是"所有的原因"，是完全正确的。有人不同意毛泽东这个观点，而把明清以后中国封建社会发展缓慢说成是农民起义所造成的，笔者对此实在难以苟同。

（三）凝固了小农业与家庭手工业相结合的自然经济，使资本主义生产方式难以产生

前述的中世纪式的残酷剥削形式，使广大农民生产者在毫无出路的绝望中，转而想方设法来固守"小农业与家庭手工业直接相结合"的残骸，一方面从事农业生产，一方面在农闲季节进行一些手工业生产以维持极端穷苦的生活。于是，小农业与家庭手工业相结合的基本生产结构仍是明清时期社会生产方式的深厚基础。在这种基本生产结构中，农民分散在各自的一小块土地上，使用最简单、最原始的生产工具进行耕作；在自己的家庭中，用最简陋的手工工具制作自己生活和生产所需要的简单手工产品。"男耕

---

① 《斯大林全集》第9卷第218页，人民出版社1957年版。
② ［德］马克思：《资本论》第3卷第702页，人民出版社1973年版。
③ 《毛泽东选集》（合订本）第587页，人民出版社1966年版。

女织"就是这种自给自足的自然经济的写照。直至乾隆时期,在商品经济比较发达的江苏无锡仍是如此。史料记载:

> 乡民食于田者,惟冬三月。及还租已毕,则以所余米舂白而置于囷,归典库以易质衣。春月则阖户纺织,以布易米而食,家无余粒也。及五月田事迫,则又取冬衣易所质米归,俗谓种田饭米。及秋稍有余泽,则机杼声又遍村落,抱布贸米以食矣。①

甚至到了同治年间(1862—1874),在经济繁荣的上海,农民还是"田所获,输赋偿租外,未卒岁,室已罄,其衣食全恃此(指棉织业)"②。这说明,在18—19世纪,像无锡、上海这些比较富庶的地区,纺纱织布都是"家无余粒"的农户在农闲时进行的,从事纺织的都是自己家庭的成员,其目的都是"以布易米",维持生活,而不是进行商品生产。虽然如此,但农民占了全国人口的绝大多数,故就他们作为副业生产出来的产品的社会总产量而言,却又大大超过了城乡独立手工业者的产品总量,使他们反而成为当时社会商品的主要供应者。这种小农业与家庭手工业的结合体在整个中国范围内形成了一片汪洋大海。这种自给自足小生产的存在和当时城乡手工业小商品生产的极端不发达,则限制了社会分工和商品生产的扩大和发展,维护着封建自然经济,从而堵塞了资本原始积累的道路,阻碍了商业资本转化为产业资本的进程,这就极其不利于中国资本主义生产方式的产生。正如马克思所说:

> 在那些用古旧经营方式从事手工业或农业的独立生产者旁边,有高利贷者或商人,有高利贷资本或商业资本,寄生虫似地吸取着他们,这种剥削形式在一个社会内的统治地位,排斥着资本主义生产方式。③

封建社会后期的欧洲各国则不同,随着商品经济的发展,大批农民离开土地,流入城市,从事专门的手工业生产,形成了较大规模的独立手工业,为资本主义新的生产方式创造了条件。所以,欧洲手工业生产的发展是离心的,它打破了封建经济结构;而中国明清时期手工业生产的发展是向心的,它保持着封建经济结构的稳定。结果是:欧洲各国的资本主义萌芽虽然在14—15世纪出现,但到16世纪则顺利地进入了资本主义社会;而大体就在这个时期,中国仍是经济发展遥遥领先的国家,此后却长期徘徊在封建社会的后期,不幸地落伍了。

明清时期商业资本主要流向土地、与土地资本相结合,这不是一般商业资本发展的正常道路,而是中国封建社会后期商业资本发展的一条特殊出路。因此,明清时期的商业资本不仅不能充分发挥瓦解中国封建经济结构的作用,反而给中国封建经济结构以一种特有的生机,使之在经过周期性危机和社会动乱之后,又按照原来的形式恢复起来。

---

① 〔清〕黄卬:《锡金识小录》卷一《风俗》。
② 《同治上海县志》卷一《风俗》。
③ 〔德〕马克思:《资本论》第1卷第551页,人民出版社1963年版。

商业资本本应是摧毁封建经济结构的武器，此时却在很大程度上变成了巩固封建经济结构的武器。这就彻底地妨碍了它自身向产业资本转化的前途，从而使中国资本主义萌芽不能发展或发展极为缓慢，并导致中国封建社会的长期延续。诚然，长期延续是指发展速度的缓慢，并不是停滞不前，更不是什么"六道轮回"的循环。

（原载《中山大学学报》1983年第1期）

明清商品经济的发展与资本主义萌芽

一、商品生产的发展

中国封建社会从春秋战国延续至明清，越过了 20 多个世纪的漫长岁月，政治风云无数次地嬗变，民族灾难层出不穷地来临，劳动人民在各次战乱后的废墟上一次一次地垦荒、升科、纳赋，又在远近来回的道路中一回一回地戍边、服役。中央集权国家政权的统治标准是：人民在承担苛重赋役的同时能勉强维持最低水平的生活；人民则以保持往日的宁静生活为满足。然而，时代的车轮在旋转，中华民族丰富多彩的文化鼓舞着各阶层人民继续前进。到了明清时期，已是封建社会步入回光返照的晚景了。那么，是怎样的经济动力使这个社会的农业和手工业生产仍能缓慢发展呢？

（一）农产品的商品化

明清时期商品经济的发展，首先是农产品的商品化，而经济作物的广泛种植又是农产品商品化的起点。下面对棉花、蚕桑、甘蔗、烟草等经济作物在各地的种植情形加以叙述。

1. 棉花种植

我国从宋元之际开始种植棉花。经明太祖朱元璋大力提倡，下令"凡农民田五亩至十亩者，栽桑、麻、木棉各半亩，十亩以上倍之"①，到弘治年间（1488—1505），棉花种植"乃遍于天下"。万历时，钟化民说："臣见中州沃壤，半植木棉。"② 天启年间（1621—1627），松江府共有耕地 200 万亩，"大半植棉，当不止百万亩"③。到了清代，棉花种植已遍及全国 15 个省的 282 个州县。④ 在江苏的松江府、太仓州、海门厅、通州一带已形成大棉产区，棉花生产日益商品化，不少州县的耕地植棉面积与种稻面积相

---

① 《明史》卷七八《食货志二》。
② 《荒政丛书》卷五《钟忠惠公赈豫记略》。
③ 〔明〕徐光启：《农政全书》卷三五《木棉》。
④ 根据郑昌淦《明清农村商品经济》（中国人民大学出版社 1989 年版）第二章第五节提供的地方志资料，282 个州县分别是：山东 22 个，河南 14 个，山西 3 个，陕西 15 个，甘肃 7 个，江苏 34 个，浙江 28 个，安徽 25 个，江西 29 个，湖北 29 个，湖南 30 个，四川 14 个，广东 24 个，贵州 4 个，云南 4 个。

当,甚至是棉田超过稻田。乾隆四十年(1775),两江总督高晋两次到松江府一带巡视后禀奏说:

> 臣从前阅兵,两次来往于松江、太仓、通州地方,留心体察,并询之地方府厅州县……以现在各厅州县农田计之,每村庄知务本种稻者,不过十分之二三;图利种棉者,则有十分之七八。①

乾隆后期,山东有的州县棉花种植面积占耕地面积的40%~70%,如广饶县"棉之田占耕地十分之七,所产棉额出一千四百九十二万二千余斤"②。河北的"冀、赵、深、定诸州,艺棉者十八九,产既富于东南"③。浙江余姚县"沿海百四十余里皆植木棉。……邑民资是以生者十之六七"④。

2. 桑田遍布

明清时期,随着养蚕业的发展,南北各省已普遍种植桑树,以至桑叶转化为商品,形成了桑叶市场。江苏、浙江、广东等省更为发达,桑树种植面积日益扩大。浙江蚕桑中心嘉兴府石门(崇德)县,万历九年(1581)时桑田面积已达到62308亩,占全县耕地面积的12.4%;桑市活跃,出现了"售丝不如售叶"⑤ 的局面。到清康熙五十二年(1713),这里的桑田发展到207086亩,占耕地面积的41.4%。到了光绪年间(1875—1908),桑田向东扩展,跨湖州、嘉兴两府周回1000里。江苏的吴江县明初始种桑树,到"宣德七年,至四万四千七百四十六株";到清乾隆十二年(1747),种桑已是"乡村间殆无旷土","通计一邑无虑数十万株"。⑥ 南部的震泽县,乾隆年间(1736—1795)"邑多栽桑以育蚕"。丹阳县,光绪年间(1875—1908)"桑阴遍野"。同时,在江苏与浙江交界地区有了专门出售桑叶的桑市。如湖州府所产桑叶,除了供应本县需要外,还贩运到桐乡、洞庭等地出售。

广东珠江三角洲也是一个种桑养蚕的中心。清代后期,这一带地方桑树种植以顺德、南海两县为最多,史称:

> 粤东南海县属,毗连顺德县界之桑园围地方,周回百余里,居民数十万户,田地一千数百余顷,种植桑树以饲春蚕,诚粤东农桑之沃壤也。⑦

这说明南海县已成为一个桑蚕专业区了。

---

① 〔清〕高晋:《奏请海疆禾棉兼种疏》,载《皇清奏议》卷六一。
② 《民国续修广饶县志·农业》。
③ 《光绪直隶州志》卷十二《物产》引《进呈棉花图疏》。
④ 《光绪余姚县志》卷二六《物产》。
⑤ 《万历崇德县志》卷十二《外纪》。
⑥ 《乾隆吴江县志》卷五《物产》。
⑦ 〔清〕张鉴等:《雷塘庵主弟子记》卷五。

3. 甘蔗种植

明清时期，蔗糖的商品需求量日益增加，直接刺激着甘蔗种植业的发展。不仅种植地区不断增加，而且种植面积也不断扩大。其中以广东、福建和台湾种植为多。据宋应星《天工开物》一书推算，仅广东、福建两省的甘蔗产量就占全国的90%。① 下面以主要产区广东、福建、台湾和次要产区四川、江西、湖南为例，加以说明。

广东的甘蔗种植主要集中在珠江三角洲各县，其中东莞、番禺、增城、阳春最多。明清之际"粤人开糖房者多以致富。盖番禺、东莞、增城糖居十之四，阳春糖居十之六，而蔗田几与禾田等矣"②。东莞篁村、河田的"白、紫二蔗，动连千顷"③。南海县"三江一带山坡之田旧多种蔗"④。此外，潮州、汕头一带的甘蔗种植也不断发展。据产糖量推算，至鸦片战争时，广东全省种植甘蔗的总面积约达33万亩。⑤

福建的种蔗业也甚发达，产区以漳州、泉州、兴化、福州等地为多，万历年间（1573—1620）"糖产诸郡，泉、漳为盛"，"种蔗皆漳南人，遍山谷"⑥。泉州出现蔗田排斥稻田的情形："其地为稻利薄，蔗利厚，往往有改稻田种蔗者。"⑦ 入清以后，"福州西门外各乡业糖者垂百余年，以新洲为最盛，年约产糖二三万担"⑧。

台湾的甘蔗种植于明末起大力发展起来。崇祯年间（1628—1644），蔗田种植面积相当于稻田面积的33%左右，砂糖年产量达到170万斤。⑨ 到了康熙三十年（1691），"种蔗十倍于旧年"。至乾隆九年（1744）左右，台湾种植甘蔗的面积发展到30万亩，相当于台湾稻田面积60万亩的一半左右。⑩

江西种植的甘蔗也不少。乾隆初年，大庆县双坑隘一带地区遍地种蔗，绵延数十里。南康县"甘蔗，嘉道以来，种植繁多，垺于禾稼"⑪。

四川于康熙中叶由商人从福建引入蔗种，逐渐在沱江流域的内江、资中、资阳、简阳一带推广种植，成为新的甘蔗种植区，至嘉道年间（1796—1850），内江一带居民"尤以艺蔗为务"了。

4. 烟草种植

烟草是在明中叶后由菲律宾引入福建、广东种植的。大约是万历年间（1573—1620），先传入福建的漳州、泉州，明末传至广东的恩平、浙江的嘉兴、江苏的苏州等

---

① 〔明〕宋应星：《天工开物》卷上《甘嗜》。
② 〔清〕屈大均：《广东新语》卷二七《草语·蔗》。
③ 〔清〕屈大均：《广东新语》卷二《地语·茶园》。
④ 《宣统南海县志》卷四《舆地略三·物产》。
⑤ 据姚贤镐编《中国近代对外贸易史资料》第3册第1503页所列，广东全省产糖40万担，每担糖需要甘蔗11担，以每亩产蔗13担的数字推算。
⑥ 〔明〕王应山：《万历闽大记》卷十一《食货考》。
⑦ 〔明〕陈懋仁：《泉南杂志》。
⑧ 《民国闽侯县志》卷二八《实业》。
⑨ 参阅许涤新、吴承明主编《中国资本主义发展史》第1卷第350页，人民出版社1985年版。
⑩ 参阅许涤新、吴承明主编《中国资本主义发展史》第1卷第209页，人民出版社1985年版。
⑪ 《同治南康县志》卷一《土产》。

地。乾隆以后，全国各省纷纷种植烟草，发展很快。据有关地方志的记载，清朝全国种植烟草的州县已超过193个，即福建15个、山东25个、湖南19个、江西20个、安徽15个、湖北13个、浙江14个、四川13个、陕西13个、直隶（河北）13个、河南7个、贵州7个、江苏6个、云南5个、甘肃4个、山西2个、广东2个，加上东北及广西，当在200个州县以上。① 有些州县种植烟草的面积相当大。例如，雍乾年间（1723—1795），福建的"烟草之植，耗地十之六七"②；广西"种烟之家十居其半"③。到了嘉道年间（1796—1850），各地种植烟草的面积继续扩大。如江苏"各处膏腴皆种烟叶"④；浙江杭州府"土人多种烟为业"⑤，遂昌县"淡巴菰，本地植之者多，利胜于种稻"⑥，陕西的安康府"沃土腴田，尽植烟苗，盛夏晴霁，弥望野绿，皆此物也"⑦；河南鹿邑县"则遍地栽之"⑧。道光年间（1821—1850），江西宁都州"无地不种（烟）"⑨。同治年间（1862—1874），江西雩都县"烟草，今到处有之"⑩。

与此同时，茶、麻、果、香料、染料等经济作物的种植规模也在全国各地不断扩大。

鉴于经济作物种植面积不断扩大以及粮食作物种植面积相对减少的情况，明清封建统治者以至某些文人志士曾为之忧虑，议论纷纷。有人说："盖深怪习俗惟利是趋，而不以五谷为本计也。"⑪ 有人认为农民种植经济作物是"惟利是图，积染成习"。清政府为了抑制经济作物的种植，曾一度下令禁止种植烟草。有的地方官吏虽然也"奉文切禁"，但没有多大效果。经济作物区粮食缺乏，粮食作物区则自给有余。于是，粮食因向经济作物区运销而商品化。例如，盛产棉花的江苏南汇、川沙两县的农民所种粮食仅够吃两个月，无锡县"乡民食于田者，惟冬三月"，其余各月均是"抱布贸米以食"。浙江嘉兴府种桑养蚕的农民"田收仅足民间八月之食，其余月实易米而供，公私仰给，唯蚕丝是赖"。粮食商品化，说明大量的农产品被卷入了市场流通领域，从而打破了稻作农本的经济模式。也就是说，明清时期，一部分农民已经由过去为使用价值而生产逐步转变为为交换价值而生产了。农业生产开始出现了向近代化发展的趋势。

（二）手工业生产水平的提高

明清时期商品经济发展的另一个重要标志是手工业生产水平的提高，它首先表现在手工业生产部门劳动的分工和产品市场的扩大上。而随着手工业产品市场的不断扩大，

---

① 参阅郑昌淦《明清农村商品经济》第341-342页，中国人民大学出版社1989年版。
② 〔清〕郭起元：《疏闽省务本草用书》，载《皇朝经世文编》卷三六《户政十一》。
③ 转引自《中国资本主义萌芽问题讨论集》上册第352页，生活·读书·新知三联书店1957年版。
④ 〔清〕包世臣：《安吴四种》卷二六《齐民四术卷第二》。
⑤ 《光绪杭州府志稿》卷七九《物产》。
⑥ 《光绪遂昌县志》卷十一《物产》。
⑦ 〔清〕岳震川：《府志食货论》载《皇朝经世文编》卷三六《户政十一》。
⑧ 《光绪鹿邑县志》卷九《风俗物产考》。
⑨ 《道光宁都直隶州志》卷十二《土产志》。
⑩ 《同治雩都县志》卷五《土产志》。
⑪ 〔清〕陆耀：《烟谱》，载《昭代丛书》丁集卷四六。

民营手工业获得进一步发展,官营手工业则有不断衰落的趋势。

1. 手工业生产的分工和产品市场的扩大

明清时期,手工业生产各个部门出现了专业化的细致分工。例如在纺织生产工具制造方面,明末苏州市场上就出现了绫机、绢机、罗机、纱机、绸机、布机6种之多。清代,江苏松江府流传"金泽锭子谢家车"的民谚,说明金泽所生产的铁质纺锭和谢家制造的纺纱车均已特别著名。可以看出,当时纺纱、织布的生产工具已有专业的分工,而明清时期瓷器生产的分工则更加细致和专业化。瓷业按生产工序分为原料及精制、胎泥和釉浆的配合、园器和琢器的成型、上釉、烧成、加彩、烘烧、包装等各个工序。按生产工种则分为淘泥工、拉坯工、印坯工、镟坯工、画坯工、舂灰工、合泑工、上泑工、挑槎工、抬坯工、装坯工、满掇工、烧窑工、开窑工、乳料工、舂料工、砂土工17种。生产分工可以说是相当复杂而细致,而且在这些工种的操作过程中还有更细密的分工。例如画坯工又分为乳颜料工、画样工、绘事工、配色工、填彩工、烧炉工等。① 这是制瓷生产过程的分工。此外,还有与制瓷生产有密切关系的间接生产各项分工,如补窑工、菱草工、柴户、搓户、匣户、砖户、白土户、清料户、篾户、木匠户、桶匠户、修楞户、铁匠户、盘车户、乳钵户、荡口户、打篮户、炼灰户、镟刀户等。上述瓷器生产各种"工"和"户"的分工,都是各有某种技能的劳动组合,人数不一,却形成了一个固定的比例,围绕瓷器生产有条不紊地顺利运转。说明当时每一件瓷器的生产过程,都是需要经过细致的分工才能完成的。正如宋应星所说:"共计一坯之力,过手七十二,方克成器。"② 到了清代,这种分工发展为专业化生产。据《景德镇陶录》一书所记,清代的瓷器生产已有官古器作、上古器作、中古器作、幼古器作、小古器作、常古器作、粗器作、冒器作、子法器作、脱胎器作、大琢器作、洋器作、雕镶器作、定单器作、仿古器作、填白器作、碎器作、紫金器作等18个专业瓷器作坊的分工。这种瓷器生产的分工和专业化,在明清时期各手工业中是十分突出的。其他如制糖、井盐、冶铁、造船、造纸等手工业部门,亦有相当细密的劳动分工。如台湾的制糖手工业,每一个糖寮(作坊或工场),其劳动分工有知土脉、精火候、用灰、用油等,计有糖师2人、火工2人、车工2人、车婆2人、剥蔗7人、采蔗尾1人、看牛1人。③ 四川的井盐生产分工有司井、司牛、司车、司篾、司梆、司漕、司涧、司锅、司火、司饭、司草、医工、井工铁匠、木匠等。④ 可见,明清时期的某些手工业生产已经发展为以一定人数比例而组成的有机生产系统。这种分工和专业化有利于手工业生产的提高和发展,成为工场手工业内部分工的历史前提。

手工业工场内部的生产分工引起了地域的分工。明中叶以后,手工业生产的地域分工已屡见不鲜。史称:"织造尚松江,浆染尚芜湖。"⑤ 这说明棉布生产过程中的织布和

---

① 〔清〕蓝浦著,〔清〕郑廷桂补辑:《景德镇陶录》卷三《陶务条目》。
② 〔明〕宋应星:《天工开物》卷中《陶埏》。
③ 《乾隆续修台湾府志》卷十七《物产》。
④ 〔清〕温瑞柏:《盐井记》,载《皇朝经世文编》卷五十。
⑤ 〔明〕宋应星:《天工开物》卷上《乃服》。

染布两个工序分别在松江和芜湖两个地区进行。又如乾隆以后,白瓷和彩瓷有分别在景德镇和广州两个城镇进行生产者:"广东商人于景德镇烧造白瓷,运至粤垣,另雇工匠,依照西洋画法,加以彩绘,于珠江南岸之河南开炉烘染,制成彩瓷,然后售之西商。"①这种生产的地域分工使手工业从农业中分离出来,成为独立的生产部门。又如城镇的纺织手工业。万历年间(1573—1620),松江府城西门的暑袜店,就是以尤墩的细布为原料,制造暑袜出售的。据记载,这样的暑袜店有100多家。②可见,地域分工的发展,使农村里部分依附于农业的家庭纺织手工业,已经逐步脱离农业而独立经营,从而在城镇兴起了一批独立的纺织业生产部门。这正如列宁指出的:

> 商品经济的发展使单独的和独立的生产部门的数量增加。这种发展的趋势是:不仅把每一种产品的生产,甚至把产品的每一部分的生产,都变成专门的生产部门;而且不仅把产品的生产,甚至把产品准备好以供消费的各个工序都变成单独的生产部门。③

随着手工业生产分工的日益扩大,各生产部门的劳动生产率大为提高,使明清时期的手工业商品生产获得空前的发展,加上出现了手工业生产部门的地域性分工,又必然促进产品市场扩大,从而进一步促进商业的发展。所以,明清时期,有不少手工业产品通过商人的长途贩运,销售到全国各地和海外诸国。如福建的大宗手工业产品细丝、纱绢、铁、纸、瓷等,"无日不走分水岭及浦城小关,下吴越如流水,其航大海而去者,尤不可计"④。其他地区的产品,如南京的绸缎、松江的棉布、景德镇的瓷器、广东的红白糖和佛山的铁锅等,也有了广阔的国内外市场。有人对清代18个省、118个府、126个县地方志所记录的商品做过统计,全国大约有155种商品被投入市场,其中主要的手工业产品以棉布、丝织品、瓷器、纸张、铁器、糖等独立手工业产品为最多。⑤手工业产品市场的扩大,使明清的手工业和商业呈现出一派互相促进的繁荣景象。

2. 官营手工业的衰落和民营手工业商品生产的发展

明代前期,官营手工业自成一套生产体系,分别隶属于工部、户部、内务府、都司卫所和地方官府管理,负责7个部门的手工业生产,即营造(内府、王府、城垣、庙宇等造作及仪仗)、军器(盔甲及军服)、织造(制棉、诰敕、冠服)、窑冶(陶瓷、铸造、铁冶)、烧造(砖瓦、石灰)、船只(御用船、军船、粮船、湖船)、器用(祭祀典礼用器、颜料陶洗、印造纸扎等)。可见明代官营手工业的行业经营范围之广泛,管理机构之庞大,从而成为明初手工业生产的主要经营模式,处于垄断的地位。但是,官营手工业并不属于商品生产的范畴,而是具有强烈的御用性质。其需要的大量原料(当时

---

① 刘子芬:《竹园陶说考证》。
② 〔明〕范濂:《云间据目抄》卷二《记风俗》。
③ 《列宁全集》第3卷第17页,人民出版社1984年版。
④ 〔明〕王世懋:《闽部疏》。
⑤ 参阅董书城《中国商品经济史》第269-271页,安徽教育出版社1990年版。

称为"物料")由封建政府通过"土贡"和课税等方式得来。其产品则交由封建官府，以满足国家行政上、军事上和宫廷豪奢生活上的需要。其劳动力主要有三种：第一种是工部和内府各监局控制的民匠，包括轮班匠和住坐匠。这是具有专门制作技术的劳动者，是官营手工业劳动力的骨干。第二种是都司卫所控制的军匠，是军器制造的技术劳动者。第三种是户部控制的灶丁，即食盐生产者。此外，还有坑冶户、窑户等。据《明会典》等史籍记载，洪武二十三年（1390），上述三种工匠人数在 30 万人左右，其中轮班人匠为 232089 人，占 77.4%。此外，官府在认为必要时还可从民籍中征募民夫入厂服役，按"一匠五夫"的比例配备。这属于临时性征调。

但是明代的匠籍制度毕竟是一种封建徭役制，工匠所从事的乃是一种仅供粗食的繁重劳役。在这种制度下，工匠、民夫等生产者根本不会有什么生产积极性，他们往往以怠工、失班、隐冒和逃亡等方式来发泄不满和反抗。宣德五年（1430），"在京工作匠人多有逃者"①。以后，逃亡者日益增多。景泰元年（1450），逃亡工匠总数达到 34800 人。成化二十一年（1485），军器局逃亡人匠 3000 多人。② 嘉靖三十年（1555），龙江船厂的工匠逃亡者 200 人，占全厂工匠的一半。③ 北京的住坐人匠户，永乐时为 27000 人，到嘉靖四十年（1561）减至 17178 人，隆庆元年（1567）仅剩 15884 人，万历四十三年（1615）又减至 15139 人。④ 北京织染局原有人匠 758 人，到成化八年（1472）"仅存其半"，嘉靖七年（1528）甚至只剩下 159 人了。在工匠不断逃亡的情况下，明政府于成化二十一年（1485）颁布了匠户"以银代役"或"当班"的双轨制。嘉靖四十一年（1562）废除双轨制，一律"以银代役"，解放了 80% 的班匠。这就意味着中国存在了 2000 多年的官营手工业走向衰落。明中叶以后，官营手工业纷纷撤销。例如嘉隆年间（1522—1572），江西、湖广、河南、山东等地的官府织染局都因不善织造，令各折价其上贡缎匹，"贸易以充"；著名的苏州织染局也陷于"局政坏、局事停、局工散，局会亦倾圮"，"机房颓坏无存"的境地；浙江的杭、嘉、湖、金、衢、严、温、台、宁、绍十府的织染局亦并无一存了。崇祯元年（1628），苏、杭织作所有的官局都停止了生产。至于官营铁冶，由于经营不善，得不偿失，正德以后，朝廷只好诏罢各处金、银、铜、铁各官，封闭矿冶。万历九年（1581），工部题准，将历史最长、规模最大的河北遵化铁冶厂"山场封闭，裁革郎中及杂造局官吏，额设民夫匠价、地租银征收解部，买铁支用"⑤。从此以后，大部分的矿场逐步招民开采输税。随着商品经济的日益发展，明清封建统治者在行政上、军事上和生活上所需要的大量手工业产品主要通过各级市场获得供应，即使是原已规定由各省贡纳的实物，也大量改为用货币折纳以转向市场取给。另外，明清时期对外贸易的发展、白银大量流入中国作为流通货币，又为工匠"以银代役"提供了条件，加快了匠籍制度的废除和官营手工业的衰落。到了顺治二年（1645），清政府正式宣布废除匠籍制度，规定官营手工业使用的劳动者按工偿付

---

① 《明宣宗实录》卷六三，宣德五年二月癸巳。
② 《明宪宗实录》卷二六一，成化二十一年正月戊申。
③ 〔明〕李昭祥等：《龙江船厂志》卷三《官司志》。
④ 《工部厂库须知》卷二十。
⑤ 〔明〕申时行：《（万历）明会典》卷一九四《冶课》。

工价。至康熙三十六年（1697）以后，各省的班匠银陆续并入地丁银中，这就完全废除了匠籍制度。

随着官营手工业的衰落，民营手工业生产获得了进一步的发展。无论是生产技术还是产品的数量和质量，乃至经营方式都超越了前代。一个重要的表现就是在"开采输税"独立经营的条件下，民营矿冶业有了很大的发展。自宣德十年（1435）二月，朝廷诏令各处矿冶山场"自今听民开采，不许禁约"，以及清初实行"听民自行开采，每十分抽税二分"的政策之后，民营矿冶业获得空前发展。一个省数十处者，在在有之。其中以广东、福建发展最快。据统计，明中叶福建有民营铁冶所74处，[①] 广东仅惠州、潮州两府就有44处。[②] 崇祯年间（1628—1644），广东南海县的炼铁厂有铁工"三五千矣"；福建政和县的铁冶所"每炉一座，做工者必数十百人"[③]；安徽芜湖的苏钢作坊，"每日工作者数百人"[④]。清代自康熙二十四年到道光十五年（1685—1835），全国民营铁冶厂达到1062个，金、银、铜、锡等矿场1109处，[⑤] 而且有的规模相当大。乾隆年间（1736—1795），佛山的炒铁、铸铁工人有20000～30000人。自从铁冶业允许民营，从业者不断改进生产技术，降低生产成本，使产量大幅度上升。据不完全统计，嘉靖年间（1522—1566），全国民营铁冶业铁产量达到45000吨，居当时世界第一位。[⑥] 到了清代前期，仅广东一省的铁产量就达到27000吨，比英国1737年的铁产量18000吨还要多。[⑦] 这些数字表明民营矿铁冶业的发展速度是相当快的。

明清时期民营手工业生产发展的另一个重要标志，是手工业逐渐脱离农业而成为独立的专门化生产。在这种生产形态下，部分农民变成了独立的手工业生产者，部分村落变成了手工业市镇。这种情形在江南地区甚为普遍。例如苏州府的盛泽镇、震泽镇、黄溪镇，嘉兴府的濮院镇、王江泾镇，湖州府的双林镇都已成为丝织业商品生产的基地，居民多以绸绫为业。明人小说《醒世恒言》中所记载的施复夫妇，正是独立完成丝织品从原料到成品整个生产过程的小商品生产者的典型。至于城市的独立手工业发展更快，如苏州民户"多以丝织为业，东北半城皆居机户，郡城之东皆习织业"[⑧]；湖州"隆历以来，机杼之家，皆沿此为业"[⑨]。清代民营丝织手工业更进一步发展，其中以南京最为兴盛，据称"乾嘉间机以三万余计"，道光年间（1821—1850），仅"缎机以三万计，纱、绸、绒、绫不在此数"[⑩]。据不完全统计，清中叶，苏、杭两地区民间机户的织机在2万台以上，南京地区达到4万台之多。[⑪] 这些民营手工业，其原料及产品均

---

① 《弘治八闽通志》卷二四《坑冶》。
② 《嘉靖广东通志初稿》卷三十《铁冶》。
③ 〔明〕张萱：《西园闻见录》卷四十《蠲赈》。
④ 《嘉庆芜湖县志》卷一《地理志》。
⑤ 据彭泽益编《中国近代手工业史资料》第1卷第317-318页的数字统计，中华书局1962年版。
⑥ 参阅黄启臣《十四—十七世纪中国钢铁生产史》第17页，中州古籍出版社1989年版。
⑦ [法]保尔·芒图著，杨人楩、陈希秦、吴绪译：《十八世纪产业革命：英国近代大工业初期的概况》第458页，商务印书馆1983年版。
⑧ 《古今图书集成·经济汇编·考工典》卷十《织工部》。
⑨ 《乾隆湖州府志》卷四一《物产》。
⑩ 《光绪续纂江宁府志》卷十五《拾补》。
⑪ 吴承明主编：《中国资本主义发展史》第1卷第370页，人民出版社1985年版。

通过市场购买和销售。例如湖州府双林镇生产的包头绢,"各直省客商云集贸贩,里人贾鬻他方,四时往来不绝"①。南京的丝织品更是运销于"北趋京师,东北并高勾丽、辽沈;西北走晋绛,逾大河,上秦、雍、甘、凉;西抵巴蜀;西南之滇、黔;南越五岭、湖湘、豫章、两浙、七闽;趋淮、泗,道汝、洛"②的广阔国内市场,并作为中国对外贸易最重要的出口商品远销欧亚各国。隆庆四年(1570),一个西班牙商人在菲律宾群岛看到中国出口的丝货,夸耀说:"中国运来的各种丝货,以白色最受欢迎,其白如雪,欧洲丝织品没有一种出品能够比得上中国的丝货"③;"世界上没有任何一个国家其工艺会如此精湛"④。因此,明清时期生丝出口数量是相当多的。据统计,道光十年至二十年(1830—1840),每年由广州出口的生丝达到9.053万关担,⑤而且丝货商品率很高。道光二十年(1840),全国丝织品产量为7.7万担,商品量(包括出口和内销)为7.1万担,占92.2%⑥。

民营棉布业的产品也畅销国内外市场。如松江"前(明)朝标布盛行,富商巨贾操重资而来市者,白银动以数万计,多或数十万计"⑦,远销陕西、山西、北京、湖广、江西、广东、广西等地。到了清朝,南京土布一直是国际市场上的抢手货。据史料记载,鸦片战争前夕,英国、美国、法国、丹麦、荷兰、瑞典、西班牙等资本主义国家来中国贸易,都以土布为首要贸易对象。英国东印度公司甚至指定要购买南京土布(实际是松江一带生产的土布),计每年运往英国的土布为2万匹,18世纪初增到20万匹。⑧据统计,乾隆五十五年到嘉庆四年(1790—1799),从广州运往各国的土布达到7627300匹,嘉庆二十五年到道光九年(1820—1829)增至12209534匹。⑨这说明中国的棉纺织品在世界上享有很高的地位。正如当时的英国商人说:"中国土产的'紫花'布,无论在质地和成本上都优于曼彻斯特的棉布。"⑩棉布的商品率也相当高,鸦片战争前夕,全国的棉布商品量为31517.7万匹,价值银9455.3万两。

上述民营矿产、丝、棉手工业以市场交换为目的的商品生产已经达到相当发达的程度,其他如制瓷、造船、造纸、制糖、印刷等民营手工业的商品生产也不断发展。这种情况表明,明清时期,在中国东南沿海地区已经显现出自给自足的自然经济趋于瓦解的迹象,为资本主义萌芽创造了历史前提。

---

① 《乾隆湖州府志》卷四一《物产》。
② 《同治上江两县志》卷七《食货志》。
③ [美]菲律乔治著,薛澄清译:《西班牙与漳州之初期通商》,载《南洋问题资料译丛》1957年第4期。
④ [英]乔丹·詹尼斯:《十八世纪中国的出口工艺》第62—63页,伦敦1950年版。
⑤ H. B. Morse, *The International Relation of Chinese Empire*, p. 413, Shanghai, 1910。
⑥ 许涤新、吴承明主编:《中国资本主义发展》第1卷第326页,人民出版社1988年版。
⑦ [清]叶梦珠:《阅世编》卷七《食货五》。
⑧ H. B. Morse, *The Chronicles of the East India Company Trading to China, 1635 – 1834*, Vol. II, p. 61, 391, Cambridge MA, 1926.
⑨ 根据 H. B. Morse, *The Chronicles of the East India Company Trading to China, 1635 – 1834*, Vol. I, Chap. 7 – 28, Vol. II, Chap. 30 – 60, Vol. III, Chap. 61 – 77, Vol. IV, Chap. 78 – 89 的数字统计。
⑩ [英]格林堡著,康成译:《鸦片战争前中英通商史》第1页,商务印书馆1964年版。

二、商品市场的扩大和商业资本的发展

(一) 国内商品市场的扩大

1. 国内商路网络的开通

明清时期商品市场扩大的一个重要标志,是国内商路的广为开通。市场源于分工,"这种日益发展的社会分工就是资本主义国内市场建立过程中的主要关键"[1]。当时中国虽然还不可能建立资本主义的国内市场,但如上节所述,在全国业已出现地域性的生产分工和手工业生产的内部分工的情况下,必然引起不同商品的交流。于是,国内长短途的水陆交通商路网络应运而生,并不断发展。

明清时期的商路主要是水路交通。明代自北京(通州)到杭州长1700多公里的大运河,经永乐九年(1411)重开会通河,嘉靖四十五年(1566)开挖洳河以及天启时续挖新河之后,南北畅通无阻。不仅便于官府的漕运,而且成为南北交通的大动脉。

华东与华南商品流通也是依靠两条水路运行的。一条是江西的赣水。由安徽经鄱阳湖向南,顺赣水到大庾岭,与明初开通的大庾山道相接,然后顺北江而下到广州出海。另一条是西江。由湖南湘江通过灵渠与桂江相接,经西江东流到珠江经广州出海。

明代就靠着这两条长距离的水运商路,使南北的货物相互流通贸易。正如明人李鼎所记:

> 燕、赵、秦、晋、齐、梁、江淮之货,日夜商贩而南;蛮海闽、广、豫章、南楚、瓯越、新安之货,日夜商贩而北。[2]

此外,在华北、西北、西南、东北也有无数短距离的水陆商路,如两淮长芦盐陆运华北宣化;西南木材运销湖北襄阳;西北西安的商品东走齐鲁,西入陇蜀;山东的货物经临清转运辽东等地。可见,明代商品市场已在不断扩大。

清代前期,商路网络有了更大的发展,特别是在东西贸易商路上有重大的突破。这就是长江中下游航运商路的发展。长江全程6300公里,汉口以上为4835公里,以下为1465公里。明代长江航线商路的通行主要在中下游。到了清代,首先开拓了川江(由宜宾到宜昌段)的1030公里的航线;乾隆初年,为把云南铜矿石东运,又在宜宾以上疏凿险滩,开通金沙江航线1300公里。于是,云贵高原和成都天府之国的粮食、棉、糖、盐等土特产商货可经宜宾、泸州、重庆、宜昌运至汉口,直泻江南。这样,"汉口

---

[1] 《列宁全集》第3卷第18页,人民出版社1984年版。
[2] 〔明〕李鼎:《李长卿集》卷十九《借箸编》。

不特为楚省咽喉,而云、贵、川、湖南、广西、陕西、河南、江西之货,皆于此焉转输"①,故称"九省通衢"。不仅长江中上游的商货汇集于此,而且下游的淮盐、苏布、东南洋广杂货亦在此集散,贸易量相当大。有人做过估计,鸦片战争前夕,汉口年贸易额在1亿两银左右。②

清代南北贸易的另一条商路是北洋航线。元代开辟的上海绕山东半岛到天津的北洋航线,至明代几乎抛荒了。康熙年间(1662—1722),航线重新开辟,并由天津延伸至营口,与辽河相接联运。这样,东北、华北各地的豆、麦、枣、梨等农副产品由沙船南运至江、浙;东南沿海地区的布、丝、茶、糖等货物北运到华北、东北各地,成为南北商货运输的一大干线。其他如大运河、赣江、湘江、西江、珠江等南北水路仍在扩大运输量。东北的黑龙江、松花江亦于康熙年间(1662—1722)开始有商船运输。这就说明,在鸦片战争前夕,我国愈发重视利用内河和沿海的水路作为扩大国内商品市场的主要通道。据估算,清代内河航线长达5万公里,沿海航线长达1万公里。③ 加上陆上的长短商路,清代的商路已经远远超过前代的规模,构成了以北京为中心市场的全国性的水陆联运商路网络:

(1) 北京—通州—(运河)—杭州—衢州—枫岭关—福州
(2) 北京—涿州—保定—邯郸—洛阳—南阳—襄樊—汉口—湘潭—衡阳 < 坪石—韶关—广州
零陵—兴安—桂林—梧州—广州
(3) 北京—襄樊—宜城—常德—沅陵—芷江—玉屏—贵阳—昆明—大理
(4) 北京—张家口 < 多伦
乌兰巴托(库伦)
呼和浩特(归化)
(5) 北京 < 山海关—沈阳—吉林—佳木斯
三河—喜峰口—热河—沈阳
(6) 北京—正定—平定—太原 < 崞县—代县
临汾—潼关
潼关 < 洛阳—开封
渭南—西安—褒城—成都—拉萨
兴平—兰州—安西—乌鲁木齐 ④

---

① 〔清〕刘献廷:《广阳杂记》卷四。
② 参阅范植清《鸦片战争前汉口镇商业资本的发展》,载《中南民族学院学报》1982年第2期。
③ 参阅吴承明《中国资本主义与国内市场》第249页,中国社会科学出版社1985年版。
④ 据〔明〕张瀚《松窗梦语》卷四《商贾纪》,〔明〕黄汴《一统路程图记》卷五、卷七的资料编制。

据此可见，清代的商品已实现跨越省界的长途贩运流通。连最南方的广东顺德县商人，于嘉庆年间（1796—1820）亦将其本地商品"或奔走燕齐，或往来吴越，或入楚蜀，或客黔滇。凡天下省郡市镇，无不货殖其中"①。说明清代前期长距离贩运的国内统一大市场已初步形成了，加上海外贸易商路的形成和发展，使得全国的商品流通空前发达。

2. 国内商品的长途贩销

明清时期，国内水陆商路的不断开拓，促进了国内商品的长途贩销。当时长途贩销的主要商品有粮食、棉布、丝织品、盐、茶等。

先说粮食的长途贩销。

明初，粮食除了以漕粮形式从南方运往北京，供应宫廷、官吏和北边驻军消费外，大部分是在地方小市场内调剂购销，进入长途贩销者不多。明中叶以降，随着手工业生产和商品货币经济的发展，粮食也日益卷入商品流通领域。经济作物广泛种植且手工业生产发达的长江三角洲地区，"半仰食于江（西）、楚、庐、安之粟"②，每年从江西、湖北、安徽贩入的粮食达数百万斤。明初，福建的粮食则仰赖于广东，数量也不下于100万石。至明末，粮食长途贩销主要发生在长江下游地区，即九江以下的江西、安徽、江苏、浙江和福建五省，以及广东的一部分，估计每年在1000万石左右。按嘉靖年间（1522—1566）米价每石0.85两计，则粮食商品流通量值为850万两白银。

如果说明代的粮食主要是在长江下游地区做区域性市场贩销，那么，清代的粮食长途贩销则遍及全国了。因为清代缺粮区与余粮区的供求关系经常发生变化。河北、山东、山西、陕西常有部分地区缺粮，广东则严重缺粮。余粮区亦有所增加，四川、湖北、东北、台湾等地已发展为粮食生产基地。前四省亦有偶得丰收的年成，可以减少粮食的购进，但它们缺乏储粮，不得不依赖外省的及时接济。为适应缺粮区和余粮区的粮食调剂，清政府制定粮食流通政策。雍正帝曾责令四川巡抚王景浩："尔当严谕沿途文武官弁，遇有江楚商人赴四川贩米，或四川商人往江楚卖米者，立即放行，不可遏阻。"③ 乾隆年间（1736—1795），清政府又规定"将直省各关口所有经过米豆，应输税额，悉行宽免，永著为例"④，使免税贩销粮食合法化，从而促进粮食全国性长途贩销市场网络的形成。据吴承明先生研究统计，清代长途贩销粮食的商路有9条，每年贩销粮食估计在3670万石左右。现将清朝9条长途贩销商品粮食线路作表1统计如下。

---

① 《嘉庆龙山乡志》卷四《风俗》。
② 〔明〕吴应箕：《楼山堂集》卷十。
③ 《宫中档·雍正朝奏折》，雍正二年十一月初二日，四川巡抚王景浩奏。
④ 《清高宗实录》卷一六四，乾隆七年四月辛卯。

表1 清代前期粮食长途贩销路线及数量估计

贩销路线	商品粮食/万石	占比/%
①南方六省漕粮经大运河北运北京、山西、陕西	600	16.35
②奉天豆麦海运贩销天津、山东	100	2.72
③奉天豆麦海运贩销江苏松江	1000	27.25
④河南、天津麦粱贩销山东临清	10	0.27
⑤汉口麦谷经汉水贩销陕西	60	1.63
⑥安徽、江西米贩销江苏、浙江	500	13.62
⑦湖南、四川米经长江贩销江苏	1000	27.25
⑧江、浙、台湾米由海道贩销福建	200	5.45
⑨广西米经西江贩销广东	200	5.45
合计	3670	100.00

资料来源：根据吴承明《中国资本主义与国内市场》第254－258页的数字编制。

由表1可知，清代每年长途贩销的粮食比明代大大增加。虽则如此，但从宏观看，清代粮食的长途贩销量在商品粮食总量中仍占少数，据吴承明先生估计仅占商品粮208.25亿斤的21.6%；而且主要不是为了与手工业产品或经济作物做交换，而是为了满足某些缺粮地区的民生需求。例如北京、河北一带缺粮，需要南粮北调供给，但北方可供应南方的手工业产品却很少，因此基本上成了单向贩销。这说明清代的粮食长途贩销商品市场仍然有很大的局限性。

再看棉布的长途贩销。

棉布是明清时期的主要商品之一。当时棉花已在全国普遍种植，所以各地均有棉布出产，其中以江苏的松江、嘉定、常熟三地为多，有松江布、嘉定布、常熟布之美称。其中又以松江布产量最大，有"买不尽松江布"和松江"以棉布衣被天下"之谚语。明代松江府出产的"上润光细"的标布"俱走秦、晋、京边诸路"；中机布则"走湖广、江西、两广诸路"；小布运销江西饶州等处。据推算，明代松江布贩销全国达2000万匹之多。① 嘉定布"商贾贩鬻，近自杭、歙、清、济，远至蓟、辽、山、陕"②；常熟布亦"舟楫行贾于齐、鲁之境"。其他如河北正定府的棉布，则由山西商人贩销陕西、甘肃；湖北汉阳府的布"四方来贩者，辄盈千累万"，"远者秦、晋、滇、黔，贾人争市焉"③；湖南汉川县的棉布"近而襄樊、楚南，远而秦、晋、滇、黔"④；江西清江县的棉布"衣被楚、黔、闽、粤"⑤；贵州遵义县出产的棉布，"贾人西走蜀之重庆、泸、

---

① 参阅吴承明《中国资本主义与国内市场》第234页，中国社会科学出版社1985年版。
② 《万历嘉定县志》卷六《物产》。
③ 《乾隆汉阳府志》卷二八《食货志·物产》。
④ 《同治汉川县志》卷六《疆域》。
⑤ 《同治清江县志》卷二《市镇》。

叙,南走威宁、平远,极于金川"①。

到了清代,棉布的产地比明代大大增加。江苏松江地区除了原来的松江、嘉定、常熟三县外,还有华亭、吴县、奉贤、金山、南汇、青浦、上海等七县和川沙厅等。其他地区如河北的滦州、乐亭、栾城、元氏、南宫,山西的榆次,湖北的汉阳、德安,湖南的巴陵,四川的新津等地的棉布手工业也迅速兴起,但棉布的产量仍以苏松地区为多。据吴承明先生推算,清代苏松地区的棉布产量约4500万匹,长途贩销4000万匹。乾隆以后,松江标布北销东北、南销广东、福建等省,每"日十五万匹焉"②。据测算,清代松江布贩销东北及北京的有1500万匹;贩销广东的1000万匹;贩销福建的有100多万匹。其中贩销广东的棉布约有10%远销国外。鸦片战争前,英国东印度公司每年从广东购买的松江布达到110万匹之多。③ 道光二十年(1840)左右,常熟布年销商品量为1000多万匹,约值银330万两。

从上述可见,清代前期,棉布的长途贩销量已远远超过了明代,估计全国约有4500万匹,比明代增加1.5倍,约占当时全部商品量的15%,④ 成为全国占第2位的商品。

丝和丝织品的长途贩销同样是清代多于明代。

明代的主要产丝区是浙江湖州府(湖丝)和四川保宁府(阆丝)。前者供应东南各地,后者供应山西,史称"东南之机,三吴、闽、越最早最多,取给于湖茧;西北之机,潞(安)最之,取给于阆茧"⑤。粗略估计,苏杭一带每年进入长途贩销的丝织品可达到30万匹,商品量总值30万两左右。⑥ 清代前期的丝和丝织品长途贩运量达到每年12万担,商品量总值为2657万两白银。

吴承明先生对清代前期的主要商品市场做了一个估算,现转引如下(见表2),可以全方位地看出国内市场扩大程度。

表2　清代前期主要商品市场估计

商　品	商品量	商　品　值		商品量占产量比例/%
		银/万两	比重/%	
粮　食	245.0亿斤	16333.3	42.14	10.5
棉　花	255.5万担	1277.5	3.30	26.3
棉　布	31517.7万匹	9455.3	24.39	52.8
丝	7.1万担	1202.3	3.10	92.2
丝织品	4.9万担	1455.0	3.75	

---

① 《道光遵义府志》卷十七《物产》。
② 〔清〕钦善:《松问》,载《皇朝经世文编》卷二八。
③ 根据 H. B. Morse, *The Chronicles of the East India Company Trading to China*, 1635 – 1834, Vol. IV, pp. 4 – 37、308 的数字统计。
④ 参阅许涤新、吴承明《中国资本主义发展史》第1卷第282页,人民出版社1985年版。
⑤ 〔明〕郭子章:《郭青螺先生遗书》卷二十《蚕论》。
⑥ 参阅吴承明《中国资本主义与国内市场》第237页,中国社会科学出版社1985年版。

续表2

商 品	商品量	商 品 值		商品量占产量比例/%
		银/万两	比重/%	
茶	260.5万担	3186.1	8.22	
盐	32.2亿斤	5852.9	15.10	
合 计		38762.4	100.00	

资料来源：吴承明《中国资本主义与国内市场》第251页。

表2说明，第一，清代前期，粮食、棉布、丝、盐、茶等商品都有长途贩销。其中，棉布与明代不相上下，丝和丝织品则比明代有所发展，盐因人口剧增而增加。这使全国长途贩销的商品量总值增加到1.1亿两，占国内商品流通总额5.5亿元的20%。[①] 第二，在国内商品流通额中，粮食仍然居于第一位，占42.14%；棉布居第二位，占24.39%；盐居第三位，占15.1%，以下依次为茶、丝等。这就说明，当时全国的商品市场结构是以粮食为基础，布、盐为主要对象，属于小生产者之间的交换模式。这种市场结构和模式，诚然比宋元时期那种以珍奇宝货等奢侈品占货值极大比例的销货情况前进了一大步，但仍然没有超出封建经济的藩篱。

(二) 商业资本的活跃

1. 商帮的形成

明清时期，随着商品市场的不断扩大和商业的日益发展，商人和商业资本空前活跃起来。一方面，一部分封建地主在认识到商业利润高于农业之后，纷纷投资经商，"逐末者多衣冠之族"[②]。如徽州"人庶仰贾而食，即阀阅之家，不惮为贾"[③]。苏州的"缙绅士大夫多以货殖为急"[④]。江西清江县"士人或窜身市籍"。另一方面，一部分手工业者和商贩发财致富后投资商业，成为富商。例如，洞庭商人吴小洲，初在南京开了一个糟房，后来经商发财，拥有一两万银两的家产。湖州乌程朱佐明，祖上世为木匠，至其兄始为商于楚，往景德镇贩卖瓷器，遂积资至8000余金。到明末，"朱佐明家有十余万矣"[⑤]。明代商人多以同乡关系结帮成伙，到处经商，从中赢利，形成了一批闻名全国的大商帮。其中，最著名的有安徽商帮、山西商帮、广东商帮、福建商帮、龙游商帮、江苏商帮、洞庭商帮、陕西商帮、山东商帮、京师商帮。这批富商大贾，通过贱买贵卖的商贩活动拥资十万、数十万者比比皆是。最有名的安徽徽州商帮，"大贾动辄数十

---

① 吴承明：《中国资本主义与国内市场》第266页，中国社会科学出版社1985年版，第266页所记3.8672亿两银折合5.5亿元。
② 《万历东昌府志》卷二《风俗》。
③ 〔明〕唐顺之：《荆川先生文集》卷十五《程少君行状》。
④ 〔明〕黄省曾：《吴风录》。
⑤ 〔清〕傅以礼：《庄氏史案本末》。

万"①,"藏镪有至百万者,其它二三十万则中贾耳"②。徽商不仅资本雄厚,而且人数众多,其经商范围遍布全国,"滇、黔、闽、粤、秦、燕、晋、豫,贸迁无不至焉,淮、浙、楚、汉又其迩焉者矣,沿江区域向有'无徽不成镇'之谚"③。全国各大中城市几乎均有徽商的店铺。其中,李元祥、蔡葵、李廷禄、刘良佐、冯仲锡、查雍等商人"身拥雄资,列肆连衢",并有垄断商业经营之势,史称"其货无所不居,其地无所不至,其时无所不骛,其算无所不精,其利无所不专,其权无所不握。而特举其大者,则莫如以盐策之业,贾淮、扬之间"④。

与徽商齐名的有山西商帮,"豪商大贾甲天下,非数十万不称富"⑤。平阳府商人席玉台"泛江湖,懋迁居积,起家巨万金"⑥。山西商帮也经商至全国各地,"贾于外者,西则秦、陇、凉、瓜州都郡,东南则淮海、扬越,西南则蜀,其相沿袭此耳"⑦。

苏州商人"大富至百万",松江布商"白银动以数万计,多或数十万两"。⑧ 这些"数十万""百万"的数字比较含混,但可以理解为10万～100万之间。那么,估计明末商业资本在10万两以下者为小商人,20万～30万两者为中等商人,50万～100万两者为大商人。据宋应星估计,徽商的资本,嘉靖年间(1522—1566)总额达到3000万两之多。⑨ 晋商的财富在明代整个富商阶层中所占比重显著增加。正如王世贞论述天下豪富时,共举出17家:

> 严世蕃积资满百万……尝与所厚客屈指天下富家,居首等者凡十七家。……所谓十七家者,已与蜀王、黔公、太监高忠、黄锦及成公、魏公、陆都督炳,又京师有张二锦衣者,太监永之侄也,山西三姓、徽州二姓,与土官贵州安宣慰。积资满五十万以上,方居首等。前是无锡有邹望者,将百万,安国者,过五十万。⑩

无锡另一商人华麟祥也积金至百万。这说明,在明末,拥有50万两以上的大商人家财已与王公、宦官、都督并列了。

清代,商品经济比明代更加发达,商业资本更加活跃,拥资百万、千万的商人层出不穷。如徽商汪廷璋,淮商程可正、汪应庚、黄仁德、江广达、程俭德、洪箴远等,浙商何永和、吴康成等,长芦商王至德、杨永裕、王德宜等,粤商李念德、李延实、胡大展、伍秉鉴、潘正炜等。他们的资本富者或以数百万计。徽商汪廷璋"以盐策起家……

---

① 〔清〕顾炎武:《肇域志·安徽·徽州府》。
② 〔明〕谢肇淛:《五杂俎》卷四《地部》。
③ 〔明〕谢肇淛:《五杂俎》卷四《地部》。
④ 《万历歙志》卷十《货殖》。
⑤ 〔明〕王士性:《广志绎》卷三《江北四省》。
⑥ 〔明〕韩邦奇:《苑落集》卷六《大明席君墓志铭》。
⑦ 〔明〕张四维:《条麓堂集》卷二一《海峰王公七十荣归序》。
⑧ 〔清〕叶梦珠:《阅世编》卷七《食货五》。
⑨ 〔明〕宋应星:《野议·盐政议》。
⑩ 〔明〕王世贞:《弇州史料后集》卷三六《严氏富资》。

富至千万"①。晋商"太谷县孙姓，富约二十万；曹姓、贾姓富各四五百万"；"平遥县之侯姓、介休县之张姓，富各三四百万；榆次县之许姓、王姓聚族而居，计合族家资约各千万；介休县百万之家以十计，祁县百万之家以数十计"，"元氏号称数千万两"。②其他各地商人的资本也膨胀到可以与徽商、晋商相伯仲的程度，如"淮商资本之充实者，以千万计"③。有些富商"蓄资以七八千万计"④。康熙二十四年（1685）后发展起来的宁波商人，资本达到2000万两之多；广东十三行行商，如怡和行伍秉鉴的资本为2600万元墨西哥鹰洋，同孚行潘正炜的资本达到一亿法郎。⑤ 大贪官和珅仅是当铺业一项的资本就有2000万两银。这些例子说明清代已有商业资本达到千万两的水平的富商。

2. 商业资本经营的项目和方式

明清时期的商人一般分为行商和坐贾两种。当时，社会上称行商为某商，称坐贾为某肆。行商从事长途贩运贸易，拥有比较雄厚的资本，往来于产地和销地之间贩销商品，从中赢利。坐贾从事店铺贸易，多是本地人就地经营，属中小资本者较多。行商中也有兼营贩销和店铺贸易的，即将某种商品贩运到某地后设店零售，但一般是行商将所贩运的货物交与当地牙行，转由坐贾零售。

盐是人不可须臾或缺的生活必需品，因此商人纷纷投资其中，使其成为大商人资本经营的重要项目。特别是明政府行开中折色盐法以后，有更多商人纳银购引额盐谋利。著名的徽州商人即多以鱼盐为业，时人汪道昆说："吾乡贸者首鱼盐。"⑥ 这里的"鱼盐"是偏义复词，实单指盐业。明代以扬州为中心的两淮盐场是全国最大的盐产地，徽商往往居留此中经营，成为业鹾世家。例如歙县商人汪显"以盐策居"⑦，成为两淮富有盐商；潘化"以盐策贾江淮"⑧，家业大兴；黄钟从仲兄以盐"贾海淮……居数十年，累巨万"⑨；休宁县吴幼符也是"业盐策，家益起"⑩；陈经"既又之海上，治盐业益饶"⑪；吴继佐"出贾江淮、吴越，以盐策、刀布倾东南"⑫。徽商在盐业中还出现父子兄弟举族举家共同经营的现象。例如歙县盐商吴君重一族，"故以盐策贾长芦，……积既饶，则又拓而贾淮海"⑬；徽州府城东门的许长公，其"父汝贤，叔汝粥，客东吴并以盐策贾"⑭。徽商在两浙盐场经营致富者也不乏其人。如歙县人程长公，"遂起盐策贾

---

① 〔清〕李斗：《扬州画舫录》。
② 军机处《录副奏折》，咸丰三年十月十三日。
③ 〔清〕李澄：《淮鹾备要》卷七《盐之利》。
④ 〔清〕汪喜孙：《从政录》卷二《姚司马德政图序》。
⑤ 〔英〕格林堡著，康成译：《鸦片战争前中英通商史》第61页，商务印书馆1964年版。
⑥ 〔明〕汪道昆：《太函集》卷四七《吴长公墓志铭》。
⑦ 〔明〕汪道昆：《太函集》卷五六《明故新安卫镇抚黄季公配孺人汪氏合葬墓志铭》。
⑧ 〔明〕汪道昆：《太函集》卷五一《明故太学生潘次君暨配王氏合葬墓志铭》。
⑨ 〔明〕汪道昆：《太函集》卷五六《明故新安卫镇抚黄季公配孺人汪氏合葬墓志铭》。
⑩ 〔清〕魏禧：《魏叔子集》卷十七《吴易幼符家传》。
⑪ 〔明〕汪道昆：《太函集》卷四七《海宁陈处士暨配汪氏合葬墓志铭》。
⑫ 〔明〕汪道昆：《太函集》卷五一《明故太学生潘次君暨配王氏合葬墓志铭》。
⑬ 〔明〕汪道昆：《太函集》卷五三《处士吴君重墓志铭》。
⑭ 〔明〕汪道昆：《太函集》卷二九《许长公传》。

浙江，居数年，业骎骎起"①；休宁县王全，"承事蒙故业，客燕、赵、齐、楚间，卒入浙，用盐策起"②，皆成两浙富商。在长芦盐场，徽商也十分活跃，"山东临清，十九皆徽商占籍"③。由于徽商执江淮盐业之牛耳，时人称之为"盐商派"。以上汪、程、潘、吴、黄、陈、许、王等徽商大姓世代居扬州，经营盐业，至清代不衰，并不断扩大生意，几乎独擅淮扬一带盐业，控制全国盐的运销。其时，"两淮八总商，邑人恒占其四，各姓代兴，如江村之江，丰溪、澄塘之吴，潭渡之黄，岑山之程，稠墅、港口之汪，傅溪之徐，郑村之郑，唐模之许，雄村之曹，上车之宋，棠樾之鲍，蓝田之叶，皆是也。彼时，盐业集中淮扬，全国金融几可操纵，致富较易，故多以此起家，尽所谓盐商派"④。其中，鲍志道是继徽籍总商汪应庚之后的两淮总商最为出名者。据《光绪两淮盐法志·列传》统计，自嘉靖到乾隆年间（1522—1795），扬州著名客籍商人共80人，其中徽商为60人，占75%；《嘉庆两浙盐法志·商籍》统计，明清时期在浙江的著名盐商共有35人，其中徽商为28人，占80%。可见，徽州商帮在两浙、两淮盐商中占据绝对优势地位。他们从明官府购买到商引专利证券之后，在固定引地行盐，垄断食盐买卖，除正常盐利之外，还通过提高盐价和降低食盐质量获取额外的利润。如淮盐"场价斤只十文，加保课银三厘有奇，不过七文。而转运到汉口以上，需价五六十不等，愈远愈贵，盐色愈杂，霜雪之质，化为缁尘"⑤。在这里，盐商们不仅将种种名目的费用加入盐价之中，甚至不惜掺沙入盐，以恶劣的作弊手法达到发财致富的目的。

山西商人资本最大者也是投资于盐业。明代开中法施行后，晋商就是通过运粮到边镇换取盐引而贩销食盐的："山西商人乐认淮浙二盐，输粮于各堡仓，给引前去江南投司，领盐发卖，盐法疏通，边商获利。"⑥ 明中叶改开中法为折色制后，山西盐商审时度势，由边镇转向长芦、河东、两淮、两浙盐区，向各有关运司纳银领取盐引，从而演变为主要在内地经营的盐商，称为"内商"。如平阳府商人王玺、蒲州商人展玉泉分别在河东、长芦盐区经营盐业。而在两淮、江浙经营盐业者更多，史称："扬州流寓人籍者甚多，明中叶盐法行，山陕商人蜂拥而至。"他们以两淮为中心、扬州为基地，不断扩大经营范围，向全国市场扩展，与徽商共分霸业，成为南北对峙的两大盐商集团。所以王世贞说："晋多大饕贾。"到了清代，山西商人中经营盐业者仍不乏其人，如"商人马君选，在吉兰泰兴贩无课之盐，由黄河南下，既占路引，且冲淮纲，不计其数"⑦。

丝织品也是关系民生的重要商品，因此同样是商人资本投资的热点。当时丝绸多产自毗邻徽州的江浙一带地区。徽商投资经营丝织品者极为活跃，他们将江浙地区的优质丝绸贩销全国以及国外市场。如有名的徽商王直，就是专运江浙两省生丝到日本贸易而在日本享有盛名。其他如"徽州商人宁龙，带仆季兴来苏买缎绢，千有余金"⑧；许本

---

① 〔明〕汪道昆：《太函集》卷四二《明故程母汪孺人行状》。
② 〔明〕汪道昆：《太函集》卷四五《明承事郎王君墓志铭》。
③ 〔明〕谢肇淛：《五杂俎》卷十四《事部二》。
④ 《民国歙县志》卷一《舆地志·风土》。
⑤ 〔清〕黄钧宰：《金壶七墨·盐商》。
⑥ 〔明〕涂宗濬：《边盐壅滞疏》，载《明经世文编》卷四四七。
⑦ 〔清〕张集馨：《道咸宦海见闻录》。
⑧ 《国朝明公神断详刑公案》卷一《吴推府断船户谋客》。

善"伯予千金,乃贩缯航海而贾岛中,赢利百倍,舟薄(泊)浯屿"①。有的徽商到内地贩销丝织品,例如"诸吴鼎盛,(吴)仲以贩缯博平,业既饶……"②。不过,经营丝织业的多属中层徽商,如汪道昆说:"贩缯则中贾耳。"山西商人投资经营丝织业也很多。万历年间(1573—1620),山西潞州的绸商、泽州的帕商贩丝货到蒙古大市贸易。到了清代,山西商人到河北贩销丝货,如魏县"务蚕缫,丝成则坐贸山右之商"③。

明清时期商人资本经营的方式,除了上述自出资本独资经营的传统方式外,还有贷本经商和合伙制。贷本经商在明代尚不多见,而合伙制则已比较流行。徽商高应鹏兄弟"合钱千,乃受贾"④。休宁县的孙文德、孙文仲、孙文佐、孙文俸"四季昆合志同财,起家两淮盐策"⑤,属于同姓家族的合伙制。明中叶后,随着商业领域的扩大和商业竞争的日益激烈,商人为了集中资本从而提升实力,逐渐出现了异姓合伙经营模式。如"姑苏有秦与蔡二姓,自祖以来,合计在楚贸易,后生业自隆,赀盈百万"⑥;黄贞"与冯氏之夫陈诚吾以异商合伙,贸易有年"⑦;"梁姓朝大,凌姓宗客二人,素有成眷,合伙经营,人呼为莫逆之交"⑧。这种合资经营制的流行,大大增强了商人竞争的实力以及扩大了商品的营业额,从而加速了商业资本的积累。所以,到了万历时期(1573—1620),徽商已成为全国最富有的商业集团。

山西商人也普遍采用合伙制的经营方式,明人沈思孝对此有过详细的记述:

> 平阳、泽、潞豪商大贾甲天下,非数十万不称富,其居室之法善也。其人以行止相高,其合伙而商者名曰伙计。一人出本,众伙共而商之,虽不誓而无私藏。……故有本无本者咸得以为生。且富者蓄藏不于家,而尽散之于伙计。估人产者,但数其大小伙计若干,则数十百万产可屈指矣。⑨

以上徽商和晋商的合伙制实际上是一种东家出本、伙计经商的方式,是资本股和人力股的合伙关系,其经营所得利润是由双方共同分配的。

到了清代,随着商业资本的发达,在明代贷本制和合伙制的基础上出现了股份制的经营方式。股份制又称股俸制,股份分银股和身股。凡投资者为银股,而凭资历、能力做生意者为身股。不论银股、身股,均可按股分配经商所得的利润。这种股份制曾经为当时外国人所瞩目。清代曾在俄国驻中国新疆地区领事馆供职的外交官尼·维·鲍戈亚夫连斯基曾记述过晋商的股份制:

---

① 〔明〕汪道昆:《太函集》卷四十《许本善传》。
② 〔明〕汪道昆:《大函集》卷三六《吴汝拙传》。
③ 《康熙魏县志》卷一《风俗》。
④ 〔明〕汪道昆:《大函集》卷四七《明故徽仕郎判忻事高香公墓志铭》。
⑤ 《天启新安休宁名族志》卷三《厚林孙氏》。
⑥ 〔清〕许奉恩:《留仙外史·秦氏妇》。
⑦ 〔明〕颜俊彦:《盟水斋存牍·署番禺县谳略·商人黄贞》。
⑧ 《警富奇书》第一回。
⑨ 〔明〕沈思孝:《晋录·平阳商贾》;又,〔明〕王士性:《广志绎》卷之三《江北四省》。

汉族人则特别喜欢联合行事,特别喜欢各种形式的合股……其办法就是把某一地区的所有商人都招来入股。因此,在中国早已有了现代美国托拉斯式企业的成熟样板。当前在中国西部地区活动的主要是山西和天津的商行。①

山西商人正是通过银股形式吸收和扩大商业资本;又通过身股形式把商号的经营和商号职员的切身利益联系起来,调动银股与身股的经营积极性,做活生意,赢得利润;最后则以所获赢利购买土地。

从上述看出,明清时期的商业资本是相当活跃和相当发达的。但这种发达的商业资本并不是主要流向产业、转化为产业资本,而是主要流向土地、转化为土地资本。乾隆五年(1739)四月,胡定在奏疏中说:"近日富商巨贾,挟其重资,多买田地,或数十顷,或数百顷。"②明清时期商业资本主要流向土地的历史实际,使得商业资本这个本应是摧毁封建自然经济结构的武器,却在很大程度上变成了巩固封建经济结构的武器,从而使中国封建社会经济中已经孕育着的资本主义萌芽遭到摧残。

(三)海外贸易的空前发展

1. 明代的海外贸易

明朝建国伊始,朱元璋为了防止"倭寇"与窜踞沿海岛屿的方国珍、张士诚残部勾结,危害朱明新政权的统治,于是于洪武十四年(1381)、二十三年(1390)、二十七年(1394)、三十年(1397)4次颁布禁海令,严禁人民擅自出海与外国互市贸易。但明政府对外国来华贸易者并不拒绝,而是实行朝贡贸易制度:"凡外夷贡者,我朝皆设市舶司以领之……许带他物,官设牙行与民贸易,谓之互市。是有贡舶即有互市,非入贡即不许其互市。"③当时经明朝允许朝贡并领有"勘合"而前来贸易的国家有真腊(今柬埔寨的高棉)、苏门答剌(今苏门答腊岛西北部亚齐)、锡兰山(今斯里兰卡岛)、暹罗(今泰国)、占城(今越南南部)、浡泥(今文莱)、古里(今印度半岛西部科泽科德)、古麻剌(今菲律宾棉兰老岛)、爪哇(今印尼爪哇岛)、柯支(今印度柯钦)、满剌加(今马来西亚马六甲)、日本以及苏禄国东王、西王和峒王(今菲律宾西南苏禄群岛)等15国。明政府对这些国家来中国朝贡贸易的贡期、贡舶、贡道和人数都有严格的规定。洪武八年(1375)规定:各国"三年一来朝",以后有所变化。据《明会典》记载,占城、真腊、爪哇等国仍是3年,琉球改为1年,暹罗为6年,日本为10年。宣德时规定贡舶数"舟毋过三艘",一般是1艘。人数为每船100人,最多不过150人。凡来贡舶,必须携带勘合、表文、号簿。贡舶入港后,经由镇巡及三司长官委派地方官及市舶司官员验证勘合,检查贡品、物货才准入贡。运来的货物,除贡品外,其余货物中,运往北京的,由礼部派员监督,在会同馆开市;运到市舶司的,通过牙行

---

① [俄]尼·维·鲍戈亚夫连斯基著,新疆大学外语系俄语教研室译:《长城外的中国西部地区》第160页,商务印书馆1980年版。
② 转引自李文治《中国近代农业史资料》第1辑第105页,生活·读书·新知三联书店1957年版。
③ [明]王圻:《续文献通考》卷二六《征榷考》。

进行贸易。可见，朝贡本身就是一种贸易。所以，明朝的海禁是禁止本国人私自出海贸易，而非禁止外国来中国贸易。处于明政府控制下的朝贡贸易一直在进行，而且有所发展。明成祖的对外政策比较开放，他重视并积极发展对外贸易，先后派遣海童到蒙古、郑和到南洋开展贸易，从而书写了郑和七下西洋的伟大壮举。永乐三年至宣德五年（1405—1430）间，郑和率领一支浩浩荡荡的船队，顶暴风战恶浪，先后到达30多个国家和地区，最远到达非洲东海岸的木骨都束（今索马里首都摩加迪沙）等国家。郑和下西洋比西方航海家瓦斯科·达·伽马（Vasco da Gama）发现东方航线（1497）、哥伦布（Colombo）发现新大陆（1492）分别早92年和87年。但嘉靖二年（1523），因在宁波发生"争贡之役"，明世宗接受给事中夏言关于"倭患起于市舶，请罢之"的建议，于嘉靖三年（1524）、四年（1525）、八年（1529）、十二年（1533）、十五年（1536）又5次发布海禁令，严禁私人出海贸易，"片板不许下海"，使海外贸易遭到阻碍。于是引起朝廷内部关于海禁问题的论争。以朱纨为代表的保守派官吏主张海禁，而广东布政使吴廷举、巡抚林富等地方官吏则反对海禁。两派几经激烈争论，最后以朱纨的失败而告终。此后，"罢巡视大臣不设，中外摇手不敢言海禁事"①。"隆庆改元，福建巡抚都御史涂泽民请开海禁，准贩东西二洋"②，并"奉旨允行"③。于是，私人海外贸易得到明政府的认可，使明代对外贸易获得新的发展。史称："市舶之设，始于唐宋。大率夷人入市中国，中国而商于夷，未有今日之伙者也。"④ 到万历时，"通番者十倍于昔"。这一时期海外贸易的兴盛具体表现在以下方面。

第一，贸易港口的增加和贸易范围的扩大。据史料记载，这一时期出海贸易的港口，浙江有双屿、马迹、两头洞、长涂、高汀等45处；⑤福建有月港、安平、梅岭、龙溪、海沧、桐山等；广东有广州、屯门、浪白澳、澳门、南澳岛等。其中，以双屿港、月港、澳门港、广州港为最重要，成为中西贸易的商港，在国际贸易史上占有重要的地位。如双屿港（在今浙江舟山市六横岛），早在嘉靖三年至四年（1524—1525）葡萄牙人东来强据后，大批西方商人前来贸易，并在此地建码头、仓库，开设商店，迅速发展成为一个国际贸易的港市。嘉靖十九年（1540），双屿港"总人口有三千人……每年进出口贸易额三百多万葡币（Crusado）"⑥。福建的月港（今福建漳州市龙海区海澄镇），在正德十二年（1517）前后，已有葡萄牙、西班牙、日本的商人到此贸易。到嘉靖二十三年（1547），月港发展成为中外海商贸易的中心，号称"闽南大都会"。隆庆年间废除海禁后，月港每年出海贸易的商船有200多艘，万历二十年（1592）商税为29000多两。广东的澳门港，葡萄牙人自嘉靖三十二年（1553）进入和在万历年间租居之后，开辟了澳门—长崎、澳门—果阿—里斯本、澳门—马尼拉—墨西哥—秘鲁、澳门—望加

---

① 《明史》卷二〇五《朱纨传》。
② 〔明〕张燮：《东西洋考》卷七《饷税考》。
③ 〔明〕许孚远：《疏通海禁疏》，载《明经世文编》卷四百。
④ 〔明〕张燮：《东西洋考》卷七《饷税考》。
⑤ 〔明〕茅元仪：《武备志》卷二一五《浙江》。
⑥ Tien-tse Chang, *Sino-Portuguese Trade from 1514 – 1644: A Synthesis of Portuguese and Chinese Sources*, p. 77, Leyden, 1934.

锡—帝汶4条国际航线,成为广州对外贸易的外港和东西方贸易的中转港,使得以广州为第一大港的中国对外贸易扩展为全球性的"大三角贸易"①。从此,越来越多的外国商人经澳门到广州进行贸易。据张燮《东西洋考》记载,与福建月港贸易的国家和地区仅东西洋就有40多个;来澳门、广州贸易的国家和地区,除上述15个朝贡国外,还有来自欧洲的葡萄牙、西班牙、荷兰,美洲的墨西哥、秘鲁等国家和殖民地。为了更好地与外国进行贸易,万历年间(1573—1620),明政府还批准在广州海珠岛举办定期市(交易会),开始是每年举办一次,会期两星期,有时可延长到两三个月;万历八年(1580)起改为每年夏、冬各举办一次,更加方便中外商人进行贸易。

第二,进出口商品种类繁多。明代中国仍然是世界上经济发达的国家。其手工业品、农副产品在国际市场享有盛誉,具有很强的竞争力,且源源不绝地输往世界各地。据不完全统计,明代的出口商品有236种,包括手工业品127种,分为矿产品、水产品、农副产品、动物和肉制品、干鲜果品、文化用品和中草药品等8大类,其中以生丝、丝织品、瓷器、糖为大宗。例如丝货,万历八年至十八年(1580—1590),每年运往果阿3000担,价值银24万两;崇祯九年(1636)为6000担,价值银48万两。②崇祯十四年(1641)六、七月,郑芝龙运往日本长崎的货物有白丝2.57万斤、黄丝1.55万斤、各种纺织品14万匹。③瓷器是中国出口贸易的传统商品,明代出口的数量更多。万历三十八年(1610),运往荷兰的瓷器为9227件,万历三十九年(1611)增至3.86万件;崇祯九年(1636)增至25.93万件,崇祯十二年(1639)增至36.6万件。万历三十年至顺治十四年(1602—1657)的55年间,输往荷兰的中国瓷器为300万件以上。崇祯八年(1635),从台湾运往日本的瓷器为13.5万件,崇祯十年(1637)增至75万件。④糖的出口数量也相当大,天启二年(1622),仅荷兰东印度公司从澳门运往日本和欧洲的砂糖就有22万磅,崇祯六年(1633)增至43万磅,崇祯九年(1636)增至110万磅以上;⑤崇祯十四年(1641)运往日本的砂糖为57.26万斤,崇祯十七年(1644)增至141.75万斤。⑥

进口商品也相当繁多。据《东西洋考》等史册记载,计有胡椒、苏木、象牙、檀香、木香、熏香等手工业原料,分为手工业品、农副产品、皮货、海产、山货、矿产品、药物、白银等8大类,共100多种。其中以白银的输入为最大宗。例如,万历十三年至十九年(1585—1591),仅从果亚运经澳门进入广州的白银达90万两;⑦万历八年

---

① 参阅黄启臣《澳门历史(远古—1840)》第60页,澳门历史学会1995年版。
② C. R. Boxer, *The Great Ship from Amacon*: *Annals of Macao and the Old Japan Trade, 1555—1640*, p. 60, Lisbon, 1963.
③ 《长崎荷兰馆日记》第1辑。
④ 陈万里:《宋—清初中国对外贸易的瓷器》,载《文物》1963年第1期。
⑤ 林仁川:《明末清初私人海上贸易》第242页,华东师范大学出版社1987年版。
⑥ [日]岩生成一:《近世日支贸易に關する否数量の考察》,载日本东京大学文学部《史学杂志》1953年第11期。
⑦ C. R. Boxer, *The Great Ship from Amacon*: *Annals of Macao and the Old Japan Trade, 1555 – 1640*, p. 7, 144, Lisbon, 1963.

至崇祯三年（1580—1630），由长崎运入中国的白银为 50 万～300 万两；① 万历十四年（1586）前，从墨西哥经菲律宾运入澳门、广州的白银为 30 万比索（Pesos）；万历二十六年（1598）增至 80 万～100 万比索；万历三十年（1602）增至 200 万比索；万历三十二年（1604）增至 250 万比索；崇祯六年（1633）仍有 200 万比索。从万历十五年至崇祯十三年（1587—1640）的 53 年间，由马尼拉运入中国的白银每年达 294 万比索。② 另据梁方仲先生统计，自万历元年至崇祯十七年（1573—1644）的 71 年间，从葡萄牙、西班牙、墨西哥、日本等地经澳门输入中国的白银为一亿元以上。③ 这个数字仅指海舶输入申报之数，至于走私或私人带来的还未计算在内。巨量的白银输入是以巨量的商品输出为前提条件的。这就说明，明末的对外贸易得到了空前发展。

第三，进出口贸易货值量增加。明代史籍虽然没有记载当时对外贸易量的统计，但据近人研究测算，明末每年对日本进出口贸易总额为银 217 万两，对菲律宾及南洋群岛进出口贸易总额为 1350 万两。则每年中国对日本及东南亚国家的进出口贸易总额为银 1567 万两左右。④ 仅此也可以管窥明代后期对外贸易发展之一斑。正如东林党人周起元所描写的：

> 我穆庙（隆庆帝）时，除贩夷之律，于是五方之贾，熙熙水国，刳舻艎，分布东西路。其捆载珍奇，故异物不足述，而所贸金钱，岁无虑数千万。公私并赖，其殆天子之南库也。⑤

2. 清代前期的海外贸易

清朝建立伊始，清政府为了切断东南沿海的反清势力与据守台湾的郑氏集团的联系，以巩固新王朝的统治，曾于顺治十二年（1655）、顺治十三年（1656）、康熙元年（1662）、康熙五年（1666）、康熙十四年（1675）5 次颁布禁海令；并于顺治十七年（1660）、康熙元年（1662）、康熙十七年（1678）3 次颁布"迁海令"，禁止人民出海贸易，但并非完全禁绝外国商人来华贸易。此举遭到东南沿海各省地方官吏的强烈反对。当清军攻克台湾之后，鉴于禁海的根本原因已经不存在，清廷即于康熙二十三年（1684）宣布废除海禁，"令出海贸易"，并相继设立江海关、浙海关、闽海关和粤海关，以推动海外贸易的开展和加强管理。从此，中国的海外贸易进入开海贸易、设关管理的新时期，一直延续到道光二十年（1840），长达 156 年。其间，虽然有康熙五十六年至雍正五年（1717—1727）的 10 年南洋海禁，但这与清初海禁不尽相同——"内地

---

① C. R. Boxer, *the Great Ship from Amacon: Annals of Macao and the Old Japan Trade, 1555 – 1640*, p.7, 144, Lisbon, 1963.
② 参阅王士鹤《明后期中国—马尼拉—墨西哥贸易的发展》，载《地理集刊》1964 年第 7 号。
③ 《梁方仲经济史论文集》第 179 页，中华书局 1989 年版。
④ 参阅林仁川《明末清初私人海上贸易》第 266 – 267 页，华东师范大学出版社 1987 年版。
⑤ 〔明〕张燮：《东西洋考·序》。

商船，东洋行走犹可……至于外国商船，听其自来"①。说明只是禁止内地商人往南洋贸易而已。乾隆二十二年（1757），清政府撤销江、浙、闽三海关，规定欧美各国番商"将来只许在广东收泊交易"②，但并不禁止欧美各国的东方殖民地的商人到其他三个港口贸易，也不禁止中国商人出海贸易。因此，不能笼统地说清朝前期在对外贸易上是实行闭关锁国政策，而应该是实行有海禁有开放，以开放为主的设关严格管理对外贸易的政策。正因为如此，清朝前期的对外贸易空前发展，具体表现如下。

第一，贸易港口的扩大和贸易国家的增加。据不完全的统计，康熙二十三年（1684）开海贸易后，中外商人进出口贸易的大小港口有100多处，计广东有广州省城大关、澳门、乌坎、梅菉、海安、庵埠、海口7个总口，以及黄埔、虎门、市桥、南湾、汕头、汕尾、潮阳、阳江、白沙、雷州、赤坎、廉州、钦州、儋州、崖州等60多个正税口和挂号口；③ 福建有厦门、海澄、台湾等20多处；④ 浙江有大关、古窑、镇海、温州等15处；⑤ 江苏有常州、扬州、镇江、吴淞等22处。⑥ 还有天津、山东登州、辽东牛庄等港口。可见，清代前期从牛庄到钦州、崖州的沿海大小港口均有不同程度的对外贸易。乾隆二十二年（1757），清政府虽然撤销了江、浙、闽三海关，但除广东沿海的大小港口继续进行对外贸易外，其他如泉州、厦门、宁波等港口也仍然准许商人往南洋贸易。而且，就贸易量而言还超过以前。清政府开放如此多的港口，为世界各国商人来中国贸易提供了极便利的条件。据史料记载，当时亚洲、欧洲和美洲的主要国家和地区都或多或少和中国发生了直接的贸易关系。

第二，进出口贸易的商船不断增多。据统计，在海禁期间，中国到日本长崎贸易的商船每年为50艘。开海贸易后，从康熙二十三年至乾隆二十二年（1684—1757），中国到日本贸易的商船总数达到3017艘，⑦ 平均每年为41.4艘。康熙二十四年（1685），从福州、厦门开往雅加达的商船有10多艘，康熙四十二年（1703）增至50多艘。⑧ 康熙五十五年（1716）多至1000余艘。⑨ 嘉庆二十五年（1820）前后，驶往东南亚各国的商船共295艘。⑩ 与此同时，外国到中国各港口贸易的商船也不断增加。据统计，从康熙二十四年至乾隆二十二年（1685—1757），欧洲、美洲的国家和地区到中国贸易的商船共312艘；⑪ 乾隆二十二年至道光十八年（1757—1838），仅到粤海关所在地广州贸易的商船就达到1507艘，⑫ 平均每年为18.6艘。

第三，进出口商品种类及数量大增。清代前期，中国输往日本的商品有白丝、绫

---

① 《康熙起居注》，康熙五十五年十月二十五日辛亥。
② 《清高宗实录》卷五五〇，乾隆二十二年十一月戊戌。
③ 〔清〕梁廷枏：《粤海关志》卷十一《税则四》至十三《税则六》。
④ 《户部史书》，康熙二十四年四月七日户部尚书科尔坤题。
⑤ 《乾隆浙江通志》卷八六《榷税》。
⑥ 《乾隆江南通志》卷七九《食货志·关税》。
⑦ 根据〔日〕木宫泰彦著，陈捷译：《中日交通史》下册第327－334页的数字统计，商务印书馆1931年版。
⑧ 杨余练：《试论康熙从"开禁"到"海禁"的政策演变》，载《光明日报》1931年1月13日。
⑨ 《清圣祖实录》卷二七〇，康熙五十五年十月壬子。
⑩ 姚贤镐编：《中国近代对外贸易史资料》第1册第63页，中华书局1962年版。
⑪ 据H. B. Morse, *The Chronicles of the East India Company Trading to China, 1635－1834*, Vol. I 附录的数字统计。
⑫ 据〔清〕梁廷枏《粤海关志》卷二四《市舶·历年夷船来数附》的数字统计。

子、绸缎、棉布、铁器、茶、糖、瓷器、药材等 176 种,① 输往欧美各国的商品也有 100 多种。其中,以生丝、丝织品、棉布、茶叶、铁器为大宗。例如生丝,康熙三十七年至六十一年(1698—1722)输往欧美各国 1833 担,乾隆五年至四十四年(1740—1779)增至 19200 担,乾隆四十五年(1780)增至 27128 担,嘉庆二十五年至道光九年(1820—1829)又增至 51662 担。茶叶,康熙三十年至乾隆四年(1692—1739)输往欧美各国 102759 担,乾隆四十五年至五十四年(1740—1779)增至 807193 担,嘉庆十五年至道光九年(1810—1829)又增至 3242874 担。土布,乾隆五十五年至嘉庆四年(1790—1799)输往欧美各国 7627300 匹,嘉庆二十五年至道光九年(1820—1829)增至 12209534 匹,增长了 51%。②

与此同时,外国进口的商品亦不断增加。据统计,自康熙二十三年至道光十九年(1684—1839),从日本进口的黄铜达到 3207 万斤,平均每年进口黄铜 195.1 万斤。③ 从欧美各国进口的商品有香料、檀香、棉花、羽毛布、自鸣钟、银元、洋参等 110 多种,④ 其中以银元为最多,其次是毛织品和棉花。例如,英国"从 1708 年到 1712 年,对华直接出口贸易每年的平均数字……金银方面超过 50000 英镑。……1762 年到 1768 年的数字是:……金银 73000 英镑"⑤。又据统计,从康熙三十九年至乾隆十六年(1700—1751)的 51 年间,从西欧各国进口的白银达到 68073182 元,平均每年进口白银 1334768 元。⑥ 18 世纪中期后,每年进口白银一般在 45 万两左右,最高年达到 150 万两。⑦ 每年从英国进口的棉花为 50 万担,价值 500 万元;棉布为 53 万匹,价值 138 万元;呢绒价值 103 万元;棉纱、棉线价值为 62.5 万元。⑧

第四,进出口贸易商品量值的增加。最能说明清代前期中国对外贸易发展的莫过于进出口商品量值的不断增加。这一点,可以根据粤海关 100 多年的关税推算出其贸易商品量值逐年增加而得到说明,如表 3 所列。

表 3 雍正七至道光十七年(1729—1837)粤海关贸易商品量值统计

年代	关税/两	贸易量值/两	比前一时期增长/%
雍正七年至乾隆二十一年(1729—1756)	4548825	227468970	—
乾隆二十三年至三十二年(1758—1767)	4560913	228045650	0.3
乾隆三十三年至四十二年(1768—1777)	4655717	232785850	2.1

---

① 据[日]木宫泰彦著,胡锡年译《中日文化交流史》第 673-675 页的数字统计,商务印书馆 1980 年版。
② 根据 H. B. Morse, *The Chronicles of the East India Company Trade to China, 1635-1834*, Vol. I, Chap. 7-28; Vol. II, Chap. 30-60; Vol. III, Chap. 61-77; Vol. IV, Chap. 78-89 的数字统计。
③ 据《日本和世界的历史》第 15 卷第 70 页及[日]丰田武、[日]儿玉幸多著《交通史》第 300 页的数字统计。
④ [日]木宫泰彦著,陈捷译:《中日交通史》下册第 336 页,商务印书馆 1931 年版。
⑤ 姚贤镐编:《中国近代对外贸易史资料》第 1 册第 267 页,中华书局 1962 年版。
⑥ 余捷琼:《1700—1937 年中国银货输出入的一个估计》第 32-34 页,中华书局 1962 年版。
⑦ 严中平:《中国近代经济史统计资料选辑》第 22 页,科学出版社 1955 年版。
⑧ 姚贤镐编:《中国近代对外贸易史资料》第 1 册第 259 页,中华书局 1962 年版。

续表3

年代	关税/两	贸易量值/两	比前一时期增长/%
乾隆四十三年至五十二年（1778—1787）	7118031	355901050	52.9
乾隆五十三年至嘉庆二年（1788—1797）	10258066	512903300	44.1
嘉庆三年至十二年（1798—1807）	14510196	725509800	41.9
嘉庆十三年至二十二年（1808—1817）	13322172	666108600	-8.2
嘉庆二十三年至道光七年（1818—1827）	14421003	721050150	8.2
道光八年至十七年（1828—1837）	15697281	784864050	8.9
合　计		89092204	4454637420

资料来源：根据〔清〕梁廷枬《粤海关志》卷十《税则三》的数字统计。另，雍正七年（1739）至乾隆二十一年（1756）的数字是根据彭泽益《清初四榷关地点及贸易量的考察》（载《社会科学战线》1984年第4期）的数字，并按清朝海关规定的2%的货物从价税率推算得出的。

表3的统计数字当然不是绝对准确的，但仍可以大致看出粤海关在这108年间商品贸易量值是呈增长趋势的。乾隆二十二年（1757），清政府撤销江、浙、闽三海关，中国对外贸易仅留粤海关进出口，所以在某种意义上说，粤海关的贸易商品量值的统计基本上就是清代前期中国对外贸易商品量值的统计。就统计而论，清代前期的对外贸易亦是空前发展的，其贸易商品量值是远远超过明代的。

3. 城市经济功能的加强与市镇经济的繁荣

明清时期，随着商品经济的发展和市场网络的扩大，以及对外贸易的空前发达，原有的城市更加繁荣，新兴城市层出不穷，使城市经济功能得到进一步加强。明代前期，全国已有较大的城市33个，即顺天（北京）、开封、济南、济宁、德州、临清、太原、平阳、蒲州、应天（南京）、镇江、淮安、苏州、松江、常州、扬州、仪真、嘉兴、湖州、杭州、福州、建宁（建瓯）、武昌、荆州、南昌、吉安、临江、清江、广州、成都、重庆、泸州、桂林等。这些城市的商品流通量大，所以明政府设置钞关，征收商税。明中叶以后，又有许多新的城市发展起来，如遵化、天津、保定、河间、宣化、潞安、洛阳、铅山、大同、西安、岳阳、浒墅、芜湖、泉州、宁波、浮梁、廉州、郑州、沙市、阆中、衡阳、益都等。这些城市的规模大、人口多、经济发达，成为区域性以至全国性的工商业中心。北京是中心的中心，明代北京内城东西长7公里，南北长5.7公里，弘治年间（1488—1505）人口已达到669033人，万历六年（1578）增至706861人，清代超过100万。城中市场林立，商业繁荣。南京城周长66里，有13个城门，市内商铺103行，洪武二十六年（1393），包括应天府在内的人口已达到1193620人。[①] 杭州的市区"延袤十里，井屋鳞次，烟火数十万家"，[②] 至清代人口已达到100万。松江

---

① 《明史》卷四十《地理志一》。
② 〔明〕王士性：《广志绎》卷四《江南诸省》。

"游贾之仰给于邑中者,无虑数十万人"①。位于长江中游的汉口,原系汉阳县的一个市镇,但晚明以降逐渐兴盛,抬高了汉阳的商业地位。南方对外贸易第一大港广州,明代洪武年间人口为2.75万,嘉靖四十一年(1562)增至30万;② 清代道光初年又增至约100万。③

上述这些城市可以分为几种类型。第一,典型的封建消费中心,如北京、南京、开封等。以开封为例,这里是朱元璋第五子周王的封地。城内王府林立,乡宦、官吏、勋戚麇集。他们在城内所需要消费的生活品和奢侈品构成市场商业贸易的内容。城内的商铺和作坊主要是为此服务而开设的,诸如冠巾、金玉、犀角、玛瑙、官帽、幞头、梳子、银器、玉器、珍珠、翠花、器皿等;而农副产品运进开封,主要也是供应达官贵人及其扈从人员、仆役的生活必需,从而形成封建统治者的高级消费中心。这就是马克思所说的,"亚洲城市的存在,完全与政府消费有连带的关系"④。

第二,手工业中心,如苏州、杭州、松江等。以苏州为例,这里的手工业者"多以丝织为生,东北半城皆居机户"⑤。万历年间(1573—1620),丝织工人和染工就有到1万多人。到了清代前期,又发展了刺绣业、金线业、染布业、踹布业、造纸业、印刷业等。计有染布作坊64家,造纸作坊33家,布商店76家,木商店132家。苏州的繁荣"自明至今已二百三四十年"⑥。这样的手工业城市,发展前途是广阔的。

第三,国内重要交通线上的商业中心,如临清、淮安、济宁、德州等。以临清为例,因位于运河沿线,"为运道咽喉,齐鲁扼塞","东西南北之人贸易辐辏"。⑦ 各方商贾"聚货物坐列肆贩卖其中,号为冠带衣履天下,人仰机利而食"⑧。可以说,临清是明清时期具有代表性的一个贩卖商品的据点。有"天下四聚"之称的汉口镇,地处长江中游,"水运之便,无他府可拟"⑨。真是"地当孔道,云贵川陕,粤西湖南,处处相通"⑩,商业日益繁荣。汉水两边有旧船码头20多个,各来路"舳舻相衔,殆无隙地"⑪。鸦片战争前后,每年来到汉口的中国船只达到2400艘,⑫ 是"九州百货齐集之所"。据估计,鸦片战争前,全镇贸易总额为1亿两以上。⑬

第四,海外贸易中心,如广州、福州、泉州、宁波、澳门、漳州等。作为清政府法定的对外贸易唯一口岸的广州,清代前期已成为一个国际贸易的中心城市,发挥了国内

---

① 〔明〕陆楫:《蒹葭堂杂著摘抄》,载《纪录汇编》卷二〇四。
② 中国人民对外文化协会广州分会编:《广州》第114页,广州文化出版社1959年版。
③ Andres Ljungstedt, *A Historial Sketch of the Portuguese Settlements in China and of the Roman Catholic Church and Mission in China*, p. 284, Boston, 1836.
④ 《马克思恩格斯论中国》第15页,人民出版社1957年版。
⑤ 《古今图书集成·经济汇编·考工典》卷十《织工部》。
⑥ 〔清〕钱泳:《履园丛话》卷二四《杂记下》。
⑦ 《明神宗实录》卷三三四,万历二十七年闰四月辛巳。
⑧ 《古今图书集成·方舆汇编·职方典》卷二五四《东昌府风俗考》。
⑨ 王葆心著,陈去平等点校:《续汉口丛谈·再续汉口丛谈》第74页,湖北教育出版社2002年版。
⑩ 〔清〕晏斯盛:《请设商社疏》,载《皇朝经世文编》卷四十。
⑪ 〔日〕参谋本部编:《东亚各港口岸志》第201页,广智书局光绪二十八年铅印本。
⑫ 徐焕斗:《汉口小志·交通志》,商务印书馆1915年版。
⑬ 范植清:《鸦片战争前汉口镇商业资本的发展》,载《中南民族学院学报》1982年第2期。

外进出口商品集散地的经济功能。这里中外商贾齐集,船舶蚁聚,珠宝珍奇、香料异物堆积如山,好一派"商舶是脉,南北其风;珠水溶溶,徒集景丛"的国际贸易繁荣景象。据有关史料记载,当时全国有福建、浙江、江南(辖境包括今江苏省、安徽省和上海市)、山东、山西、陕西、甘肃、四川、云南、广西、贵州、湖南、湖北、江西、河北、广东等16个省的80多种①货物源源不断地运到广州出口;海外国家和地区的150多种商品也纷纷运来广州贸易。②可见,广州成为中转站,实际上起了沟通中国国内市场和国际市场的桥梁作用,成为当时国际贸易的中心市场。

与此同时,全国的市镇经济也迅速发展和繁荣起来。中国市镇兴起于宋代,发展于明代,繁荣于清代。一般说来,一个县有若干个以至数十个市镇。据美国斯坦福大学教授施坚雅(William Skinner)的研究,光绪十九年(1893),在全中国,居住人数超过4000人的市镇有877个,2000~3999人的市镇902个。③其中,最发达的市镇群是位于长江三角洲和珠江三角洲。

长江三角洲包括苏州、松江、常州、杭州、嘉兴、湖州六府的53个县。其市镇星罗棋布,互相连接,构成四通八达的商品市场网络。据六府的地方志资料统计,六府的市镇,宋代有71个;明代增加到316个,比宋代增加3.5倍;清代又增至479个,比明代增长51.6%。④有些县还超过了这个增长率。例如吴江县,弘治年间(1488—1505)仅有2市4镇,正德时增加为3市4镇,嘉靖时增至10市4镇,康熙时增至10市7镇。常州府江阴县,嘉靖时为10镇,康熙时增至36镇。⑤广东的市镇(俗称墟市)也像雨后春笋般发展起来。据统计,万历时有424个,⑥到道光初年增加到748个,⑦增长76%。珠江三角洲的市镇也发展极快。据统计,永乐时有墟市33个,嘉靖三十七年(1558)增至95个,万历三十年(1602)又增至176个,⑧占全省市镇的40%。到了清中叶,仅顺德、东莞、南海、新会、番禺五县就有墟市452个。⑨北方市镇以山东为最多,据地方志记载,康、雍、乾年间(1662—1795),章丘县有市镇45个,长山县有21个,临邑县有14个,长清县有21个,高苑县有10个,诸城县有36个,淮县有24个,平原县有27个。⑩这些市镇规模不大,人口却相当多。例如,嘉兴府秀水县的濮院镇,乾隆时,"镇周十二里,东西三里",有街27条,弄15条,巷2条,居民1万余家。⑪常熟县的支塘镇户口有2000多家;沙头镇、福山镇、梅里镇各有

---

① 参阅姚贤镐编《中国近代对外贸易史资料》第1册第305-306页,中华书局1962年版。
② 参阅姚贤镐编《中国近代对外贸易史资料》第1册第67页,中华书局1962年版。
③ [美]G. W. 施坚雅著,王旭等译:《中国封建社会晚期城市研究》第68页,吉林教育出版社1991年版。
④ 樊树志:《明清长江三角洲的市镇网络》,载《复旦学报》(社会科学版)1987年第2期。
⑤ 《光绪江阴县志》卷二《疆域》。
⑥ 《万历广东通志》卷三五《郡县志》。
⑦ 戴逸主编:《清史》(一)第423页,人民出版社1980年版。
⑧ 《珠江三角洲农业志》第1册第97页,1976年版。
⑨ 据《咸丰顺德县志》卷五《建置略二·墟市》,《道光南海县志》卷五《建置略二·墟市》,《嘉庆东莞县志》卷九《坊都》,《道光新会县志》卷四《建置下·墟市》,《同治番禺县志》卷十八《建置略五·墟市》的记载统计。
⑩ 戴逸主编:《清史》(一)第426页,人民出版社1980年版。
⑪ 《光绪嘉兴府志》卷四《市镇》。

户1000多家；王江泾镇万历二十四年（1596）有居民7000余家，乾嘉之际达1万家。湖州府的双林镇，成化年间（1465—1487）仅2000人，崇祯时增至1.6万人，清初又增至2.1万人。①。

明清时期市镇结构层次如何划分，中外学者意见纷纭。笔者认为，按市镇经济职能来划分比较符合明清时期市镇发展的实际。

第一类，手工业市镇。这种市镇以生产一两种或数种手工业产品著称。如苏州府的盛泽镇、震泽镇，嘉兴府的濮院镇、王江泾镇、王店镇、新塍镇，湖州府的双林镇、南浔镇、乌镇等，都是以丝织业为主的手工业市镇；以棉织业为主的手工业市镇有松江府的枫泾镇、朱泾镇、朱家角镇、新泾镇、安亭镇、硖石镇，嘉兴府的魏塘镇等；以铁冶业为主的有吴江县的庉村镇、檀丘镇等。

第二，商业性市镇。这类市镇主要是农副产品和手工业品的集散地。如苏州府的吴县市里镇、浒墅镇，常熟县福山镇、支塘镇，吴江县同墅镇、黎里镇，湖州府的乌青镇，松江府的魏塘镇、三林镇，嘉兴府的半逻镇、石门镇、皂林镇、王江泾镇、陡门镇、乍浦镇、澉浦镇、广陈镇，杭州府的北新关镇、唐栖镇，福建泉州府的安平镇，漳州府的月港镇，广东的梅菉镇、南澳镇，等等。这些市镇大多数是地处水陆交通关津要道，上同省、府大中城市相连，下与农村集市沟通，从而发挥其运销手工业品与农副产品的商业职能。例如杭州府的塘栖镇（旧时也称唐栖），正德时（1506—1521）为南北来往之孔道，"水陆辐辏，商货鳞集"，"岁计食货贸迁毋虑数十百万"②。桐乡县的青镇位于"钱塘姑苏之脊，所当商贾之航闽粤而漕江淮者，亦咽喉于此。人烟辐辏，环带千家"③。福建漳州的月港镇，嘉靖年间（1522—1566）已发展成居民数万家的闽南一大都会。松江府的朱家角镇，在明朝末年已是"商贾凑聚，贸易花布，京省标客往来不绝"的"巨镇"④。

上述市镇的分类是就其主要经济功能而言。实际上，第一、第二类市镇的功能也是不可能截然分开的，往往是一个市镇兼有两种功能。例如，上述著名丝织手工业镇濮院镇，就是一个"务织丝绸，亦业农贾，商旅辐辏"的多功能市镇。这种市镇实际上已具备区域内经济中心的地位，而逐渐发展成新置县的县城。例如，万历元年（1573）新设青浦县，即以工商业发展较快的唐行镇为县城；乾隆二十五年（1760），朱泾镇成为金山县县城，义和镇成为石门县的县城，硖石镇成为海宁县的县城，等等。这说明不少市镇由于其功能达到县城的标准而升格了。

4. 货币经济的扩大与白银货币地位的确立

商品经济与货币经济两者之间有着不可分割的有机联系。"商品交换越是打破地方的限制，商品价值越是发展成为人类劳动一般的体化物，货币形态也就越是归到那种天

---

① 《双林镇舆地图》。
② 《光绪唐栖志》卷一《志图说》。
③ 《民国乌青镇志》卷五《形势》。
④ 《崇祯松江府志》卷三《镇市》。

然适于担任一般等价物这种社会职能的商品，那就是贵金属。"① 明清时期，随着商业的高度发展，特别是长途贩运和对外贸易的发展，对货币提出了新的要求，从而促进了货币经济的扩大。其最重要的标志，就是贵金属白银在流通领域成为主要的货币，并且渗透到社会经济生活的各个方面。

明代洪武、建文之时（1368—1402），朝廷曾颁行"洪武通宝"钱制，企图在全国实行统一的铜钱流通。但是，由于铜料供给不足，只好责令人民以私铸钱作废铜输官，甚至迫使人民毁铜器而输官，引起民间的骚动。加上铜钱不便于运转，于是洪武七年（1374）设置宝钞提举司，次年发行"大明宝钞"纸币。币额面值分为六种，即一百文、二百文、三百文、四百文、五百文和一贯。每贯等于铜钱一千文或白银一两，四贯等于黄金一两。但规定金银只可以用来换领钞票，禁止在民间流通使用，犯者"以奸恶论"。所以，明代从洪武八年（1375）至弘治年间（1488—1505）的130年间，实行以宝钞纸币为主币、铜钱为辅币的钞钱兼用的货币制度。

但是，大明宝钞缺乏金银为钞本，发行又无定额，于是日积月累，收少出多，造成流通中纸币充斥市场，终于钞价大跌。洪武十三年（1380）开始实行"倒钞法"时，有人以"堪用之钞"到行用库去换新钞，已显通货膨胀之端倪，以后愈演愈烈。例如，洪武九年（1376），米一石价钞一贯；至永乐五年（1407），米一石价钞30贯；宣德四年（1429），米一石价钞增至50贯；至弘治年间（1488—1505），钞一贯只等于铜钱一文。鉴于这种情况，明政府采取了各种行政和法律措施来维持宝钞制度。洪武二十七年（1394），禁用铜钱，令民持钱赴官府按数换钞；永乐二年（1404）和宣德年间（1426—1435），两次严申交易用金银的禁令，但并未能贯彻执行。实际上，宣德年间，"民间交易，惟用金银，钞滞不行"②。随着商品流通中银、钱使用范围日益扩大和宝钞在流通中使用范围日益缩小，到了正统元年（1436），已弛用钱之禁，并将江南、浙江、湖广、江西、福建、广东、广西等地的田赋米麦400多万石折收银100多万两，称之为"金花银"。这是白银成为正赋的滥觞，从而确定了它的法定支付手段的地位。此后，"朝野率皆用银，其小者乃用钱。……钞壅不行"③。至弘治年间（1488—1505），政府各有关的钞钱皆折银，钞一贯折银三厘，钱七文折银一分。至此，大明宝钞已名存实亡。至嘉靖四十一年（1562），朝廷对各地到京服役的"班匠"实行以银代役的制度。万历九年（1581），明政府在全国实行赋税改革，推行"一条鞭法"，将赋（两税）、役（里甲、均徭、杂泛）、土贡、方物等项合并成一项，"计亩征银"。这样一来，白银自然成为各阶层人民普遍需要的货币，从而为货币经济的发展开拓了广阔的道路。

随着货币经济的发展和白银流通领域的日益扩大，一方面，白银成为积累财富的手段，富商大贾、地主、官僚、皇室大宦等普遍积银成风；另一方面，从嘉万时期（1522—1620）"钞久不行，钱已大壅，益专用银"④ 后，市场流通中大部分商品交易用银支付，连小买卖也用碎银，甚至农业、手工业和商业中的一部分佣工也用银来计算工

---

① [德] 马克思：《资本论》第1卷第66页，人民出版社1963年版。
② 《明史》卷八一《食货志五·钱钞》。
③ 《明史》卷八一《食货志五·钱钞》。
④ 〔明〕申时行：《（万历）明会典》卷三五《课程四》。

价。这就说明，明中叶以后，白银不仅成为人们积累财富的主要手段，而且亦作为市场上主要的交换手段和价值尺度。这样，贵金属白银在中国封建社会中，经宋、元以来几百年缓慢而曲折的发展，终于排挤了纸币而成为商品流通中的主要货币，从而形成了中国封建社会后期流通领域以银为主币、铜钱为辅币的银钱复本位货币制度。

明中叶，白银虽然取得了主币的地位，但并没有铸成正式的银币，而是以各种形式和大小的银锭元宝流通。嘉靖十四年（1535）每 20 两银为一锭，四十一年（1562）改为每 50 两为一锭，此为大锭；小锭则仅重七分。这种银锭标准既不统一，成色更难确定，所以每次支付都得用秤称，一般商人均要随身携带一把戥子。这显然是很不便于交易的，而且银的成色是秤称不出来的，因此曾引起许多麻烦事。万历年间（1573—1620），由于大开银矿，官府才开始铸造矿银钱。所铸矿银钱有大小两种，大的正面文曰"万历通宝"，背面上镌"矿银"两字，左右分镌"四钱"两字；小的正面亦文曰"万历通宝"，背面上下亦镌"矿银"两字，左右镌"四分"两字，以示银币之重量。这种矿银钱在市面流通比银锭便利多了。

清代前期仍袭用明代的银、钱复本位货币制度，但重银轻钱，以银为主要流通货币。乾隆九年（1744），清政府以法律的形式颁行"用银为本，用钱为末"的货币制度，乾隆十年（1745）更明确谕告全国："嗣后官发银两之处，除工部应发钱文者仍用钱外，其支用银两，俱即以银给发，至民间日用，亦当以银为重"，并规定百物价值之标准和交易支付之手段均应"以银为定准"。①

清朝使用白银货币分为三个阶段：第一，自顺治元年至乾隆九年（1644—1744），用银锭阶段；第二，自乾隆十年至道光五年（1745—1825），选用外国银元阶段；第三，自道光十六年至宣统三年（1836—1911），用自铸银元阶段。

在第一阶段，全国大部分地区流通以两为单位的银锭。但银锭的名称和形式种类繁多，其重量、成色、秤法也不统一，大体可以分为以下四种。

第一种是元宝，一般称"宝银"，亦叫"马蹄银"，因其状如马蹄而名之。每只元宝重 50 两。元宝亦有各种形状，所谓"长鐠"等就是根据其形状而起名的。

第二种是中锭，其形如锤，亦有马蹄形状的，称之为"小元宝"，重约 10 两。

第三种是小锭，亦称"锞"或"锞子"，状如馒头，亦有其他形状者，约重 1～2 两或 3～5 两不等。

第四种是散碎银子，有称"滴珠""福珠"者，约重 1 两以下。

以上银锭的秤法亦不统一，库平两，1 两等于 37.3 克；海关两，1 两约重 37.68 克；广平两，1 两等于 37.58 克；漕平两，1 两等于 36.64 克。可见，四种秤法中以海关两为最重，广平两次之，库平两、漕平两最轻。库平两为国库收支所用，是全国纳税的标准秤；海关两用于征收海关税；广平两是广东的衡法；漕平两是漕米改征折色以后所用的标准。

清代银币的成色也不划一。清初，政府虽然规定以纹银当作纯银，定为全国性的标准银，但民间所用的银两成色有十成、九成、八成、七成不等。银的成色纷繁不便于其

---

① 《清朝文献通考》卷一六《钱币考四》。

流通。特别是散碎的银子，一次交易要把不同成色的银折合计算，不知要花费多少精力和时间。因此，外国银元流入内地之后，大受人们欢迎，逐步在流通领域通行使用。

在明后期以至清前期，随着对外贸易的发展，由于欧美各国还拿不出更像样的商品与中国贸易，不得不运来大量的银元作为平衡贸易的重要支付手段，于是流入中国的外国银元越来越多。据英国东印度公司的记录统计，自康熙三十九年至道光十年（1700—1830）的130年间，从广州输入中国的英国、法国、美国、荷兰、西班牙、丹麦、普鲁士和奥地利等国的白银约为9000万～1亿英镑，换算后约为4亿元，加上其他港口，共约5亿元。① 当时流入中国的外国银元主要的有西班牙的双柱银元（Pillar Dollar）、意大利的威尼斯银元（Ducato）、法国银元（Ecu）、荷兰银元（Rixdollar）、葡萄牙十字银元（Crusado）等。这些外国银元于顺治年间（1644—1661）已在市面上流通，史称："顺治六七年间，彼时禁令未设，见市井贸易咸有外国货物，民间行使多以外国银钱。"② 顺治十二年（1655）实行海禁后，外国银元在国内减少流通甚至绝迹。但康熙二十三年（1684）开海贸易后，外国银元又大量流入中国，并在市场流通起来。乾隆年间（1736—1795），"洋银行用情形，各省本不相同，其始只用于粤、闽，渐次及于江、浙"③，尤以广东流通最为广泛。正如两广总督卢坤所说："伏查洋银一项，来自夷船……是以东南沿海省厘通行，而粤东为夷人贸易之所，行用尤广，大商小贩，无不以洋银交易。"④ 而且从"省会及佛山镇，五方杂处，贸易皆以洋银，遂流行全省……甚至民间行使，必须将纹银兑洋钱，再用洋钱兑换制钱使用"⑤。可见广东的外国银元流通畅于本国银两，在一定程度上取得了本位货币的地位。据统计，嘉庆七年至道光五年（1802—1825），广东各府、州、县流通的外国银元达到当时省内流通货币总量的36%。⑥ 嘉庆初年，江苏、浙江一带也出现了"番银之用，广于库银"的现象。到了鸦片战争前夕，外国银元已深入到黄河以南各省腹地。

在流行的外来洋银中，以墨西哥鹰洋银元在民间的接受度最高。墨西哥银元，因币面上有一鹰，故称为"鹰洋"。鹰洋的成色较好，而且多年不变，所以后来在中国流通量超过本洋，成为标准货币。许多早期的兑换券都以鹰洋银元兑现。据统计，至清末，在中国流通的外国银元约为11亿枚，其中"鹰洋"占33%左右，总额达到4～5亿元。⑦

至清代中期，中国不仅在对外贸易中大量使用外国银元，就连民间的商品交换、土地买卖、借贷、典当等均使用外国银元。史称："粤省商民交易，向用银元，即日用所需柴米油蔬，亦多以银计。"⑧ 民间使用的制钱亦用银元来兑换，甚至用银元来交纳赋税。可见，银元流通几乎渗入经济领域的方方面面。

---

① 参阅全汉昇《中国经济史论丛》第2册第501－504页，香港新亚研究所1972年版。
② 〔清〕慕天颜：《请开海禁疏》，载《皇朝经世文编》卷二六。
③ 《中国近代货币史资料》第1辑第44页，中华书局1964年版。
④ 〔清〕梁廷枏：《粤海关志》卷十七《禁令》。
⑤ 《清代外交史料·嘉庆朝三》。
⑥ 〔清〕汪辉祖：《病榻梦痕录》卷下。
⑦ 参阅魏建猷《中国近代货币史》第104页，群众出版社1955年版。
⑧ 《广东钱局银钱两厂章程》。

外国银元开始只当银块流通，成色比较有保证。以后凭个数流通，不再加秤称，因此成色大减。中国朝野对这种情况不能再加漠视，于是"乾隆时代，广东布政使即已允许银匠仿照洋钱铸造银币"①。乾隆五十八年（1793），根据清政府与西藏地方政府的"二十九条协议"（《钦定藏内善后章程》），官府开始铸造正式银元，称作"章卡"。每一章卡重1钱5分，以纯银6枚章卡换1两纹银。章卡正面铸"乾隆宝藏"四字，边缘铸年号，背面铸藏文。嘉庆时改铸"嘉庆宝藏"，道光时铸"道光宝藏"。这些银币成色很高，但仅流通于西藏一地。以后一直有民间铸造银币，而且名目繁多："如广东省有广板，福建有福板，杭州有杭板，江苏有吴庄锡板、苏板，江西有土板、行庄，名目种种。"② 到了道光年间（1821—1850），台湾铸造"道光年铸足纹银饼"和"笔宝银"，漳州造"足纹通行漳州军饷"银币；咸丰年间（1851—1861），上海商人也发行"足纹银饼"。光绪十三年（1887），两广总督张之洞目睹中国市面流通的钱多为外国银元，奏请自铸银元，以谋抵制。于是，光绪十五年（1889），由广东造币厂试铸银币；十六年（1890），粤省银币开始发行于市场。广东银元背面是蟠龙纹图案，故被称为"龙洋"。币面用中英两种文字标注，中央有"光绪元宝"四字中文，周围刻英文"广东省七钱二分"。"光绪元宝"分为主币和辅币两种，主币为一元，辅币为五角、二角、一角、半角四种。广东银币铸造后，由政府下令作为法定货币流通，完粮纳税，全面通用。此是中国最早发行的正式新银元。

自从龙洋发行后，中国虽然自铸银币为数不少，但始终没有完全抵制和驱逐外国银元，而是本国和外国银元一起流通使用。银元的流通（包括外国的和中国的）在计数货币代替计重货币的货币发展史上毕竟是一大进步，它保证了清朝对外贸易的顺利进行，刺激了商品经济的发展。

三、资本主义生产关系的萌芽

自从1936年吕振羽先生在其《中国政治思想史》一书中提出中国封建社会资本主义萌芽的问题以来，这个问题一直是经济学界和史学界探索和争论的热点。特别是1955年以讨论《红楼梦》一书的时代背景为契机而展开的争论最为热烈。大多数学者认为，在鸦片战争前，中国封建社会内已经有了资本主义生产关系的萌芽。但具体萌芽于何时？发展到何种程度？出现在哪些经济部门？人们则各执己见，莫衷一是。大家讨论的重点和热点包括：

（1）从商人资本对生产的支配和从工场手工业的发展看资本主义萌芽；
（2）从雇佣劳动的性质看明清时期资本主义萌芽的发生和发展；
（3）行会制度的影响及其嬗变；
（4）中国资本主义萌芽的历史地位及其缓慢发展的原因。

---

① 杨端六：《清代货币金融史稿》第284页，生活·读书·新知三联书店1962年版。
② 太平山人：《道光朝银荒问题》，载《中和月刊》1940年第1卷第8期。

现就这四个问题做扼要的阐述。

(一) 从商人资本对生产的支配和从工场手工业的发展看资本主义萌芽

马克思指出:"从封建生产方式开始的过渡有两条途径。生产者变成商人和资本家,……这是真正革命化的道路。或者是商人直接支配生产。"① 这里所说的"从封建生产方式开始的过渡",是指过渡到资本主义性质生产的初期阶段,亦即"资本主义萌芽"的意思。过渡的两条途径,一为生产者变成商人和资本家,二为商人成为生产的直接支配者。后一途径则是明清时期资本主义萌芽较为显著的经历过程。下面先就这方面做些说明。

"商人直接支配生产",即马克思和恩格斯在《资本论》第三卷《增补》中所指的包买商性质。马克思和恩格斯认为,这种包买商是"商业资本家购买了暂时还占有生产工具但已经不再有原料的劳动力。……因此,包买商就成了超过他原来的商业利润以上的剩余价值的占有者。当然,他为了达到这个目的,还必须使用追加资本,以便购买纱等物品并让它们留在织工手里,直到织成织物为止"②。

用马克思关于"包买商"的理论来考察明清时期的资本主义萌芽,可以看到,在明代中期最令人注目的丝织业中,丝商的活跃主要还在于买卖市场方面。但到了清代前期,则不但在丝织业,还在其他一些地方的制茶业、制烟业、榨油业、酿酒业、制糖业、造纸业、踹染业、采矿业、制盐业和沙船航运业等部门中看到了包买商行动的一些轨迹。现先就清代丝织业加以阐述,以见一斑。

雍正年间(1723—1735),南京丝织业中的"账房"可以算作包买商的典型:

> 开机之家,谓之账房;机户领织,谓之代料;织成送缎,主人校其良桔,谓之雠货。其织也,必先之以染经,经以湖丝为之。经既染,分散络工,络工贫女也。日络三四窠……经纼交齐,则植二竿于前,两人对牵之,谓之牵经。牵毕即上机接头。③

这里,包买商不仅支配机户,而且支配染坊、络工、牵经接头工等,即操纵了整个丝织生产的全过程。

在支配机户方面,由"号家(账房)散放丝经,给予机户,按绸匹计工资"④,属于"放丝收绸"的阶段,并且实行计件工资形式。

在支配染坊方面,由账房把丝和绸交给染坊印染,雇工捶练。染坊实际成为受账房支配的加工作坊,属"号家成本"。

支配掉经娘(亦称车户),是在丝经染坊加染后,由账房收丝发给掉经娘,掉经娘用手纺车纺成双经丝线,按件领取工资。当时,一部织机所需经丝以万计,才能织出七

---

① [德] 马克思:《资本论》第3卷第373页,人民出版社1975年版。
② [德] 马克思:《资本论》第3卷第1025页,人民出版社1975年版。
③ [清] 陈作霖:《凤麓小志》卷七《记机业》。
④ 徐珂:《清稗类钞》第5册《农商类》。

八匹绸缎，故纺经丝工作量甚大，用掉经娘很多，"嫠妇贫女，比户为之。资以度日者众焉"①。可见，掉经娘实际上是账房支配下的家庭妇女劳动者。康熙末年，南京有一种经纬行，成为代替账户控制家庭妇女纺丝的部门，无形中在账房及掉经娘中间多了一层剥削关系。

支配牵经接头工，即账房把车户纺好的经丝交给经工理成并行的经把，然后一根一根地接到织机的旧经丝头上。这是一种技术性的工种，属于"世代相传，各为主雇"的行业，因而组成行帮。晚清时，南京城中约有牵经接头工1000人。

由此可知，账房这种包买商，是通过"发丝收绸"的形式，把机户、家庭劳动的小生产者置于自己的支配之下，形成一个手工业生产体系。其本身也就在某种程度上具有工业资本的性质。诚如列宁所说：

> 商业资本的最高形式，即包买主把材料直接分发给"手工业者"去进行生产并付给一定的报酬，只差一步了。手工业者事实上变成了在自己家中为资本家工作的雇佣工人，包买主的商业资本在这里就转为产业资本。②

在清代前期，江苏吴县的经造纱缎账房计有李文模、石增傑、李文钟、李文彬、杭祖良、沈玉麟、李宗邺、朱均标、李松轩、张韶浩、赵日升等11家，年产绸缎7164匹，产值238408元。其中代织的机户最多一家是李文模，拥有400人，最少的一家赵日升也有50人。③

（二）从雇佣劳动性质看明清时期资本主义萌芽的发生和发展

商人支配生产的另一种形式是商人雇工生产。这种形式在舂米、磨面、榨油、酿酒、制醋等农产品加工手工业中比较普遍地存在，而且往往是以"前店后厂"的形式出现，把手工业与商业结合起来。但这种结合，无论从营业规模和剥削关系的深度来说，都属于初级阶段。

用资本主义性质的雇佣劳动这个标准来考察中国封建社会经济结构，笔者认为，明代晚期以前，曾经有过从事商品生产个别的雇佣劳动的事例出现。但这只是一种偶发性的先显现象，不能算是资本主义萌芽。而到了明末至清朝乾嘉年间（1736—1820），具有资本主义性质雇佣劳动的手工业行业有所滋生和发展。据吴承明先生的研究，至少有这10个行业：①某些地方的制茶、制烟、榨油和酿酒业；②某些地方的制糖、造纸和木版印刷业；③江苏、浙江某些城市的丝纺织业；④江苏某些城市的棉布、踹染业；⑤陕西西部的木材采伐业；⑥广东佛山、陕西西南的冶铁业和铁器铸造业；⑦江西景德镇的制瓷业；⑧北京西郊和山东博山的煤矿业；⑨四川的井盐业和河东的池盐业；⑩上海松江的沙船航运业。④

---

① 《民国吴县志》卷五一《舆地考·物产》。
② 《列宁全集》第3卷第332页，人民出版社1984年版。
③ 江苏实业司编：《江苏省实业行政报告书》第三编《工务》。
④ 参阅吴承明《中国资本主义与国内市场》第10页，中国社会科学出版社1985年版。

其中，隆庆元年（1567）时，苏州的丝纺织业出现的"机户出资，织工出力，相依为命久矣"[1] 的情况，属于比较明显的资本主义性质的雇佣劳动关系。到了康熙、乾隆年间（1662—1795），更出现了"佣工之人，计日受值，各有常主"[2] 的计时工资雇佣劳动关系。

农业生产方面，明末也有地主雇工经营农业和小农雇佣少量短工、长工经营农业的事例，有长工、短工、忙工、伴工之称。所谓"计岁而受值者曰长工，计时而受值者曰短工，计日而受值者曰忙工"，"田多而人少者，请人助己而偿之，曰伴工"。[3] 但这尚属少数。以雇工最多的江南地区而言，也不过是占人口的百分之一二，农业发达的常熟县也仅占3%[4]左右而已。况且，这些农业雇工当然谈不上是资本主义性质的。到了清乾隆、嘉庆年间（1736—1820），在某些地区的某些经济作物生产中，则稀疏地出现资本主义性质的雇佣劳动。据吴承明先生的研究，有下列6种：①福建茶产区的商人租山或买山植茶；②福建上杭山区的寮主雇箐民垦山；③广东、福建某些地主经营的果木园；④安徽南部山区的富裕棚民租山垦植；⑤川陕富裕棚民经营的药厂和木耳、香蕈、香菌厂；⑥东北垦区富裕佃农招工垦殖。[5]

但是在上述6种农业生产中，真正属资本主义性质雇佣劳动的例子并不多。有人抽样查阅过乾隆年间（1736—1795）400多件刑部档案资料，能比较肯定其属于资本主义性质雇佣劳动的事例只有10多个。这说明，资本主义渗入农业是特别缓慢和少见的。可以说，鸦片战争前，在中国封建社会经济中农业生产的资本主义萌芽是非常微弱的。

在明清时期的资本主义萌芽中，最具有重要意义的是工场手工业生产的发展。如何估计当时工场手工业生产的发展程度？以往有不少学者比较强调生产规模和劳动分工，因而把明代一些生产规模大和有内部分工的作坊如采矿业、瓷器业、伐木业等视为资本主义性质的工场手工业。笔者认为，应该着重强调的是"工场手工业的一个基本特点：劳动的代表和资本的代表之间的分裂在这里已经充分表现出来"[6]，即看工场内是否真正出现了资本主义性质的自由雇佣劳动者和真正的资本家。以这个基本特点来考察，则明代的手工业生产还没有达到资本主义工场手工业的阶段。只是到了清乾隆至同治时期（1736—1874），才在四川的富荣、犍乐[7]等处生产较为发达的盐场中看到了加工手工业的出现。下面以此为例略做说明。

1. 市场的召唤

四川盐业发展的重要契机，是咸丰、同治年间（1851—1874）太平军打破了过去一直是淮盐销到湖北的引岸制度。此时淮盐受阻，因而有了"川盐济楚"的市场需求。

---

[1] 《明神宗实录》卷三六一，万历二十九年七月丁未。
[2] 《乾隆元和县志》卷十《风俗》。
[3] 《嘉靖吴江县志》卷十三《典礼志·风俗》。
[4] 李文治、魏金玉、经君健：《明清时代的农业资本主义萌芽问题》第335页，中国社会科学出版社1983年版。
[5] 参阅吴承明《中国资本主义与国内市场》第102页，中国社会科学出版社1985年版。
[6] 《列宁全集》第3卷第395页，人民出版社1984年版。
[7] 富荣指富顺县和荣县，即有名的自贡地区；犍乐，指犍为县和乐山县。

在此以前，川盐在雍、乾、嘉、道年间（1723—1850）固然已有一定的发展，但很迟缓。川盐济楚的时机一经到来，川盐便打开了两湖市场，四川省一些原来产盐的地区如犍为、富顺等县，此时盐井经营大有发展，某些原来不产盐的地区如奉节县，咸丰初年也盐产极旺。射洪、资州、资中、内江等县原来属于一般产盐县份，此时也都出现了盛况。

2. 井商、枧商、灶商

盐商投资，垫付资本最多的为井商。井商独家或合伙集资凿井。井的深度自百数十丈至四五百丈，每开一井，需时或二三年，或四五年，也有10余年的。凿井之费，浅井以千（两）计，深井以万计，甚至有费至三四万而不见功。凿井见功，可以汲卤者为水井，无卤而有瓦斯（天然气）者为火井。经营水（卤水）场的井商，须置备推水筒、天车、车盘、篾、绳等生产资料，每井职工约20人，引取天然气以供盐灶使用。

枧商为用专用管道输送卤水以供灶房制盐的商户。井卤原用人工挑运，成本高，运量小，后来发明了盐枧，枧用竹制，行管中通，管管相接，以输送卤水。一般设于地下直达灶房，如需舟运卤水，则置巨缸盛卤水待运，并备置小船来回运送。

灶商设灶煎盐。灶上置大铁锅，注卤水入锅，以炭火或天然气煎之，水干沸止，锅内盐呈黑色，叫"巴盐"。每产盐一锅，约需3昼夜。大锅得盐400余斤，小亦300余斤。一般煎锅五口需2人。以上井商、枧商、灶商是盐业生产的资本家，在盐业兴旺的年代，有不少陕西盐商来四川投资。有名的自贡大盐业家王三畏堂利用陕帮资金多方凿井，拥有卤水火井数十眼，有"河东王"之称。另有号称"河西李"的李四友堂，也是自贡两大盐商之一，拥有卤井7眼和火井3眼。他们既有深井、火灶，又铺设枧管，具有垄断性质，是典型的商人资本投资大规模手工业生产的实例。

3. 工人的分工

盐厂的分工，首先在开采盐井、铺设枧道、掌握煮盐火候以及备置各种生产工具方面，均赖具有经验的技术工人分担任务，当时称为山匠、盐匠、灶头。操此三艺者被视为技术工人，工价较一般人为高。其次，在井、灶、枧内部又有细密的分工，"有司井、司牛、司车、司篾、司梆、司漕、司涧、司锅、司火、司饭、司草；又有医工、井工、铁匠、木匠"① 等。据不完全统计，富荣盐场的生产分工达到四五十种之多。② 这正是工场手工业的特点之一。

4. 工人的工价

盐场各种工人自食其力，"论工受值"。富荣盐场的卤水工，最强的可担300斤，日值1000钱；灶头和山匠"其值益昂"。后来卤水工还实行计件工资。而计件工资是最适

---

① 〔清〕温瑞柏：《盐井记》，载《皇朝经世文编》卷五十。
② 吴炜等编：《四川盐政史》卷三，第十章第七节，民国二十一年刻本。

合资本主义生产方式的工资形式。①

(三) 行会制度的影响和嬗变

行会制度是研究明清时期资本主义萌芽的重要课题之一。行会是封建社会城市手工业者的一种封建组织形式。世界上经历过封建社会历史发展阶段的国家,多数有过工人行会制度。而中国则在手工业行会出现之前先有商人行会的存在。中国行会形成于唐宋时期,发展于明清两代。唐代称行会为"行",宋元称"团行"或"行",明代称"铺行"或"会馆",明末至清则多称"会馆""公所"或"行帮"。明清时期,各大工商业城市和中小市镇的工商业行会发展很快,数目众多。据不完全统计,北京有明朝会馆41所,清朝会馆387所;② 苏州有明清工商业行会160多所;③ 松江有26所;汉口有27所;佛山有19所。其他府、县城镇的会馆也为数不少,如四川85个府城、县城共有会馆727所。④ 由此可见明清时期行会组织发展之一斑。以上这些行会组织,有的属商会性质,有的属同乡会性质。直到乾隆、道光年间(1736—1850),手工业行会才陆续组织起来。商业的行会与手工业行会性质是不同的,前者对同行帮的商人起一定的协助作用,后者则对手工业工人起着束缚其发展的作用。下面专就手工业行会加以分析。

1. 手工业行会限制雇佣劳动的发展

明清时期的手工业行会由同一行业掌握技术的师傅们所组成(一般情况下行东本身即是师傅)。行东是作坊或铺店的主人,指导、组织生产并出售产品,把赚到的钱归自己所有。学徒是在师傅的教导下学艺3年、没有工资的劳动者;帮工是学徒出师后的工人。按行会行规明文规定,招收学徒和帮工的数目要严格限制,不得有违。如乾隆三十一年(1766),湖南长沙京刀业行规规定:"带学徒弟者,三年为满,出一进一,公议出备上行钱五串文为公,如违不遵,罚戏一台敬神。"⑤ 光绪二十五年(1899),广东佛山石湾《陶艺花盘行规》规定:"每店六年教一徒,此人未满六年,该店不准另入新人。"⑥ 足见行会对学徒招收之严格控制。在这里,可以看到行会对雇佣劳动的束缚。因为资本主义性质的雇佣劳动须在同一资本下有一定的数量。而行会的规章严格限制一个行会师傅所能雇佣的帮工人数,有目的地阻止行会师傅变成资本家,"使大资本家和终身的雇佣劳动不可能存在"⑦。

2. 行会限制铺店作坊开设的数目和地点

为了防止竞争,手工业行会对开设铺店、作坊的数目和地点都有严格的规定。例如

---

① 参阅〔德〕马克思《资本论》第1卷第609页,人民出版社1963年版。
② 《中国资本主义萌芽问题论文集》第180页,江苏人民出版社1983年版。
③ 段本洛等:《苏州手工业史》第128页,江苏古籍出版社1986版。
④ 《中国资本主义萌芽问题论文集》第146页,江苏人民出版社1983年版。
⑤ 彭泽益编:《中国近代手工业史资料》第1卷第190页,中华书局1984年版。
⑥ 《明清佛山碑刻文献经济资料》第254页,广东人民出版社1987年版。
⑦ 《马克思恩格斯全集》第20卷第161页,人民出版社1971年版。

乾隆五十八年（1793），湖南长沙的戥秤业行规规定："新开店者，要隔十家之外，方许开设，违者公罚"①；同时，禁止外地人来本地开设作坊，规定"与外处同行来此合伙开店者，罚银五两，戏一台，仍然毋许开店"②。

3. 行会统一手工业产品的规格、质量、价格和原料分配

例如，乾隆年间（1736—1795），湖南益阳制烟业行规议定："每毛捆只准五十三斤为度，不得加多减少。如违公同禀究。"③ 道光十一年（1831），长沙明瓦业行规规定："议定价之后，必须俱遵一体，不得高抬减价，如有高抬减价私买者，查出罚钱二串文入公。"④ 嘉庆年间（1796—1820），长沙制香业行规规定："议料香店，每月料二十盆……倘有多补少扣，出进每籚钱一十三文，余规各照例。"⑤ 做出这些规定的目的是限制会员之间的自由竞争，防止会员经济地位的变化。

4. 行会统一工资水准

这也是明清时期手工业行会对手工业的一种束缚。例如嘉庆年间（1796—1820），长沙的制香业行会规定："一议客师每月俸钱一串八百文，每日酒烟钱十文。一议粗香店，每日客俸钱七十文，每籚出进钱十三文，五八腊歇工五天外，每月歇工三天……"⑥道光十二年（1832），益阳制烟业行会规定："一议每工价遵照宪断，每日给官板足制钱一百十五文正，不得徇情私受用毛钱。如有徇情受用等弊，公同禀究。"⑦ 像苏州的造纸、染坊业和佛山的瓷器业的行会，还会根据作坊的不同工种和技术难易、工作量的大小和花费时间的多寡，规定帮工不同的工价。

从上所述，我们可以明显地看到，明清时期的手工业行会，是通过行规从各个方面束缚手工业生产的发展，从而延缓手工业资本主义萌芽的发展。但是自清中叶以降，随着商品经济的日益发展，行会也因受到冲击而发生嬗变。

首先，行会内部发生分裂，即广大帮工和学徒不满行东的压迫和剥削而联合起来，建立自己的"西家行"，与原来行东的"东家行"分庭抗礼。例如，乾隆年间（1736—1795），广州有丝织机行的西家行，是工人的组织。北京也出现了手工业工人的"九皇会"，史称："京师瓦木工人多京东之深、蓟人，其规颇严。凡属徒工，皆有会馆，其总会曰九皇。九皇诞日，例得休假，名曰关工。"⑧ 康熙五十四年（1715），苏州踹匠邢春林、王德等倡言建立踹匠会馆。其他如苏州的蜡烛业、硝皮裘业等都曾"创立行头"，对抗业主行东掌权的行会组织。在广州的打石业，佛山的铸铁业、绫帽业和石湾的瓷器业等，也出现帮工自己的行会组织。这种行会首要的作用是解决东西行之间的矛

---

① 转引自彭泽益编《中国近代手工业史资料》第1卷第195页，中华书局1984年版。
② 转引自彭泽益编《中国近代手工业史资料》第1卷第180页，中华书局1984年版。
③ 转引自彭泽益编《中国近代手工业史资料》第1卷第193页，中华书局1984年版。
④ 转引自彭泽益编《中国近代手工业史资料》第1卷第193页，中华书局1984年版。
⑤ 转引自彭泽益编《中国近代手工业史资料》第1卷第192页，中华书局1984年版。
⑥ 转引自彭泽益编《中国近代手工业史资料》第1卷第189页，中华书局1984年版。
⑦ 转引自彭泽益编《中国近代手工业史资料》第1卷第190页，中华书局1984年版。
⑧ 枝巢子：《旧京琐记》卷九《市肆》。

盾，如通过西家行与东家行的协商和斗争，定出了相当完备的计件工资制度等，以保障手工业劳动者的基本利益。

其次，由于商品经济的不断发展而引起的工商业者之间的竞争和分化，以及行会组织内限制与反限制斗争的加剧，也导致了行会行规的废弛和行会束缚的日益减弱。例如南京的行会到后来也难以把当地丝织业的生产规模限制在固定的限额之内，以致民间织机发展到数万张之多，有的机户甚至拥有织机五六百张。这是竞争的力量突破了行会的规则，而行会又无力进行干涉的明证。以后，不遵守行规的事例更普遍地出现。这说明中国手工业行会制度开始走上瓦解的道路。

（四）明清时期资本主义萌芽的历史地位及其缓慢发展的原因

以上粗略地阐述了明清时期商品经济发展的一些方面，主要是农产品商品化、手工业的发展、商品市场的扩大等三项基本情况的变化。这些变化给了历史时代一个信息："中国封建社会内的商品经济的发展，已经孕育着资本主义的萌芽。"[①] 这是由封建生产方式逐渐转向资本主义生产方式的最初阶段。从最初阶段进展到成长阶段，有待于时机的成熟，而上列三项变化则都给资本主义萌芽的孕育提供了土壤、气候等有利条件。

首先，由于农产品商品化，长期以来小农业与小手工业生产的紧密结合逐渐有所松弛，使家庭使用价值的生产一部分转为社会交换价值的生产。农产品商品化也为手工业发展提供了原料市场。农田的经济作物种植挤掉了一部分粮食生产，使这样的地区转而有赖于外来粮食的供应。由于农产品商品化，农产品与手工业产品的交换趋于频繁，导致农业中经济作物与粮食的相互交换也频繁起来，打破了单一粮食作物生产的状态。

其次，由于手工业生产的发展，一部分手工业者从农业中分离出来，成为独立工作者，技术因竞争而有所提高；农家纺织品生产成为包买商控制的对象，对商品质量的要求较为严格；手工业雇佣劳动逐渐增加，剩余价值的剥削关系逐渐深入。官营手工业由盛而衰、私营手工业由少而多的趋势日益明显。

最后，由于商品市场的扩大，地方各层次的市场网络日益密布。城乡交流日繁，货币流通日畅，商业通道日便，国内市场逐渐形成，国际贸易和各民族之间的交换有了发展。

正是在这样的光景下，资本主义萌芽大有破土而出之势，事实上也已有了某些具体实例的存在，如上文所叙述的内容。我们应当充分估计这一时期商品经济发展对社会生产力提高的积极意义。例如，江苏丝织业中一批资本大小不等的包买商联系着成千上万的家庭纺织手工业者，使他们日夜为之奔忙，并促使种桑、养蚕、缫丝等生产随之而活跃起来；又如道咸年间（1821—1861）四川的富荣、犍乐等地盐业的兴盛，带动着许多县区盐业一时蔚然兴起，因而数以千计从事与盐业相关的职业的劳动者获得各自的计件工资收入。这样的企业如果再多一些、规模再大一些，继续发展下去，中国封建社会生产方式转为资本主义生产方式就只是时间的问题了。

然而，在鸦片战争以前，中国资本主义萌芽却没有得到应有的发展，有的长期奄奄

[①] 《毛泽东选集》（合订本）第589页，人民出版社1966年版。

无生气，有的甚至短命夭折。"四顾何茫茫，东风摇百草。"百草虽已受到东风的嘘拂，但茫茫大地仍看不见几朵鲜花，令人为之失望。

为什么中国资本主义萌芽的滋生发育如此艰难呢？人们可以说出许多原因，但主要的原因仍然是封建中央集权制度的巨大阻力，具体表现为四个方面。

1. 封建中央集权制度对商业的专制掠夺

封建中央集权制度严重干预和限制手工业产品的生产和流通。在封建中央集权制度下，山林川泽之利尽归国家所有，煮海铸山的盐铁收益一向由国家采取专卖手段归入国库。本来，矿山开采是一项有益于国计民生的事业，如若国家允许私人自由集资开采，并雇用大量民工从事采掘，这将是一条走向资本主义的路径。可是明政府开始是严禁私人采矿，不惜对违反者处以极刑；接着是对民间指定矿山开采的产品实行"召买"，实际上是低值的勒索；最后是万历年间（1573—1620）神宗派出大批矿使税监在全国各地开矿抽税，横征暴敛，从而激起了各地人民反抗，引发"矿税之祸"。清代开始采取矿禁政策，至雍正、乾隆年间（1723—1795）才逐渐放开。乾隆年间（1736—1795），云南省多处铜矿的开采，满足了国家鼓铸铜钱的原料需要。但是清政府采取廉价收购铜料办法，使开矿者仅能获得极其微薄的利益，有时甚至官价低于成本，矿业者因领取了官本而不得不将产品交给官府。由于官府定下了低价收购的政策，富商不愿前来投资，因而数十年的铜矿开采，尽管国家每年取得大量铜料，矿业却没能向资本主义企业转化。四川的食盐原来在引岸制度之下不能销往湖北。咸同年间（1851—1874），一旦开放川盐济楚，立即出现川盐前所未有的兴旺。后来长江中下游的军事封锁被打开，淮盐恢复原来的引岸制，川盐济楚立即停止，已经兴起的四川各县盐业随之一蹶不振。在中国盐业史上，什么时候实行税后自由贩运政策，这时的盐业就必有起色；但是封建政权偏要在运销方面采取种种限制，以致盐业衰败，连盐税也无法收足，当然就更谈不上跨过资本主义企业的门槛了。

2. 明清封建中央集权对商业实行重税政策

明清封建政府对商业课征各种商税，有的课于商店（如铺捐），有的课于商品（如酒税），各地税目不同，征课的方法也是五花八门，使营业者不堪重负。而最为烦扰的莫过于贩卖商被迫交纳的货物通过税。明代于宣德四年（1429）在北京至南京的运河沿岸设置漷县（后移至河西务）、临清、济宁、徐州、淮安、扬州、上新河七钞关，后又在浒墅、九江、北新关、正阳、金沙洲等处设立钞关，对所有通过的商船收船料税，其中临清和北新关还兼收货税。① 清代沿袭明制设置的钞关，并且数量大为增加，共计设户关26个，工关5个。② 商品流通税以苛扰勒索加害于商民。明代万历三十年（1602），户部尚书赵世卿奏称：由于货税的苛征，"在临清关，则称往年伙商三十八

---

① 《明会要》卷五七《食货五》。
② 清朝设26个户关：崇文门、左翼、右翼、通州坐粮厅、天津、山海关、张家口、杀虎口、归化城、临清、东海关、江海关、浒墅、淮安、扬州、西新关、凤阳、芜湖、九江、赣关、闽海关、浙海关、北新关、粤海关、北海、太平关；5个工关：龙江、芜湖、宿迁、临清、南新关。

人,皆为沿途税使抽罚折本,独存两人矣。又称临清向来缎店三十二座,今闭门二十一家;布店七十三座,今闭门四十五家;杂货店六十五家,今闭门四十一家;辽左布商绝无矣……"①。可见课税之重令商人竟至难以继续维持营业之境地。清代税关对商船户课税亦极为苛重,且全国未制定统一税率,以致各关税吏敢于巧立名目,动辄以商人违反规定为由,没收财货。康熙九年(1651),李人龙奏称关税害商,有"单书之弊"(收税填给税单的勒索)、"盘货之弊"(验货的勒索)、"包揽之弊"(税棍包揽商船纳税的勒索)、"关牙之弊"(牙商包税向货商勒索)、"量船之弊"(胥役丈量船只时的勒索)等五弊。在这样的苛税下,"商贾望见关津,如赴汤蹈火之苦!"商人既受如此厄运,还有什么资本主义萌芽发展可言呢?

3. 封建土地剥削制度的严重阻碍

封建社会的牢固根基在于地租剥削制度。富商大贾一面投资于商业经营以获取商业利润,同时又通过放高利贷以取得暴利,通过购买土地以收取地租。三者可分可合,而土地购买则是三者的轴心。明清时期,土地买卖更自由,且广泛而频繁。于是拥有货币财富的商人非常渴望拥有"不忧水火,不忧盗贼"的土地财产,出现了争购土地的热潮。"上自绅富,下至委巷工贾胥吏之俦,赢十百金,莫不志在良田。"② 富商巨贾更是挟其重资,多买田地,其目的不过是坐收地租而已。至于什么土壤的改良、种子的精选、农业技术的改进等,他们是不过问的。所以商人购买土地后并不是成为"资本主义农场主",而是成为商人、地主、高利贷者的"三位一体"。例如江苏常熟县的钱敬虞,无锡县的安国、邹望、华麟祥等,既是大商人,又是大地主。前述四川自贡大盐商王三畏堂,除拥有卤井、火井数十眼外,每年田租收入也达到17000余石。这样,商业资本应该是削弱封建经济结构的武器,此时反而成了强化封建经济结构的武器。这就彻底地妨碍了它自身向产业资本转化的前途,从而使中国资本主义萌芽发展极为缓慢。

4. 鸦片战争以后中国资本主义萌芽问题

鸦片战争以前,中国封建社会虽已先后出现不同状态的资本主义萌芽,然而它不过是依稀存在的几朵草花,而没有变成繁枝茂叶的树干。现在要问,鸦片战争以后,这种微弱的资本主义萌芽下落又怎样呢?关于这一问题,《毛泽东选集》第二卷的《中国革命和中国共产党》一文中明确指出:

> 中国封建社会内的商品经济的发展,已经孕育着资本主义的萌芽,如果没有外国资本主义的影响,中国也将缓慢地发展到资本主义社会。外国资本主义的侵入,……破坏了中国自给自足的自然经济的基础,破坏了城市的手工业和农民的家庭手工业;又一方面,则促进了中国城乡商品经济的发展。
>
> 这些情形,不仅对中国封建经济的基础起了解体的作用,同时又给中国资本主

---

① 《明神宗实录》卷三七六,万历三十年九月丙子。
② 〔清〕陶煦:《租核·推原》。

义生产的发展造成了某些客观的条件和可能。①

在这一时代转变的过程中,原有的微弱的资本主义萌芽就像汪洋大海中的小渔船,难以探悉其去向。但是,以棉纺织业的变化来说明这个过程也许可以看到渔船的只帆片影。

事实是这样的:外国资本主义入侵促使中国封建经济结构瓦解,首先采取的手段是凭借不平等的通商关系,用机器生产的棉纺织品摧毁中国城乡手工业生产的棉纺织品。中国民间原来与小农业相结合的手工纺织业当时经历了三个变化过程:开始是土纱、土布两者在顽强抵制洋纱洋布失败后,一时陷入束手无策的境地。接着是妇女们逐渐购进洋纱(先是洋纱为经、土纱为纬,接着是经纬皆用洋纱),将洋纱搬上土织机,织成土洋布以销往市场;此时土纺纱车停止了转动,土织机却比过去更为忙碌,这种"纺废织存"的结果是给洋纱以广阔的市场销路。在洋纱盛销于土织机之际,中国资本主义机器纺纱业出现了,于是土织机既采用洋纱,也采用国纱。以后土织布机有了改进,市场销售更多的洋纱国纱。总之,商品经济有如一轮明月照到了小生产者的窗前,而中国资本主义机器纺织业则以新的生产关系出现在地平线上。中国城乡的织布业此时正处于为机纱业开辟道路者的地位。这样,手织业虽非机纱业的萌芽,但起着比萌芽更重要的作用。

两次鸦片战争之后,中国一步一步沦为半殖民地,各种洋货日益占夺中国市场。战前各手工业行会自作限制的藩篱一一崩溃,只有作为出口大宗的丝、茶尚能维持一段时期的兴盛。因而资本主义性质的生产在丝业、茶业中还可找到一些萌芽的因素。但由于情况复杂,这里就不加以赘述了。

(本文原是彭雨新主编《中国封建社会经济史》第六编第二章,编入本文集时体例有所调整)

---

① 《毛泽东选集》(合订本)第589页,人民出版社1966年版。

明清客家商帮

一、海潮波涛中崛起的客家商帮

明朝以前,广东商人的经商活动多是分散的、个体的行为,是"各自为战",没有出现具有特色的商人群体。就是说,有"商"而无"帮"。但到明清时期,特别是明中叶(15世纪中叶)后,由于贸易全球化的推动,加上中国和广东分别是贸易全球化的大市场和中心市场,广东商人十分活跃,人数大增,从而成为中国十大商帮之一的广东商帮。而广东商帮又按地域和方言区别为广州商帮、潮州商帮和客家商帮。下面专门介绍客家商帮崛起的人文地理和社会背景。

(一)优越的人文地理环境

广东是中国的海洋大省,背负五岭,东、西、南三面临海,境内河网密布,无论是通向海外、省外还是省内各地,交通非常便利,两千多年来都是一个海内外商业贸易发达的省份。

海船从广州(汉代称番禺)等港口出海,西行可到印度洋,再通西亚、北非和南欧各国;南行直达东南亚各国,过太平洋可通南北美洲诸国。明中叶至清前期(16—19世纪),广东已成为贸易全球化的中心市场,海外贸易蓬勃发展,居全国首位。

国内贸易可分东、西、北、南路,通往全国各地。

东路,由广州出发,溯东江(全长517公里)经河源、龙川,翻过大帽山的蓝关到长乐县(今五华县)、兴宁县,与梅江、韩江、梅潭河三河流相接,再经大埔县的石上埠,然后与福建上杭县的鄞江、汀江相接通。石上埠是明嘉靖以后通往福建、浙江、江苏到北方的枢纽。所以,从广州乘船经东江均在石上埠转入鄞江、汀江,一路上船只络绎不绝。到了清代,经此埠与福建、浙江、江苏的贸易往来更加繁忙。

西路,由广州出发,逆西江(全长2200公里)而上,可通广西、贵州、云南;经浔江、桂江过灵渠可通湖南、湖北与长江相连;再逆汉水而上,可通陕西等北方地区。

北路,由广州出发,沿北江(全长460公里)而上至韶州、南雄,过大庾岭古道,到江西、浙江、江苏等地。

南路,由梅州地区经广州后,可通过河流与高州、雷州(今湛江市)、廉州、琼州(今海南省)相连接。

广东便利的内外交通,为客家商帮的形成提供天然的"地利"条件。

（二）手工业生产发展

明清时期，广东的手工业生产在宋元两代的基础上有了新的发展，而梅州等客家地区矿冶业和棉纺织业等的长足发展，更为客家商帮的崛起创造良好的条件。据史料记载，明清时期，客家人集中居住的梅县、大埔、兴宁、五华、平远、蕉岭、惠阳等县发现的铁矿产地已有20个，即程乡县（今梅州市梅县区）有松口、神沙铺、义化、平顶山、龙坑5个；长乐县（今五华县）有梅子潭、客思磜、嵩螺山3个；兴宁县有西厢甘塘沼、上庄堡2个；平远县有东石卓笔山1个；大埔县有九龙、代富、大富林、九曲、三河、兰沙甲双溪、南银瓶咀刘公坑7个；丰顺县有蟾蜍山1个；归善县（今惠州市惠阳区）有洋乌潭1个。① 于是清代客家地区冶炼生铁的冶炉就有32个，现列表如下（见表1），以见一斑。

表1　清代客家地区铁冶炉统计

年代	县名	冶炉地址	资料来源
雍乾年间（1723—1795）	程乡（梅县）	松口堡潭头角	《光绪嘉应州志》卷十三
雍乾年间（1723—1795）	程乡（梅县）	松源堡葵坑、宝坑	《光绪嘉应州志》卷十三
雍乾年间（1723—1795）	程乡（梅县）	磜下堡	《光绪嘉应州志》卷十三
雍乾年间（1723—1795）	程乡（梅县）	瑶上堡	《光绪嘉应州志》卷十三
雍乾年间（1723—1795）	程乡（梅县）	石坑堡螺子塘	《光绪嘉应州志》卷十三
雍乾年间（1723—1795）	程乡（梅县）	四都堡	《光绪嘉应州志》卷十三
乾嘉年间（1736—1820）	程乡（梅县）	鹤子寨	《道光广东通志》卷一六七
乾嘉年间（1736—1820）	程乡（梅县）	障坑	《道光广东通志》卷一六七
道光年间（1821—1850）	程乡（梅县）	白沙塘	《两广盐法志》卷三五
道光年间（1821—1850）	程乡（梅县）	下坑	《两广盐法志》卷三五
道光年间（1821—1850）	程乡（梅县）	金坑约	《两广盐法志》卷三五
康熙年间（1662—1722）	长乐（五华）	龙玉湖	《道光长乐县志》卷六
乾隆年间（1736—1795）	长乐（五华）	布尾坝头	《户部则例》卷四二
嘉庆四年（1799）	长乐（五华）	青村	《两广盐法志》卷三五
嘉庆年间（1796—1820）	长乐（五华）	坝头	《道光广东通志》卷一六七
道光年间（1821—1850）	长乐（五华）	玉湖	《两广盐法志》卷三五
乾隆年间（1736—1795）	丰顺	不详，"设铁炉五座"	《民国丰顺县志》卷四
乾隆年间（1736—1795）	兴宁	太坑尾	《户部则例》卷四二
乾隆年间（1736—1795）	兴宁	柿花冈	《户部则例》卷四二

---

① 根据《嘉靖广东通志初稿》卷三十《铁冶》，《民国大埔县志》卷十《民生志上》，《光绪嘉应州志》卷六《物产》，《道光长乐县志》卷一《舆地略一》，《光绪兴宁乡土志·矿物》，《光绪丰顺县志》卷一《疆舆志》等书记载。

续表1

年代	县名	冶炉地址	资料来源
道光年间（1821—1850）	兴宁	冬瓜輋	《两广盐法志》卷三五
乾隆年间（1736—1795）	平远	东石乡	《户部则例》卷四二
乾隆年间（1736—1795）	平远	大柘乡	《户部则例》卷四二
乾隆年间（1736—1795）	平远	邹坊乡	《户部则例》卷四二
道光年间（1821—1850）	平远	桃园坑	《两广盐法志》卷三五
道光年间（1821—1850）	平远	河头	《两广盐法志》卷三五
道光年间（1821—1850）	平远	黄畲	《两广盐法志》卷三五
道光年间（1821—1850）	平远	邹坊	《两广盐法志》卷三五
道光年间（1821—1850）	平远	石正	《两广盐法志》卷三五
道光年间（1821—1850）	平远	东石	《两广盐法志》卷三五
乾隆年间（1736—1795）	镇平（蕉岭）	丰田乡福盘畲	《户部则例》卷四二
道光年间（1821—1850）	镇平（蕉岭）	福盘畲	《两广盐法志》卷三五
乾隆年间（1736—1795）	大埔	九曲	《户部则例》卷四二

此外，其他矿业、手工业均有所发展，如丰顺、大埔、长乐、程乡的铜矿；大埔、丰顺的锡矿；大埔、镇平（今蕉岭县）、程乡的铅矿；镇平、兴宁的煤矿；程乡、兴宁、平远的丝棉麻纺织业；长乐、兴宁、连平的造纸业；程乡的制烟业；兴宁的染料业等。这些矿业和手工业生产的产品自然为客家商帮贸易提供了充足的货源。

（三）明清政府对广东实行特殊政策

总体而论，明清政府基本上是实行"时禁时开"的对外贸易政策，严格管制海外贸易。

明朝初年，朱元璋曾屡次下令禁止民间入海"通番"，把对外贸易限制在海禁政策范围以内的"朝贡"贸易（亦称贡舶贸易），由市舶司主管。

洪武三年（1370），明朝政府设浙江宁波、福建泉州、广东广州三处市舶司，并规定宁波通日本，泉州通琉球，广州通占城（今越南南部）、暹罗（今泰国）、西洋诸国。广州事实上成为中国三个享受特殊经济政策的地区之一。永乐元年（1403），市舶司又在广州西关十八甫置怀远驿，建有房屋120间，用于招待外国使者和"番商"居住。到正德年间（1506—1521），官府设立牙行，由牙行负责在外国商人和中国商人之间议定商品价格。到了嘉靖元年（1522），因为宁波发生"争贡之役"，明政府撤销浙江、福建二市舶司，独留广东市舶司一口对外贸易。万历年间（1573—1620），广东三十六行受明政府委托，出面代替市舶司主持对外贸易。它已非早期单纯的买卖中介商行，而是一种主持和操纵外国商船来广州贸易的商业团体。客家商人在明清时期崛起，与此有一定程度的直接联系，而且有相当重要的间接联系。其实，时人已看出广东对外贸易的好处。嘉靖年间（1522—1566），林富上疏请求恢复广州的贡舶贸易时曾说："广东旧称富庶，良以此耳。"黄佐也说过：广东鱼米价格本贱，又有番舶贸易之利，容易赚钱，而物价又平稳，所以，人们日常费用可以自足，生活可以得到温饱。其言虽有夸大，但大体上亦反映出当时广东社会经济的实际情况。

清初全国局势稳定之后，康熙二十三年（1684），清政府宣布取消海禁，实行"开海贸易"，并设立粤海关、闽海关、浙海关和江海关管理对外贸易和征收关税事务。实际上，清政府却采取了许多限制对外贸易的政策，并对各国航海商人的船只大小、载运货物、航海人数、商务活动、居住处所、贸易期限、出口货物等，制定了很多禁例，目的就是不让中国人和外国商人直接贸易，防止所谓"隐患"。后来，外商特别是英国商人多违禁例，他们自雍正末年起已有"移市入浙"的趋势，企图涉足中国丝茶产区。乾隆二十年（1755）左右，到宁波贸易的洋船有很多，宁波可能成为另一个澳门。这种情况引起了清政府的不安。因此，乾隆皇帝谕令，提高浙海关关税，使外商无利可图而返广东，以抑制其北上，结果虽增税一倍，但仍然没有效果。于是乾隆二十二年（1757）十一月，清政府宣布封闭闽、浙、江三海关，仅保留粤海关对外通商。从此，粤海关成为中国对海外通商的唯一口岸，全国的进出口商品交易都由广州一口经营。

清政府实行一口通商以后，中国和西方列国的全部贸易都汇集在广州。为了便于管理，清政府在广州委托半官半商性质的"十三行"协助粤海关经营和管理对外贸易。按当时清政府的规定，外国商人的直接交易对象只能是十三行的行商，而不得与任何其他中国商人交易。十三行行商成为中国商人与外商之间的中介商，其业务范围明确规定为经营外洋贩来的货物及出海贸易货物，即既承销进口洋货，又购销出口土货。其业务内容包括：为外商交纳税收及所有的费用；为外商出售进口货物以及代买出口商品；监督外商在广州期间的一切活动及充当地方官员与外商之间的联系人员，即外商在广州的全权代理人。此外，他们除了经营对外贸易的商务外，还负有办理外交的责任。因此，十三行具有半官半商的性质。

广州一口通商后，商船日渐增多，买卖日繁，税课日旺。因此，广州的商行在乾隆二十五年（1760）开始分门别类管理，分出三类专业商行：第一类是洋货行（即十三行），专门办理对外进出口贸易；第二类是本港行，专管暹罗贡舶贸易及南洋贸易；第三类是福潮行，专办国内福建、潮州的贸易。除了本港行业务范围，全国对外贸易都要经过十三行行商之手。后来本港行被撤销，其业务便划归洋货行办理。从此，对外贸易被十三行垄断。

广州一口通商和十三行贸易垄断一直延续到道光二十二年（1842）。在这一时期，广州的海外贸易以其得天独厚的地位，处于高度发展的黄金时代。

广州一口通商和十三行垄断贸易制度，不仅促进了广州对外贸易的发展和繁荣，推动了广东社会经济的发展，也促使广东商业以及广东商人的崛起。由于广州是中国对外贸易的唯一口岸，中国内地的商品就大批地、源源不断地运至广州出口，而外国商品也在广州集散，然后销往全国各地。广州因而成为"洋货"和"土特产"的集散中心；佛山成为"广货"和"北货"的集散中心。于是，广东商人便成群结帮地把洋货贩运到全国各地，并购买大批土特产回到广州出口；而外省商人也成帮结队地把本地的土特产贩运到广州来出口，而把洋货、广货运回本地销售，这种行为被称为"走广"。这么一来，客家商人就自然成为沟通广东与福建、浙江、江苏乃至全国的长途贩运者而活跃起来。

与此同时，清朝初年，清政府大力鼓励广东和福建人迁入四川垦殖，也是吸引抱求富心理的大批客家商人到四川经商贸易的重要因素。

（四）人多田少之驱动

广东是一个有山地、丘陵、平原、台地而以山地和丘陵地形为主的地区，仅有一片6000多平方公里的珠江三角洲平原和一片915平方公里的韩江三角洲平原，形成了"三山六水一分田"的格局。人口学者的研究表明，广东历史上的人口分布密度不一，总的态势是人多地少。唐代，广州府每平方公里为1.2户，潮州府每平方公里12户。北宋时，广州府每平方公里为4.8户，韶州府每平方公里为5.5户，连州和潮州府为每平方公里为4.5户。元代，广州府每平方公里为36.6人，潮州府每平方公里为27人，韶州府每平方公里为21.6人。① 明清时期，随着经济的发展，人口不断增加，人口密度相应提高，人口对土地的压力越来越大，人多地少的矛盾日益尖锐。嘉庆二十五年（1820），广州府每平方公里达到306.84人，潮州府每平方公里为151.45人，韶州府每平方公里为64.24人，连州每平方公里为49.84人，嘉应州每平方公里为146.01人。② 同年，广州府的人口达到5878501人，全省总人口达到21558239人，而全省耕地面积仅有34300709亩，人均耕地不到1.6亩，其中广州府的南海县人均耕地不足1.5亩。③ 清末，全省人口增至2800多万人，但人均耕地只有1.3亩。④ 可见，人口增长速度远远超过耕地增长的速度，使人多田少的矛盾成为广东特别是珠江三角洲和韩江三角洲的严重社会问题。明中叶以来，广东逐步由历史上的粮食输出省变为缺粮省，继而成为中国的一个粮食输入大省，因而时人有"广东地广人稠，专仰给广西之米"⑤的感叹。在这种情况下，死守土地，继续发展传统农业自给自足的自然经济已难以解决生计问题。于是，不少客家人想方设法另觅生计。他们有的人改革和优化生产结构，在有限的土地上种植经济作物，以取得较好的经济效益；有的人则转而从事手工业生产；还有相当一部分人则弃农逐末，直接经营国内外商业贸易，成为商人：或为小商贩，或为长途贩运批发商，或为牙商、行商，或为海商，足迹遍天下。正如《大埔县志》所记：

> 土田少，人竞经商于吴、于越、于荆、于闽、于豫章，名称资本多寡以争锱铢利益，至长治甲民名为贩川生者，则足迹几遍天下矣。⑥

---

① 梁方仲编著：《中国历代户口、田地、田赋统计》第459—461页，上海人民出版社1981年版。
② 梁方仲编著：《中国历代户口、田地、田赋统计》第277—278页，上海人民出版社1981年版。
③ 梁方仲编著：《中国历代户口、田地、田赋统计》第408页，上海人民出版社1981年版。
④ 梁方仲编著：《中国历代户口、田地、田赋统计》第269页，上海人民出版社1981年版。
⑤ 《光绪广州府志》卷二《训典二》。
⑥ 《民国大埔县志》卷十三《人群志二·礼俗》。

可见，明清时期，广东人多田少的矛盾亦是客家商人崛起和形成的一个不可忽视的因素。

二、客家商帮的地域和社会构成

（一）地域构成

广东客家人先民来自中原地区。两晋时代，中原人为逃避战乱，逐步迁往湖北、湖南、江西、福建等省；唐末五代时迁到广东北部和东部；南宋时继续向南迁移；明清时期向西迁至西部的广西和四川。这里所说的明清时期的客家商人，应该是包括明代属潮州府管辖的程乡、镇平、大埔、平远和属惠州府管辖的长乐、兴宁、归善、永安（今紫金县）、龙川、河源、和平、连平等县的商人；清代属嘉应直隶州管辖的平远、镇平、长乐、兴宁,① 潮州府管辖的大埔、丰顺，惠州府管辖的连平、归善、龙川、永安、河源、和平等县的商人（据现在统计，广东省客家人主要居住在15个市县）。其中，以程乡、大埔、平远、镇平、长乐、兴宁等六县商人为多，这些县均操客家方言，故与广州帮、潮州帮齐名，称为客家帮商人。客家帮商人到底有多少，限于当时没有统计资料，故很难准确统计。现将涉猎的有关资料所记载的商人列表如下（见表2），以见一斑。

表2 明清时期部分客家帮商人概况

年代	姓名	籍贯	经营情况	资料来源
嘉靖三十九年（1560）	萧雪峰	大埔	经商于闽粤	《乾隆潮州府志》卷三三
嘉靖年间（1522—1566）	林朝曦	梅县	经商于闽粤沿海	《裔乘》卷二
嘉靖年间（1522—1566）	罗袍	大埔	经商于闽粤沿海	《乾隆潮州府志》卷三八
康熙二十年（1681）	周作宾（韩素音祖辈）	梅县	经商于四川	《客家风采》第1辑
康熙五十六年（1717）	林树荆	平远	经商于四川资中	《民国资中林氏家乘》
康熙五十七年（1718）	谢子越	连平	经商于四川简州	《民国谢氏族谱》
康熙年间（1662—1772）	罗拔元	兴宁	经商于四川	《兴宁东门罗氏族谱》卷四

---

① 清雍正十一年（1733），原属潮州府管辖的程乡县升格为嘉应直隶州，直接管辖原程乡县境，并领原属潮州府的平远、镇平、长安、兴宁四县。嘉庆十二年（1812），嘉应州升格为嘉应府，复设程乡县，程乡与四县由嘉应府管辖。嘉庆十七年，撤销嘉应府及程乡县，恢复嘉应州，仍领四县。民国元年（1912），撤销嘉应州，设立梅县，辖原程乡县境。

续表2

年代	姓名	籍贯	经营情况	资料来源
雍正五年（1727）	钟亮生	龙川	经商于四川新繁	《民国成都钟氏族谱》
雍正五年（1727）	李仕廷	平远	在四川中江卖酒	《民国李氏族谱》
雍正十二年（1734）	何寅初	大埔	经商于吴越	《大埔县志·人物志》
雍正年间（1723—1735）	钟慕贤	龙川	经商于四川	《民国成都钟氏族谱》
雍正末年	巫作江	五华	经商于四川永川	《民国简阳县续志》卷九
雍正末年	巫锡俊	五华	经商于四川简州	《民国简阳县续志》卷九
乾隆元年（1736）	陈国乔	兴宁	经商于四川荣昌	《民国荣昌陈氏族谱》
乾隆元年（1736）	陈永守	兴宁	经商于四川荣昌	《民国荣昌陈氏族谱》
乾隆初年	朱大进	五华	经商于四川	《民国朱氏族谱》
乾隆初年	林友权	五华	入四川资川合伙经商	《民国朱氏族谱》
乾隆二十一年（1756）	王长兴	梅县	经营铜业	《光绪嘉应州志》卷十三
乾隆二十一年（1756）	李世业	梅县	经营铜业	《光绪嘉应州志》卷十三
乾隆二十一年（1756）	李鸿达	梅县	经营铜业	《光绪嘉应州志》卷十三
乾隆二十一年（1756）	张际盛	梅县	经营铜业	《光绪嘉应州志》卷十三
乾隆二十一年（1756）	李鸿纶	梅县	经营铜业	《光绪嘉应州志》卷十三
乾隆二十一年（1756）	黄鼎丰	梅县	经营铜业	《光绪嘉应州志》卷十三
乾隆三十三年（1768）	黄彩若	兴宁	四川荣昌卖扇	《巴县档案》全宗号六，卷号六三
乾隆三十七年（1772）	罗芳伯	梅县	经商于加里曼丹	《广东省志·华侨志》第338页
乾隆五十五年（1790）	罗展成	兴宁	不详	《两广盐法志》卷三五

续表2

年代	姓名	籍贯	经营情况	资料来源
乾隆五十五年（1790）	李肇芹	河源	经商于四川简阳	《民国简阳县续志》卷九
乾隆五十七年（1792）	张贯宗	平远	富天彭为贾	《同治广汉益兰祠续修张氏族谱》
乾隆年间（1736—1795）	魏吉康	五华	经商于四川简东	《民国简阳县续志》卷九
乾隆年间（1736—1795）	张正超	不详	开杂货店于四川绵西	《民国绵西张氏族谱》
乾隆年间（1736—1795）	林叔友	平远	经商于四川资川	《民国林氏家乘》
乾隆年间（1736—1795）	巫维舒	连平	入四川简西贸易	《民国简阳县续志》卷九
乾隆年间（1736—1795）	巫俊堂	五华	入四川资中贸易	《民国巫氏族谱》
乾隆年间（1736—1795）	钟 氏	龙川	贩卖蒲草于四川	《民国成都钟氏族谱》
乾隆年间（1736—1795）	谢复英	不详	入四川简阳从事小本贸易	《民国简阳县续志》卷二四
乾隆年间（1736—1795）	吴仲庆	不详	在四川崇庆州贩酒	《光绪增修崇庆州志》卷八
乾隆年间（1736—1795）	黎 氏	五华	入四川简阳贩牛	《民国简阳县续志》卷十八
乾隆年间（1736—1795）	张士海	不详	在四川什邡、彭县商贩	《同治广汉益兰祠续修张氏族谱·序》
嘉庆四年（1799）	张宝兴	五华	经商于四川	《两广盐法志》卷三五
嘉庆五年（1800）	曾秀清	五华	经商于四川	《民国金堂县续志》卷十
嘉庆五年（1800）	陈乃升	不详	入重庆贩糖	《宣统内江陈氏族谱》
嘉庆二十年（1815）	丘燮亭	梅县	经商于巴达维亚	《广东省志·华侨志》第349页
嘉庆二十三年（1818）	姚德胜	平远	经商于马来西亚	《广东省志·华侨志》第348页
嘉庆年间（1796—1820）	吴德荣	蕉岭	经商于爪哇	《蕉岭县志》第705页

续表2

年代	姓名	籍贯	经营情况	资料来源
道光二十六年（1846）	陈振勋	大埔	经商于爪哇	《蕉岭县志》第342页
道光二十九年（1849）	陈复兴	五华	经商于香港	《五华县志》第642页
道光年间（1821—1850）	罗庆宗	兴宁	经商于四川	《兴宁东门罗氏族谱》卷四
道光年间（1821—1850）	罗奕桢	兴宁	经商于四川	《兴宁东门罗氏族谱》卷四
道光年间（1821—1850）	陈永祥	兴宁	经商于四川荣昌	《民国荣昌陈氏族谱》
道光年间（1821—1850）	罗庆芎	兴宁	经商于四川	《兴宁东门罗氏族谱》卷四
道光年间（1821—1850）	刘盛芳	嘉应州	入四川南川县设店	《民国南川县志》卷十一《列传》
咸丰六年（1856）	张弼士	大埔	经商于雅加达	《大埔县志》第627页
咸丰六年（1856）	陈文襃	大埔	经商于南洋	《大埔县志》第629页
同治七年（1868）	张煜南	梅县	经商于巴达维亚	《新加坡马来西亚华侨史》第188页
同治十一年（1872）	戴春荣	大埔	经商于巴达维亚	《广东省志·华侨志》第345页
光绪五年（1879）	张鸿南	大埔	经商于印尼棉兰	《广东省志·华侨志》第345页
光绪六年（1880）	李瑞琴	五华	经商于香港	《五华县志》第653页
光绪十年（1884）	钟木贤	五华	经商于檀香山	《五华县志》第642页
光绪十六年（1890）	翁佛进	蕉岭	经商于爪哇	《蕉岭县志》第706页
光绪二十二年（1896）	吴香初	蕉岭	经商于爪哇	《蕉岭县志》第710页
光绪二十八年（1902）	徐统雄	大埔	经商于新加坡	《大埔县志》第632页
光绪二十八年（1902）	潘祥初	梅县	经商于印度	《广东华侨华人史》第265页

续表 2

年代	姓名	籍贯	经营情况	资料来源
光绪二十八年（1902）	潘立斋	梅县	经商于印度	《广东华侨华人史》第265页
光绪三十一年（1905）	罗寿环	蕉岭	经商于印尼	《蕉岭县志》第703页
光绪年间（1875—1908）	张正安	不详	入四川绵西经商	《民国绵西张氏族谱》
宣统元年（1909）	李岳屏	五华	经商于印尼	《五华县志》第592页
宣统三年（1911）	丘元荣	梅县	经商于巴达维亚	《广东省志·华侨志》第375页
清末	曾稚南	蕉岭	经商于巴达维亚	《蕉岭县志》第700页
清末	罗金莲	兴宁	于长沙、汉口、四川卖扇	《兴宁东门罗氏族谱》卷七
清末	黄达璋	不详	入四川中江贸易起家	《民国中江县志》卷七
清末	钟鸣勋	不详	入四川郫县以贾起家	《民国郫县志》卷十七
清末	黄德星	不详	入四川南川县贸易	《民国南川县志》卷十一
清末	陈洲	不详	入四川内江业盐务	《宣统内江陈氏家谱》
清末	林元玉	不详	入四川仁邑善贾货殖	《民国林氏家乘》
清末	廖振雄	不详	入四川资中经商	《民国续修资中廖氏族谱》
清末	钟高	不详	赴四川简阳学商	《民国简阳县续志》卷九
清末	江晋槐	不详	贸易于四川石桥镇	《咸丰简州志》卷十三

表 2 所列客家商人 77 人，仅是挂一漏万，其实未见于或未寻找到文献记载的商人不知凡几。但从表 2 所列的客家商人可知，他们主要分布在今天客家人集中居住的梅州市六县（市、区），计五华 12 人，梅县 13 人，兴宁、大埔各 10 人，蕉岭、平远各 5 人，共 55 人，占总数的 70% 多。其他如连平、龙川、河源、惠阳等县（区）也有一些客家商人。

同时，从上表也可看出，来自广东东北部山区的客家商帮的形成时间比广州帮、潮州帮要稍晚一些，除了少数商人在明嘉靖年间（1522—1566）开始出现外，绝大多数客家商人在清代才涌现。

（二）社会构成

客家帮商人的构成不仅有地域上的差别，而且存在社会阶层的不同。除了专业商人外，还有弃农经商、弃儒而商、亦工亦商、亦官亦商者，"均梯航登筏，鳞萃云集，偕来卜居者不计其人"。这说明客家商人来源于不同的社会阶层，从事或兼做过各种各样的社会职业，其中较显著者有如下几种。

1. 专业商人

客家帮商人中，有相当部分是世代为商的。例如长乐县人巫作江，于雍正年间（1723—1735）随其父到四川永川县，伙同其叔父巫锡俊在落带镇经商贸易，历十多年，发家致富，然后迁到永川县城居住，继续经商。①

梅县商人周作宾，在家经营小商贩为生，康熙二十一年至四十九年（1682—1710）移民四川时沿途经商，到四川后继续以经商为业。英籍华裔著名作家韩素音（原名周月宾）在谈到自己的祖辈家景时说：

> 我的祖先姓周，来自广东梅县，约在一六八二至一七一○年间迁移到四川省。我们的家谱记载着先祖移来四川时，是个沿途叫卖的小贩，后来到四川亦以经商为业来维持生活。②

梅县商人张煜南（1851—1911），少时入私塾读书，稍长即帮其父亲经营小杂货店维持生计。但因小本生意利微，难以维持十口之家的生活，于是只身跋涉重洋，到巴达维亚（今印度尼西亚首都雅加达）投奔大埔富商张弼士，在其企业做伙计，有了积蓄后，自立门户，发展商业。光绪四年（1878），与张弼士合资开办笠旺公司，经营茶叶、咖啡、橡胶等；然后又开设日里银行和永昌商号，经营各类商品。经过十多年的苦心经营，终于发财致富，总资产达到数千万盾（印度尼西亚货币单位），成为印度尼西亚苏门答腊岛棉兰地区华侨社会的知名富商。荷兰殖民当局鉴于张煜南对促进当地经济发展有功，授予他华人"雷珍兰"和"甲必丹"（均为荷兰殖民当局之军职衔）。张氏也因此成为棉兰地区公认的华侨首领。③

兴宁人陈永祥，道光年间（1821—1850）入四川荣昌县经商布业，因缺乏资本，得其堂兄永守不惜资金资助其营业，在荣昌、隆昌两县之间代购布匹运往嘉定县（今乐山市）贩卖；并开设糖局，到农村收购蔗糖，汇总后大批运到重庆，再顺长江运往武昌，

---

① 《民国简阳县续志》卷九《士女篇》。
② 《韩素音谈自己的祖籍》，载《客家风采》第1辑，1984年版。
③ 《梅县志》第1110—1111页，广东人民出版社1994年版。

继而直抵中下游的江苏、浙江等地出售,发家致富。①

平远县商人张贯宗,乾隆五十七年(1795)入四川,后其家族发展支系30余支,族谱明确记载"贸易获金""贸易发家""贸易立宅起家"者达15支之多。②

大埔县人张弼士(1841—1916),咸丰六年(1856)到印度尼西亚做买卖杂货生意,后开设代销各国酒类的商行,并经营航海运输,把商务扩张到马来亚等地,成为东南亚的华侨首富。

2. 弃农经商

如前所述,明清时期,客家地区也属人多田地少的地方。同时,随着商品货币经济的日益发展,在客家地区的自耕农或佃农,眼见经商有利可图和有利快图,往往积累少量资本后弃农经商,以图赚取比耕种田地更多的财富。

客家人张国桂,稍长即弃耕从事商业贸易,挑卖黄糖获利不多,始改做布匹生意,于是赚数百金。后在四川绵西县永兴集资开杂货商店,后又开米铺。其第三子、第六子继续开丝绸商铺,于是发财致富,显赫一方。③

五华县人巫俊堂,乾隆时移入四川资阳县,初以耕种为业,凡四世,至光绪十年(1884),其第四代孙巫佃王迁至资中县城西街,以从事商业贸易为生。④

3. 弃儒而商

在明清时期广东商品货币经济发展的时势下,不少客家人读书入仕的传统观念大有改变,经商致富的思想骤长,于是弃儒而商者不乏其人。

兴宁人罗庆芗,移民四川内江县,少年十分聪颖,读书过目成诵,但稍长之后,其父即要其"弃学就商",⑤ 奔走市场。

钟高,刚满14岁放弃读书,到简阳县学商经商。⑥

客家人廖振雄,年幼时聪颖过人,好交书友,但刚满10岁即奉父命弃儒料理商务,继承父业,奔驰于资中县上下左右经商。⑦

客家人陈洲,迁居四川内江县,少年读书颇有学历,但稍长成人,即"弃儒而贾",经营盐业,凡十余载,发财致富,囊金数万,远近亲戚、朋友称著一时,皆说其不为功名,而为财理。⑧ 又有监生林元玉,本来"幼好儒书",但其六个儿子中,就有中兴、中煜、中产、中上四人弃学善贾,货殖万金,成为仁邑富家世族。⑨

蕉岭县蓝坊镇大地村人罗寿环(1887—1944),其父罗经銮是清朝监生。寿环少年

---

① 《民国荣昌陈氏族谱》。
② 《同治文治益兰祠续修张氏族谱》。
③ 《民国绵西张氏族谱》。
④ 《民国巫氏族谱》。
⑤ 《兴宁东门罗氏族谱》卷四《家传谱》。
⑥ 《民国简阳县志》卷九《士女篇》。
⑦ 《民国续修资中廖氏族谱》。
⑧ 《宣统内江陈氏族谱》。
⑨ 《民国林氏家谱》。

遵父命攻读诗文,熟背"四书""五经",精通《左传集解》。但稍长,由于家贫无法维持生活,只好弃儒从商,于光绪三十一年(1905)漂洋渡海,到南洋从商,在孟加勿石办起一间杂货店。由于经营有方,生意日益兴隆。1927年,他在爪哇将部分商业资本投资工业,扩建厂房,设豆酱、酱油、豉油等加工项目,营业数额大增,产品畅销南洋各国,资本积累大增。其厂房附近两里的大街得名"罗寿环街"。①

4. 亦工亦商

客家帮商人也有不少是既从事工业又兼做生意的,可称之为工商业经营者。例如,雍正十一年至乾隆二十一年(1733—1756)间,梅县人卜绍基、王长兴、李鸿逵、张际盛、李鸿纶、黄鼎丰等既分别在松口堡潭头角,松源堡蔡坑、宝坑,附下堡,瑶上堡,石坑堡螺子塘,四都堡等地开采铁矿砂,充当矿主,又将铁矿砂运往兴宁、佛山、罗定等地出售,从中大赚工商业的利润。②

兴宁县商人罗展成乾隆五十年(1785)在太平堡,五华县商人张宝兴嘉庆四年(1799)在青村,分别自开铁冶作坊冶炼生铁,又将所炼生铁运往各县出售,一身而二任:既是作坊主,又是商人。

还有一些客家商人先做工人,后发展成小业主,然后兼营商业贸易。例如平远县大柘乡高甸村人姚德胜(1859—1915),19岁告别父母,随同余宗二等人,从坝头坐小民船到潮州及汕头,转船到香港,再转乘"夹板船",过"七洲洋",到新加坡,再转到马来西亚芙蓉埠。通过同乡的介绍,进一家锡矿公司当矿工。仅一年多的时间,他不仅了解了采锡矿的生产流程和炒炼技术,更了解了锡矿产品外销赚钱的情况。不久,他离开芙蓉埠到锡矿藏量更丰富的怡保埠,自己开了一个锡矿场;并利用自己积累的资本开了一间德和商店,兼做销售生意,成为老板。由于既开锡矿又兼经商,他的生意蒸蒸日上,不数年就成为当地的富商。③

5. 亦官亦商

有些客家帮商人经商发财后入仕途为官,但又不放弃经商贸易赚钱,因此兼有官商双重身份。如大埔县富商张弼士,他经商致富后,于光绪十八年(1892)接受清政府委托任清朝驻槟榔屿首任领事,两年后升任驻新加坡总领事。光绪二十九年(1903),清廷两次召其进北京,赏给侍郎衔,以三品京堂候补。后又被清廷任命为商部考察外埠商务大臣兼槟榔屿管学大臣。民国年间历任南洋宣慰使、参政院参政、全国商会联合会会长。但他仍坚持经商贸易。

从以上的历史事实表明,明清时期客家帮商人是来自多种社会阶层的。这就说明,当时商业贸易已经成为客家地区社会的热门职业,人人向往,不少人积极参与。所谓"非经商不能昌业""无商不富",是当时社会上舆论对商业的具有代表性的看法,也是

---

① 《蕉岭县志》第703页,广东人民出版社1992年版。
② 《光绪嘉应州志》卷十三《炉饷》。
③ 参阅《广东省志·华侨志》第348页,广东人民出版社1996年版。

当时客家商帮形成和发展的一种反映。

三、客家帮商人经营活动的地域范围

明清时期，客家帮商人经商活动的地域范围相当宽广。他们不仅在客家地区做生意，而且还跨越省内各县、全国各地和世界许多国家去经商贸易。可以这样说，客家帮商人闻名遐迩、足迹遍天下。

（一）省外经商

客家帮商人是广东商帮的一支劲旅，但鉴于广州商帮、潮州商帮在省内珠江三角洲、韩江三角洲商品经济发达地区经商贸易的优势和自身形成稍晚的情况，客家帮商人经商，一开始就利用自己处于福建、江西交界的地理区位优势，十分注重到内地各省经商贸易。大埔、蕉岭县商人竞相到福建、浙江、江西、江苏、湖北等省去经商，而且"各称资本多寡，以争锱铢利益。至长治甲民名为贩川生者，则足迹几遍天下矣"①。兴宁、梅县、五华等县的商人则多前往四川、广西、湖南、湖北、北京以至东北等地贸易。② 其中尤以经湖南、湖北入"天府之国"四川省贸易者为多。

兴宁县人罗庆宗善于经商，于四川的成都、泸州、资中等处设立鸿兴商店，收购囤积货物，其次子奕桢则往来四川和湖北专做商货运输，不数年，生意蒸蒸日上，积累资本巨万。③

另一位商业巨子陈国乔，乾隆元年（1736）率子女入四川荣昌贸易，嘉道年间（1796—1850）转到重庆经商。其生意极盛，名誉甚隆，经常来往于四川、湖北、湖南进行贸易，发家致富，成为中国近代商业史的一个重要商人。④

曾秀清，长乐人，随父入四川金堂县。当地有巨镇姚家渡、越家渡，水陆交通频繁。秀清擅长经营粮食，来往于姚、赵两渡之间，与亲戚合伙经营，籴粜粮食。嘉庆五年（1800），王三板蹂躏四川中部，鹤唳风声。于是曾秀清乘此动乱之机，收买庄稼而囤积大量粮食，并在形势稳定、粮价上升之际抛售出去，从中获取高利，成为巨富。又在此基础上，扩大经商规模，走出四川，贩粮到湖北、湖南及东南沿海各省，资产日益雄厚，成为巨富，闻名四川金堂县。⑤

兴宁县人黄彩若，入四川在荣昌县开铺经商，亦经常去重庆卖扇。⑥

张正超，来往于广东与四川做生意。乾隆年间（1736—1795）；他入四川绵西县经商，开始时在本地开杂货店，赚钱发财后，回到兴宁县老家开办织绫机房，请工匠教导

---

① 《乾隆大埔县志》卷十《风土志·民风》。
② 《嘉庆兴宁县志》卷十《风俗志·习尚》。
③ 《兴宁东门罗氏族谱》卷四《家传谱》。
④ 《民国荣昌陈氏族谱》。
⑤ 《民国金堂县续志》卷十《艺文志》。
⑥ 《巴县档案》全宗号六，卷号三六，乾隆三十三年十月。

其子侄纺织棉布，然后贩运入四川绵西等地销售。①

兴宁县罗金莲一族客家商人，专门将广东嘉应州和潮州所产的工艺精湛的扇子运到湖南、湖北、四川等省贸易，大赚其钱。据其族谱记载：

> 制扇，族内如寨福岭扇、罗屋勋公岭坪上花螺墩蝙蝠形，郭袁岭大圳上高坡子等处多以此为业，扇之种类不一，就吾族各处所有出品，如十四根茶甲扇、宝员扇、七根如意扇、九根大甲扇、十一根寸节甲扇、十四根分栟甲扇、十六根排伽扇、十八罗汉扇、二四赤纸扇、三六棕甲乌纸扇、三六全棕乌纸扇、三六全棕乌纸洒金扇等类。其施工程序亦繁，大概吾族工作，如削骨子、排骨子、锁扇眼、露扇骨、削甲子、出胎子、创梗子、削尾子、扎扇枝、糊扇纸，各种为多。从前扇行生意旺时，各屋扇工非常忙碌，全家大小均劳动无暇……族人多在县城开办扇号，收买各商制成之扇，每岁运销长沙、湘潭、常德、汉口等处，颇为大宗，扇已售完，往川采办各种时令货物回粤批销。长沙、湘潭、常德、汉口各口岸均设有庄。②

其族人经常到四川重庆、泸州、资州、内江、涪州等地倾销广东扇子，因此发财致富。最后，该族有150人"落籍西蜀"，定居于涪州、泸州、内江等地。③

乾隆年间（1736—1795），平远县出产的葛麻布和生铁质量较优，该县客商即将葛布运往苏州、杭州等华东地区去贩卖，又将生铁运至安徽省的芜湖等地出售。④ 客家帮商人还深入到四川的偏僻少数民族地区去经商。乾嘉时期（1736—1820），客家帮商人到雷坡厅（今雷波县）少数民族地区销售盐布，收购皮革山货贩卖。

与此同时，梅县、兴宁的客家帮商人也到广西的边远山区城镇经商贸易，如到思陵土州（今宁明县东南思陵）和思乐土州（今宁明县）。咸丰至同治年间（1851—1874），梅县黄姓商人在宜山县（今河池市宜州区）怀远镇经商并定居，后来又到柳城、忻城等县做生意。⑤

（二）海外经商

如上所述，明清政府虽然多次实行海禁，但对广东则实行开放海外贸易的特殊政策，允许中外商人从广州及其他口岸进出贸易。因此，客家商人也利用这一得天独厚的"天时"机遇和广东出海方便的"地利"条件，纷纷出海到世界各国经商贸易。

明嘉靖三十七年（1558），程乡县的商人林朝曦，大埔县的肖雪峰、罗袍等人，与饶平县的张琏（自号"飞龙主人"）结拜联盟，⑥福建和广东交界地区经商，甚至起兵

---

① 《民国绵西张氏族谱》。
② 《兴宁东门罗氏族谱》卷七《职业谱》。
③ 《兴宁东门罗氏族谱》卷七《职业谱》。
④ 《乾隆嘉应州志》卷十一《平远县》。
⑤ 《江夏黄姓族谱》，1993年版。
⑥ 《顺治潮州府志》卷七《兵事部》。

造反。万历初年,林朝曦和张琏在三佛齐贸易,列肆为番舶长。①

清代,客家帮商人到海外国家特别是到东南亚各国贸易者日益增多,甚至形成热潮。五华县岐岭区王化乡商人钟木贤,于同治二年(1863)作为契约华工到南洋,后转去美国夏威夷。光绪四年(1878)与土王血裔玛莉结婚,后于十年(1884)偕夫人迁居檀香山经商,商务蒸蒸日上,赚钱致富,成为巨商,并被选为檀香山商会会长。②

大埔县商人戴春荣,同治十一年(1872)到马来亚槟城做小贩生意,继而转到怡保太平市当中药店店员,积累资本后顶购这间中药店,命名曰"杏春堂"。后来随着商务日益发展,在怡保太平市和槟城开设分店,经营典当业,不数年发财致富,成为巨商。之后他慷慨解囊,资助公益事业,在槟城、新加坡、大埔、潮州、汕头捐资兴建学堂10间;又资助槟城南华医院、玻璃池滑疗养院,在北京、汕头、潮州等地设立贫民医院。光绪三十三年(1907),大埔县受灾,他捐购米粮数十万担,平粜给灾民渡过难关,深受民众称赞。③

蕉岭县三圳镇东岭村商人吴德荣,嘉庆年间(1796—1820)到印度尼西亚巴达维亚经营小摊贩谋生,因为经营得法,生意日隆。他稍有积蓄,便接其弟吴友祖去巴达维亚,共同经营"元合公司",生意更加兴隆,资本积累更加雄厚。光绪二十七年(1901),吴友祖回家接其子吴清亭及孙吴郁青、吴香初到爪哇经商,扩设"顺合公司"和"太成公司"两家子公司,经营豆酱、豉油、米粉、咖啡、洋杂货等生意。之后商务日益发展,再兴建一间肥皂厂及经营房地产生意,于是生意越做越大,资本积累越来越多。20世纪30年代,吴郁青回香港九龙深水埗投资经营房地产业,拥有楼宇60～70幢,成为深水埗三大地产商之一;还在新界八乡创建"吴家村",拥有大量土地;在九龙及新界兴建织布厂生产布匹,又开设中药、百货等商店多间。吴郁青发财后热心公益事业,1928年任港九最大的慈善机构之一的"广华医院"董事长时,曾捐资免收或减收贫苦病人之医疗费用。他又在新界捐资兴建"锦全学校"。他在生前立下遗嘱,以其资产的5%捐作基金,作为内地及九龙慈善事业费用。20世纪30年代初,吴郁青在蕉岭中学捐建宽敞的"郁青、香初教室"和"清亭教室"。④

梅县人伍淼源,他与澄海人许必济利用曾在航行于南洋航线的"红头船"上服务多年的机会,移居泰国曼谷,初在酒店服务,后创立广源隆商行经营木材业,生意十分兴旺,不数年发财致富,成为巨商,闻名泰国。他因热心捐资公益慈善事业,获泰王赐予泰姓"蓝三"(Lamsam),成为著名的泰国蓝三家族始祖。1904年,他与刘继宗、高晕石等合资创办曼谷天华医院,长年担任该医院董事长。其子伍佐南(1879—1939),早年助其父经营广源隆商行,后继承父业,逐渐拓展商务,经营碾米、锯木、轮船、保险和长途汽车运输等;进而经营进出口贸易,其分公司或代办处遍及巴达维亚、新加坡、印度、古巴、南非、伦敦和国内的广州、汕头、香港、上海等城市。至其孙子伍柏林,商务更为隆盛,并把商务扩展到金融行业,创办泰华农民银行,成为泰国第二大银行。其次

---

① 《明史》卷三二四《外国传五·三佛齐》。
② 《五华县志》第642页,广东人民出版社1991年版。
③ 《广东省志·华侨志》第345页,广东人民出版社1996年版。
④ 《蕉岭县志》第710页,广东人民出版社1992年版。

孙伍竹林既经营商业，又参与政治活动，获泰王赐予勋章，后被委任为泰国上议院议员。于是整个蓝三家族闻名泰国，并成为泰国的华侨华人首领。伍佐南历任泰国中华总商会会长、天华医院董事长、泰国客属总会会长和泰国红十字会董事长等职，蜚声遐迩。[①]

（三）省内经商

据现在看到的历史文献资料，明清时期，由于广州商帮势力甚强，崛起稍晚、势力较弱的客家商帮在省内的经商活动受到了一定的限制，在明代及清代初、中期，除了进出口贸易外，客家商帮是比较少到珠江三角洲地区贸易的；比较多的是将梅州地区的土特产如兴宁的棉布、五华的生铁等运往附近的潮汕地区进行贸易。到了晚清时期，客家帮的业务才逐步向广州等地区扩展。例如，蕉岭县三圳镇伍湖村人吴德馨（1877—1949），先到爪哇、勿里洞打工，后经商发财，积累雄厚资本，然后回到家乡继续经商。他先在汕头开办四大公司之一的"振源百货公司"，赚取大利之后，又到广州兴办"德利汽车行"，生意更加兴隆，资本积累更加雄厚。然后又回汕头开拓房地产生意，独资在汕头兴建48座四五层的楼房出售，并将这条街命名为"德馨街"。又分别在家乡蕉岭县城和南京兴建总面积达几万平方米的10多幢楼房，大做房地产生意。[②]

与此同时，亦有部分客家帮商人奔往南雄、韶州（今韶关）等地做生意。图1是明清时期客家帮商人的经商路线。

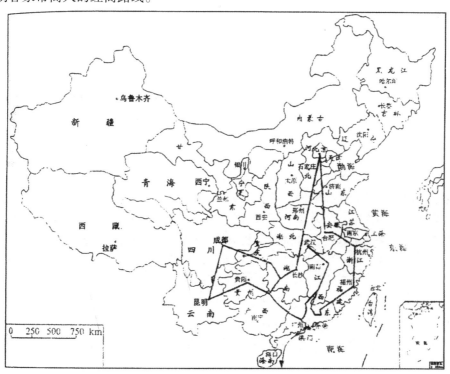

图1　明清时期客家帮商人经商路线

---

① 《广东省志·华侨志》第348页，广东人民出版社1996年版。
② 《蕉岭县志》第705页，广东人民出版社1992年版。

由上可以看出，明清时期客家帮商人的经商活动以长途贩运为主。

第一，他们利用地处广东省东北部，与闽、赣交界的区位优势，走梅县—五华—兴宁—云水—平远—长宁（寻乌）—会昌筠门岭—于都—贡江—虔州（赣州）—南昌的线路到福建、江西、江苏、安徽等省以至北方经商贸易。

第二，客家帮商人乘着清初"湖广填四川"移民政策的东风，大量到湖南、湖北和四川经商，而且不少人在四川经商致富后在当地定居落籍。据刘正刚教授研究统计，清代康、雍、乾时期（1644—1795），客家人由于经商及其他原因入四川之后落籍当地者至少有75万之多。①

第三，利用清政府特准广东开放海外贸易的"天时"之机，客家帮商人纷纷到东南亚以及美洲国家经商贸易，而且亦有无数客家帮商人在经商发财之后定居在印度尼西亚、马来西亚、泰国、新加坡等国家而成为华侨、华人。据统计，明清时期客家帮商人由于经商及其他原因而定居于这些国家者约有300万人之多。②

四、客家帮商人的资本构成和经营方式

如此活跃于国内外市场的客家帮商人，他们是怎样经营自己的商业贸易呢？就笔者看到的文献资料显示，按其资本构成可以分为独资型和合资型等经营方式。

（一）独资型

指那些有较多资本而由自己独出资本经营较大的商业贸易，或者有小本钱独资经营小商贩的客家帮商人。这类独资型的客家帮商人包括在国内和出海经商者。例如，嘉应州人刘盛芳，道光年间（1521—1850）到四川南川县白手起家，独资在南街设店号广兴馆经商，生意兴隆，获大利润，到咸丰、同治年间（1851—1874），成为本县富族之一。③

梅县商人张正安，光绪年间（1875—1908）入四川绵西县城，独资经营丝绸生意，由于善于经营，生意兴旺，财源广进，不数年，家积数千金。其子女亦继操商业，从广东贩卖黄糖，获利甚丰。另外，其子张国桂自立商户，回兴宁收购土棉布贩运到绵西倾销，赚钱百金，又到永兴地区合伙开杂货商店，获利甚丰。④

大埔县西河镇东龙村人张弼士，随父母到印度尼西亚谋生，继承其岳父温老板的大量财产后，将一半资本独资开办一间经营各国酒类的商行，并承办当地的酒税以及新加坡的典当业。经营赚利后，又扩展承包印度尼西亚一些岛屿的烟税，从而成为印尼富商。

从理论层面上说，商人的资本有多有少，生意有大有小，所以客家帮商人独资经商者当然不少。除上述之例外，如表2中所列的78个商人中，独资经营商业者还有五华县商

---

① 刘正刚：《闽粤客家人在四川》第97页，广西教育出版社1997年版。
② 《广东省志·华侨志》第178页，广东人民出版社1996年版。
③ 《民国南川县志》卷十一《列传》。
④ 《民国绵西张氏族谱》。

人巫作江、魏吉廉、巫俊堂、张复兴；梅县商人伍森源、伍佐南、姚德胜、刘盛芳、张煜南、张鸿南；蕉岭县商人曾稚商、罗寿环、吴郁芳、吴德馨、徐佛进、吴香初；兴宁县商人陈永祥、罗拔元、罗庆宗、陈国乔；平远县商人彭贯宗、林树荆；等等。

（二）合资型

这是指一些大、中、小客家帮商人，因资本不够或其他原因而选择合资经营。这种方式大致可以说是今天的股份制经营方式的雏形。如梅县商人丘燮亭，十六七岁随亲戚去巴达维亚，起初给亲戚当杂工，积累些小资本后，与一位朋友合资开办联兴公司，专门经营粮食生意。

梅县商人丘元荣，14 岁去巴达维亚，在他叔父丘燮亭的帮助下，开办一个小商店，经营布匹生意；后又与朋友合资兴办更大的商店，专门代理日本的纱布生意，最后发财致富。①

这种合资型的客家帮商人，资本多寡决定其经商的规模。从文献资料看，有一些大资本合资型商人，除自己当老板掌握商店外，还雇请职员伙计帮助经商。而且合资型的商人一般按其出资多寡分配所得之利润（相当于今天的分红）。从这方面来说，这已经有点类似于 1553 年英格兰的以合资形式进行海外贸易的莫斯科公司（Moscovy Company）了。这种经营方式在明清时期应该说是相当超前进步的了。它不仅可以解决经商资本不足的困难，也能分散经商风险，减少经济上的损失。

五、客家帮商人会馆

明清时期，随着客家帮商人群体的不断发展壮大及其商业经营的日益扩大与繁荣，他们在省内外和外国各经商的城镇均建立自己的地缘性社会组织，名曰会馆。现将其建立会馆的历史、组织结构和功能介绍如下。

（一）会馆组织的发展

从理论上说，会馆是明清时期发展起来的一种社会组织，它根植于传统市场经济扩展、人口的迁移和流动频繁、商人子弟不断入仕的经济社会大环境中，形成整合流动社会的功能和机制。它既是明清时期社会变迁的产物，亦对传统社会结构的更新起着一定的作用。具体地说，会馆是明清时期流寓或定居在外乡从事商业、手工业等活动的人们自愿建立起来的一种同乡性质的或同乡、同业性质兼而有之的社会组织。其中，由商人创建的同乡会馆，称之为商人会馆。所以，商人会馆是供同乡商人一起活动的公共场所，亦有人称为"公所"，所谓"会馆者，集邑人而立公所也"，"会馆设在市廛，为众商公所"。嘉应州商人在苏州创立嘉应会馆时，当时苏州人就称其"将此房卖与广东嘉

---

① 《广东省志·华侨志》第 349、375 页，广东人民出版社 1996 年版。

应府众仕商王仰莲等为公所"①。所以，会馆是明清商品货币经济发展的产物，凡商务繁盛之区，商旅辐辏之市，会馆、公所莫不林立。足迹遍天下的客家帮商人，在北京、上海、苏州、四川、广州、汕头、马来西亚、新加坡、加拿大、美国等地，均建立了自己的商人会馆。而在四川建立的会馆则统称"南华宫"。现就浏览到的资料，将客家帮商人在国内外建立的商人会馆列表如下（见表3），以见一斑。

表3 明清时期客家帮商人在国内外的会馆列表

会馆名称	建立年代	会馆地址
镇平会馆	乾隆年间（1736—1795）	北京冰窖胡同路北20号
嘉应会馆	同治十一年（1872）	北京香炉营头条3号（旧）
镇平会馆	不详	北京大外廊营
蕉岭会馆	不详	北京外虎坊桥大街51号（旧）
蕉岭会馆	不详	北京西单北报子街53号（旧）
兴宁会馆	不详	北京潘家河沿20号
平远会馆	不详	北京沙滩20号（旧）
嘉应会馆	嘉庆十四年（1809）	江苏苏州胥门外枣市街
丰揭普会馆	光绪十二年（1886）	上海里马路
大埔会馆	道光十年（1830）前	广东汕头
嘉应会馆	不详	广东汕头
兴宁八邑会馆	不详	广东汕头
嘉应州会馆	不详	广东广州
南华宫	雍正年间（1723—1735）	四川永川
南华宫	乾隆初年	四川简阳
南华宫	乾隆年间（1736—1795）	四川荣昌
南华宫	不详	四川隆昌
南华宫	不详	四川简西
南华宫	不详	四川南川
南华宫	康熙年间（1662—1722）	四川资中
南华宫	不详	四川崇庆
南华宫	不详	四川什邡
南华宫	光绪年间（1875—1908）	四川彭县
南华宫	乾隆年间（1736—1795）	四川黄阳

---

① 《江苏省明清以来碑刻资料选集》第325页，生活·读书·新知三联书店1959年版。

续表3

会馆名称	建立年代	会馆地址
南华宫	不详	四川南川
南华宫	光绪年间（1875—1908）	四川绵西
南华宫	不详	四川荣县
南华宫	不详	四川泸州
南华宫	乾隆年间（1736—1795）	四川重庆
南华宫	道光十八年（1838）间	四川安县
嘉应会馆	嘉庆六年（1801）	马来西亚槟城
惠州会馆	嘉庆十年（1805）	马来西亚马六甲
大埔茶阳会馆	嘉庆二十五年（1820）	马来西亚马六甲
应和会馆	道光六年（1826）	马来西亚马六甲
惠州会馆	道光七年（1827）	马来西亚槟城
应和会馆	道光三年（1823）	新加坡
人和会馆	道光三十年（1850）	美国旧金山
赤民侨民组织	道光三十年（1850）	美国旧金山
大埔茶阳会馆	咸丰七年（1857）	新加坡
惠州会馆	同治三年（1864）	马来西亚雪兰莪
惠州会馆	同治九年（1870）	马来西亚芙蓉
应和会馆	同治十年（1871）	马来西亚安顺
丰顺会馆	同治十二年（1873）	新加坡
嘉应五属同乡会	同治十三年（1874）	马来西亚古晋
惠州会馆	光绪三年（1877）	马来西亚太平
惠州会馆	光绪四年（1878）	马来西亚安顺
荥阳会馆	光绪四年（1878）	马来西亚雪兰莪
客家仁和堂	光绪五年（1879）	加拿大维多利亚
嘉应会馆	光绪六年（1880）	马来西亚日叻务
嘉应五属同乡会	光绪七年（1881）	马来西亚古晋
三和会馆	光绪九年（1883）	新加坡
人和会馆	光绪十二年（1886）	马来西亚山打根
客属公会	光绪十八年（1892）	马来西亚瓜拉立卑
梅江五属会馆	光绪二十一年（1895）	马来西亚芙蓉
五属会馆	光绪二十五年（1899）	马来西亚槟城
嘉应会馆	光绪二十六年（1900）	马来西亚怡保

续表3

会馆名称	建立年代	会馆地址
嘉应会馆	光绪二十七年（1901）	马来西亚
嘉应会馆	光绪年间（1875—1908）	马来西亚吡叻
嘉应会馆	光绪年间（1875—1908）	马来西亚森美兰
嘉应会馆	光绪年间（1875—1908）	马来西亚雪兰莪

资料来源：黄启臣、庞新平《明清广东商人》第178－179、188、199－201、205－208、210－211、213－215页，广东经济出版社2001年版。其中参考了刘正刚《闽粤客家人在四川》（第223－331页，广西教育出版社1997年版）、林远辉等《新加坡马来西亚华侨史》（第252－256页，广东高等教育出版社1991年版）等资料。

上表所列客家帮商人的会馆，当然是挂一漏万的，但可以看出其具有鲜明的商业性质。同时可以看出，明清时期，梅县、兴宁、平远、蕉岭、大埔、丰顺、惠阳等县客家商人在国内外其经商的地区都建立自己的地缘性会馆，以便联系乡情，团结互助，互相支持，共同发展商业贸易。

（二）会馆的组织结构

商人会馆的组织结构大同小异，一般是设"堂""纲""福"等下属机构，其中以设"堂"最为普遍。如博罗县客家商人会馆下设博善堂，美国旧金山的人和会馆下设应福堂等。

各地会馆的领导人称谓不一：北京和广东省内的会馆一般称为"首事"；苏州、上海称"董事"或"客长"。据嘉庆十年（1805）的《嘉应会馆碑记》，会馆董事为王泰亭，并记有下属程乡县总理李钧、兴宁县总理罗清漶、平远县总理黄振贤、长乐县总理温祥气。① 这里的总理似乎是会馆下属县的领导人，理应在董事领导下协助董事管理本县会众的有关事宜；四川的会馆（南华宫）多称"客长"，所谓"县城暨所属场镇多建有房省会馆，会馆均设有客长"。如荣昌县会馆的陈昌平，咸丰年间（1851—1861），曾任客家会馆的客长及本族的总理。② 客长总揽会馆的庶务，如祭祀、议事、办教育等，还要为同乡会众排扰解难，调解同乡人与外省人之间的纠纷，维持同乡会众治安等。

海外各国会馆的领导人称谓各不相同，美国有称"炉主""总董""总理""主席"之类；马来西亚、印度尼西亚等称"所长"。

会馆的领导人一般都是实行选举制和任期制。一般来说，大家均是挑选资历深、名声大、资本厚的会众来担任。新加坡、马来西亚的客家帮商人会馆在选举主席时，候选人的竞选条件是拥有自己的房屋或商店，以及能带头捐献大笔款项来作为会馆举办各种活动之用。而且这种选举还带有浓烈的宗教色彩。在选举会馆主席当日，会众来到会

---

① 碑记载于《明清苏州工商业碑刻集》第350页，江苏人民出版社1981年版。
② 《民国犍为县志·居民志》。

馆,把主席候选人的名字写在纸条上,然后将纸条卷起来放进一个箱子里,每次取出一张纸条,拿一副"筶"在会馆神祖牌前抛掷。如果"筶"飘落成一个平面和一个凸面,即被认为有神灵保佑;如果三次连续同型,则纸条上所写的候选人即被视为获得神灵的认可,即当场在会馆前向会众宣布其姓名,成为会馆的主席。当选的会馆主席在任内要为会馆庆典捐资出力,以树立良好的榜样。这种选举办法实际上排斥了经济实力低微的会众当选为会馆领导人主席的权利,所以选出的会馆主席基本上都是富豪商人。

马来西亚嘉属会馆,是嘉应州五属(梅县、蕉岭、兴宁、五华、平远)同乡的会馆,共统领全马来西亚各埠21个下属会馆,其领导机构实行各埠会馆轮流值年制(一年)。值年会馆便是马来西亚嘉属会馆的办事机构,其会长、总务、财政、稽核、秘书自然成为总馆的常务领导机构。此外,每年召开一次各埠嘉属会馆代表大会,由值年会馆向大会报告工作和研究通过有关事项。总馆的常年经费亦由值年会馆负责,如必要时则向各会馆征捐解决。

(三)会馆的功能

客家帮商人会馆的功能有四方面。

1. 敦乡情,联乡谊

这是会馆以岁时聚会、宴娱为主要形式的一种联络乡情的功能。客家帮商人离乡背井,异地经商,只身或一家寓居外地,好不寂寞,十分需要精神上的寄托和心理安慰。因此,敦乡情的会馆活动应运而生,合乎人情。如在四川的客家帮商人会馆,"岁时祭祀、演剧、燕会,联乡谊。岁常各乡镇皆有之"。而且嘉应州会馆"自正月十五发始,至二三月歇,银花火树,舞榭歌台;鱼龙漫游之观……价廉工省,而人乐从,通宵聚观,至晓方散"[①]。

2. 维护商人利益

会馆广为联络乡情,加强会众团结,共同保护,自谋发展商机,增强实力,扩展商务。可以说,明清时期在国内外各地经商贸易的客家帮商人,正是在会馆旗帜下不断发展壮大起来的。正如《(民国)犍为县志》所记:"道咸时……治城及所属场镇亦多建各省会馆,故省籍虽异而无种界上之分歧,用能各安于无事,以生以息,相助相友,县境遂成乐土彬彬然。"[②]

3. 祀神祇

会馆是把祀神祇与联乡情联系在一起的。在明清封建社会末期,到外地经商的客家帮商人总是企望有神灵保佑其发财和平安。所以热心建立会馆的会众总是希望通过祭祀祖先及神灵,求得平安发财。苏州的客家帮商人在当地建立嘉应会馆时,就在其碑记上

---

① 《乾隆潮州府志》卷十二《风俗》。
② 《民国犍为县志·居民志》。

直言不讳地宣称：

> 会馆之设，所以展成奠价，联同乡之谊，以连神庥也。故苏为东南一大都会。五方商贾，辐辏云集。百货充盈，交易得所。故各省郡邑贸易于斯者，莫不建立会馆，恭祀神明，使同乡之人，聚集有地，共沐神恩。①

道光二十二年（1842），客家帮商人在非洲毛里求斯建立会馆时，由会众富商捐款购买地皮，经当地政府申请批准，在路易港修建一座关帝庙，供奉关羽，并以此庙作为"商人行善之所"②。

4. 举慈善

这是会馆的一个深受会众欢迎的功能。例如在美国旧金山建立的客家人和会馆和阳和会馆，其会馆章程中就有举慈善的规定：

> 不能劳动的伤病者和贫穷无亲者，由公司（会馆）资助其旅费返回中国，但粮秣及其费用，须由捐助来解决。穷困者身亡，由公司负责棺木，其遗物要慎为保持。
> 会员被人危害，公司应悬赏缉拿凶手提出起诉。③

咸丰至同治年间（1851—1874），四川一些县的客家帮商人会馆联合起来，借鉴重庆八省会馆归纳会馆的功能为：①警卫事项；②慈善救济事项，如育婴、掩埋、救生、赈灾、救济、积谷；③公用事项，如修理码头等；④商务事项，如订立商规等。可见，会馆对商人的保护和发展作用是十分重要的。

六、著名客家帮商人家族

明清时期，到国内外经商的客家帮商人中，经过长期的经营，赚利巨大而发财致富，成为富豪者不乏其人，在此介绍四个著名商人家族。

（一）梅县富商张煜南、张鸿南

梅县松口镇松南圳商人张煜南（1851—1911，又名张榕轩，见图2）、张鸿南（1861—1921，又名张耀轩）是同胞兄弟。张煜南少年时读过几年私塾，相当于初小文化。后弃儒从商，帮助父亲在本乡经营一个小杂货店维持全家生活，但难以为继。同治

---

① 《明清苏州工商业碑刻集》第350页，江苏人民出版社1981年版。
② 方积根编：《非洲华侨史资料选辑》第49页，新华出版社1986年版。
③ William Speer, *The Oldest and the Newest Empire: China and the United States.* pp. 557–564, Hartford, 1870.

七年（1868），年仅17岁的张煜南只身涉海漂泊，去爪哇巴达维亚谋生。初时在大埔县商人张弼士的企业当伙计，由于刻苦耐劳、诚实守信、工作积极，不久升为高级职员。稍有积蓄后，他便离开巴达维亚，转到苏门答腊岛棉兰，自立门户，经营小商业。积累了相当资本后，他于光绪四年（1878），与初时的老板张弼士合资数万盾在爪哇日里开办笠旺垦殖公司，种植咖啡、茶叶、椰子和橡胶等，计有橡胶园七八所，茶叶加工场一个，规模相当大。由于缺乏人手，他劝说其弟张鸿南放弃其父亲去世后继承过来的小杂货店生意。张鸿南于光绪五年（1879），从梅县来到棉兰，协助兄长经营笠旺垦殖公司业务。在两兄弟共同努力经营下，公司业务蒸蒸日上，发展迅速，利润不断增加。于是张煜南又与张弼士合资开设万永昌商号和日里银行，经营各种商品贸易，又以银行承包烟、酒、赌等捐税，还投资房地产、航运、军需品的生意。经过10多年的锐意经营，张氏兄弟与张弼士分红，赚利甚巨，总资产达到数千万盾，终于成为棉兰地区华侨社会的首富。

图2　张煜南像

光绪二十三年（1897），张煜南与张弼士应清政府邀请，回国筹办中国通商银行，于是将印度尼西亚的全部企业债权委托张鸿南管理。光绪二十四年（1898），张煜南又与张弼士到新加坡合资开拓商务，开办裕昌、广福两家远洋运输公司，承担新加坡到世界各地的远洋运输生意，赚取更多利润。宣统二年（1910）前后，张鸿南又在巴达维亚创办中华银行，自认1/3股份（其余2/3归张弼士）。从此以后，张煜南、张鸿南兄弟的商务更加兴旺，资本积累雄厚，一时成为东南亚地区举足轻重的华商富豪财团之一。

当时统治印度尼西亚的荷兰殖民政府鉴于张煜南、张鸿南兄弟操纵了当地金融等经济命脉和促进了当地经济发展，又深得广大华侨拥护，先后授予张氏兄弟为华人"雷珍兰"和"甲必丹"，兄弟俩从而成为棉兰地区的华侨领袖。

由于张煜南在东南亚地区具有极高威望，光绪三十年（1894），黄遵宪出任中国驻新加坡总领事后，极力推荐张煜南出任中国驻马来亚槟榔屿副领事的职务，张煜南从此步入清朝仕途。张煜南在公务之暇，对槟榔屿的历史沿革、风俗民情、地理环境和经济情况进行调查研究，并参考国内著述，编辑成《海国公余辑录》6册和《海国公余杂著》3册。其内容丰富，资料翔实，为后人留下宝贵的研究资料。

张氏兄弟是真诚的爱国者，他们在印度尼西亚、新加坡经商致富后，不遗余力地振兴祖国实业。光绪二十九年（1903），他热情发动客家帮商人集资兴起潮汕铁路，发展潮汕交通事业。首先是成立潮汕铁路公司，经协商和筹算后决定全线投资纹银100万两，由张煜南、张鸿南、谢荣光、梁廷芳四人各出资25万两。后经调查获悉，建筑、设备等所需用款均超出原计划，公司乃于光绪三十年（1904）二月，向清政府商部申请核准增资100万元，后又再增设股本100万元，实收股本302.587万元。不久，再增设股本100万元。由于港商林丽生投资股金100万元，成为潮汕铁路公司大股东之一，潮汕铁路公司于光绪二十九年十二月在香港召开第一次股东会议，选举林丽生为铁路倡建总理兼总司理（后于1909年退股）。因林丽生与日本人爱久泽直哉相熟，张煜南把潮汕铁路的全部工程交由爱久泽直哉承包，于三十年七月订立合同，报请清政府批准，后于当年八月正式动工兴建。早前，张煜南承铁路督办大臣盛宣怀介绍，经直隶总督兼铁路督办大臣袁世凯同意，借用任职于山海关内外铁路总局的工程师詹天佑，经香港返汕头勘测路线，历时两个月完成，提出甲、乙两线方案，后按甲线方案动工兴建，全长42公里。光绪三十二年（1906）七月底，铁路竣工，十月初十日举行通车典礼，开始营运。

张氏兄弟还为国内赈灾及国防军费捐款赞助。当时，清政府曾到处筹募海军经费、筹办京师医局及募集陕西旱灾、河北一带饥荒救济款项。张氏兄弟闻讯后慷慨解囊，捐赠巨款，因此得到清政府多次嘉奖，兄弟分别被授予花翎二品顶戴候补四品京堂和花翎三品卿衔。潮汕铁路兴办之后，张煜南又被清政府授为三品京堂候补，并升任考察南洋商务大臣；张鸿南被授为四品京堂候补。

张氏兄弟对孙中山领导的民主革命活动也极力支持。辛亥革命胜利后，新成立的中华民国临时政府面临财政困难。张鸿南在同盟会会员谢逸桥的鼓励下，捐巨款支持孙中山，而且在他的带动下，南洋华侨也纷纷踊跃捐款资助，使孙中山领导的新政府渡过难关。为此，1912年，孙中山特别亲手题写"博爱"一词赠送给张鸿南，以表彰他对中华民国新政府的帮助。

张氏兄弟十分热心国内外的公益事业。在棉兰，他们独资创建了敦本学校，又捐资给各埠的中华学校增建校舍；捐资100万盾兴建棉兰日里河大铁桥、建设棉兰老湾海口麻风医院。在国内，他们捐款4000元资助家乡的松口公学，捐赠10万元资助香港大学，捐资兴建岭南大学"耀轩楼"（在今中山大学广州南校园内）。

张氏兄弟亦热心于中国传统文化事业。他们出资整理编辑梅县自宋朝至明清的先贤的遗诗400多首，编成《梅水诗传》（初集、续集，共13卷）出版；又资助《光绪嘉应州志》出版。张煜南还将自己漫游欧美各国写成的《海国咏事诗》整理出版。他在古巴游历时写了一首诗，对古巴的奴隶寄予极大的同情：

> 同一昂藏七尺躯，投荒万里作人奴；
> 团蕉为屋居贫甚，岁岁长载谈巴菰。

张煜南于宣统三年（1911）因病逝世于棉兰。国人为他写了一副对他高度评价的挽联，曰：

> 潮汕辟路，日里殖民，中外失老成，岂徒泪洒菠萝，我痛自关人物计；
> 考察未终，实业待振，朝野方属望，忽尔霾耗桑梓，公魂应向国家还。

张煜南逝世后，其弟张鸿南继任棉兰华人"甲必丹"，后又升为"玛腰"，其商业仍日益发展，被称为"雄视一方的张玛腰"，资产达4000万盾，成为东南亚国家三大巨富之一（其余两大巨富是新加坡的陆佑和中爪哇的黄仲涵）。1921年2月，张鸿南亦病逝于棉兰。①

（二）大埔富商张弼士

大埔县西河镇车龙坪村商人张弼士（1841—1916，见图3），原名肇燮，别名振勋。少年时跟其当私塾老师的父亲张兰轩读过3年私塾，算是具有小学文化。咸丰九年（1859），大埔遭受严重灾荒，刚满18岁的张弼士为逃荒，离开父母和新婚妻子，漂海南下，到印度尼西亚巴达维亚谋生。开始时他在一位温姓老板的商铺做伙计，因为工作努力，深得温老板赏识，被安排管理账房工作。温老板看到他为人诚实、正直、可靠，便将自己唯一的女儿许配给他。若干年后，温老板病逝，张弼士夫妇因而继承全部财产。于是张弼士与妻子商量，决定用一半财产开办一间经营各国酒类的商行，做酒业生意，同时承办当地的酒税和新加坡的典当税。经营成功后，又承包印度尼西亚另外一些岛屿的烟税，于是逐步走上富商的道路。

图3 张弼士像

同治五年（1866），张弼士将积累起来的商业资本在荷属葛罗巴埠大量投资垦殖业，创办裕和垦殖公司，招募民工，大规模开垦荒地，种植橡胶、胡椒、咖啡、椰子和茶叶等热带作物，并间种杂粮，获得很好的经济效益。光绪六年（1880），张弼士又在苏门答腊岛的亚齐创办另一间垦殖公司，继续发展种植业，开垦土地面积比前一间垦殖公司大了1倍。到了光绪三年至四年（1877—1878），他又在荷属怡厘创办裕业垦殖公司和爪哇日里笠旺垦殖公司，雇用1万多名民工经营橡胶园8处。光绪二十四年（1898），张弼士又把部分商业资本投向采矿业，在英属马来亚亨文东埠开办东兴公司开采锡矿，获利甚丰。不久，他又与前述梅县商人张煜南、张鸿南兄弟合资在巴达维亚、亚齐创办裕昌、广福远洋航运轮船公司，经营从印度尼西亚、马来亚、香港、上海间的远洋运输业务，生意越做越大。此后，张弼士与张氏兄弟又在日里开办日里银行，专门办理华侨储兑信贷及侨汇业务，为当地华侨存款及汇款提供方便，深受广大华侨欢迎和赞扬。

与此同时，张弼士还在棉兰、槟榔屿经营房地产业，兴建大批中西合璧的住宅出售。同时，他又在新加坡、巴达维亚、香港、广州等地开设药店，沟通国内外的药材市场，将海外名贵西药运回中国批销，又将中国名贵中药材批销海外各国。在华侨集中居住的外国城市如泰国曼谷，越南河内，美国旧金山、檀香山，菲律宾马尼拉等的中药行均经张氏药店订货，形成了一个国际药材批发网络。

张弼士经过30多年在商业、垦殖业、采矿业、金融业和运输业等亦商亦农亦工的苦心经营，赚得了惊人利润。据统计，在全盛时期，其资产达到7000～8000万盾，此

---

① 参阅《梅县县志》第1110-1111页，广东人民出版社1994年版；《广东省志·华侨志》第346页，广东人民出版社1996年版；罗英祥《飘洋过海客家人》第185-187页，河南大学出版社2006年版。

外还有大量不动产。张弼士因此成为东南亚华侨的首富，被美国人称为"中国的洛克菲勒"。

张弼士飞黄腾达后，鉴于他在华侨华人中享有崇高威望，荷、英殖民当局企图利用他来统治当地华人，曾几次给他封赐官爵，都被他一一拒绝了。他说："吾华人当为祖国效力也。"

张弼士确实是一位爱国的客家帮商人，他说到做到。当清政府驻英国公使龚照瑗于光绪八年（1882）经印度尼西亚赴欧美考察时，张弼士前往拜访，龚氏询问张弼士发财致富有何秘诀时，张坦然回答说：

> 吾于荷属，则法李克（悝），务尽地利。吾于英属，则法白圭，乐观时变。故人弃我取，人取我与，征贵贩贱，操奇置赢，力行勤俭，择人任时，能发能收，亦犹伊吕之谋，孙吴用兵，商鞅行法，若智不足与权变，勇不足以决断，仁不能以取予，强不能有所守，终不足以学斯术。吾服膺斯言，本此为务，遂至饶裕，非有异术新法也。①

龚照瑗听后大为赞赏和钦佩，临别握手时称赞张弼士说："君非商界中人，乃天下奇才，何不归救国家呢？"龚氏回国后，极力向清政府举荐张弼士之才能，使张氏从此走上亦商亦官的道路。

光绪十八年（1892），清政府委任张弼士为驻槟榔屿首任领事；光绪二十年（1894），张弼士升任驻新加坡总领事。他在任内组织中华总商会，团结侨胞，维护华侨利益，向侨胞宣传灌输热爱祖国的民族传统思想。

光绪二十三年（1897），经李鸿章大力举荐，张弼士得以参加筹办中国通商银行，并出任总董。该银行注册定额资本为500万两，张氏投资10万两。第二年，李电召张返国，担任粤汉铁路帮办。

光绪二十五年至二十八年（1899—1902），清政府先后任命张弼士为粤汉铁路总办、广东佛山铁路总办和粤汉铁路督办。于是，他为修建铁路出谋划策。光绪三十二年（1906），在他筹划下，张煜南、张鸿南兄弟投资建成中国近代史上第一条华侨自办的铁路——潮汕铁路。光绪三十年（1904），张氏奏请修建广（州）厦（门）铁路，计划先集资80万两修筑广州至黄埔路段，继由黄埔修至潮安与潮汕铁路接轨，再由潮州筑至厦门。此议得到清廷批准，"如所议行"。

光绪二十九年（1903），光绪帝两次召见张弼士，赐侍郎衔。第二年十月，他上书提出兴办农业、水利、开矿等12条建议，得到清廷接纳。清廷赐其头品顶戴、光禄大夫、补授太仆寺卿，又任命其为商部考察外埠商务大臣兼槟榔屿管学大臣，并兼督办闽、广农工路矿事宜。光绪三十三年（1907），张弼士被任命为督办铁路大臣。

张弼士有志于"实业兴邦"，虽然屡受清廷委以重任，却看透了清廷的腐败无能，

---

① 郑观应辑：《张弼士君生平事略》，香港大学图书馆藏。

于是便转而支持孙中山的革命事业。他支持儿子参加同盟会,还暗示在南洋的自家企业支持在海外活动的革命党人。张弼士回到新加坡后,通过胡汉民暗中资助孙中山 30 万元,支持孙中山进行推翻清朝的革命活动。辛亥革命爆发后,张弼士与张鸿南以南洋中华总商会和他们本人的名义,又捐赠一笔巨款给孙中山,另捐 7 万元给福建军民。

张弼士虽然做了清朝的官吏,却念念不忘经营自己的商业和工业。光绪十七年(1891),张弼士应盛宣怀之邀到烟台商讨兴办铁路、开发矿山事宜。张在烟台做了实地考察后,了解到当地的气候、环境也适宜种植葡萄,于是决定在烟台开办酒厂,盛亦表示支持,但因为找不到关于葡萄酒酿造工艺的参考资料,只得聘请外国酿酒师:第一位是英国人,未到职就中途病逝;第二位是荷兰人,到职后被发现是骗子,遭到驱逐;第三位是奥地利人哇务。张弼士接受哇务的建议,在烟台购置占地 1000 亩的两座荒山,从德、法、意等国家引进 124 个品种的 120 万株葡萄苗,并购进压榨机、蒸馏机、发酵机、白橡木贮酒桶等设备。当一切准备就绪,马上要开工生产时,哇务要退休了。后在一次宴会上,张弼士与奥地利驻烟台领事说起拟办酿酒厂之事,该领事说自己就是酿造葡萄酒的专家,愿辞去领事职务,尽力帮助张创办酒厂。在该领事的具体帮助和指导下,张于光绪二十一年(1895)创办了张裕葡萄酿酒厂(今烟台张裕葡萄酿酒股份有限公司),资本 300 万元,拥有葡萄园 700 多亩。1912 年 8 月 20 日,孙中山到烟台参观张裕葡萄酿酒厂后,为之题词"品重醴泉",以示鼓励(见图 4)。该厂所酿的可雅白兰地(金奖白兰地)、琼浆液(美味思)和解百纳(玫瑰香)三种葡萄酒在 1915 年的巴拿马万国博览会上获得金质(最优等)奖,这是中国商品在国际博览会上首次获奖。从此,可雅白兰地被命名曰"金奖白兰地",成为国际市场的畅销名酒。

图 4　孙中山赠给张裕公司的题词

光绪三十三年(1907),张弼士增资 10 万两白银接办谭日章、陈庆昌的广西华兴三岔银矿,改名为宝兴公司;聘请外国采矿工程师勘测矿区,添买采矿机器,修建龙山公路,扩大采矿规模,获大利润。之后,他又创办广东金矿公司,从事开采金矿。

宣统二年(1909)以后,他在广州西关彩虹桥开办亚通公司,生产机械、各种布匹及玻璃;在佛山创办裕益公司,生产机械砂砖;在雷州半岛遂溪县创办普生公司,生产垦牧机械火犁,成为国内引进和生产农业机械的先驱;又创办惠州福裕盐田公司和惠州平海白沙湖机器制造玻璃厂;在广州靖海路第1、3、5、7、9号一连五间楼房开办张裕安堂国药行,在米市路崔府街建造"孝友堂"。为办好这些工厂,张弼士大胆聘请外国技术专家进企业负责设计和指导工人生产,为改变当时中国工业设备和生产技术落后的状况以及促进中国民族工业的发展做出了贡献。同年,张氏与广东劝业公所伍申三等人投资50万两,创办广东集大公司出口协会,经营广东以至全国的出口贸易。

图5 张弼士堂(曾为中山大学档案馆,黄启臣摄)

张弼士经商发财致富后,乐善好施,慷慨解囊,多次捐款给侨居地、家乡和国内其他地区举办公益慈善事。光绪二十六年(1900),黄河决堤成灾,张氏在南洋募捐100万银两寄回国内赈灾。清廷为此建立"急公好施"牌坊,树立在大埔县张弼士家乡,以资表彰。光绪三十年(1904),他在马来亚槟城捐资创建中华学堂。宣统元年(1909),他赞助香港大学10万元,建筑"张弼士堂"。张弼士去世之后,他的子女根据其遗愿捐资在岭南大学校园(今中山大学广州南校园)兴建一座学生宿舍"张弼士堂"(1921年建成,见图5);在今广州海珠区新庄里2号建造"五知堂"。辛亥革命胜利次年(1912),张弼士奉孙中山大总统命召到京,被委任负责赴南洋考察商务和筹办国内开埠事宜,受聘为工商部高级顾问。1913年,被任命为约法会议员、参政院参政,并授予二等嘉禾勋章。不久充任美国实业团团长赴美考察商务,与美国政府协商联合美国资本家筹办中美银行一事,妥订章程,决定斥资1000万元,除张弼士投资300万元外,由两国政府对半分担500万元,余200万元由各省商会募捐。为早日成立银行,张氏于1916年亲返南洋各埠,劝导华侨入股。在此期间,张氏在巴达维亚自己住宅内设中秋宴会,庆祝"白兰地"荣获金奖,因敬酒过于兴奋,导致心肌梗塞,不幸逝世,享年75岁,其遗体运回祖籍广东大埔县安葬。当灵柩运经槟城、新加坡和香港时,荷、英殖民政府均下半旗表示致哀。1917年,黎元洪大总统还特派广东省省长朱公兰到大埔县为张弼士致祭。孙中山特派代表敬献花圈,并送挽联曰:

美酒获金奖,飘香万国;怪杰赢人心,流芳千古。

国学大师章炳麟敬送挽联曰:

南人光祖国,天际以归魂。

孙中山和章炳麟的挽联高度评价了张氏为国争光、为民造福的爱国精神。

张弼士有子8人,即应兆、应暄、应煜、应鉁、应珍、应铭、应钊、应铨;孙9人:世鉴、世宴、世琯、世尚、世樽、世访、世环、世锋、世培。①

张弼士是一位爱国侨胞和侨领,在国内外享有很高声誉,影响甚大。新中国成立后特别是改革开放以来,政府非常重视宣传他的爱国主义精神和保护其遗迹。1999年6月,《中国文化报》用整版篇幅刊登《中国葡萄酒王张弼士》长篇报导;2002年,北京大学召开纪念张弼士诞辰161周年暨张弼士学术研讨会;2003年,广东省历史学会举办张弼士研究专业委员会成立大会暨纪念张弼士诞辰162周年学术报告会;2005年9月,在大埔县召开张弼士学术讨论会;2006年10月,北京举行张弼士学术研讨会,决定出版《张弼士研究专辑》和拍摄《张弼士》电视影片,以作纪念和宣传;2006年12月,广州召开纪念爱国侨领、南粤先贤张弼士诞辰165周年暨学术研讨会。同时,张弼士故居及其捐建的建筑物也被列入文物保护单位加以保护:1989年,他捐建的位于今中山大学广州南校园内的张弼士堂被列入广东省文物保护单位;在大埔县的故居"光禄第"被列入县级文物保护单位;在广州的故居"五知堂"的修复工作亦受到广州市文化局的重视,正在积极筹备中。

(三) 平远商人姚德胜

姚德胜(1859—1915,见图6),平远县大柘乡高锋村商人。光绪三年(1877),年方18岁的姚德胜随父亲姚芝庭挑盐到江西寻邬等地贩卖,长途跋涉,十分艰苦,但所得甚菲。次年,19岁的他随同余宗二从坝头乘民船到潮州、汕头,转船至香港,然后转乘"夹板船"过七洲洋,到达马来亚的芙蓉埠,开始在一家锡矿公司当矿工。不久,他转到怡保,利用当矿工的微薄资金积蓄,做小贩生意,走村串户,不辞劳苦,终于赚了点钱,于是自开了一间杂货店,当了个小老板。由于经营得法,生意日益兴旺。数年

---

① 《民国新修大埔县志》卷二一《人物志四》;郑观应辑:《张弼士君生平事略》,香港大学图书馆藏;《广东省志·华侨志》第342页,广东人民出版社1996年版。

之后，姚德胜成为当地的知名富商。他在经商期间，对怡保地方的锡矿进了调查，得知怡保地区锡矿藏量丰富，于是他决心把部分商业资本投资锡矿开采业。他收购许多锡矿山，购置新式采锡矿机器，又以50多万银元购买水力设备，利用河流的水力采矿，从而极大地提高效率，扩大了采锡矿的规模。经过近10年的努力经营，至光绪十四年（1888），姚德胜已经拥有数千英亩的锡矿山，雇用采锡矿工3万多人开采锡矿。与此同时，他又与当地富商郑贵、陆佑合资承包森美兰、吡叻的酒税和典当税，使财源更加宽广，资本积累更雄厚，成为全邦的富商，人们称他为"姚百万"。

图6 姚德胜像

光绪三十年（1904），姚德胜开始投资房地产和市政建设业，在怡保投资巨款新建店铺300多间，重建店铺数十间和戏院1所。三十二年（1906），又投资建设长约1公里的街道、216间店铺，被怡保市议会分别命名为"姚德胜街"和"姚德胜市场"。因此，英殖民当局受英王之命赐予他"和平爵士"的称号。

姚氏发财致富之后，十分关心当地的客家商人。为了团结客家帮商人侨胞，他出资创建森美兰、雪兰莪和吡叻等地的嘉庆会馆，并连任吡叻嘉应会馆会长达10年。他又倡建吡叻中华总商会和矿务总商会，以维护客家帮商人的利益。同时，他又独资或合资在怡保创办育才学校和明德学校以及新加坡的应新小学，方便客家帮商人子弟上学读书。

姚德胜是一位爱国的客家帮商人，他多次捐资用于帮助国内救灾、兴办实业和创建学校等公益事业。

光绪二十三年（1897），姚德胜从南洋回乡侍奉病重的父亲时，看到家乡大旱，农产品失收，米价上涨至5元一石，甚至出现饿死人的现象，于是出巨款赈灾。他又召集平远县的富商乡绅商议，在县城大柘及15个乡镇设立太平义仓，并动员大家为义仓捐谷数千石，救济全县穷人渡过大旱灾害难关。由此他深得全县人民欢迎和赞扬。清廷为此曾赐他"乐善好施"牌匾，以资表彰。

光绪三十二年（1906），他得知邻县蕉岭县傅、丘两姓因争执山场而引起械斗，双方各有伤亡，县政府无法解决，于是捐巨资解决纷争。他捐资3000多文银洋买下山场，给两姓作为公地，各得一半价款；双方伤亡人员亦由他捐资抚恤。他最后邀两姓当事人订立和解协约，化干戈为玉帛，受到傅、丘两姓民众的赞扬。

清朝末年，黄河水灾泛滥，姚德胜曾捐白银6万两赈济灾民，清廷为他诰授资政大夫候选道职衔。辛亥革命时期，姚德胜向孙中山捐献白银7万元作为军饷。民国初年，政府财政困难，地方负担极重，姚德胜有感于百姓生活困难，于是平远驻军饷粮和地方团警伙食，由他出资解决一半，另一半由全县分摊。

与此同时，姚德胜在黄遵宪的鼓励下积极捐资兴办梅州地区各县的教育事业。首先，他捐出 10 余万元，在家乡羊子甸兴建了当时全县第一流的芝兰小学；民国初年，他捐出 5000 元作为平远县立中学开办经费；1913 年，他又捐出资金 410 万元给平远中学建造校舍、购置田地作为校产。此外，姚德胜还捐献不少资金资助梅县东山中学、蕉岭县立中学、平远大柘景德中学和四民小学等。可以说，他对于兴学育才是不遗余力的。

他还积极在家乡兴办实业。除了在故乡羊子甸建造了宽敞华丽的住宅 3 所、西式店铺数十间，开设万和饷当和印刷厂、织布厂等，还计划以怡保市的规划为蓝本，建设新的平远县城。他在家乡居住时，指示其在南洋的代理人每月必须给国内汇款 10 万元，作为实现建设计划的费用。

辛亥革命后，姚德胜曾汇款 7 万银元支援北伐军饷，孙中山为此授予他一等嘉禾勋章，以表彰他对革命事业的功绩。

姚德胜晚年回乡定居，1915 年 1 月 8 日病逝于家，享年 57 岁。平远民众莫不为之惋惜。[①]

（四）五华商人钟木贤

钟木贤（1846—1922），五华县岐岭区王化乡商人。同治二年（1863），17 岁的他作为契约华工先赴南洋做工，后到美国夏威夷茂宜岛从事种植业。光绪四年（1878），他与土王血裔玛莉（Mali）结婚，从而继承其岳父的大批土地。光绪七年（1881），成为忌亚奶一个庄园的园主。到了光绪十年（1884），偕夫人移居檀香山经商贸易，生意兴旺，商务日益发展，几年工夫便成为巨富。后被选举为檀香山商会会长和国安会主席，甚受华侨华人的欢迎和拥护。

光绪二十九年（1903），孙中山在檀香山宣传推翻清朝的民主革命，遭到保皇党阻梗。钟木贤大力支持孙中山，介绍孙中山入国安会并做其保证人。后来，孙中山遭到旧金山移民局的留难，钟木贤又不遗余力地资助其获释。

1914 年，68 岁的钟木贤离开檀香山回到五华家乡定居养老。他十分热心家乡的各种公益事业，先是捐资修筑圣薮坑、塘尾山水塘，又捐资兴建防洪堤长达 1 公里，使周围 450 多亩田地的旱涝之患得以解除。与此同时，他捐资建益智小学，新建教室 2 间和房屋 5 间，受到家乡父老兄弟的欢迎和高度赞扬。1922 年在家乡病逝，享年 76 岁。[②]

七、客家帮商人资本的流向

明清时期，客家帮商人资本（即商业资本）属商品经营资本，即专门从事商品买

[①] 参阅《广东省志·华侨志》第 348–349 页，广东人民出版社 1996 年版；《平远县志》第 717–719 页，广东人民出版社 1993 年版。

[②] 《五华县志》第 642 页，广东人民出版社 1991 年版。

卖的资本。它以贱买贵卖,赚取小生产者的剩余价值为特点,促进了商品生产的发展和地域之间的经济联系,促进了小生产者的分化和货币资本的积累。所以,随着客家帮商人商业贸易的发展,商业资本亦不断积累、日益扩大。这些巨大的商业资本除一部分继续在流通领域投资运作外,另外一部分商业资本则流向其他领域而发展成为产业资本、土地资本、金融资本、宗族资产等。

(一)产业资本

明清时期,特别是明中叶以后,随着商品货币经济的发展,客家帮商人的商业资本已有一部分从流通领域投入到手工业生产领域,成为产业资本(包括赚取商业利润和产业利润的商业资本以及独立的产业资本)。于是,有不少客家帮商人投资经营手工业生产,特别是在东南亚等地的海外客家帮商人更是如此。例如前述的大埔县富商张弼士,他在印度尼西亚经商致富后,投资种植业;又把积累起来的商业资本投资到马来亚文东埠开办东兴公司开采锡矿;光绪十七年(1891),又在山东烟台投资创办了张裕葡萄酿酒厂,生产可雅白兰地(金奖白兰地)、琼浆液(美味思)和解百纳(玫瑰香)三种葡萄酒,以赚取更多利润。

梅县商人张煜南和张鸿南兄弟在南洋经商发财之后回到家乡,将其商业资本25万两银子与谢荣光、梁廷芳等合资,于光绪三十年(1904)八月兴建42公里长的潮汕铁路,为中国的铁路建设做出了贡献。平远商人姚德胜也将其相当部分的商业资本投资于锡矿开采业,购买数千英亩锡矿山,雇用3万名工人开采锡矿。

客家帮商人张正超到四川经商发财后,将其商业资本携回家乡创办织绫机房,请良工纺织棉布,然后又贩运到四川去出售,成为亦商亦工的企业家。

(二)土地资本

明清时期,以地主大土地所有制为基础的封建经济结构依然占主导地位,农业与家庭手工业相结合的自给自足的自然经济在整个生产体系中也依然占统治地位。所以,客家帮商人经商赚利而积累起来的商业资本有部分用来购买土地而转化为土地资本,也是一种必然的结果。例如客家帮商人谢复英入四川简阳做小本生意后,旋即转到建昌县与他人合资经营白蜡等商品的长途贩运生意,获利甚丰,积累商业资本数千余两,之后将其所得利润的2/3交给兄弟在文家河置田数十亩。①

龙川县商人钟氏,到四川奔走市廛,一日赶数场墟,兼做多种生意,获利甚伙,特别是贩运蒲草到温江县大坟坝出售,利润竟至几倍。于是他用商业资本购置田地1000亩,成为地主兼商人。② 前述大埔县商人张弼士经商发达后,于同治五年(1866)持大量商业资本到荷属葛罗巴埠购买山地,招募民工开垦种植橡胶、胡椒、咖啡等热带作

---

① 《民国简阳县续志》卷二四《补遗·善行传》。
② 《民国成都钟氏族谱》。

物，自己也变成种植园的园主，一身而二任。

（三）金融资本

客家帮商人崛起较之广州商帮、潮州商帮为时稍晚，但发展迅速。在当时东南亚国家甚至中国国内的货币经济已有显著发展的情况下，有不少客家帮商人亦将部分商业资本投资到金融业而转化成金融资本。例如前述梅县商人张煜南、张鸿南兄弟到印度尼西亚经商致富之后，于光绪四年（1878）将其部分商业资本投资于金融业，与张弼士合资开办日里银行，专门办理华侨的储兑信贷及侨汇业务，既为当地华侨提供存款及汇款的方便，同时兼理典当税，从中赚取甚为可观的金融利润，进一步增加自己的资本积累。光绪二十三年（1897）以后又回国筹办中国通商银行。

（四）宗族资产

明清时期，虽然广东的商品货利经济比较发达，但地方的封建宗法势力亦相当强大，加上客家帮商人的家族传统观念甚牢固，所以在经商致富之后，亦有不少客家帮商人将部分商业资本与宗法势力相结合而转化为宗族资产，其主要形式是投资兴建祠堂和购买祠田。例如五华县商人李梓勋在泸州经商发财之后，至乾嘉年间（1736—1820），将部分商业资本"兴置家业千亩，公上成都，见半边街数十州县为我祖广东敏公修祠，捐银六十两，上为祖宗辉煌，下为子孙乡试荣耀"①。

平远商人李氏入四川经商后，在成都、罗江、绵阳购地修建了3座李氏祠堂，其族谱记载：

> 嘉庆十一年（1806），丙寅岁三月中，我族承罗江南街奎星阁上手边沈姓街基菜园一段修建李氏宗祠，合族同心，未久祠宇造成。龛供主牌一座，房竖二牌，列载三十六公，上悬一匾。系张淮泗书"奉先恩孝"四字，两廊房屋颇宽，前挽后推有铺面十间，每年收尽是焚献及各至祀祖之用。至道光十二年（1832）稍有余积，合族又在绵阳神仙街买街基一段，重建李氏宗祠，同治末年工乃造成。外有铺面数间，至今犹存。②

客家帮商人谢复英入简阳经商后，亦用部分商业资本为宗祠购置田产作为祠田，以为谢姓本族在宗祠进行各种宗族活动。③

此外，也有不少客家帮商人将商业资本用于捐官入仕或慈善事业等。

从以上所述可以看到，明清时期客家帮商人商业资本的流向是多元的，其中以产业、土地、金融为主要方向。商业资本的这种投资流向对于拉动当时的手工业、农业和

---

① 《宣统泸州李氏族谱》。
② 《民国罗江李氏族谱》。
③ 《民国简阳县续志》卷二四《补遗·善行传》。

货币金融业以至整个社会经济的发展是有重要促进作用的,正如清朝思想家郑观应所说:

> 商务者国家之元气也,通商者流畅其血脉也。士无商则格致之学不宏,农无商则种植之类不广,工无商则制造之物不能销。是商贾具生财之大道,而握四民之纲领也。商之义大矣哉。①

八、客家帮商人的历史作用

马克思对商业和商人资本的历史作用有以下科学的论述:

> 商业对各种已有的、以不同形式主要生产使用价值的生产组织,都或多或少地起着解体的作用。但是它对旧生产方式究竟在多大程度上起着解体作用,这首先取决于这些生产方式的坚固性和内部结构。
>
> 商人资本的存在和发展到一定水平,本身就是资本主义生产方式发展的历史前提。1. 因为这种存在和发展是货币财产集中的先决条件;2. 因为资本主义生产方式的前提是为贸易而生产,是大规模的销售,而不是面向个别顾客的销售,因而需要有这样的商人,他不是为满足他个人需要而购买,而是把许多人的购买行为集中到他的购买行为上。另一方面,商人资本的任何一种发展,会促使生产越来越具有以交换价值的目的的性质,促使产品越来越转化为商品。②

以马克思这个观点来分析,明清时期客家帮商人对当时客家地区、广东省以至中国以及世界的社会经济和科学文化的发展,自然起着重要的历史作用。

(一)促进客家地区手工业生产的发展

世界经济发展的历史证明,商业贸易的扩张往往是先于手工业生产的发展。明清时期,客家帮商人的国内外商业贸易活动极大地推动了手工业生产的兴起和发展。例如,由于不少客家帮商人投资铁矿冶炼,清朝嘉应州冶铁炉数量有所增加。据《光绪嘉应州志》记载,雍正十一年(1733),嘉应州有炼铁炉5座,乾隆以后增加了6座,而且许多炼铁炉是客家帮商人投资经营的。史称:

> 本州额溢铁炉六座。商人卜绍基,在松口堡潭头角承开复兴炉一座;商人王长

---

① 夏东元编:《郑观应集》(上)第604页,上海人民出版社1982年版。
② [德]马克思:《资本论》第3卷第371、365页,人民出版社1975年版。

兴伙李世业，在松源堡分煽葵坑、宝坑承开玉浆炉一座；商人李鸿逵，在磜下堡承开员潭炉一座；商人张际盛，在瑶上堡承开广兴炉一座；又溢炉商李鸿纶，在石坑堡螺子塘承开永源一座；商人黄鼎丰，在四都堡承开金坑炉一座，递年各认纳银五十两。……至各炉所用矿砂，系在本州松源堡、宝坑、石坑堡、铁山嶂两处地方产矿山场采运，供炉煽铸。①

镇平县的铁矿石也大量运往嘉应州松口的几个工场铸造大铁锅。松口生产的铁锅运到嘉应州城，并通过东江水运至广州，有的沿着韩江的西支流运到潮州府出售。

大埔县商人李裕昌也于乾隆二十七年（1762）承包开采禾坪铅山，冶炼铅矿，一年间共获矿砂7527斤；② 丰顺县李树湾商人谭陈盛、镇平县新山岃商人张振盛于乾隆四十三年（1778）共煎炼出铅12668.11斤。③

兴宁县的土布纺织业有了长足的发展，成为清代直至民国初年广东棉布纺织业的三大中心之一（其余两个是广州、佛山）。在最兴盛的年代，兴宁县的纺织女工人数达10万之多，年产量约5万匹，所产土布运销江西、福建直至东北三省等地。④

总之，在客家帮商人投资手工业的情况下，梅州地区各类手工业生产获得蓬勃发展。为了更好地说明这一点，我们将明清时期该地区各种手工业的分布情况列表如下（表4）。

表4 明清时期客家地区手工业分布情况

行业	产地
冶铁业	程乡（梅县）、大埔、镇平（蕉岭）、长乐（五华）、丰顺、兴宁、平远、永安（紫金）、归善（惠阳）
有色金属矿业	银矿：博罗、丰顺、大埔、长乐（五华） 铜矿：程乡（梅县）、连山、博罗 锡矿：永安（紫金）、兴宁、长乐（五华）、归善（惠阳）、博罗、大埔、丰顺 铅矿：连山、博罗、大埔、镇平（蕉岭）、丰顺、程乡（梅县） 煤矿：镇平（蕉岭）、兴宁、河源、博罗、归善（惠阳）
纺织业	丝业：程乡（梅县） 棉织业：兴宁、连平 麻织业：平远
造船业	连州、程乡（梅县）
制茶业	长乐（五华）、河源、博罗

---

① 彭泽益编：《中国近代手工业史资料》第1卷第311－312页，中华书局1984年版。
② 《清代钞档》，乾隆二十六年七月二十七日武英殿大学士署理户部事务来保等题奏。
③ 《清代钞档》，乾隆四十四年十月十一日兵部侍郎兼都察院右副都御使巡抚广东地方提督军务兼理粮饷革职从宽留任李质颖题。
④ 彭泽益编：《中国近代手工业史资料》第3卷第462－463页，中华书局1984年版。

续表4

行业	产地
造纸业	长乐（五华）、兴宁、连平
制烟业	程乡（梅县）
染料业	兴宁、大埔
编织业	程乡（梅县）

资料来源：根据黄启臣、庞新平《明清广东商人》（广东经济出版社2000年版）第17－19页表编制。

（二）促进国内外货币金融业的发展

随着客家帮商人经营的国内外贸易的发展，一些客家帮商人将部分商业资本投资于金融业，从而促进国内外的银行金融业的发展。例如前述大埔县商人张弼士经商致富之后，在印度尼西亚与张氏兄弟合资开办日里银行，又到新加坡开办典当业；后于光绪二十三年（1897）回国参与筹办中国通商银行，并出任该行总董事。大埔县商人戴春荣到马来亚槟城、怡保等地经商发财之后，也另外经营典当业。直至民国时期，五华县的华侨商人巨子还投资500万元在县内创办五华实业信托银行，并在台山、新昌（今新兴县）、上海、香港设立分行。还有1923年丰顺、惠州的华侨富商合资21万元开办了惠丰商业储蓄银行，[①] 等等。这些银行的创办，对当时客家地区、广东省、中国以及东南亚国家的金融业和整个货币商品经济的发展都起了重要的促进作用。

（三）促进客家地区文化教育事业的发展

客家帮商人有兴商重文的理念，所以很多出国经商的客家帮商人除了在南洋当地捐资创办华侨学校，为华侨子弟提供读书方便外，也回到家乡捐资创办多所学校。大埔县商人戴春荣在马来亚槟城经商致富，回到家乡后先后捐资在大埔、汕头和潮州捐建学堂10多所，还在汕头、潮州和北京投资建立贫民医院。

平远县商人姚德胜早年在马来亚芙蓉和怡保经商，晚年回家定居，捐资10万银元兴建平远中学和芝兰小学。

梅县商人丘燮亭到印度尼西亚巴达维亚经商致富后，于20世纪初捐资13000银元创办三堡学堂（今丙村中学前身），叶剑英就是该校首届毕业生。同时，他创办永捷高等小学。1913年，他又与叶子彬等合资在梅州城（今梅州市梅江区）创办私立东山中学。

梅县商人丘元荣到印度尼西亚巴达维亚经商致富后，于1914年捐资在梅县设立香港南华学院分校，并捐款支持东山中学和丙镇中学建新校舍。

梅县商人伍淼源及其子伍佐南到泰国经商，他除了在曼谷捐资创办进德华文学校外，在家乡多次捐资修缮松口高等学堂，倡办沪上中华职业学校、溪南公学和宏育

---

① 《现阶段之中国银行业》，载《中行月刊》1936年第13卷第2期。

小学。

大埔县富商张弼士到印度尼西亚和马来亚经商成为巨富后,于宣统元年(1909)捐资 10 万元帮助香港大学办学,在汕头购置房屋 10 间创办"育英堂"。晚年还遗言,让其子女捐资在广州岭南大学校园(今中山大学广州校区南校园)兴建一座四层楼的"张弼士堂"(该堂于 1921 年建成),帮助岭南大学解决校舍不足的困难。

五华县商人李瑞琴随父亲李玉山到香港经商,成为当地知名富商后,1913 年捐款创办五华第一中学,又为广州中山大学迁建和香港大学办学捐巨款。

(四)促进东南亚国家的经济发展

明清时期,特别是康熙元年到嘉庆二十五年(1662—1820)间,中国是世界上经济最发达的国家。据统计,嘉庆二十五年(1820),中国的 GDP(国内生产总值)仍占世界 GDP 总量的 32.9%,① 居世界首位。所以在近代以前,"没有一个国家的文明比中国的更先进、更优越"②,"中国乃是一个伟大、富饶、豪华、庄严的国家"③。中国也是当时贸易全球化的大市场,而广东则是中心市场,中国各省的商品均经广东和广州港输出到世界各国贸易。

而在 16—19 世纪,东南亚的国家和地区的经济仍然落后于中国,有些地区尚待开发。因此,客家帮商人贩运大量的中国先进商品和工具到这些国家贸易,首先为这些国家人民的生活提供了丰富的物质,以及为当地经济开发提供了良好的条件。特别是如前所述的无数客家帮商人到东南亚国家贸易后,"久居不返,至长子孙",成为华侨定居于彼。他们与这些国家的人民一起建设港市,开采矿山,开垦荒地,种植甘蔗、橡胶、烟草,修筑铁路、公路,兴办工厂等,为发展这些国家的经济立下汗马功劳。16 世纪末,西班牙人莫牙博士(Dr. Antonis Morga)就客家帮商人华侨对菲律宾城市经济建设的作用评价道:"凡一镇的建成,是不能缺中国人的。他们是各种事业的经营者,而且工作十分艰苦,工资很低。"④ 前英属马来亚总督瑞天咸(Frank Swettenham)亦高度评价客家帮商人华侨在锡矿开发中发挥的作用:

> 惟开始作锡矿之工作者,首推华侨。彼等努力之结果,世界用锡之半额,皆由半岛供给。彼等之才能与劳力,造成今日之马来半岛。……英人初经营半岛时,着手于建筑道路,及其他公共工程,皆成于华侨之手。至于开矿事业,纯由华侨导其先路,投身峦荒,冒万死,清森林,辟道路,每有牺牲其性命者。此外,为煤工、伐木工、木匠、泥水匠者尚多,英政府之修铁道筑桥梁,皆由华工包办。当时欧洲人不敢冒险投资,华侨则冒险为之,又经营商业,开半岛之航路,招致华工,开半岛未启之富源。英政府收入的十分之九,皆出华工之手。凡一事既成,应知其之所

---

① [英]麦迪森著,伍晓鹰等译:《中国经济的长期表现:公元 960—2030 年》第 39 页表 2.2a,上海人民出版社 2016 年版。
② [美]保罗·肯尼迪著,蒋葆英译:《大国的兴衰》第 4 页,中国经济出版社 1989 年版。
③ 考太苏编译:《皮莱斯的远东概览》第 1 卷第 31-32 页。
④ 转引自李长傅《南洋华侨史》第 70 页,商务印书馆 1934 年版。

以成功。读此文者,均知华工有造于马来西亚各国也。"①

另一个马来亚殖民官泼赛尔(Victor Purcell)也承认:

> 假如没有中国人,就没有现代的马来亚,而且如果没有现代的马来亚橡胶,欧洲和美国的汽车也就永远不会如此巨大的发展。②

直到19世纪80年代,婆罗洲(加里曼丹岛)沙捞越土邦的统治者查理·布鲁克(Charles Brooke)对华侨在该地经济开发的作用也评价称:"若无中国移民,我们将一事无成。"③ 约翰·弗尔曼(John Foreman)曾对华侨在东南亚国家经济开发和发展的重大作用做出过综合性的高度评价。他说:

> 中国人的确是首先是把贸易、工业和有成果的劳动等观念传给当地土著人的。他们教导土著很多其他方面有用的事物,如从甘蔗榨取糖汁和锻炼熟铁的劳动。他们首先把用直立的石榨取糖汁和用大铁锅熬糖的制糖法介绍到这个殖民地。④

此外,客家帮商人捐资在国内外兴建船舶码头、创办远洋轮船运输公司(如张弼士与张煜南、张鸿南兄弟在巴达维亚和亚齐合资兴办裕昌远洋航行公司和广福远洋轮船公司,又回国投资修筑潮汕铁路)等交通运输的基础设施,对于发展国内外的交通和促进贸易全球化也是起了重要作用。

综上所述,一言以蔽之,明清时期的客家帮商人对于当时梅州地区乃至广东省、中国,以及东南亚国家和地区乃至全世界的经济发展起了积极的历史作用,此功不可没也。

(原载谭元亨主编、黄启臣副主编《客商》第一、二章,人民出版社2007年版。收入本文集时有修改)

---

① 转引自李长傅《南洋华侨史》第48页,商务印书馆1934年版。
② 转引自彭家礼《十九世纪开发西方殖民地的华工》,载《世界历史》1980年第1期。
③ 转引自李长傅《南洋华侨史》第65页,商务印书馆1934年版。
④ 转引自陈翰笙主编《华工出国史料》第4辑第50页,中华书局1981年版。

明清时期两广的商业贸易

一

两广之间的商业贸易源远流长。到了明清时期，特别是明中叶以后，两广之间的商业贸易更达到了全面的、空前的发展。

（一）粮食贸易

明清时期，全国性长距离运销最重要的商品是粮食。两广的商业贸易也是以广西的粮食运销广东为最大宗。明中叶以后，逐步出现"广东民间资广西之米谷东下"[①] 的情况。至万历年间（1573—1620），广东每"岁仰粤西粟数十万斛"[②]。到了清代，随着广东商品货币经济的迅速发展，广东成为严重缺粮的省。于是，每年有大量粮食从广西运往广东贸易，其经营粮食贸易的方式有两种。

第一，商人投资贩运。明中叶以后，为世人瞩目的著名广东帮商人十分活跃，纷纷到外省去做生意。其中，有不少富商巨贾溯西江而上，深入到广西的产米区梧州、浔州、柳州、桂林、贵县和百色等府、县贩运粮食回广东贸易。例如，顺治年间（1644—1661），广东商人到平南县的大乌墟建立粤东会馆，兴贩郁林（今玉林）、容县、藤县的谷米到墟，然后由此装船出浔江贩运广东。康熙六十一年（1722），来大乌墟兴贩粮食的粤东商民达到"六百有余人"[③]。乾隆七年（1742），广东商人黄迪功等到柳州贩谷，谷船曾遭到兵丁抢劫。[④] 乾隆五十七年（1792），南海县商人刘懿彰、周魁国等，到桂平永和、大宣等墟"贩运谷米回东"[⑤]。特别值得注意的是，广东商人到苍梧县戎墟贩谷者最多。根据《乾隆五十三年重建戎墟粤东会馆碑记》记载："西省田畴广美，人民勤动性成，中岁谷人辄有余，转输络绎于戎，为东省赖。故客于戎者，四方接踵，而莫盛于广人；集于戎者，百货连檐，而莫多于稻子。凡两粤相资，此为重地。"[⑥] 当时，在戎墟经商的粤东商人达518家，主要是贩运粮食。据统计，乾隆年间（1736—1795），从广平、新地、大坡等地水陆两路运来戎墟交易的谷米"每日有二三十万斤"

[①]〔明〕王士性：《广志绎》卷五《西南诸省》。
[②]《民国怀集县志》卷九《艺文志·花石洞志》。
[③]《太平天国革命在广西调查资料汇编》第257页，广西僮族自治区人民出版社1962年版。
[④]《康雍乾时期城乡人民反抗斗争资料》第307页，中华书局1979年版。
[⑤]《太平天国革命在广西调查资料汇编》第244页，广西僮族自治区人民出版社1962年版。
[⑥]碑文为笔者1986年访问苍梧县时抄录。

之多。然后经梧州运往广东的佛山、三水西南、顺德勒流一带贸易。故当时佛山等地有"出不尽戎墟谷,斩不尽长洲竹"① 之美称。这种商人投资贩运粮食到广东贸易纯粹是私人商业贸易性质,不少商人从中发家致富。

第二,官方采买。这种粮食运销的目的不是到广东贸易,而是为了供给军队食粮和官府仓储之用。例如雍正四年(1726)初,广州将军石礼哈"委员赴广西融(戎)墟采买白米三千石以济旗人"②;四月,又"奏请自备养廉银一万两"采买"西省谷"24000 石,"以备借给旗营兵丁"。③ 雍正十一年(1733),两广总督鄂弥达为保障广州八旗驻军的"度岁"食粮,题准在三水县建立"广益仓",逐年"预买西谷,以备米价昂贵时平粜用之"。计乾隆时买贮谷 52000 多石,嘉庆时买贮谷 58000 余石。④ 官方往广西采买粮食的地区是"桂林、平乐、梧州、浔州、南宁五府谷米,听广东采买"⑤。

通过上述的贸易和调拨,明清时期,广西每年有大量的粮食运销广东。据史料记载,计雍正年间(1723—1735)每年"不下一、二百万石"⑥;嘉庆十六年(1811)前后,每年"均在一百数十万石以上"⑦;清末,"年达四百万担以上"(折合 333 万石)。可见,清代平均每年从广西运销广东的粮食大约为 200 万石,除去官方调拨的一二十万石外,真正属于粮食贸易的当在 180 万石左右,占全国长距离运销粮食总量 3000 万石⑧的 6%。这 200 万石粮食当然还包括从湖南经广西运销广东的粮食在内,因为当时"缘粤东产谷稀少,全赖粤西湖南两省接济"⑨。乾隆二十三年(1758),清政府就从湖南调运"溢额谷三十万石",由湘江经灵渠船运至桂林、梧州再转西江运入广东。⑩

(二) 食盐贸易

广东食盐在明清时期的全国市场上是第三位的商品,而在两广市场上居第二位;但就广东对广西商业贸易而言,它是第一位的商品。每年都有大量盐商从广东贩盐到广西贸易。盐商首先将盐溯西江运送梧州,然后散销各地。成化初年,明政府在梧州设立盐厂征收盐税,其办法是:"商人到梧州投税者,正盐一引可带余盐四引(后增至六引或九引),正盐一引抽税五分,余盐一引抽税一钱。如有多带余盐者,可令自首,免其没官,而后每引令共纳银二钱。"⑪ 此后,梧州成为广西食盐囤积之地,盐商贸易十分活跃。桂林也是广东商人运销食盐的主要市场,其经营方式主要是官营,所谓"广西广莫而凋瘵,食盐无几,商不乐趋,故官为撮运"⑫。如隆庆初年,巡抚御史殷正茂曾向明

---

① 《大平天国革命在广西调查资料汇编》第 19 页,广西僮族自治区人民出版社 1962 年版。
② 〔清〕樊封:《南海百咏续编》卷三。
③ 《道光广东通志》卷一六九《经政略十二》。
④ 《嘉庆三水县志》卷三《赋役·积储》。
⑤ 〔清〕杨锡绂:《四知堂文集》卷十五《请定黔省标营赵粤采买疏》。
⑥ 《朱批谕旨》,雍正八年四月二十日云贵广西总督鄂尔泰奏。
⑦ 《清仁宗实录》卷二四五,嘉庆十六年六月甲戌。
⑧ 参阅吴承明《中国资本主义与国内市场》第 258 页,中国社会科学出版社 1985 年版。
⑨ 〔清〕李兆洛:《养一斋文集》卷十二《光禄寺卿康公行状》。
⑩ 《清高宗实录》卷五七三,乾隆二十三年十月癸未。
⑪ 〔清〕陈辉祖:《重修梧州府志序》,载《乾隆梧州府志》。
⑫ 〔清〕劳潼:《救荒备览》。

廷提请"官出资本,买广东盐至桂林发卖七万余包,可获利二万二千有奇"①。于是,桂林成为桂北的粤盐集散地。明人曹学佺曾以诗句"广南商贩到,盐厂雪盈堆"② 来描绘当时广东商人到桂林做盐业贸易繁荣景象。到了清代,广西已形成了3个运销广东食盐的地区:第一个是西江北岸及红水河以北地区,包括梧州、柳州、桂林等府、州、县,食盐由广州溯西江运到梧州,然后经浔江运至桂林,经黔江、柳江运至柳州,散销各县。清末每年运销广盐23.8万包,每包重为250斤,合计5950万斤;第二个是西江西北及红水河西岸地区,包括南宁、百色等府、州、县,食盐由高州、廉州两府沿海盐场经陆路或水路运入,也有经北部湾输入者,每年运销广盐45万担,每担为100斤,合计4500万斤;第三个是西江以南的地区,包括玉林和梧州等府、州、县,食盐亦由高州、雷州、廉州盐场经陆路输入,每年运销广盐4万担,合计400万斤。③ 总计,清代每年由广东运销广西的食盐最少也达到10850万斤。

(三)矿产贸易

明清时期,广西已开采锡、铅等稀有金属矿,但因手工业生产未有相应的发展,故多数将原料运至广东贸易,以满足广东手工业生产的需求。正如李调元记述:"今广东锡多广西贺县而至。贺县出锡故名贺锡也。"④ 张心泰也说:"粤西产锡贺县称最……肇(庆)(东)莞锡器则来自贺县……"⑤ 广东所需要的白铅也是从广西采买的。乾隆五十年(1785)五月初四日,广西巡抚孙永清奏:

嗣经会议,东省每年需铅一十四万余斤,向系每间一年赴广西买铅二十八万余斤,今西省不敷采卖,请间年委赴广西及楚省各买铅一十四万余斤,以供配铸。⑥

道光年间(1821—1850),贵县所开的三岔山银矿,原料炼成银条后,由贵县商人沿西江东下运销广东,以供应广东铸造银币。⑦ 顺便一提,清代广东铸大制钱所需要的原料铜也是从云南经由广西西江转运而来的。乾隆十一年(1746),两广总督策楞奏称"粤省委员于上年赴滇采办,直至今年五月内始运到者囊、金钗二厂正耗余铜一十八万余斤,且准云南督臣张允随以此后难供粤省采买"⑧,"交百色埠商带运"⑨。

(四)土特产贸易

广西山区经济比较发达。明清时期,不少山区土特产大量运销广东。如蓝靛,桂

---

① 《广西盐法志》,载《粤西文载》卷十六。
② 《光绪临桂县志》卷八《舆地志·桂林风谣十首》。
③ 郑家度:《广西金融史稿》第110页,广西民族出版社1984年版。
④ 〔清〕李调元:《粤东笔记》卷五《铅锡》。
⑤ 〔清〕张心泰:《粤游小志》,载《小方壶斋舆地丛钞》第九帙。
⑥ 《朱批奏折》,见《清代的矿业》下册第372页,中华书局1983年版。
⑦ 《太平天国革命在广西调查资料汇编》第21页,广西僮族自治区人民出版社1962年版。
⑧ 转引自《清代的矿业》上册第274页,中华书局1983年版。
⑨ 〔清〕黄思彤:《粤东省例新纂》卷三《铜铅》。

平、玉林等县"蓝有二种……州西北为盛,与北(流)、陆(川)、兴(业)三县靛,俱从北流江贩运广东"①。所以佛山的青靛行,其"(靛)来自广西紫荆山、昭平、北流等县"②。据统计,光绪年间(1875—1908),广西每年运销珠江三角洲地区的蓝靛商品量值为10万多元。③ 当时,大量蓝靛除沿西江而下外,还有从海路运销广东的。道光四年(1824),横州船户谢申玖"装载客人谢锦窿靛青赴广东省城发卖",其船经北海,绕海安,沿西部海岸线东来。④ 另外,制造桂油的桂皮也由广西运销广东。据统计,光绪年间(1875—1908),每年运销的桂皮商品量值达到600万元。⑤ 此外,佛山藤器行所用的黄藤也有相当部分是从广西运来,并在江门税口上税:"凡广西来黄藤每百斤并把捆收钱一十文。"⑥ 柴炭竹木也是广西大量运销广东的土特产。清代,珠江三角洲蚕桑业迅速发展,当地蚕户需要大量木炭烘烤蚕茧。但珠江三角洲为冲积平原,林木不多,缺乏柴薪,其所需柴炭仰赖广西。梧州成为柴炭的集散地,藤县、容县、北流、岑溪、昭平、苍梧等县的柴炭先运至此地,然后由商人运销广东。清中叶以前,"梧州每年有大量柴炭东运,其中柴有一千几百万斤",运销广州、江门等埠。炭分为两类:杂木炭"运销广州用来烧炼、烤饼";松木炭"运销九江、顺德一带用来烤蚕茧"。⑦ 至于制造竹器用的竹子,造船用的铁力木、樟木也是从广西山区采购而运销广东的。

(五)手工业品贸易

这主要是广东对广西的贸易。明清时期,广东的冶铁、陶瓷、丝织、棉织、榨糖、造船、食品加工等手工业生产比广西更为发达。因此,手工业制造品成为运销广西的仅次于食盐的第二商品,"广西服用百货,无一不资于广东"。当时,广东的日用百货和手工业品成为商人从广西贩运粮食到广东贸易的回程货。例如,乾隆年间(1736—1795)在贵县(今贵港市)开设林宝昌铺号的粮商林大懋,从贵县贩运粮食到广东出售,"然后从广东运回大批的手工业品、布匹、丝绸、故衣、铁农具等"⑧。在永和墟开铺经商的南海县米商周魁国、刘懿彰等人也经营广东运来的"绸缎、布匹、海味、磁器"。桂平县江口墟的"仁兴店"运谷米到佛山后,从佛山运回咸杂食品和"洋纱、绉纱一、大成布、大灰布等到江口"。所以民谚云:"粤东多商,粤西多农,帛布、菽粟两相便也。"⑨

从上述史实看,明清时期两广的商业贸易往来相当频繁。从广西运销广东的商品主要是粮食、锡、铅、铜、蓝靛、黄藤、桂皮、柴、炭、竹、木等农矿产品和土产品;从广东运销广西的商品主要是盐、铁器、陶瓷、布匹、铜器、丝绸等手工业产品。明清两

---

① 转引自李炳东《广西农业经济史稿》第236页,广西民族出版社1985年版。
② 《民国佛山忠义乡志》卷六《实业志》。
③ 《光绪南海乡土志》。
④ 〔清〕朱耘:《粤东成案初编》卷二二。
⑤ 《光绪南海乡土志》。
⑥ 〔清〕梁廷枏:《粤海关志》卷十一《税则四》。
⑦ 〔清〕彭泰来:《说帐》(下),载《广东文征》第5册第353页。
⑧ 〔清〕《太平天国革命在广西调查资料汇编》第29页。广西僮族自治区人民出版社1962年版。
⑨ 《雍正广东通志》卷四二《名宦》。

广的商业贸易是以民生用品为主，这和宋元以前的珍奇宝货等奢侈品贸易大相径庭，反映了明清时期两广商品经济的长足发展。但是，在整个贩运贸易中，占最大数量的商品仍然是粮食，其本身并非商品生产，而是由于商业活动才成为商品。它所交换的对象主要是手工业制造品，但后者的商品量值却少于粮食。这就说明，广西粮食的长途运销主要是满足广东经济作物种植区农民和城乡手工业者的粮食需要，工农业产品的交换尚不占统治地位。从宏观看，明清时期两广商业贸易的市场结构仍然是一种以粮食为基础，以盐（布）为主要对象的小生产者之间交换的模式。

二

明清时期，两广商业贸易空前发展及形成以粮食为基础的市场结构模式，同当时两广经济发展、人口变化的差异，水运发达和广东海外贸易的高度发展等因素密切相关。

第一，两广经济的发展及其差异，是两广商业贸易发展的基础。

明清时期，特别是明中叶以后，广东的经济在宋、元两代的基础上有了新的发展，成为全国手工业发达的地区之一。手工业生产部门众多，花色品种齐全，技术精巧。其中，佛山的冶铁、陶瓷、纺织、纸扎业，广州、新会的造船、金属加工、制糖、纺织、酿酒、蒲葵、食品加工业，番禺、东莞、增城、阳春的榨糖业，南海、东莞、增城、新安（宝安）的爆竹、织布业，顺德的缫丝业以及沿海各县的制盐业，等等，这些部门已经逐步形成专门化生产，而且有些手工业生产已有相当大的规模。高度发展的手工业产品生产已成为商品生产，它既要求有广阔的销售市场，又需要足够的各种原料供应和粮食供给，以维持和扩大再生产。因此，省内外的商业贸易的发展势在必行。与此同时，"广东有些府、州、县农村经济作物的发展，农产品商品化的程度，已经超过了江南五府而跃居第一位"①。农业生产内部结构的不断变化，使经济作物的种植面积日益增加。其中，蚕桑、养鱼、甘蔗、蔬菜、水果、种香、花卉等，都先后形成了专门化的商品性生产。结果，经济作物种植面积不断扩大而粮食种植面积日益缩小。如东莞、番禺、增城等县有"蔗田几与稻田等"的现象，甚至有"弃膏腴之沃壤而变为果木之场"②者。这种情况加上城镇手工业人口的骤增，必然需要更多的粮食供给。据全汉昇教授估计，雍正年间（1723—1735），"广州及其城镇和郊区的人口可能为 300 万，每年要消费大约 700 万石稻谷"。③ 足见需求量之大。于是，广东出现严重缺粮的局面，只好求助于广西粮食的运销。而当时广西亦具备提供粮食运销的条件，且广西本省迫切需要广东运销手工业制品。

广西的经济也有所发展，特别是明中叶以后，农业生产的发展尤为明显。浔江、柳江流域及玉林地区纷纷推广双季稻的种植，产量不断提高。据郑家度先生研究，乾隆十

---

① 参阅李华《明清时代广东农村经济作物的发展》，载《清史研究集》第 3 辑，四川人民出版社 1984 年版。
② 《清世宗实录》卷五四，雍正五年三月庚寅。
③ Han-sheng Chuan, Richard A. Kraus, *Mid-Ch'ing Rice Markets and Trade: An Essay in Price History*, pp. 70 – 71, Cambridge MA, 1975.

八年（1753）左右，广西的水稻"每亩单产量高于全国的平均水平"①。因此，广西的田亩虽然比较瘠薄，"而一岁所出，敷一岁之用尚属有余"②。加上清初已从广东引进玉米、番薯并广泛种植，"农民大部以杂粮为主要之粮食"。号称"广西粮仓"的苍梧和邕宁两县，至晚清和民国年间，农民食米率也分别仅为70%和60%。③ 许多农家种玉米、番薯杂粮留作自用，谷米则投入市场换取其他日用品。诚如方志所记，梧州"小民惟知力穑"，"粜谷卖薪"，以交换盐、布、农具，也是"家鲜盖藏"。④ 直至民国初年，广西人口已增至1000万，但每年由梧州输往广东的粮食仍然达到400万担。⑤ 可见广西农民从俭朴生活中节省出来的谷米数量是相当巨大的。

第二，广东人多田少相对广西地广人稀，是两广以粮食为基础的商业贸易发展的重要因素。

两广的地理位置和气候条件十分相似，但由于两地经济发展极不平衡，人口与土地比例各不相同，形成了广东人多田少和广西"地广人稀"的格局。在顺、康、雍的近百年（1644—1735）间，广东的人口是广西人口的8.6、6.1和6.4倍，而广西人均占有耕地比广东分别多21.54、16.22和15.9亩，足见广东的人多田少与广西的地广人稀之鲜明对比。根据梁方仲教授的统计，嘉庆二十五年（1820），广东的人口达到21197741人，约为同年广西人口7429120人的2.8倍多。而广东人多田少的矛盾又集中在广州府。同年，该府的人口总数为5799261人，接近广西粮产区的桂林、柳州、平乐、梧州、浔川、南宁、镇安7府和郁林直隶州的人口总数5810342人，但这8府州的土地面积则是广州府的6.2倍。⑥ 广州府人均耕地只有1.8亩。在这种情况下，出现了广东人多缺粮和广西人少粮多的现象，于是形成两广之间以粮食为基础、以盐等手工业品为主要对象的市场模式："广东一省，非山即海，田地本少，烟户繁庶，每年食米全仗广西运贩接济"⑦；同时"创为融通之法，以东盐易西米"⑧。

第三，水运交通便利，是两广商业贸易发展的重要条件。

在20世纪之前，中国的商品运销主要是依靠内河水运。明清时期，横贯两广的西江成为两广商业贸易大动脉。西江源出云南省曲靖县的马雄山，在黔、桂边境同北盘江汇合为红水河，东南流至石龙入柳江称黔江，到桂平纳郁江后称浔江，到梧州纳桂江入广东称西江，出高要羚羊峡进入珠江三角洲，在三水与北江会合。三水以下水流分散，主流经磨刀门入海。西江全长2129公里，是中国南方最长的河流，它为两广的商业贸易提供了极为重要的自然地理条件。广东的盐、布、丝绸、铁器等手工业制品由广州起运，可溯西江而上，经三水、高要、德庆、封川入广西，到达素称"入桂门户"的梧州；折经桂江北上到达平乐、桂林，过灵渠与湘江水系连接；经浔江而上到桂平，折经

---

① 郑家度：《广西金融史稿》第6—7页，广西民族出版社1984年版。
② 《朱批谕旨》第四十九册，雍正七年十一月初七日广西巡抚金鉷奏。
③ 《广西省农村调查》第31—32页，商务印书馆民国二十三年（1934）版。
④ 《同治苍梧县志》卷五《风土志上·风俗》。
⑤ 张先辰：《广西经济地理》第34页，1941年版。
⑥ 梁方仲编著：《中国历代户口、田地、田赋统计》第277—278页，上海人民出版社1980年版。
⑦ 《乾隆广州府志》卷五五《艺文五》。
⑧ 〔清〕樊封：《南海百咏续编》卷三。

黔江上至柳州，与红水河接通到达桂西及云南；自桂平再溯郁江而上到贵县达南宁，然后还可折右江到达百色。广西的粮食、矿产、木材及蓝靛等土特产由西江水贩运至梧州，然后源源不断地转运广东贸易，构成了一幅两广商业贸易繁盛的美丽画卷。其中梧州是枢纽，起着"三江襟带，众水湾环，百粤咽喉，通衢四达"[①]的作用，成为"两粤之襟带，形势所关，古今一辙"[②]。

第四，广东对外贸易的高度发展，是对两广商业贸易的强烈刺激。

明洪武初年，朱元璋实行海禁政策，曾废止管理广东对外贸易的广东市舶司。明成祖实行开放政策，于永乐元年（1403）重设广东市舶司。嘉靖元年（1522），因"倭寇"猖獗，广东市舶司再度废止。但二十九年（1550）广东市舶司再度恢复后，一直保持运作。三十二年（1553），葡萄牙人通过贿赂海道副使汪柏获得在澳门居住和贸易的权利。澳门则成为东西方国际贸易的中转港。隆庆以后，海禁松弛，广东的对外贸易得以进一步发展。顺治十二年（1655），清政府实行海禁，但由于广东地方政府官员如两广总督李栖凤、平南王尚可喜、巡抚王来任等抵制，广东的对外贸易并未完全中断。康熙二十三年（1684），清政府废除海禁，"开海贸易"，设置江、浙、闽、粤四海关管理对外贸易。乾隆二十二年（1757），清政府撤销江、浙、闽三海关，规定番商"将来只许在广东收泊交易"[③]。从此，偌大的中国的对外贸易几乎都集中在广东进行，而且这种状况一直延续至道光二十年（1840），长达83年之久。这就使得广东的对外贸易具有得天独厚的优势，进入高度发展的黄金时代。而且这种对外贸易已经由传统的以使用价值为目的、以进口为基调的贸易转变为以获利为目的、以出口为基调的贸易。于是，全国各地的商品麇集到广州出口，把内地的商品卷入国际贸易领域之中。就两广商业贸易而言，广西的货物源源不绝地运销广东，进口广东的洋货则源源不绝地贩销广西。据道光十三年的（1833）报道，当时"广西有人口七百万，为广州市场提供大量的米和肉桂，还有铁、铅、扇子和各种木材，带回多种土产和几乎所有种类的海外来货"[④]。到了晚清，更多洋纱、洋布、洋油运销广西。例如光绪二十三年（1897），经梧州进口的洋纱为27414担，第二年则增至62000担，[⑤] 使广西不少地方用起了洋货。例如，贵县"光绪季年，衣料寝尚洋货，即线缕巾带之微，亦多仰给外人"[⑥]。可见，明清时期两广的商业贸易实际上同广东的对外贸易直接联结在一起了，前者是后者的一部分。广西的货物经广东而进入了国际市场，而外国的商品也经广东而深入广西腹地。可以说，两广的商业贸易已经开始挣脱封建社会商业贸易传统格局的羁绊，在某种程度上具有近代化商业贸易的性质。

[①] 〔清〕陈辉祖：《重修梧州府志序》，载《乾隆梧州府志》。
[②] 〔清〕顾祖禹：《读史方舆纪要》卷一〇八《广西三·梧州府》。
[③] 《清高宗实录》卷五五〇，乾隆二十二年十一月戊戌；《军机处上谕档》，见《清宫广州十三行档案精选》第1070页，广东经济出版社2002年版。
[④] 转引自姚贤镐编《中国近代对外贸易史资料》第1册第306页，中华书局1962年版。
[⑤] 参阅覃廷欧《广西四大城市在明清时期的发展》，载《广西师范大学学报》1994年第3期。
[⑥] 《民国贵县志》卷二《社会·生活状况》。

三

既然明清时期两广的商业贸易已经开始挣脱封建社会的羁绊，那么，它的社会功能也就具有了某些新的因素。

第一，在某种程度上引起了广东商品生产的质变。鸦片战争前，广东的商品生产（无论是农业的经济作物种植，还是外向型的手工业）是一种非本地特产的商品生产，已经属于马克思所说的由商业的发展开创的生产部门。"它们一开始就以商业为基础：既以替市场和世界市场生产为基础，也以世界市场造成的生产条件为基础。"① 这种商品生产首先以交换价值为出发点，使用价值则相对从属于交换价值，是价值与使用价值的生产的统一。在某种程度上，这种生产实际上反映了商品生产的发展已经达到了一个突破了传统生产模式的新水平，具有某种与封建社会传统较原始的商品生产不同的因素。

第二，刺激广西商品生产的发展。根据清史专家郭松义研究员的研究，广西社会经济的发展迟于广东，农业生产是明中叶后发展起来的。② 直到清中叶，广西仍处在"土瘠民贫，不事力作，五谷之外，衣食上取给衡永，下取给岭南，中人以下之家，株守度日而已"③ 的状态，说明当时广西的生产是以种植粮食作物为主的单一结构，很少种植经济作物，属于低层次的自然经济模式。从宏观看，广西人民的经济生活总体上还未达到自给自足的水平，所以穿衣要依赖于湖南，食盐要仰给广东，能够投放到市场的产品是粮食及山区农副土特产品。但是，由于两广贸易的长期发展，大量谷米运销广东，不仅使广西增加一大笔收入，而且从中获得很多国内外的市场信息，多少改变了长期闭目塞听的状态，打开了发展商品生产的眼界。鸦片战争之后，广西以交换价值为目的的商业性农业和手工业才开始发展。光绪二十年（1894），容县、郁林已有18886磅生丝输往广东出口，这引起了香港商人的注意，于是他们派遣辛迪加的一位代理人到达容县，"由他雇用了几位育蚕专家，并建立了六家丝店进行收购生丝，成绩甚为良好。丝的品质优良，运达香港后每担成本约为340元。……希望这项生意将会进一步地增长"④。显然，广西的养蚕缫丝生产是在两广商业贸易的刺激下迅速发展起来的，而且很快就打入了国际市场，具有以交换价值为目的的商品生产性质。此外，手工业生产也得到了新的发展。为了提供广东佛山冶铁铸造业所需要的铁矿砂，广西铁矿开采业在清朝有了迅速的发展。铁矿产地由明代的2个县增加到乾隆二十七年（1762）的10个州县（灵川、兴安、永安、永福、贺县、怀集、左州、雒县、天河、思恩），炼铁炉达到59座。⑤ 闽

---

① ［德］马克思：《资本论》第3卷第376页，人民出版社1975年版。
② 参阅郭松义《清代的粮食贸易》，载《平准学刊》第1辑，中国商业出版社1935年版。
③ ［清］闵叙：《粤述》，载《小方壶斋舆地丛钞》第七帙。
④ 转引自姚贤镐编《中国近代对外贸易史资料》第3册第1489页，中华书局1962年版。
⑤ 《清代钞档》，转引自彭泽益编《中国近代手工业史资料》第1卷第315页，中华书局1984年版。

粤商人也来到容县山区兴办造纸厂，"有蓬百余间，工匠动以千计"①。其他如梧州的藤器业、榨油业、碾米业、酿酒业，桂林的麻布业、雨伞业、酿酒业等也都得到进一步的发展。其中桂林的三花酒，梧州的寄生酒、蛇酒、法子酒、兴密酒、竹叶青酒等均运销广东，在香港出口。

第三，促进了两广墟市和城镇的兴起和发展。随着明清时期两广商业贸易的发展和市场的不断开拓，两广（特别是珠江三角洲和西江沿岸地区）的墟市和城镇也如雨后春笋般兴起和发展。据统计，万历年间（1573—1620），广东全省县以下的墟市达到424个，② 其中珠江三角洲为176个，占40%，以顺德、南海、东莞、新会、番禺县为多。明末，顺德县有墟市36个，东莞县29个，南海县和新会县各25个。③ 到了清中叶以后，顺德县的墟市增到62个，④ 东莞县增至83个，⑤ 南海县增至126个，⑥ 新会县增至70个，⑦ 番禺县有墟市110个，⑧ 而且出现了专业性的贸易墟市。例如，南海县的九江墟、顺德县的龙江墟是专售生丝、经丝、绒料的丝市；番禺县的乌涌墟是专售梅子、龙眼、荔枝、菠萝的果市；顺德县的桂洲堡是专售花卉的花市。与此同时，城市也日益繁荣了。闻名全国的四大镇之一的佛山镇发展成"四方米谷之所屯"，"各省商贾屯贮货物，往来买卖之所"⑨ 的商业贸易中心城镇。道光年间（1821—1850）有铺区27个，街巷596条，码头津渡28个，⑩ 工商店号3380家，⑪ 人口近3万。"米食则多倚于西省"的三水县西南镇，嘉庆年间（1796—1820）成为"商贾辐辏、帆樯云集"的"雄镇"。⑫ 西宁县（今郁南县）的都城镇地处西江中游，由于广西东运的谷米均在此停泊转运，这里成为广东境内第一个较大的粮食集散地。地处珠江下游的江门、陈村、勒流、小榄等镇也因日销广西谷米而发展成大米埠。

广西的墟市和城镇也随两广的商业贸易兴起和发展，特别是与广东进行谷米贸易的西江沿岸的墟市更为发达。例如梧州附近的墟市就有城南市、府东市、小市、永宁墟、利民墟、下郢埠、榕树潭、便民墟、石桥墟、永安墟、太平墟、广平墟、新利墟、长兴墟、永安埠、河步小埠、新铺小埠、武屯小埠、大安小市、双桥小市、昙伦尾小市、新铺小市、黄坡小市、木户小市等20多个。至于沿西江分布的苍梧县戎墟、平南县大乌墟、桂平县的江口墟，以及梧州、桂平、平南、藤县、贵县、容县、南宁、郁林、平乐、昭平、贺县、桂林、柳州等县城以上的城市，都因为与广州、佛山、江门等城镇有

---

① 《乾隆梧州府志》卷九《田赋志·盐榷》。
② 据《万历广东通志》卷三五《郡县志》的数字统计。
③ 《珠江三角洲农业志》第1册第97页，1976年版。
④ 《咸丰顺德县志》卷五《建置下·墟市》。
⑤ 《嘉庆东莞县志》卷九《坊都》。
⑥ 《道光南海县志》卷五《建置略二·墟市》。
⑦ 《道光新会县志》卷四《建置下·墟市》。
⑧ 《同治番禺县志》卷十八《建置略五·墟市》。
⑨ 《佛山义仓总录》卷一。
⑩ 《道光佛山忠义乡志》卷一《乡域志》。
⑪ 根据残存的《光绪二年重修佛镇栅下天后元君古庙官绅值事善信芳名喜认签题工金各行工科杂项费用进支数目刊列碑记》统计。
⑫ 《乾隆梧州府志》卷二《舆地志·疆域》。

谷米贸易而繁荣起来。这些城镇街道纵横,商货丰聚、酒店林立,船户挑夫四方麇集,市面上一片繁喧景象。在这些城镇经商者多是广东商人,故有"无东不成市"的俗谚和"商业辏集、类多粤东人"[①]的记述。乾隆五十三年(1788)戎墟重建粤东会馆时,捐款资助的粤商户有518家,共捐工料各款117600两。戎墟粤商之众多、资本之雄厚可见一斑。

(原载《中国社会经济史研究》1989年第4期)

---

① 《重建戎墟粤东会馆碑记》,乾隆五十五年。1987年笔者访问苍梧县时抄录碑文。

明清时期珠江三角洲商人与商人资本初探

早期历史上曾经是比较荒凉的广东珠江三角洲地区（包括番禺、顺德、中山、斗门、珠海等县的全部，三水、新会、南海、东莞等县的大部分，高鹤、增城、宝安等县的一部分和广州、佛山、江门等三市），经过宋、元两代劳动人民的大力开发，在经济上已经摘掉了"落后"的帽子。到了明清时朝，特别是嘉靖年间（1522—1566）以后，广东珠江三角洲地区更是发展成一个商业繁荣和商业资本发达的地区，不仅胜于本省的其他地区，而且可以与江苏的苏州、扬州地区，福建的泉州、漳州地区，安徽的徽州地区和山西的潞安、泽州地区相媲美。其时，珠江三角洲的商品畅销国内外，商人足迹遍天下，商业资本雄厚，呈现出一派商业繁荣的景象。为什么明清时期珠江三角洲的商业如此繁荣，商业资本这样发达？它的发展趋势又是怎样？回答这些问题，对于中国社会经济史、特别是对于沿海地区资本主义萌芽的深入研究和讨论是有一定的科学价值的。本文以笔者所接触到的资料为依据，对这些问题提出一些肤浅的认识，以就正于研究中国社会经济史的老前辈和学者。

一、商业与商业资本的发展

明中叶以后，随着经济的发展，这一地区的商业贸易踏入了繁盛时期。这期间，珠江三角洲无论是商品数量之多、商人活动范围之广，还是经商人数之众、商业资本之雄厚，都不亚于长江下游的苏松杭三角洲地区。全国著名、世人瞩目的"广州帮"商人主要就是指珠江三角洲的商人。当时的珠江三角洲商贾云集，舟车辐辏，墟市林立，百货山积。明人孙蕡曾作《广州歌》描绘这种情景：

广南富庶天下闻，四时风气长如春。
长城百雉白云里，城下一带春江水。
少年行乐随处佳，城南濠畔更繁华。
朱帘十里映杨柳，帘栊上下开户牖。
闽姬越女颜如花，蛮歌野曲声咿哑。
岢峨大舶映云日，贾客千家万家室。①

---

① 〔明〕孙蕡：《西庵集》卷三。

珠江三角洲商人不但在本地做生意，而且到外县、外省、外国去经商。例如崇祯五年（1632），顺德县龙江商人黄芝鸾先到东莞县石龙墟经商，后"往琼南贸易"①。乾隆年间（1736—1795），阳江县"多南海、新会之人，辐辏营生"②；怀集县经商的也"多新会、顺德、南海人"。③ 这说明珠江三角洲的商人已深入到省内边远山区经商了。

到外省去经商者也不乏其人。如正统八年（1443），香山县小榄墟的大商人何图源贩运大批稻谷到福建去出售。④ 隆庆六年（1572），顺德县商人邓藤宇也到福建经商，并在那里买田园庐舍定居。⑤ 康熙至乾隆初年（1662—1737），顺德县龙江乡商人黄廷化先到苏州贸易，后转江西经商。⑥ 康熙年间（1662—1722），东莞县的一些商人远赴山东等北方地区去做生意，县志有"度岭峤，涉湖湘，浮江淮，走齐鲁"⑦ 的记载。嘉庆年间（1796—1820），顺德县龙山乡的商人"或奔走燕齐，或往来吴越，或入楚蜀，或客黔滇，凡天下省郡市镇，无不货殖其中"⑧；番禺县的"商贾如韦涌、石蓼、南冈等十余户，咸以白糖、果干贸易于吴城、樊城、汉口"⑨。咸丰年间（1851—1861），顺德县碧江乡商人梁炜也"去而事贾，走豫章、吴会间，遂致巨富"⑩。可见，当时珠江三角洲商人的足迹已遍及今天的福建、浙江、安徽、江苏、湖南、湖北、江西、山东、河北、北京、四川、贵州、广西等13个省（区）市，几乎走遍半个中国了。

与此同时，全国各地的商人也纷纷南来珠江三角洲经商贸易，所谓"福、泉、徽商人皆争趋焉"，这种现象被称为"走广"。如明浙江巡视海道副使谭纶所说：

  浙人多诈，窃买丝、绵、水银、生铜、药材一切通番之货，抵广变卖，复易广货归浙……曰走广。⑪

当时到珠江三角洲经商者，以"江、浙、楚、闽"为最多，特别是"闽商聚食于粤，以澳（门）为利者，亦不下万人"⑫。如福建商人黄敬从苏州贩缎匹来广州出卖。天启元年（1621）春，郑芝龙的母舅黄程也"行贾香山澳"⑬；晋江安平商人贾理学"多贾于粤"⑭。清朝，闽人在珠江三角洲经商定居者更多。如著名的广东十三行行商中的潘启、谢有仁、严启昌、潘文涛、马佐良、潘文海、吴天垣、容有光等9人均是从福

---

① 《黄氏族谱》。
② 《乾隆阳江县志》卷八《杂志·风俗》。
③ 《乾隆怀集县志》卷一《舆地志·风俗》。
④ 《小榄何族发家史》。
⑤ 《邓氏家谱》。
⑥ 《黄氏族谱》。
⑦ 《雍正东莞县志》卷二《风俗》。
⑧ 《嘉庆龙山乡志》卷四《风俗》。
⑨ 〔清〕龙廷槐：《敬学轩文集》卷二《初与邱滋畲书》。
⑩ 《咸丰顺德县志》卷二七《列传七》。
⑪ 〔明〕郑若曾：《筹海图编》卷十二《行保甲》。
⑫ 《咸丰顺德县志》卷二四《列传四》。
⑬ 《道光重纂福建通志》卷二六七《明外纪》。
⑭ 转引自傅衣凌《明清时代商人及商业资本》第134页，人民出版社1980年版。

建迁来的商人。《潘启传》云：

> 潘启……其先世乃福建漳州龙溪乡人。……启生于清康熙五十三年六月十二日，少有志，知书；长怀远略，习商贾；及壮由闽到粤，通外国语言文字，至吕宋、瑞典贩运丝茶，往返数次，积有余资，寄店粤省，请旨开张同文洋行。①

可见十三行的商人从闽来粤经商定居后又与外国人进行贸易。特别是在嘉靖元年（1522）明政府撤销福建、浙江市舶司后，广州变成中国唯一合法的对外贸易港口和贸易中心，珠江三角洲的商人就近同外国人做生意，商业日益兴旺活跃。嘉靖二十三年（1544）前，香山县商人就在浪白澳（今珠海市南水岛）这个小港口同来自爪哇、浡泥、暹罗、真腊、三佛齐、葡萄牙等国的商人做买卖，当时称之为"海市"。每年夏秋之间，外国商船乘西北季风而来，帆樯麋集，极为繁盛。正如屈大均所说：

> 正德四年来贸易，……凡十二国，皆尝来往广东者。②
> 在昔州全盛时，番舶衔尾而至，其大笼江，望之如蜃楼在顶颠……豪商大贾，各以其土所宜，相贸得利不赀。③

至嘉靖三十二年（1553），葡萄牙进入和租居中国领土香山县的澳门之后，澳门变成广州对外贸易的外港和东西方国家国际贸易的中继港口。当时明政府虽然实行海禁，但又视澳门为"化外"之区，允许当地商人出海贸易，所以珠江三角洲的商人利用这个有利条件远渡重洋，出海贸易，所谓"远而东西二洋，无不有也"④。例如乾隆四十年（1775），新会县潮连乡商人卢继恪就到南洋做生意，其乡志曰：

> 卢继恪，字廷章，号敬斋，时航路未便，交通艰阻，操商业者切大都未能及远。独通商高州，驯及南洋诸埠，于其盛也，自量商舶，来往于南洋者凡数十艘。于高州各方，设典肆者凡七区。共余别种商业，不胜偻指。⑤

与此同时，葡萄牙等欧洲国家的商人也纷至沓来，在澳门同珠江三角洲的商人进行贸易活动。嘉靖四十三年（1564），庞尚鹏在《抚处濠镜澳夷疏》里提到外国商船到澳门贸易的情形：

> 每年夏秋间，夷舶乘风而至，往二三艘而止，近增至二十余艘，或倍增焉。⑥

---

① 转引自梁嘉彬《广东十三行》第260页，广东人民出版社1999年版。
② 〔清〕屈大均：《广东新语》卷十五《货语·诸番贡物》。
③ 〔清〕屈大均：《广东新语》卷十五《货语·黩货》。
④ 〔清〕屈大均：《广东新语》卷九《事语·贪吏》。
⑤ 《民国潮连乡志》卷五《人物略》。
⑥ 〔明〕庞尚鹏：《百可亭摘稿》卷一《抚处濠镜澳夷疏》。

隆庆年间（1567—1572），外船得入广州贸易。对此，霍与瑕指出：

> 近日闽浙有倭寇之扰，海防峻密。凡番夷市易，皆趋广州。……广东隔海，不五里而近，乡名游鱼洲，其民专驾多橹船只，接济番货。每番船一到，则通同濠畔街外省富商，搬瓷器、丝绵、私钱、火药违禁等物，满载而去，满载而还，追星超月，习以为常，官兵无敢谁何。①

到了清朝，外国商船来华经商贸易者日益增多。据统计，康熙五十四年至五十九年（1715—1720），到广州来贸易的英、法等国商船有63艘，进口的货物有胡椒、毛呢等几十种；②乾隆十四年至道光十八年（1749—1838），外国进来广州的商船达到5130艘。③而且，还有外国商人同中国商人合作经商的情况。《巴达维亚城日记》1636年11月26日曾有这方面的记述：

> 在留日本人与中国人并土人若干名，舣装戎克船只，积载粗恶的支那生丝一万斤，及约二千五百乃至三千斤的广南生丝，并瓷器、铁锅及其他唐物，欲于七月末日向日本开航。当在同船出发前，在新收获期前，预计可有生丝一万二三千斤入手。④

从上所述可清楚地看出，明清时期珠江三角洲的商人在省内和国外的商业贸易活动是相当频繁的。下面进一步考察其重要商品贸易的情形。

（一）铁器贸易

明清时期，佛山镇的铸铁业饮誉全国，所以佛山出产的铁锅、铁镬、铁钉、铁针、铁线以及小五金（如刀、剪、凿、锤、锯、锁）等日用"名牌货"畅销国内外市场。霍与瑕指出：

> 两广铁货所都，七省需焉，每岁浙、直、湖、湘商人腰缠过梅岭者数十万，皆置铁货而北。⑤

有些外省商人害怕在市场上买不到铁锅，还特地到经营铸锅的作坊主处去购买。史载：

---

① 〔明〕霍与瑕：《上潘大巡广州事宜》，载《明经世文编》卷三六八。
② 《宫中档》，转引自吕坚《谈康熙时期与西欧的贸易》，载《历史档案》1981年第4期。
③ 〔清〕梁廷枏：《粤海关志》卷二四《市舶》。
④ 〔日〕岩生成一：《南洋日本町の研究》，转引自傅衣凌《明清时代商人及商业资本》第122页，人民出版社1980年版。
⑤ 〔明〕霍与瑕：《上吴自湖翁大司马》，载《明经世文编》卷三六九。

> 佛山商务以锅业为最,各省巨商,闻公信谊,咸投其家……得充其货,毋后期也。①

当时,铁锅已远销日本、北美。据史料记载:

> 查粤东地方,因向来出产铁锅,凡洋船货买,历未禁止。……雍正七、八、九年造报夷船出口册内,每船所买铁锅,少者自一百连至二三百连不等,多者买至五百连并有一千连者。……每连约重二十斤。若带至千连,则重二万斤。臣思此项铁锅名虽煮食之器,其实一经熔炼,各项器械无不可为。每年贩出外国,诚有关系。②

这说明,因为当时外国铁的生产还落后于中国,所以运出去的铁锅除用来煮食外,还可能被熔铸成其他器具或武器。

(二) 陶瓷贸易

明清时期的石湾陶瓷器,包括炊煮器、饮食器、容贮器、灯、烛台、文房用器等日用陶瓷,花瓶、花盆、金鱼缸、玩具等美术陶瓷,琉璃瓦、造型瓦脊、色釉栏杆、华表、花岗、柱筒等园林陶瓷。石湾陶瓷的工艺水平很高,赢得"石湾瓦,甲天下"③的美誉,因此也是一种畅销国内外的商品。正如屈大均说:"石湾多陶业……故石湾之陶遍二广,旁及海外之国。"④范端昂也说:"南海之石湾善陶,其瓦器有黑、白、青、黄、红、绿各色,备极工巧,通行二广……吕宋诸国。"⑤

(三) 蔗糖贸易

以珠江三角洲盛产的甘蔗为原料的原糖制品如白糖、黄糖等也是当时大宗的贸易商品,被投入到国内市场和国际市场。屈大均有过详细记载:

> 双清者曰白沙糖,次清而近黑者曰瀵尾。最白者以日曝之,细若粉雪,售于东西二洋,曰洋糖。次白者售于天下。⑥

每年二三月间,千百艘商船载着糖到北方各省销售,然后买进布与棉花。如清人褚华所记:"闽粤人于二三月载糖霜来卖,秋则不买布,而止买花衣以归。楼船千百,皆

---

① 《南海鹤园况氏家谱》之《人物谱》。
② 转引自彭泽益《中国近代手工业史资料》第1卷第252页,中华书局1984年版。
③ 〔清〕朱彝尊辑录:《明诗综》卷一百《谣谚》。
④ 〔清〕屈大均:《广东新语》卷十六《器语·锡铁器》。
⑤ 〔清〕范端昂:《粤中见闻》卷二三《物部三·瓦缸》。
⑥ 〔清〕屈大均:《广东新语》卷二七《草语·蔗》。

装布囊累累，盖彼中自能纺织也。"①

（四）丝织品贸易

珠江三角洲的丝织品如缎、绸、绢、绌等，"质密而匀，其色鲜华，光辉滑泽"，"金陵苏杭皆不及"。② 所以屈大均说："五丝八丝广缎好，银钱堆满十三行"③，故"广纱甲天下"，畅销国内外：

> 广之线纱与牛郎绸、五丝、八丝、云缎、光缎皆为岭外京华，东西二洋所贵。④

特别是顺德县九江乡的蚕丝更是"行于省佛，贩出外洋"⑤，源源不断地通过澳门出口到中南美洲、印度、日本、菲律宾和南洋各地。据统计，万历八年到万历十八年（1580—1590）的10年间，每年由澳门输往印度果阿的生丝达到3700多担；万历二十七年（1599）前后，运往日本长崎一地的生丝仍然保持在3000多担左右，价值达100万两。⑥ 到乾隆四十二年（1777），运往国外的生丝仍有3700担。这说明，从16世纪到18世纪末，珠江三角洲的蚕丝已经成为世界资本主义市场不可缺少的商品。

（五）蒲葵贸易

新会县的特产蒲葵制品如葵扇、葵蓬、葵刷、棚盖、葵席、葵篮、葵帽等，也是在国内外很受欢迎的商品。万历年间（1573—1620），民间就有"蒲葵之制（品），几遍天下"⑦ 之说。

（六）果品贸易

珠江三角洲农民种植的荔枝、龙眼、柑、橙、李等水果，都是得天独厚的特产。每年夏天，增城、东莞、南海、番禺等县的荔枝、龙眼等岭南佳果运往北方，十分畅销；每年秋季，新会等县的柑、橙又输向外省出售。更多的情况是把荔枝、龙眼焙烘加工成荔枝干、龙眼干，然后运往外省销售。史称：

> （龙眼）广人俱烘干以为货，北人重焉，每燕必以为荐实。⑧

---

① 〔清〕褚华：《木棉谱》第11页，商务印书馆1937年版。
② 《乾隆广州府志》卷四八《物产》。
③ 〔清〕屈大均：《广东新语》卷十五《货语·纱缎》。
④ 〔清〕屈大均：《广东新语》卷十五《货语·纱缎》。
⑤ 《光绪九江儒林乡志》卷三《舆地略·物产》。
⑥ 全汉昇：《明代中叶后澳门的海外贸易》，载《中国文化研究所学报》1972年第5卷第1期。
⑦ 《万历新会县志》卷二《食货》。
⑧ 《古今图书集成·方舆汇编·职方典》卷一三一一《广州府部·物产》。

（七）鱼花（苗）贸易

珠江三角洲的鱼花，以品种优良著称全国，成为一种畅销外省的特产商品。特别是顺德县九江乡的鱼花更居全省的垄断地位，颇受外省欢迎而远销广西、江西、湖南、湖北、福建等省。屈大均说：

> 九江乡扼西北江下游，地窊、鱼塘十之八，田十之二。故其人力农无几，终岁多殚力鱼苗。①

> 岁正月，始鬻鱼花，水陆分行，人以万计，筐以数千计。自两粤郡邑，至于豫章、楚、闽，无不之也。……楚虽多鱼，而所产鱼花，楚人不重，率重九江人所鬻者，以粤之鱼花易长也。②

（八）其他商品贸易

诸如纸张、苏木、番椒、藤、蜡等产品，也是大量贩运全国各地。海盐则"通西粤、江西、吉安、南赣三府……盐船大小勒买路银三百零五两不等"③。可以说，明清时期，珠江三角洲经销国内和国外的商品品种是相当多的，数量是相当大的。正如屈大均所说：

> 广州望县，人多务贾与时逐，以香、糖、果箱、铁器、藤、蜡、番椒、苏木、蒲葵诸货，北走豫章、吴、浙；西北走长沙、汉口。其黠者南走澳门。至于红毛、日本、琉球、暹罗斛、吕宋，帆蹛二洋，倏忽数千万里。以中国珍丽之物相贸易，获大赢利。④

珠江三角洲的各种商品贸易具有两个特点：第一，销出的商品主要是手工业产品和经过加工的农副产品，其次才是一些本地区的特产；第二，靠近广州和澳门两个外贸港口，商人得以把商品直销给外国商人，迅速进入国际市场。这使珠江三角洲的产品早享国际声誉，为近代以至现代的广州对外贸易打下了深厚的基础。

在珠江三角洲的商品向外省外国大量倾销的同时，全国各地和外国的商品也源源不绝地运入这里出售。下面将光绪年间（1875—1908）每年从外地运入珠江三角洲的商品列表统计（表1），便可知其梗概。

---

① 〔清〕屈大均：《广东新语》卷二二《鳞语·鱼饷》。
② 〔清〕屈大均：《广东新语》卷二二《鳞语·鱼花》。
③ 《咸丰顺德县志》卷二四《列传四》。
④ 〔清〕屈大均：《广东新语》卷十四《食语·谷》。

表1　光绪年间（1875—1908）各地输入珠江三角洲商品统计

商品名称	商品产地	输入地点	每年输入商品价值/元
大米	芜湖、镇江、广西	广州、佛山	3400000
大米	安南、暹罗	广州	5000000
蓝靛	广西、罗定	佛山、西南	130000
桂皮	广西		6000000
油	天津、上海		100000
豆油、麻油	烟台、牛庄	广州	30000
棉布	上海	广州	30000
药材	四川、云南、河南、安徽	广州	
麻	湖南	广州	600000
香粉	罗定	佛山、广州、南海	30000
柴	西江和北江沿岸、罗定	广州、佛山、九江	1030000
牛皮	西江和北江沿岸	南海	300000
牲畜	雷州、廉江、琼州	广州	2000000
干果	各地	广州	80000
麸	高州、阳江	广州	700000
竹	西江和北江、沿岸	广州	100000
杉	罗定	九江	60000
呢绒	葡萄牙	香山	5300（箱）
黄金	葡萄牙	香山	22000（两）
酸枝、坤甸	暹罗	广州	60000
面粉	外国经香港转运	广州、佛山	200000
咸鱼	澳门转运	广州	30000
洋布	外国经香港转运	广州、各县	100000
洋纱	外国经香港转运	广州	100000
火柴	外国经香港转运	广州	20000
火水	外国经香港转运	广州	40000
洋货	外国经香港转运	广州	200000
洋糖	外国经香港转运	广州	50000
海味	外国经香港转运	各县	
合计			20590000

资料来源：《光绪南海乡土志》（抄本）。原书记载合计为16750000元，此数字有误，因呢绒、黄金未换算成银元计入合计数。

表1所列的当然不是输入珠江三角洲的全部商品统计，但仅就表内所列可知每年经省内各地、省外和国外运销珠江三角洲的商品有30多种，而且多是外地的土特产。其中，引人注目的是每年输入的大米价值达到340万元，占输入商品价值的16%。原因是嘉靖（1522—1566）以后，一方面，珠江三角洲的手工业和商业迅速发展，非农业城镇人口猛增；另一方面，经济作物种植业已成为商品性农业部门，经济作物与粮食作物争地，粮食产量减少了，需要大量运进粮食以补充缺口，此其一。其二，从上表可知，当时输出商品地已有今安徽、江苏、广西、天津、上海、山东、四川、云南、河南、湖南、湖北11个省区市，至于外国商品，虽然表中只出现安南、暹罗、葡萄牙3个国家，但实际上绝不止于此。其中，经香港转运的外国商品必定是来自很多国家的，只是《南海乡土志》没有具体列出而已。其实，当时在广州和佛山以及各县的墟市中，摆满了欧洲各国的呢、绒、羽、纱、药物、军火，还有东方各国的名酒，这些商品输入的数量当是不少的，若折成银元计算，"自明万历元年至崇祯十七年（1573—1644），七十二年中，葡萄牙、西班牙、日本诸国由于贸易关系而输入中国的银元，至少在一亿元以上"①。所以，表1仍然可以从一个侧面说明当年珠江三角洲与国内外商业贸易的兴旺发达。

随着商业贸易的不断发展，市场不断开拓，城市和墟镇也像雨后春笋般地相继兴起和发展。据有关资料统计，仅就县以下的墟市而言，永乐年间（1403—1424），整个三角洲有33个；嘉靖三十七年（1558）发展到95个；万历三十年（1602）又发展到176个，占全省墟市总数424个中的40%。② 其中以顺德、南海、东莞、新会4县为最多。明末，顺德县有墟市36个，东莞县有29个，南海县和新会县各有25个。③ 清代中期以后，顺德县增至62个，④ 东莞县增至83个，⑤ 南海县增至126个，⑥ 新会县增至70个，⑦ 番禺县有墟市110个。⑧ 有不少是规模大、店铺多、商品丰富的墟市。如番禺县的黄陂墟，嘉庆十九年（1814）"建铺四百余，墟期一、四、七，冬杪春初，乡人猎获珍异毕萃于此，行贩者争趋焉"⑨。南海县的九江墟，清前期"货以鱼花、土丝为最，甲于邑内。次谷，次布，次蚕种，次六畜、五蔬、百果、裘帛、药材、器皿杂物，俱同日贸易"⑩；黄圃墟，乾隆时也是"舟辑鳞集，货粟充牣"⑪。而且出现了专业性的墟市，如南海县的九江墟专售丝货。竹墟"以灯笼竹料得名"，瓜菜市"贩卖瓜菜"，还有布墟、桑市、蚕市等专业墟市。⑫ 顺德县的龙江墟专门卖丝绸、绒料、纯丝，水藤堡的

---

① 梁方仲：《明代粮长制度》第129页，上海人民出版社2001年版。
② 据《万历广东通志》卷三五《郡县志》的数字统计。
③ 《珠江三角洲农业志》第1册第97页，1976年版。
④ 《咸丰顺德县志》卷五《建置略二·墟市》。
⑤ 《嘉庆东莞县志》卷九《坊都》。
⑥ 《道光南海县志》卷五《建置略二·墟市》。
⑦ 《道光新会县志》卷四《建置下·墟市》。
⑧ 《同治番禺县志》卷十八《建置略五·墟市》。
⑨ 《同治番禺县志》卷十八《建置略五·墟市》。
⑩ 《道光南海县志》卷五《建置略二·墟市》。
⑪ 〔清〕龙廷槐：《敬学轩文集》卷五《何虚谷暨德配孺人序》。
⑫ 《道光南海县志》卷五《建置略二·墟市》。

丝墟、逢简堡的桑市、桂州堡的花市都是很有名的专业墟市。① 番禺县的乌涌墟专门"卖买梅子、生果"②。这些星罗棋布于珠江三角洲各地的墟市是县内外以至省内外、国内外的商品集散地，每逢墟日（一般分为：一、四、七日，二、五、八日和三、六、九日），各种商品源源上市，墟场熙熙攘攘，真可谓"百物骈臻，商贾辐辏"。这些墟市的出现反映了商品经济日益深入到农村之中。

至于广州、佛山和江门等城市更是人口集中，商业繁荣，商贾云集。洪武十三年（1380），广州城已拥有7.5万人口，嘉靖四十一年（1562）发展到30万。③ 闻名全国的四大镇之一的佛山镇，更是一个"四方商贾萃于斯"的商业贸易中心市镇，成为"各省商贾屯贮货物，往来买卖之所"。④ 景泰年间（1450—1456），佛山已经是"民庐栉比，屋瓦鳞次，几万余家"的商埠；乾隆时，整个佛山镇城围有34里，分为25铺（区），到清末增加20铺，有大小街道234条，商店数千家，大酒家30多家。全镇形成了6墟12市，市面上出卖各种各样的商品，如"白糖、龙眼干、荔枝干、陈皮、糖梅、糖榄，皆商贩弥市，灰炉、砖炉、土工、木工、石工、金工与各乡同，惟钮针、鞋帽、乡内业此甚多，门神、门钱、金花、蓪花、条香、灯笼、爆竹之属，皆终岁仰食于此"⑤。当时佛山距海比广州近，所以其商业之繁荣、城市之热闹比起广州有过之而无不及。正如吴震方所说：

佛山一镇离广州四十里，天下商贾皆聚焉，烟火万家，百货骈集，会城（指广州）百不及一也。⑥

清初，佛山镇的人口也发展到数十万，史称："佛山有真武庙，岁三月上巳，举镇数十万人，竞为醮会。"⑦ 而江门在成化年间（1465—1487），也已发展为"十步一茅檐，非村非市廛，行人思店饭，过鸟避圩烟"（陈献章《江门墟》）的热闹墟市。到崇祯年间（1628—1644），江门"客商聚集交易以数百万计"⑧。

随着国内外商业贸易的扩大，货币制度也发展起来了。鉴于宋元以来纸钞制度的流弊日益显著，明初就恢复了以金属货币为法定货币。明嘉靖以后至清朝中期，白银已成为法定的货币，政府买卖和民间收支多用白银。当时外国白银不断流入珠江三角洲，所以这里使用白银更普遍。其他如黄金、铜钱和纸钞也作为白银的辅币在市场上使用，但数量很少。以白银为主的贵金属成为主要货币以及它的流通量之大，足以证明明清时期珠江三角洲商业的高度发展。

---

① 《咸丰顺德县志》卷五《建置略二·墟市》。
② 《同治番禺县志》卷十八《建置略五·墟市》。
③ 中国人民对外文化协会广州分会编：《广州》，广州文化出版社1959年版。
④ 《佛山镇义仓总录》卷一。
⑤ 《光绪广州府志》卷十五《舆地略七·风俗二》。
⑥ 〔清〕吴震方：《岭南杂记》上卷。
⑦ 《光绪广州府志》卷十五《舆地略七·风俗二》。
⑧ 《咸丰顺德县志》卷二四《列传四》。

为了适应当时商业贸易日益发展的需要，明中叶以后，在墟市中，牙行、会馆这类为商业服务的组织也建立和发展起来了。据周玄暐所述：

> 广属香山（澳）为海船出入噤喉，每一舶至，常持万金，并海外珍异诸物，多有至数万者。先报本县，申达藩司，令市舶提举同县官盘验，各有长例。而额外隐漏，所得不赀，其报官纳税者，不过十之二、三而已；继而三十六行领银，提举悉十而取一，盖安坐而得，无簿书刑杖之劳……①

可见，万历年间（1573—1620），这种承揽对外贸易的商业团体——广东三十六行已经建立起来了。它虽然是为封建王朝服务，在封建官府控制下承包对外贸易业务的商业团体组织，却是明代珠江三角洲商业贸易发达的一种反映。此外还有不少私牙。清康熙二十四年（1685），设在广州的广东十三行也应运而生，专司对外贸易之事。与此同时，在佛山镇也设立牙行对市场及客商进行商务管理。这种牙行对市场的管理，当时的记载很具体：

> （佛山）凡遇客货投行及铺取行货，令行户客商铺贩，彼此各一簿。将货物银钱数目，一样登写客贩之簿，用行户图记交贩收执；行户之簿用客贩图记，交行户收执。如此则互有凭据，而混赖之弊自可别除矣。又行家宜赴具承充，互保殷实，给发执照，以免骗赊货物一条，应如所请。凡有承充更替者，一体呈明查实取结，补给执照开张，仍行通报各上司查考，则私充之弊可除，而商贾亦不致有被骗之累矣。至该丞所称，从中交易微细小行，毋庸给照一节，查牙行虽名有各殊，其经手银钱货物无异，未便因行小毋庸给照。②

这说明，当时佛山的牙行（清代也称"行家"）对广大商人经营商业进行管理，就是商人必须有通过行家办理类似现代的营业执照手续的文件，才被允许做买卖。这种管理制度反映了当时佛山商业的繁荣。同时，由于各地到珠江三角洲经商的商人日益增多，明末以后，外地以及外国的商业会馆也兴盛起来。仅佛山镇就有当行会馆、莲峰会馆、山陕会馆、楚南会馆、源流会馆、琼花会馆、山陕福地、潮蓝行会馆、楮公堂会馆、熟铁行会馆、江西会馆、新钉行会馆、南邑道祖庙、金丝行会馆、兴仁帽绫行东家会馆、兴仁帽绫行西家会馆、筛择槟榔行会馆、西货行会馆、楚北会馆等19个各省的会馆以及20多个外国商馆。③ 与此同时，珠江三角洲的商人也在外省建立会馆，例如"岭南会馆在（苏州虎丘）山塘桥西，明万历间广州商建。清康熙五年重修"④。这说明

---

① 〔明〕周玄暐：《泾林续记》第34页，中华书局1985年版。
② 《粤东例案·行市》（抄本）。
③ 《道光佛山忠义乡志》卷五《乡俗》。
④ 〔清〕顾禄：《桐桥倚棹录》卷六。

珠江三角洲的商品拥有相当广阔的国内外市场。

随着珠江三角洲商业的日益发展，商人也不断增加。目前虽然因史料有限而无法对明清时期珠江三角洲的商人数量进行统计，但从道光年间（1821—1850）各县商人向封建政府交纳的捐饷比例看，当时商人是为数不少的。据统计，南海县的商业捐饷占60%（农业和手工业各占20%），顺德、新会县各占40%，番禺、东莞、新安（宝安）县各占30%，增城县占20%，香山县占10%。① 这些商人通过贱买贵卖的商业贩运活动集中了社会上相当一部分的货币财富，拥资十万、百万者不乏其例。如顺德县商人邓仲豪、邓仲钊两兄弟："弱冠经商，以贩丝为业，仲豪居省（广州）发售，仲钊在乡购买，一外一内，各展所长。初在泮塘开张义和纺织生理，后在第七甫营创淬和祥洋庄丝店，积富数十万。"②

顺德县黎村的商人吴敏经商资本"致巨万"③。新会县潮连乡商人卢继恪"操商业，有远志，设商船转运凡十数艘，于高州典肆数处，因成巨富"④。道光年间（1821—1850），商人梁玉成"贾一年，获资累巨万"⑤。咸丰时，商人梁炜也是经商后"遂致巨富"的。⑥ 闻名全国的广东十三行怡和行行商伍秉鉴拥有资产超过2600万墨西哥鹰洋银元，成为当时的世界首富；同文行商潘正炜的总财产也达到一亿法郎。⑦ 这种财产数额在当时来说是相当惊人的了。类似的商人还有很多，此处不再一一列举。但这些记载可说明，明清时期珠江三角洲商人所积累的商业资本是相当雄厚的，与同时代的徽商、浙商、晋商、闽商相比毫不逊色。

二、商业和商业资本发展的条件与背景

关于明清时期珠江三角洲商业和商业资本发展的条件，笔者想就四个方面来说明。

（一）商品性农业的发展，是商业和商业资本发展的基础

明清时期，珠江三角洲是广东农业生产最发达的地区。其土地面积虽然只占全省的28.4%，但耕地面积却占43.3%，垦殖指数达到16%，为全省第一，灌溉面积在40%～50%。加上耕作技术的改进和提高，粮食生产获得很大的发展。明末清初，稻谷亩产量达到七八石。⑧ 在粮食生产发展的基础上，商品性农业开始出现。特别是嘉靖以

---

① 〔清〕龙廷槐：《敬学轩文集》卷二《初与邱滋畬书》。
② 顺德《水藤隔塘邓氏家谱》。
③ 《咸丰顺德县志》卷二七《列传七》。
④ 《民国潮连乡志》卷五《人物略》。
⑤ 《梁氏支谱》。
⑥ 《咸丰顺德县志》卷二二《列传二》。
⑦ 梁嘉彬：《广东十三行考》第285、266页，广东人民出版社1999年版。
⑧ 《嘉庆龙山乡志》卷四《田塘》。

后，农作物的商品化程度日益提高，从而不断改变传统的农业生产内部结构。同时，经济作物的种植面积不断扩大，成为最发达的商品性农业，其中蚕桑、养鱼、甘蔗、水果、种香、花卉和蔬菜等，都先后形成了专门化的商品性生产。

桑基鱼塘，种桑养鱼，一地二用，是珠江三角洲土地利用的一种特殊方式。这里的劳动人民在生产实践中创造的独特的生产体系是在我国其他地区罕见的。早在东汉建安年间（196—220），这里的人民就开始种桑养蚕，但发展不快，而且属于家庭副业的非商品性生产。明初，蚕丝才首次在市场上买卖，数量达4100多斤。① 这标志着蚕桑生产正式成为商品性生产。嘉靖至万历年间（1522—1620），顺德、南海等县桑蚕和基塘养鱼相结合的专门化生产已跃居农业生产的第一位或第二位。万历九年（1581），三角洲各县的课税鱼塘为159828亩，按"三基七水"（三蚕基、七鱼塘）的习惯计算，则桑田占68497亩，说明当时种桑面积是相当大的。到了明末清初，珠江三角洲进入了"弃田筑圩，废稻树桑"的高潮。时人张鉴说：

粤东南海县属……周围百余里，居民数十万，田地一千数百余顷，种植桑树以饲春蚕。②

特别是九江乡已出现"蚕桑近来墙下而外，几无隙地，女红本务斯业为盛"③的情况。至道光年间（1821—1850），这里则成为"境内无稻田，仰籴于外"的专门种桑的生产基地。顺德县的大良、陈村一带也达到了"民半树桑"的程度。④ 这说明嘉靖以后珠江三角洲的蚕桑业已是为交换价值而生产商品。这对于当时的商业贸易起了物质保障的作用。

与蚕桑业紧密结合在一起的池塘养鱼业在唐朝咸通年间（860—874）兴起后，经宋元渐进，到明清时期有了重大的发展。当时，饲养鳙、鲢、鲩、鲮四大家鱼已经十分普遍。但明初的养鱼业仍然是以自给性生产为主，它在农业生产中处于次要地位。洪武十年（1377），南海、番禺、东莞、新会、香山（中山）的田赋仍按田、地、塘来排列征收；其中番禺、东莞两县则没有另外开列鱼塘的数目，而是把田和塘合并起来征收；新会、香山两县鱼塘的赋税则还未列入。说明当时鱼塘的面积还不是很大，商品率不是很高。但明中叶以后，养鱼则进入商品性生产阶段，如表2所示，鱼塘课税在各县的田赋征收中有了明显的反映。

---

① 《康熙广东通志》卷九《贡赋》："永乐四年……顺德龙江、龙山两堡上丝每担税银六钱，岁纳银二十五两。"按此税银推算。
② 〔明〕张鉴等：《雷塘庵主弟子记》卷五。
③ 《顺治九江乡志》卷二《生业》。
④ 刘伯渊：《广东蚕业调查报告书》，1922年。

表2 万历九年（1851）民塘民田税收

县别	民塘						民田						备注
	上则			中则			上则			中则			
	升	合	勺	升	合	勺	升	合	勺	升	合	勺	
南 海	5	3	5				3	2	1				各县民塘均无下则，南海、番禺、新会、顺德、三水、新安等县鱼塘只有上则，无中则
番 禺	3	0	3				3	0	3				
新 会	5	3	5				3	2	1				
东 莞													
新安（宝安）	5	5	1				3	4	3	2	4	7	
香山（中山）	3	7	5	3	0	1	3	7	5	3	0	1	
顺 德	5	3	5							3	9	2	
三 水	5	4	1				8	4	9				

资料来源：《珠江三角洲农业志》第3册第12页，1976年版。

从表2可以看出，在田赋征收中，除番禺、香山两县的民塘税额和该县的民田税额相等外，其余5县的民塘税额比民田税额多30.5%～40%，说明鱼塘的生产收益比稻田大。这就有力地说明，随着商品性养鱼业的发展，鱼塘的面积也大为增加。明洪武十年（1377），南海县只有鱼塘323亩，其他各县均无鱼塘面积的记载。但到了万历九年（1581），三角洲各县有税鱼塘的面积已达到159828亩，计南海县有48326亩，顺德县有40084亩，番禺县有10702亩，新会县有6588亩，三水县有10250亩，香山县有711亩，宝安县有2698亩，东莞县有32659亩。其中，南海县当时的鱼塘面积占20世纪70年代鱼塘面积107000亩的近一半，番禺、新安两县的接近20世纪70年代的鱼塘面积，三水县的则超过20世纪70年代的鱼塘面积，顺德、香山两县的鱼塘面积少于20世纪70年代的鱼塘面积。① 可见，万历年间（1573—1620），除顺德等3县外，其他各县的养鱼业基本上已达到20世纪70年代的水平。到了清代更形成了以南海县九江乡为中心的基塘式养鱼区。乾隆、嘉庆以后，九江乡民多改业桑鱼。道光年间（1821—1850），九江已成为"境内有桑塘，无稻田"② 的大规模的纯粹桑基鱼塘区。从此，西江一带的鱼花生产和销售权益完全为九江乡所专有，出现了专事捕捞养殖鱼苗的"鱼花"户。九江的鱼花远销省内各地和广西、福建、湖南、江西等省。

甘蔗本来就是一种商品性的农作物，明清时期已经在珠江三角洲广为种植。明末，甘蔗在三角洲已经达到"连岗接埠，一望丛岩芦苇然"的程度，而"番禺、东莞、增城糖十之四……蔗田几与禾田等矣"。③ 雍正时，东莞县石龙乡已是"千亩潮蔗"，篁村、河田一带则是"白紫二蔗，动连千顷"。④ 这样大规模地种植甘蔗，显然是把甘蔗

---

① 转引自《珠江三角洲农业志》第3册第12-13页，1976年版。
② 《宣统南海县志》卷四《舆地略三·物产》。
③ 〔清〕屈大均：《广东新语》卷二七《草语·蔗》。
④ 〔清〕屈大均：《广东新语》卷二《地语·茶园》。

当作商品来生产经营的。事实上，明中叶以后，珠江三角洲的甘蔗和蔗糖已经是"天下所资"的商品，具有全国性甚至是世界性商品的意义。

珠江三角洲地处亚热带，雨量充足，气候温暖，以盛产热带水果著称于世。明嘉靖以后，作为商品性农业的主要项目之一的水果业进入了一个大发展的新时期。荔枝、柑橙、香蕉和菠萝四大名果和龙眼、桃、李、梅、梨、柿、栗、杨梅、阳桃、柚子、金橘、柠檬、橄榄、西瓜、黄皮、枇杷、番石榴、枸橼、海枣、木瓜等五六十种水果被大面积种植。诚如屈大均所记述的：

> 广州诸大县村落中，往往弃肥田以为基，以树果木，荔枝最多，茶、桑次之，柑橙次之，龙眼多树宅旁，亦树于基。①
>
> 顺德有水乡曰陈村，周回四十余里，……居人多以种龙眼为业，弥望无际，约有数十万株。荔枝、柑、橙诸果，居其三四，比屋皆焙取荔枝、龙眼为货，以致末富。②
>
> 番禺鹿步都，自小坑火村至罗冈，三四十里。多以花果为业，……每田一亩，种柑、桔四五十株……自黄村至朱村一带，则多梅与香蕉、梨、栗、橄榄之属，连冈接阜，弥望不穷，史所称番禺多果布之凑是也。③

水果的这种专门化种植又与加工手工业相结合，成为一种更大规模的商品生产，满足国内外市场的需求，而富商大贾也通过经营水果的外销贸易大获赢利。

此外，明清时期珠江三角洲的种花、种香和蔬菜也成了专门化商品性生产。虽然它们占地不多，但商品率很高，采取集约化经营，也在很大程度上促进商业的活跃。

总之，商品性农业的发展，既扩大了商品生产的规模，又催生了对商品化农产品本身加工的工艺，从而出现了更多的新的食品加工业的生产部门。这些手工业部门需要大量的原料，加上商品性农业比起纯粹粮食农业需要把更多的资本用于种子、肥料、生产工具和耕作技术的改进。这些因素互相制约、互相促进，必然会推动商业的繁荣和商业资本的发达。

由于经济作物的发展，不少人"弃膏腴之沃壤而变为果木之场"④。结果粮食作物的种植面积不断缩小，经济作物的种植面积日益扩大。这种经济作物种植"侵占"粮食种植的事实，表现在很多地域的各种商业性农业的种植中。如东莞、番禺、增城等县甘蔗种植侵占农田，出现了"蔗田几与稻田等"的现象，甚至有弃稻田而种果树者。这种情况加上城镇非农业人口的大量增加，导致广东从嘉靖以后出现粮食供应不足的局面，甚至震动了封建统治者。郭起元在《论闽省务本节用疏》中提道：

> 广东地广人稠，专仰给广西之米。在广本地之人，惟知贪射重利，将土地多种

---

① 〔清〕屈大均：《广东新语》卷二五《鳞语·养鱼种》。
② 〔清〕屈大均：《广东新语》卷二《地语·陈村》。
③ 〔清〕屈大均：《广东新语》卷二五《木语·橘柚》。
④ 《清世宗实录》卷五四，雍正五年三月庚寅。

龙眼、甘蔗、烟叶、青靛之属,以致民富而米少。①

官府因而三番四次下令限制和束缚商品性农业的发展,但经济发展的客观规律并不是封建统治者的措施所能逆转的。商品性农业既然能给农民和地主带来比种植粮食作物更多的经济收益,那么,无论统治者如何阻挠,它依然会继续向前发展。在这种情况下,粮食又变成商品卷入市场,出现了大批米商从广西、湖南等地贩米弥补三角洲粮食不足的现象。就是说,珠江三角洲的粮食缺乏并没有引起本地区粮食作物种植面积的增加(因为经济作物的经济收益高于粮食作物),而是刺激了其他手工业和商品性农业发展较落后的地区粮食的商品化和粮食外流。这样,整个农业商品化的发展,就引起了各种农业区域之间、各种农业部门之间和各种农产品之间的交换,引起了农业和手工业之间的交换,从而促进了三角洲与其他地区商品交换的发展和商业资本的活跃。

(二)手工业生产的高度发展,是商业繁荣与商业资本发达的前提条件

明清时期,珠江三角洲的手工业在宋、元两代的基础上有了新的发展,不但成为广东最大的手工业基地,而且也是全国手工业发达的地区之一。其门类之众多、花色品种之齐全、技术之精巧都是空前的。其中,较重要的又带地方特色的,如佛山的冶铸、陶瓷、纺织、纸扎业,广州、新会的造船、金属加工、制糖、纺织、酿酒、蒲葵、食品加工业,南海、东莞、增城、新安(宝安)的织布、爆竹业,番禺、东莞、增城的制糖业,顺德县的缫丝业,等等,逐步成为专门化的手工业部门,在经济地理的分工中具有重大的意义。

明代佛山镇的铸铁业是仅次于河北遵化铁厂的一个重要铁冶基地。"佛山之冶遍天下",说明其铸铁业发展之普遍。据屈大均《广东新语》的记载,佛山"炒铁之肆有数十,人有数千",而且在炼铁同时还有炼钢。整个铸铁手工业又分为铁锅、铁犁、铁钉、铁线、铁锚、铁钟等不同行业;在炼铁工场中又出现了司炉、铸、钳、锤等工序的分工。整个佛山镇成为一个"炒铁之炉数十,铸铁之炉百余,昼夜烹炼"②的冶铸中心。乾隆十五年(1750),佛山已有炒铁炉40余所,乾隆中后期,其炒铁工匠达二万人。③但佛山不产铁砂,其铸铁业所需的大量生铁多来自罗定、云浮;制锡业的锡矿则自连县和"广西贺县来"。④而佛山出产的铁锅、锡器则远销国内外。雍正九年(1731),广东布政使杨永斌奏禀皇帝时指出:

> 查粤东地方,因向来出产铁锅,凡洋船货买,历未禁止。臣到任后,检查案册,见雍正七八九年造报夷船出口册内,每船所买铁锅,少者自一百连至二三百连不等,多者买至五百连并有一千连者,其不买铁锅之船,十不过一二。查铁锅一

---

① 《光绪广州府志》卷二《训典二》。
② 《宣统南海县志》卷四《舆地略三·物产》。
③ 根据《南海金鱼塘陈氏族谱》第二册提供的数字推算。
④ 《乾隆广州府志》卷四八《物产》。

连，大者两个，小者四五六个不等，每连约重二十斤，若带至千连，则重二万斤。①

这说明佛山的铸铁业不仅为国内市场服务，而且也为国外市场服务。到广东来贸易的夷船百分之八九十是做铁锅生意的。

石湾的陶瓷手工业兴起于唐代，到明代进行了技术革新，改进了装窑技术，掌握了温度的控制，使石湾陶瓷生产进入繁盛时期。整个石湾陶瓷业分为海口大盆行、大巷大盘行、横耳行、花盆行、白釉行、黑釉行、边钵行、埕行、缽行、塔行、缸行、红釉行、扁钵行、大面行、下窑煲行、中窑茶煲行、薄金行、公仔行、茶壶行、尾灯行、盏箱行、金箱行等大、中、小二十三行，"有陶窑一百零七座，容纳男女工人三万有奇"②。嘉靖七年（1528），当地人在石湾附近的莲子岗上丰宁寺旁新建了一座宽敞的陶师庙，于同治年间（1862—1874）重修。于是这里形成了一个热闹的墟市，专门销售石湾陶瓷制品。清代，工人将景德镇的白瓷坯加上彩绘，烧成色泽鲜艳的彩色瓷器，号称"广彩"，也畅销国内外市场。

宋代开始发展起来的以广州为中心的珠三角造船业，到了明清时期已经相当发达。据宋应星《天工开物》的记载，嘉靖以后，这里已能制造出行驶海洋的"洋舡"、行驶内河的客船"黑楼舡"和专司运盐的"盐舡"。特别是广州制造的战船"广州大艟冲"（也叫"广海船"），比福建制造的"福船"更大更坚固，可发射佛郎机（洋炮），可掷水毯。广州制造的海船又分为乌艚和白艚，均是用铁力木制作，其形如木槽，还有一种长5丈7尺（约18米）、宽1丈（约3.33米）多的快速海船，称之为"大龙艇"。当时制造海船所用的铁力木和制造内河船所用的樟木均来自广西所属的怀集县等地，铁钉、铁锚则来自佛山。所以，如果没有发达的商业贸易，广州以及东莞的造船业是不可能大规模地发展起来的。

佛山和广州在唐代已经兴起的丝织业以及在宋代才发展起来的棉织业，到了明清时期也获得了进一步的发展。明末清初，广州附近的纺织工场已有2500余家，工人约5万人，每家工场有工人20人左右。③ 但由于珠江三角洲气候炎热多雨，不大适宜棉花的生长，所以棉织业所需的棉花原料不能取给本地，相当大部分是"至自吴楚"④ 等长江中下游各省。至于丝织业，嘉靖年间（1522—1566）已经很出名。《嘉靖广州府志》记述："粤缎之质密而匀，其色鲜华，光辉滑泽"，"金陵（南京）、苏、杭皆不及"，"故广纱甲天下"。⑤ 这说明当时广州的丝织技术是相当高超的。广州的纺织工人还学习外国织造天鹅绒的方法，用顺德县的蚕丝和鹅毛纺织成雨纱和云纱两种丝布，达到雨洒不湿的水平，很受国内外市场的欢迎。广州的丝织业自然是用三角洲出产的蚕丝为主要原料，但也有用江苏、安徽的蚕丝作原料的，史称：

---

① 《朱批谕旨》，雍正九年十二月癸巳广东布政使杨永斌奏。
② 李景康：《石湾陶业考》，载《广东文物》第1025页，上海书店1990年版。
③ 转引自尚钺《中国历史纲要》第383页，人民出版社1980年版。
④ 〔清〕屈大均：《广东新语》卷十五《货语·葛布》。
⑤ 《乾隆广州府志》卷四八《物产》。

>粤缎……必吴蚕之丝所织,若本土之丝则黯无光,色亦不显。粤纱……亦用吴蚕丝,方得光华不褪色,不沾尘,皱接易直。①

可见,明清时期的纺织业,无论是原料的供应还是产品的出售,都需要依托发达的商业贸易才能满足需求。

珠江三角洲的食品加工业种类繁多,如制糖、干果、酿酒等。特别是制糖业,早在五六世纪已经出现。明清时期,随着甘蔗的大面积种植,制糖业有了巨大的发展。各个墟市以至大的村落都设置"糖寮"榨糖,特别是番禺、东莞、增城等县更有许多大的"糖寮"。据《南越笔记》记载,"上农"常一家设置糖寮一所,"中农"五家,"下农"八家或十家合办一所。至于土糖寮更是遍地开花。榨糖技术也由"入碓捣烂"法发展为使用牛力牵引的木制两棍式压榨机(糖车)。② 据宋应星记述:

>凡造糖车,制用横板二片,长五尺,厚五寸,阔二尺,两头凿眼安柱。上笋出少许,下笋出板二、三尺,埋筑土内,使安稳不摇。上板中凿二眼,并列巨轴两根(木用至坚重者),轴木大六尺围方妙。两轴一丈三尺,一丈四尺五寸。其长者出笋安犁担,担用屈木,长一丈五尺,以便驾牛团转走。轴上凿齿,分配雌雄;其合缝处须直而圆,圆而缝合。夹蔗于中,一轧而过,与棉花赶车同义……③

这种糖车榨糖技术大大提高了生产率。每年"冬至而榨,榨至清明而毕"。这段时期,"遍诸村岗垄皆闻戛糖之声",而且几乎是"糖户家家晒糖,以漏滴去水,仓囤贮之"④。各地糖寮所制之糖有黑片糖、赤砂糖、白砂糖、冰糖等。这些糖既在就近市场销售,也有外地商人前来收购后运往外省、外国贸易。当时,最白的糖远销东西二洋,称之为"洋糖"。

除了上述几种规模较大的手工业外,造纸、酿酒、果品加工(果干、果脯)、葵扇、织席、制香、眼镜制造、象牙雕刻、剪纸、木屐等小手工业也普遍得到发展,为市场繁荣提供了物质条件。

马克思主义经济学认为,生产与交换是两种不同的经济职能,生产品的交换必须以交换品的生产作为前提条件,而商品则又是以交换为出发点的。所以,明清时期手工业的高度发展必然需要广阔的销售市场。正如马克思指出:

>一切商品对它们的所有者非使用价值,对它们的非所有者是使用价值。因此,商品必须全面转手。这种转手就形成商品交换。⑤

---

① 《乾隆广州府志》卷四八《物产》。
② 〔明〕宋应星:《天工开物》卷上《甘嗜》。
③ 〔明〕宋应星:《天工开物》卷上《甘嗜》。
④ 〔清〕屈大均:《广东新语》卷十四《食语·糖》。
⑤ 《马克思恩格斯全集》第23卷第103页,人民出版社1965年版。

这种"转手"过程就使得商业得到相当系统的发展和广阔的活动领域，把大批手工业品和农产品卷进了更广泛的流通领域。如前所述，珠江三角洲已发展起来的手工业产品，如铁器、陶瓷、糖、果品、丝绸等，都要"全面转手"，销售到国内外市场，这是其一。其二，珠江三角洲的手工业所需要的大量原料，如铁砂、木材、蚕丝等，又需要仰给于省内外各地。两者互相作用的结果，必然是珠江三角洲的商业繁荣、商人活跃、商业资本发达。

（三）水陆交通便利，为商业贸易提供了重要条件

珠江三角洲三面临海，港汊分歧，河道密集。秦汉以来水运交通历久不衰，一直是交通十分发达的地区。到了明清时期，加上陆路不断开辟，整个珠江三角洲的水陆交通十分便利，畅通国内外。

首先是海上交通十分发达。嘉靖元年（1522），明政府撤销了福建、浙江两市舶司后，广州成为全国对外贸易的唯一大港。从这个时候起到鸦片战争爆发前夕，先后开辟了4条以广州为起点的沿海及海外贸易主要路线。

第一条：沿着东北海岸经汕头到福建的厦门、泉州。这是一条畅通无阻的航线，南澳岛是这条航线的中转站。闽粤两省的食盐、粮食、鱼花等商品货物均经此线往来交易。

第二条：往西南经琼州海峡到北部湾的钦州、廉州，然后分两路，一路沿北部湾海岸西行到交趾的海防等地；另一路向南走到儋州再开洋到交趾北部。安南的稻米、海南岛的土特产经此线运到珠江三角洲，转运闽、浙。丘濬曾有过记载：

> 琼郡自昔另为乐土……奇香异木，文甲瓴甋之产，商贾贸迁，北人江淮闽浙之间，岁以千万计。①

第三条：从广州出发，经澳门出海放洋到吕宋。宋应星所说的"闽由海澄（漳州）开洋，广由香山澳"②，指的就是这条航线。南洋一带国家的货物由此线运进珠江三角洲贸易。

第四条：也是最重要的一条，经海南岛东部海域，过西沙、南沙群岛，抵安南、占城、真腊、暹罗、马来半岛和缅甸，这些都是明代海上贸易最发达的地区。南渤利、那抓儿、黎代、阿鲁、碟里、三佛齐等国家与中国之间以广州为重要节点的商业贸易来往均经此线。当时经这条航线出口的商品主要有丝绸、茶叶、陶瓷、蔗糖、铁器、土布、食品、干果等；进口的商品是苏木、胡椒、铜、锡砂、金银器皿、宝珠及珍奇玩赏、奇禽异兽。

其次是内河航运与水陆联运交通也很便利。珠江三角洲是东江、西江、北江的汇合处，而东、西、北江又同各支流如桂江、贺江、邕江、南流江、绥江、潭江、韩江、南

---

① 〔明〕丘濬：《琼台诗文合稿重编》卷十二《送琼郡叶知府序》。
② 〔明〕宋应星：《天工开物》卷中《舟车》。

溪江、鉴江、漠阳江等连接在一起,形成一个四通八达的内河交通网络。在以水运为主要交通方式的明清时期,珠江三角洲不仅通过东、西、北江以及这些支流沟通本地区各县之间的联系,而且也沟通了与省内其他地区的联系以及与外省的联系。当时珠江三角洲与外省的商业贸易主要是通过这些水运交通线进行的,主要有4条路线。

北路:从广州出发,沿北江而上,经南海县的官窑,三水县的西南、胥江,清远县的回岐、安远、横石,英德县的浈阳、清溪,曲江县的漾瀼,韶州的芙蓉、平埔,南雄县的湖口、黄坑等,然后接上陆路交通的北路,跨过大庾岭,往东北到江西,往西北到湖广。经此水陆联运,珠江三角洲的商品货物可北运到粤北乃至北方各省,外省的货物也经此线源源不绝地运入珠江三角洲。关于这一点,史籍有过清楚的记载:

两广往来襟喉(庾岭),诸夷朝贡亦于焉取道,商贾如云,货物如雨,万足残履,冬无寒土。①

湘潭及广州间,商务异常繁盛。交通皆以陆,劳动工人肩货来往于南岭者,不下十万人。②

可见,北路的商业交通是十分繁忙而热闹的。可以说,它是珠江三角洲与北方贸易的大动脉。

西路:由广州启航,逆流西上,经三水县、高要县、德庆县入广西,经浔江、桂江、贺江北上广西柳州、桂林,然后通过灵渠与湘江水系连接,或经陆路交通要塞贺县江口埠到湖南,再往西行可到巴蜀。这样,西南地区及湖南、广西等地的粮食、矿产、木材及土特产等商品则由此路运到广州;三角洲的铁器、陶瓷等商品可以顺西江而上,销售到桂、湘与云、贵、川等省。此路的商业贸易虽然比不上北路,但也是相当繁盛的。据康熙年间(1662—1722)《封川县志》所记:

贺江口埠,在(封川)县西十里坊场乡地,临贺之水,至此汇于西江埠。……凡广西省梧州、平乐各处盐货,泊辕本埠。桅楫稠密,生意繁夥。……客艘直趋省(广州)。而西粤盐船亦经往,……而米谷油豆,粲余经由之地。③

东路:从广州启航,溯东江经河源、龙川两县,翻过大帽山的蓝关到长乐县(五华)、兴宁县,与梅江、韩江、梅潭河三支流相接,再经大埔县的石上埠,然后与福建省上杭县的鄞江、汀江接通。石上埠是嘉靖以后广东通往福建的重要关口,称为"东关","凡潮、惠仕宦商贾赴京入闽及江浙,舟止此处转输,络绎不绝"④。乾隆、嘉庆年间(1736—1820),此地仍然是"粤闽要隘,各处贸易,行舟至此过山"⑤。珠江三角

---

① 《雍正江西通志》卷一二〇《艺文》。
② 容闳:《西学东渐记》第111页,中川古籍出版社1998年版。
③ 《康熙封川县志》卷六《墟市》。
④ 《嘉靖大埔县志》卷三《街市》。
⑤ 《嘉庆大埔县志》卷十《墟市》。

洲的手工业品与福建的竹、纸之类土特产的互相贸易多经此路。

南路：这一条是水陆相连接，河流单独出海，又通过河流与高、雷、廉、琼等地相接。如经潭江"自新会、东亭、蚬岗、恩平、莲塘至高、廉、雷、琼"①；经新兴江、漠阳江过两河分水岭的天堂地区，沟通阳春至高、雷的交通。新兴江流域有铁矿、木材运往佛山、广州；而珠江三角洲的商人到高、雷地区做生意，也必经此路贩货而出。顾祖禹说："凡商贾往高雷，必拖舟而河头，乃登陆。"②

至于珠江三角洲内各地之间的交通更加便利。这里是俗称"三山六水一分田"的富饶平原，河道纵横交错，密集如网，百舸争流，水运几乎是运输贸易的唯一方式。谚语"出门无船路不通"就是对其最好的说明。明代初期，芦包涌、西南涌、官窑涌曾经是三角洲各县通往广州的重要水道。但明代嘉靖年间至清代，由于以上三涌和石门水先后淤涸，佛山涌成为交通要道。其时，西、北、东三江流域各地出产的货物以及外省经三江流域运输的商品均由佛山涌运入佛山和广州。而位于佛山涌的佛山镇商业和手工业更加兴旺发达，成为一个"水陆交通，百货总至，五方杂处，九市殷镇，日积月盛"③ 的岭南巨镇。

从以上所述不难看出，珠江三角洲所处的优越地理位置使之具有得天独厚的水运交通便利条件。河运比陆路运输省费用，而海运成本又比河运要低。"河漕视陆运之费省什三四，海运视陆运之费省什七八。"④ 这是就运漕粮而言的，如果是普通商人贩运货物，海运费用是陆运的1/20。⑤ 这就使得在处于封建统治的相同条件下，珠江三角洲的商业贸易比其他地区更加繁荣昌盛。而这种商品货币经济的高度发展又需要有一股商业资本的力量来担当起商品生产的交流任务，于是大批富商大贾也就应运而生。所以，珠江三角洲交通发达便利对其商业繁荣虽然不是决定性的因素，却是重要的条件。这一点连雍正皇帝也明察秋毫，他在雍正七年（1729）谕旨中就指出：

粤东三面皆海，各省商民及外洋番估携资置货，往来贸易甚多。⑥

（四）人多田少，是商业与商业资本发展的一个重要因素

根据著名经济史专家梁方仲教授的统计，珠江三角洲（主要位于广州府）在唐代人口的密度是小于粤北（韶州、连州）和南路（高州、雷州）的。到了北宋，人口密度才接近韶州、连州（广州每平方公里4.8户，韶州每平方公里5.5户，连州每平方公里4.5户）。元代，广州府的人口密度已高于韶州、连州（广州每平方公里366人，韶州每平方公里21.6人，连州每平方公里4.2人）。明代嘉靖年间至清代，随着人口的增

---

① 《嘉靖广东通志初稿》卷二八《驿传》。
② 〔清〕顾祖禹：《读史方舆纪要》卷一〇一《广东二·肇庆府》。
③ 参阅周源和《珠江三角洲水系的历史演变》，载《复旦学报》（社会科学版）1980年《历史地理专辑》。
④ 〔明〕丘濬：《大学衍义补》卷三十《漕运之宜下》。
⑤ 田汝康：《15至18世纪中国海外贸易发展缓慢的原因》，载《新建设》1964年第8、9期。
⑥ 《乾隆广州府志》卷首。

加，广州府的人口密度不仅远远超过韶、连两州，而且也超过以往人口密度最高的韩江三角洲的潮州府〔嘉庆二十五年（1820）广州府每平方公里306.84人，潮州每平方公里151.45人，韶州每平方公里64.24人，连州每平方公里49.84人〕。嘉庆二十五年（1802）广州府的人口增加到5878501人，占全省人口的27%，而田地却保持在10325900多亩，平均每人只有耕地1.8亩。其中，南海县平均每人只有1.5亩。① 这说明人口的增长速度远远超过土地增长的速度。因此，人多与田少的矛盾就成为珠江三角洲的严重社会问题。乾隆以后，整个中国已经出现像洪亮吉、汪士铎所说的"人满之患"的痛感，这在珠江三角洲尤为突出。在这种情况下，死守古老的传统农业生产已经不能解决生计问题。于是，有的人就在有限的一亩多土地上种植各种经济作物或养蚕养鱼；有的人则从事手工业生产，专门生产商品；有的人则弃农逐末直接经营商业，成为商人，发展商业资本。所谓广州人多务贾，"农者以拙业力苦利微，辄弃耒耜而从之"②，九江"本乡营商十之七八"③，就直接反映了明清时期珠江三角洲商业和商业资本发展的社会背景。

以上4点可以说明，明清时期珠江三角洲商业与商业资本发展的原因是错综复杂和互相制约的。明清时期商业和商业资本发展的动力自然是商品性农业和手工业生产的高度发展。没有这个生产基础，商品交换是无从谈起的。正是在农业和手工业生产发展的基础上，为了组织产品交换（包括手工业产品之间、手工业产品与农产品之间、各地区之间），商人才得以大显身手，商业资本才得以积累与发展。而珠江三角洲人多田少，人稠粮缺，致使相当一部分人不得不外出经营工商业以谋生，富商大贾相继出现，商业资本逐步形成和发展。加上珠江三角洲水陆交通发达，又大大便利了商人的活动。这些条件互相作用、互相促进，使整个珠江三角洲的商业和商业资本呈现出空前蓬勃的发展形势。

三、商业资本的发展趋势与作用

随着明清时期珠江三角洲手工业生产的高度发展，明中叶以后，已有一小部分商业资本开始从流通领域进入生产领域，与手工业生产相结合。在城市和一些墟镇中，出现了一些商人直接投资和从事手工业生产的新现象。例如正统七年（1442），南海县商人聂天根把商业资本投资到纺织业生产中。其家谱记载：

> 四世祖天根……流贾于厓门水滨……后以纺织为业，勤俭成家……④

嘉靖年间（1522—1566），佛山镇的商人麦宗泰的父亲曾以经商为业，到他这一代

---

① 以上数字均根据梁方仲编著《中国历代户口、田地、田赋统计》乙表77和附表29、30、31、32、34的数据推算。
② 〔清〕屈大均：《广东新语》卷十四《食语·谷》。
③ 《顺治九江乡志》卷五《风俗》。
④ 《聂氏家谱》。

则经营冶炼业。麦氏的家谱记载："性好货殖而藩财……宗泰是以创立炉冶之艺。"① 明末清初，新会商人卢纵庵也到佛山从事冶铁业生产：

> 卢纵庵，卢鞭人，龙庄公之十五世孙也。生而孤露，时以小贩自给。稍长，讲求治生，业钢铁于佛山，善计然术，驯致小康。……至崇祯初……赀雄于一方。②

清康熙年间（1662—1722），佛山商人黄妙科的父亲黄龙文以经商为业，后到佛山经营冶铁，到他当家之时，已是"积有千金"③ 的作坊主了。

但是，明清时期仍属封建社会后期，以地主大土地所有制为基础的封建经济结构依然广泛存在，农业与手工业相结合的自给自足的自然经济依然占着统治地位，商品经济在整个社会生活中还不起决定性的作用。所以商业资本直接投资手工业生产、转化为产业资本，商人变成资本家的情况仍属少数，并不能代表当时商业资本的主要发展趋势。相反，当时整个商业资本的发展总趋势则是，多数商人把积累起来的商业资本用于购买土地屋宅，与土地相结合，转化为土地资本。全国的情况如此，珠江三角洲的情况也不例外。就是说，当时珠江三角洲的商人利用经商获得的利润购买土地是一种普遍的现象。

正统七年（1442），南海县商人聂烟波在经商获利后就购买土地。其族谱记载：

> 公嗜航海，巨船装运雷阳之粟，冲风冒雨，历涉大洋，海途险阻，备尝艰苦，皆赖乃祖乃宗之福庇，安稳无虞，由是基业大进，峥嵘阀阅，大振家产。于是田园倍增，手扩租无算，以为子孙悠久之计，不可美欤。④

既然是"田园倍增""扩租无算"，想必他购买的土地是不少的。

正统年间（1436—1449），香山县小榄墟的大商人何图源经商发家后也购买大量田地，收取地租。据调查记述：

> 何图源开始贩买砖瓦致富。后在小榄周围买土地二万余亩，成千成万石计的租谷。……何图源将农民交来的租谷，远贩到福建去出卖。传说正统八年，何图源有一次贩运粮食到福建，正遇当地闹饥荒，他怕粮食被抢劫，故把千石谷捐出'助官赈济'，被当朝敕旨旌表为义民，并免该户徭役三年。⑤

嘉靖十四年（1535），顺德县商人龙翠云乘土地兼并日盛之机，以其积累的商业资本购买土地。其族谱有详细的记载：

---

① 《麦氏家谱》。
② 《民国潮连乡志》卷五《人物略》。
③ 〔清〕黄先臣：《以寿太祖小谱》，载《江夏黄氏族谱》卷三。
④ 《聂氏家谱》。
⑤ 《小榄何族发家史》（抄本）。

翠云公……以贩棉为业……不数年而资本渐充,信用盖著,熟于操纵,销流之广,几冠全省。以其余蓄分置产业,委以弟操之。公则萃其全力专注于商……另年六十一岁……后省中各商务由司理人姚联珠兼权度,欺公后人不涉铺事,只设部据,伪造揭约数起,盖章以证具实,先后代填欠数三万余金,商业因之歇业,仅留自置田产捌拾余顷。①

明末,番禺沙湾商人何叔运捐买族田50多顷。②
顺治年间(1644—1661),香山县海商韦殿郎也是这样。他"中岁经商澳门……又往阳山,起家置产业十余亩,隆养双亲"③。
康熙年间(1662—1722),香山县小榄墟商人何世宁开酒店、米店经商,赚钱后购土地17顷和几十亩基塘。④
道光年间(1821—1850),南海县商人潘宽怀也将商业资本购买田地。其族谱记载:

　　初服贾……遂拥巨资,业大振,行商每购其货,辄获厚利,业益振,于是出其所有,多行善事,既乃筑广厦,置田园。⑤

道光、咸丰年间(1821—1861)的香山县小榄墟商人何品益,18岁起经营丝业于小榄、佛山、广州等地,将商业利润不断买田,至64岁时,有土地60余顷。⑥
番禺县商人张殿铨在广州"城西十三行街创办隆记茶行,贸易致富,买烝尝田"⑦。
有的商人到外地经商贸易获利后,就在当地大量购买土地。例如清初南海县商人柯凤翔、柯凤集到海南岛去做生意,就将积累起来的商业资本购买大片山地种植槟榔。史称:

　　柯凤翔、柯凤集弟兄二人,从前各出股银二十两,其妹夫林嵩出股银十两,伙买定安县石落岭荒山一所,种槟榔树五万株。槟榔树长成以后,每年生产的槟榔,都典给包买商人收割,所得典价柯氏弟兄与林嵩各按股份分收,柯氏兄弟各占二股,林嵩只占一股。⑧

又如乾隆六年(1741),顺德县商人邓藤宇"与其姨夫贾游闽省,遍历关山,数十年积金千百,乃驱归家,创立田园庐舍"⑨。乾隆年间(1736—1795),番禺县五凤乡商

---

① 《龙氏族潜》卷七《华山堂祠堂记》。
② 《番禺沙湾农业历史调查报告》(原件藏于佛山市档案馆)。
③ 《香山翠微韦氏族谱》卷十四。
④ 何仰镐:《据我所知道中山小榄镇何族历代的发家史及其他有关资料》(原件藏于佛山市档案馆)。
⑤ 《潘式典堂族谱》卷六。
⑥ 何仰镐:《据我所知道中山小榄镇何族历代的发家史及其他有关资料》(原件藏于佛山市档案馆)。
⑦ 《宣统番禺县续志》卷二一《人物四》。
⑧ 转引自刘永成《清代前期农业资本主义萌芽初探》第109页,福建人民出版社1982年版。
⑨ 《邓氏家谱》。

人林世经全家去广西贵县经商，到他儿子林大懋当家时，就在贵县"逐渐购买房屋及田地，共买了几十万斤租的田地，连贵县东湖、城郊的莲塘也买了过来，租给别人养鱼、种藕，又在贵县城买了七八十间铺"①。

嘉庆末年到道光初年，就连广东十三行的大行商伍秉鉴也从本人通过对外贸易赚得的大量利润中抽出相当一部分商业资本去购买土地，而且常常把土地列为其所有财产的首位。据亨特《广州番鬼录》所记：

> 浩官伍秉鉴究竟有多少财产，是大家常常谈论的话题，但有一次，因为提到稻田、房屋、店铺、钱庄，以及在美国、英国船上的货物等各种各样的投资，在1834年，他计算一下，共约值2600万元。②

同文行行商潘茂官（正炜），也把商业资本投向土地：

> 茂官有大量财产冻结在土地上，这些地产能使他获得百分之六至百分之八的收益。③

据叶显恩、谭棣华两位同志的研究，明清时期珠江三角洲有不少商人利用商业资本包佃族田，然后转佃给农民耕种，商人本身成了二地主、三地主。这也是商业资本流向土地的一种形式。

总之，明清时期珠江三角洲商人购买土地，商业资本流向土地、转化为土地资本的事例有很多。为更好地说明问题，笔者将所看到的资料列一简表如下（见表3），以见一斑。

表3 明清珠江三角洲商人购买土地事例

年代	县名	姓名	经营商业情况	购买土地情况	资料来源
宣德五年（1430）	顺德	龙祖瑶	经商于外地	多置沙田	《龙氏族谱》卷八
正统七年（1442）	南海	聂烟波	贩买纺织品	遂置田产	《聂氏族谱》
正统七年（1442）	南海	夏天根	贩买纺织品	遂置田产	《聂氏族谱》
正统八年（1443）	香山	何图源	贩买砖瓦	买田二万亩	《小榄何族发家史》
成化十八年（1482）	香山	何万振	海外营运	复置田产	《何氏族谱》卷一

---

① 《太平天国革命在广西调查资料汇编》第29页，广西僮族自治区人民出版社1962年版。
② ［美］威廉·C.亨特著，冯树铁译：《广州番鬼录》第36页，广东人民出版社1993年版。
③ ［英］格林堡著，康成译：《鸦片战争前中英通商史》第57页注⑤，商务印书馆1964年版。

续表3

年　　代	县名	姓名	经营商业情况	购买土地情况	资料来源
嘉靖十四年（1535）	顺德	龙翠云	贩买棉业	买田置宅	《龙氏族谱》卷七
嘉靖十九年（1540）	香山	何万虞	海外营运	买田置宅	《何氏族谱》卷一
嘉靖四十四年（1565）	顺德	龙茂锡	贸易海南	买田力田	《龙氏族谱》卷七
隆庆六年（1572）	香山	何万泽	海外营运	增置田宅	《何氏族谱》卷一
隆庆六年（1572）	顺德	邓我岗	外出经商	买田300多亩	《邓氏族谱》
隆庆六年（1572）	顺德	邓藤宇	贸易福建	买田园庐舍	《邓氏族谱》
天启元年（1621）	南海	霍从贤	海贾于外	购捐祠田	《霍氏族谱》卷九
明末	新会	卢纵庵	小贩	田连阡陌	《民国潮连乡志》卷五
明末	佛山	冯绍裘		买置田宅	《佛山忠义乡志》卷十四
明末	南海	潘仰宸	从父学贾	买尝田产	《潘式典堂族谱》卷六
明末	番禺	阿叔运	外出经商	捐买族田50顷	《沙湾农业历史调查报告》
顺治年间（1644—1661）	香山	韦殷郎	经商澳门、阳山	买田10多亩	《韦氏族谱》卷四
康熙六十一年（1722）	佛山	孔广芬		广置田亩	《孔氏族谱》
康熙年间（1662—1722）	番禺	张段铨	广州办茶行	买烝尝田	《宣统番禺县续志》卷二
康熙年间（1662—1722）	香山	何世宁	开米、酒店	购地17顷	《何仰镐档案》
乾隆年间（1736—1795）	番禺	林大懋	贩运谷米布匹	买田几十万斤租	《太平天国革命在广西调查资料汇编》第29页
乾隆年间（1736—1795）	南海	柯凤翔	经商海南	买山地	《清代前期农业资本主义萌芽初探》
乾隆年间（1736—1795）	南海	柯凤集	经商海南	买山地	《清代前期农业资本主义萌芽初探》
道光二十年（1840）	广州	伍秉鉴	行商	俱有购地	《广东十三行考》第292页

续表3

年　代	县名	姓名	经营商业情况	购买土地情况	资料来源
道光二十年（1840）	广州	潘正炜	行商	资产冻结于土地	《鸦片战争前中英通商史》第57页
道光年间（1821—1850）	番禺	张氏	往皖经商	买田45亩	《张氏克填堂家谱》
道光年间（1821—1850）	南海	潘宽怀	初服贾	广买田园	《潘式典堂族谱》卷六
咸丰年间（1851—1861）	顺德	吴敏	贸易迁江	购田种桑	《咸丰顺德县志》卷二七
咸丰年间（1851—1861）	顺德	梁炜	走豫章吴会间	买田320亩	《咸丰顺德县志》卷二七
宣统二年（1910）	香山	韦必达	经商澳门	买田10多亩	《韦氏族谱》卷四

表3所列商人购买土地的事例说明：第一，在商品经济发达的珠江三角洲，商人对于"求田间舍"仍然有着非常浓烈的兴趣。以往有的学者认为，明嘉靖以后商人对于购买土地的兴趣降低了，转而热衷于手工业的经营，这并不完全符合历史实际。实际上，商人经商赢利后仍是热衷购买土地。

第二，由于商人活动不受地域的限制，所以往往出现商人跨县、跨省购买土地的情形。例如，番禺县商人林大懋到广西贵县买地等。这些到外县、外省买地的商人往往就成了寄庄地主。可见明嘉靖以后寄庄地主不断出现的现象，是同当时商人在外地购买土地是有密切关系的。

第三，商人购买土地的主要目的是榨取封建地租，而不是对土地经营的投资。所以商人购买土地后并不是成为"资本主义农场主"，而是具有一半是商人一半是地主的身份。例如番禺沙湾的商人用赚钱"拍围占地，招人承耕"[①]；香山县小榄墟的何图源，广东十三行的伍秉鉴、潘正炜等，既是大商人又是大地主，一身而二任焉。这种商人地主具有浓厚的封建性，同英国封建社会后期的农业经营者有很大的区别，这是讨论明清时期珠江三角洲资本主义萌芽问题时必须注意的。而且这种商业利润封建地租化的情况一直残存到近现代。例如新中国成立前夕，广州市南郊区鹭江村有一位商人地主车潘的前四代祖宗于乾隆末年就外出香港、澳门做生意，然后将商业利润拿回本村购买土地，租给农民种菜，收取封建地租。他这一家在香港、澳门是商人，在村里则是地主。[②]

此外，明清时期珠江三角洲也有些商人利用商业资本捐纳买官，建祠堂、书院以及修桥补路等，但这与投向土地的资本相比是微乎其微的。为什么当时的商人热衷于购买土地，造成商业资本主要流向土地、转化为土地资本呢？

---

① 《留耕各沙田总志》（原件藏于佛山市档案馆）。
② 张淑芳、黄定国：《鹭江村四代阶级及其职业的流动》（未刊稿）（中山大学图书馆藏）。

第一，土地财产"不忧水火，不忧盗贼"，投资风险小。随着商品经济的发展，经商确实容易获得高额利润，迅速发财致富，但经商风险较大，商业资本也容易丧失。万历时刘同升说："富商大贾，算及纤毫；穴金则有窃发之虞，怀璧则有戕身之累。唯是买田广土，无水火盗贼之忧"，"贪绅豪民，富商大贾，求田问舍而无所底止"。① 清代顺德县龙山乡的商人就感叹："（商业）一朝失利，富转为贫，前之拥多金以自豪，今且饭粗粝而不足。"② 唯有土地既可以生息，又容易保持，被抢劫、偷盗的风险较低。清人陶煦说："金宝庐舍，转眼灰尽；惟有田地，岿然而独无恙。"③ 所以，当时人求财积财的首要目标就是"置田宅，长子孙，为室家计"④。于是商人经营的趋向"自当以田地为上"了。

第二，高额的地租收入刺激了商人购买土地。商人购买土地的主要目的是坐收地租，而明清时期珠江三角洲的地租率一般是50%以上，所谓"佃户就主赁田而耕，岁晚所得之半归之"⑤。根据叶显恩的研究，以族田为例，明初每亩租谷为2石4斗（500斤），沙田每亩30斤，此外还有预租、押租、批头银、小租等额外收入。其中押租一般为额租的20%。清中叶，番禺沙湾何氏族田的地租率甚至达到70%～80%。⑥ 所以，只要占有更多的土地，就可以获得大量的地租收入，拥有更多的财富。这就更刺激了商人对土地的欲望，从而出现商人经商获利后纷纷购买土地的现象。

第三，明清封建政府实行的"官工制度"使商人被迫把商业资本投资于土地。明清封建统治者奉行"重农抑商"政策，把主要的手工业收归官府经营，对私人的手工业则严加限制。以民营冶铁、铸铁业为例，嘉靖三十四年（1555），广东布政司对民营冶炼规定："每处止许一炉，多不过五十人。俱系同都或别都有籍之人同煮，不许加增……其炉首即为总甲，每十人立一小甲，其小甲五人递相钤束，填写姓名呈县，各给帖执照。"就是说，商人要开矿冶炼，必须由官府批准，发给执照才允许开业。而且"府、县、卫、所巡捕、巡司等官，时常巡历各炉查照，若有多聚炉丁及别省人称首者，即便拿获，钉解所在官司，以重治罪"⑦。明政府特别严厉禁止佛山所在的南海县的西樵石岗、松子岗、大阮、禾仓岗、吉水、黄借岗和新会县的铁齿屏山等地的铁矿采炼，严格规定，如有"冒禁（凿铁）取利，及有司衙门接受私匠月钱，参究治罪"⑧。此外还不断增加矿税。嘉靖三十八年（1559），每炉纳银10两，不久每炉增加税银五两，即增加50%。⑨ 当时，在铁课率达到20%～30%的情况下，商人不仅不敢再开设新冶铁炉，就是已经运作的铁炉也纷纷倒闭。例如，乾隆年间（1736—1795）佛山的铸铁业已

---

① 《古今图书集成·经济汇编·食货典》卷六一《田制部·艺文二》。
② 《嘉庆龙山乡志》卷四《田塘》。
③ 〔清〕陶煦：《租核·推原》。
④ 〔清〕成鹫：《咸陟堂文集》卷九《秦蒙青甫文》。
⑤ 《宣统番禺县续志》卷十二《实业》。
⑥ 《留耕各沙田总志》（原件藏于佛山市档案馆）。
⑦ 《嘉靖广东通志初稿》卷三十《铁冶》。
⑧ 《崇祯南海县志》卷二《政事志》。
⑨ 《雍正归善县志》卷二《事纪》。

发展到有130家炉户，但到了光绪二年（1876）只剩下40家，① 光绪九年（1887）仅剩下33家，② 到光绪十四年（1888），仅剩下20多家。③ 有鉴于此，商人自然再也不敢大胆从事手工业生产，不愿意把自己在商业贸易中形成的商业资本投资于手工业生产、转化为产业资本，而是投向土地、转化为土地资本。

第四，封建宗法势力强大，影响和阻碍商业资本向产业资本转化。虽然珠江三角洲商品经济发达，但封建宗法势力也十分强大，严重妨碍工商业的发展。一方面，乡族集团拥有相当数量的陶瓷、冶铁等手工业作坊和铺舍、墟场等；另一方面，乡族集团又对族众（包括同宗商人）从事手工业和商业进行直接干预，用具有私法效力的家法宗规来束缚他们的经济活动。例如石湾《霍氏崇本堂族谱》明确规定："不可学制炼硝磺火药火炮"；"不可去入窑砌砖，去挑砖入窑，及去西樵山抬石，番禺等处入穴挑煤"；"不可去开栏宰割，挑贩牛肉"；"不可去佛山学习炒铁出铁，制造铁锅，打铁器，打铜锣等项"；"不可受雇补砌寿板"；"不可学整伞、烟皮"；"不可去沿乡换取烂布，及整造布朴"；等等。④ 这些规定是以"关心爱护族众"为幌子的，具有一种内潜的约束力，在某种程度上起到了封建官府"重本抑末"政策所起不到的作用。这种乡族集团对族众经营手工业和商业的粗暴干预，大大影响和阻碍商人把商业资本投向手工业、转化为产业资本的范围和速度，导致出现有些商人在经商发迹后，宁愿把商业资本用于购买土地捐献给宗族祠堂成为族产或捐款修葺宗祠，而再也不放心开办新的手工业作坊或扩大手工业的再生产。例如，康熙时，番禺商人张殿铨在广州经商发家后，即回家"独力修葺祖祠，并置尝田"；⑤ 咸丰时顺德县商人梁炜在江西、江苏经商致富后，也把商业资本的一部分用于"建祠置尝产……为义祠祀费"。⑥

由于上述四点原因，加上明清时期土地自由买卖之风日盛的客观有利条件，以及长期存在的"雇工不如坐地吃租"的封建思想意识的影响，致使明清珠江三角洲的商业资本不能摆脱与土地相结合的传统倾向，使资本积累受到很大的限制，没能大量出现商业资本直接转化为产业资本、商业资本家直接变成产业资本家，而没能产生新的生产方式。这可以说是明清时期珠江三角洲商业资本发展的一个特点，也是中国封建社会后期商业资本发展的一个特点。⑦

正是因为明清时期珠江三角洲商业资本的发展通常具有与土地相结合、转化为土地资本的特点，它虽然在生产与交换方面起了桥梁作用，在瓦解自然经济方面也起了分解剂的作用，但具有很大的局限性。它使珠江三角洲没能像欧洲封建社会末期的北意大利地区、佛兰德地区那样成为资本主义产生、发展的基地。因为商业资本主要与土地相结

---

① 《光绪二年重修佛山镇栅下天后元君古庙官绅值事善信芳名喜认各物签题工金各行工料杂项费用进支数目刊列碑记》（现存于佛山栅下天后庙内）。
② 《光绪九年佛山清涌碑》（现在佛山祖庙内）。
③ 《民国佛山忠义乡志》卷六《实业志》。
④ 《石湾霍氏崇本堂族谱》卷三《工有百艺之当做》。
⑤ 《宣统番禺县续志》卷二一《人物四》。
⑥ 《咸丰顺德县志》卷二七《列传七》。
⑦ 参阅黄启臣《试论明清时期商业资本流向土地的问题》，载《中山大学学报》（社会科学版）1983年第1期。

合、商人不断购买土地的结果,必然是既扩大了地主阶级的队伍,也在购买土地的过程中,把土地高度集中到少数的地主和商人地主手中,使中国封建社会古已有之的"富者田连阡陌,贫者无立锥之地"的社会问题空前严重,出现"力耕者多非其田"①"田里并为富豪所有"②"一人而数十百顷或数十百人而不一顷"③的局面。例如道光二十年(1840)前后,香山县小榄墟的商人地主何品槐、何品衡、何品益兄弟,何绍泰、何明泰、何吾泰、何恒泰兄弟以及何振纪、何振丙、何振旅、何振显、何振益兄弟等,每人都拥有土地二三十顷以上,被称为"三品四泰五大振"④。这种土地集中现象是一个封建性的剥夺和一个创造封建财富的过程,与十五六世纪作为创造资本过程的英国圈地运动有本质上的不同。因此,它不仅没能瓦解封建土地所有制,反而增强了以地主大土地所有制为基础的封建经济结构的稳固性和坚韧性。由于封建经济结构的强化,广大农民生产者仍然无法摆脱残酷的中世纪式剥削和压迫,继续过着贫穷困苦的奴隶式的生活。在这种情况下,广大农民生产者根本提不起生产的兴趣,根本不可能改进生产和扩大再生产;而且由于农民的购买力几乎等于零,广大农村的市场也萎缩到最小的范围。这样一来,整个社会的扩大再生产又失去市场条件。结果就是,当时已经发展起来的商品生产以及整个社会的生产力无法进一步提高,从而失去了向资本主义生产方式过渡的充分物质条件。这样一来,尽管明清时期珠江三角洲的铸铁业、陶瓷业等手工业生产部门中已出现了资本主义萌芽,但其发展极为缓慢。可见,中国封建社会的缓慢发展和长期延续,就是在商品经济比较发达的珠江三角洲也强烈地表现出来。

(原载《明清广东社会经济形态研究》,广东人民出版社1985年版)

---

① 《乾隆顺德县志》卷四《田赋》。
② 《嘉靖增城县志》卷二《地理志》。
③ 〔清〕颜元:《存治篇·井田》。
④ 何仰镐:《据我所知道中山小榄镇何族历代的发家史及其有关资料》(原件藏于佛山市档案馆)。

明清时期佛山石湾的陶瓷业

佛山石湾制陶瓷至今约有 5000 年的历史。1977 年,考古人员在石湾大帽港发掘出一批几何纹陶片文物,说明在新石器时代,当地已有原始陶瓷。而 1972 年在石湾奇石村虎石山发现的唐宋时期烧陶窑址和烧印有陶工名字的陶器,说明当时石湾陶瓷业已有相当规模。但是,就文献记载而言,可知石湾陶瓷业的发展兴旺是在明中叶至清前期(1500—1840),直至今天仍长盛不衰。

一、明清陶瓷业发展的规模

佛山石湾陶瓷业兴旺于明朝中叶以降。清道光十五年(1835)所修的《南海县志》记载:"石湾之陶,始于明之中叶。"明嘉靖七年(1528)当地人在莲峰祠旁边建有一座相当宏大的陶师庙,供陶业者供奉,说明当时从事陶业者已不少。但此时的陶业者还不是专门的陶工,而是农民兼营制陶瓷为副业而已。时人霍韬有著文记述:

> 司窑冶者,犹兼治田,非惟只司窑而已。盖本可以兼末,事末不可废本故也。①

后来,随着陶瓷业的发展和经济效益的提升,不少农民弃农耕而专事陶瓷业为生。笔者于 2003 年随珠江文化研究会组织考察康有为故居并参观石湾陶瓷厂时所见的清嘉庆二十二年(1817)的一块《藩宪严禁挖沙印砖碑记》称:"石湾有上中下三约,三约中只有缸瓦窑四十余处,皆系本乡之人开设,由来已久。"

另一块由林绍光所拟的《拟公禁石湾挖沙印砖说略》碑记载:"石湾六七千户,业陶者十居五六户。"以清代一家五口人计算,石湾的人口约 3.5 万人,而从事陶业者约为 2 万人;加上当时从附近的东莞、三水、四会、高要、番禺等县来石湾谋生求工者,应有五六万人之众。所以,李景康在《石湾陶业考》一书中说石湾"有陶窑一百零七座,容纳男女工人三万有奇"②。

至清中叶,石湾已发展成一个综合性的陶瓷业生产基地,闻名遐迩。清光绪年间

---

① 〔明〕霍韬:《霍渭厓家训·货殖第八》。
② 李景康:《石湾陶业考》,载《广东文物》第 1025 页,上海书店 1990 年版。

(1875—1908)就出现"东(行)生意日隆,而西行从齿日众"① 和"缸瓦窑,石湾为盛,年中贸易过百万,为工业一大宗"②的景况。

明清时期所建的石湾陶窑址绝大部分已毁坏。但笔者 1983 年讲授《古代经济史》课程时,曾带领 7 位有兴趣研究珠江三角洲经济史的学生去佛山参观残窑和访问老者,再参阅有关资料进行粗略统计,可知当时有下列 82 个陶瓷窑址:

上窑窑址 7 个:新灶、旧灶、牛肉巷灶、云兴灶、凤凤灶、合新灶、合益灶。

中窑窑址 20 个:南风灶、高灶、沙路灶、新灶、张槎灶、陈灶、白云灶、高英灶、海坦灶、小江灶、石头灶、东风灶、大江灶、六合灶、地吼灶、中间灶、文灶、新灶(同名)、张灶、观音山新灶。

下窑窑址 55 个:埋边苏灶、凤鸣灶、申灶、海口灶、旧灶、大利灶、凤山灶、凤安灶、凤鸣灶(同名)、秋风灶、高辛灶、顺庆灶、祖唐灶、新灶、松园灶、大坑灶、坑灶、社灶、茶煲灶、细灶、大灶、五仁灶、塔灶、大灶(同名)、桥灶、旧苏灶、新苏灶、冯灶、公庙灶、摩天岭灶、陈灶、谦益灶、茶煲灶(同名)、观音山灶、梁灶、和王灶(龙冒灶)、中间灶、边边灶、茶园灶、伦地灶、永安灶、石头灶、含义灶、马鞍灶、塔灶、成德灶、冈边灶、担扦灶、有德灶、南吉灶、海坦灶、义顺灶、路边灶、上利西灶。③

上列陶窑灶址的数量并非陶窑的总数。但当时如此之多的陶窑灶分布在石湾周围的山岗上,每天烟火红炱,冲天不息,竟成为著名的"石湾六景"之一的"陶窑烟火"。

随着石湾陶瓷业的蓬勃发展,业主为维护自身的利益而组成各种专业行进行生产,明天启年间(1621—1627)"初为八行"④,至清代增至 22 行,即:

大行 9 行:海口大盆行、水巷大盆行、横耳行、花盆行、白釉行、黑釉行、边钵行、埕行、缸行。

中行 8 行:塔行、缸行、红釉行、扁钵行、大缸行、下窑煲行、中窑茶煲行、薄金行。

小行 5 行:公仔行、茶壶行、尾灯行、盏碟行、金箔行。

上述这些均是主要的传统陶窑行,如果加上辅助性的生产专行,如砌窑行、烧炭行、担泥行、落货行、木炭行等,则达 30 多行。

各行的窑主和陶工又分别组织自己的联会:窑主联会称东家会,陶工的联会称为西家会。东西家虽然是利益取向不同的组织,但为维护共同利益,可以共同商议,制定行规,规定各行生产的产品、规格、工价及不能从事他行的生产、不得擅自提价等。笔者参观时看到的清乾隆年间(1736—1795)和光绪二十五年(1899)的《陶艺花盆行规》就规定:凡违反共同商议制定的行规者,都要受到联会的惩罚,以保各行生产的正常发展。这种石湾陶瓷业行规制度直至民国初期仍然保留。

---

① 《陶艺花盆行规(光绪二十五年)》,载《明清佛山碑刻文献经济资料》第 254 页,广东人民出版社 1987 年版。
② 《光绪南海乡土志·矿物制造》。
③ 参阅区瑞芝《石湾史简介》。
④ 李景康:《石湾陶业考》载《广东文物》第 1020 页,上海书店 1990 年版。

二、陶瓷的制作技术

石湾陶瓷大致要经过选泥、制模、上釉、烧窑四道技术工序才可成器并供应市场。

(一) 选泥

这是石湾陶瓷成功的基础，否则不能成良器。明清时期石湾陶瓷用泥分为陶土和瓷土两种。陶土是石湾本地所产；瓷土则采自东莞、清远、增城、英德、宝安（今深圳市）、肇庆、中山、花县（今广州市花都区）等县的泥土，尤以东莞泥为最好。东莞泥分为白泥和二顺泥两种：白泥色白，黏性大，油头足；二顺泥色粉红，耐火。县志记载："白泥出东莞峡内龙头村前水田中，村人掘取运贩佛山各处，用制瓦器极良。"[①]

石湾陶瓷业主和陶工将本地泥和东莞等县白泥搭配，制造出特别优质的陶瓷器，广东百姓欢欣购买，销售甚佳。

(二) 制模

明清时期石湾陶瓷制模方法已有6种：轮制、手轮制、捏制、雕制、模印和镂孔制。一般陶瓷成型制作分为原作和复制两种。原作是一次制成的单件产品，方法有车作、团泥、合板、卷筒等；复制分为印坯、注浆两种。

在雕刻造型上有4种手法：第一，贴塑，即在塑造基本钵体型后，以泥板捏塑完整的艺术造型；第二，捏塑，以手捏为主，少用工具雕琢，求粗不求细；第三，捺塑，在基本完成造型后，捺造各种装扮纹样；第四，刀塑，以刀为主要工具加以雕琢。

(三) 上釉

明清时期石湾陶瓷的上釉技术有所创新，已远超唐宋时期的青、黄、褐三彩器，创造了有多种色釉的多彩器。正如时人范端昂记述："南海之石湾善陶，其瓦器有黑、白、青、黄、红、绿各色，备极工巧，通行二广。"[②] 为生产多彩陶瓷，当时石湾陶工所用釉料和上釉方法十分讲究。釉料分别采用植物灰釉和石质釉两种。植物灰釉是以桑枝灰、禾草灰、谷糠灰、蚬灰和石灰原料为主，上于陶胎上；石质釉以石英、长石为原料，上于瓷胎。上釉的方法有两种：一是在泥坯上上釉；二是在烧制后的白坯上上釉。而上釉的技艺则分为蘸釉、涂釉、搪釉、泼釉、填釉、挂釉、雕釉、刮釉和涮釉等。上釉是根据不同的陶瓷器而定，一般是以仿宋代的"钧釉"技艺为多。但明清石湾陶工却不照搬宋代钧釉"以紫为胜"的釉色，而是改为"以蓝为胜"釉色，使陶瓷器呈现稔花色、翠毛蓝、玫瑰紫、石榴红等釉色，烧制出比宋代"雨过天青"的釉色更加浓艳的"雨洒蓝"釉色，受时人特别是欧洲人的青睐而销售国内外。笔者和太太庞秀声

---

① 《民国东莞县志》卷十五《舆地略十四·物产下》。
② 〔清〕范瑞昂：《粤中见闻》卷二三《物部三·瓦缸》。

于2006年到英国旅游,在参观大英博物馆亚洲馆中国厅时就看见有一个小玻璃展柜内摆设着8件"雨洒蓝"的瓷器(见图1),十分精致。

（四）烧窑

这是决定石湾陶瓷生产是否成功的工序。据明永乐年间（1403—1424）的《崇本堂霍氏族谱》记载,明初石湾曾仿元代用的龙窑建造"文灶"窑烧制陶瓷,此种窑长80米,有两排火眼分别设在窑两旁,相距70～90厘米左右。窑头设有火堂,窑两边有门。窑用松枝、杂草烧陶,由于火眼集中于窑的两旁造成窑中温度不均,烧制时无法有效控制温度。正德年间（1506—1521）改建的"南风灶"（见图2）吸收了"文灶"的长处,改革短处,把窑两旁的火眼增加至五排,一排一下火,共34下火;火眼相距缩小至7～8厘米,用作投放木柴捆,同时在窑顶部增设火眼,使窑的温度大增;窑长亦由80米缩短至40米。

图1 雨洒蓝瓷器（黄启臣摄于2006年）

图2 石湾南风古灶（黄启臣摄于2003年）

这种南风灶装烧陶瓷分为正烧和叠烧。正烧是将陶瓷件放入匣钵内,使陶瓷件保持干净,不沾窑渣;叠烧则不用置入匣钵,而是直接将陶瓷件叠装,以充分利用窑钵,一

· 240 ·

般用此法烧制粗件和日用陶瓷。装窑时，根据器坯放置不同而疏密相异，形成不同的空气流通效应，有效地控制窑内的还原焰和气化焰，使陶瓷件烧出较理想的质量效果。同时，将柴劈成小块从火眼直接投送窑内，这样既容易控制窑内的温度升降，又可以根据不同陶瓷坯件选择不同的烧窑方法，烧出各种质量理想器件。所以南风灶从明清以后500年间一直窑火不断，产销旺盛。2010年7月，"南风古灶"成为全国重点文物保护单位，后又被列入吉尼斯世界纪录，被称为"活的文物，移不动的国宝"。

根据宋应星的《天工开物》一书《陶埏篇》记载，当时南风灶使用的燃料是木柴。一般烧窑需要3～5天，其间工人轮流值班投入木柴。加柴的方式和速度、木柴的种类、天气的情况、空气的进流量等细微因素都会影响窑内陶瓷器色泽的变化。部分陶器掺有高岭土，以及含有其他氧化铜、氧化铁、氧化亚铝等天然色彩成分的原料，烧制时会在表面自然结成一层薄釉。用木柴烧窑，陶器釉色表现虽然不如瓷器均匀，但烧柴过程中出现的釉面效果变化却有其独特的美感。不可完全由人力控制的釉色窑变，往往会有出人意料的效果，如火制肌理、焦土肌理、狭雾肌理、芝麻点肌理、侵蚀肌理、流釉及垂釉等，从而在胚体表面形成不同的纹理及观感。这些多变的色彩及窑变效果均受泥土中的矿物成分、火焰走向、灰烬落点、余烬堆砌、烧成时间、氧化还原强度技巧、降温方式及速度等因素的影响。

石湾陶瓷使用这种南风灶后，涌现出许多杰出的制陶和烧陶工匠艺人。据介绍，明代有可松、杨升、杨名、陈文成、祖唐居；清代有文如璧、黄炳、陈谓岩、朱禽轩、潘玉书、潘铁逵、欧大记、刘左朝、廖松等。其中，可松、黄炳、陈渭岩、潘玉书被誉为"明清四大家"。潘氏为南海县九江乡河清村人，他制作的造像和人物陶瓷，传统技法功底深厚，又擅吸西方雕刻之长，注重形象之刻画及表纹的主刀法，塑造人物传神，形态如生。他尤擅塑造仕女，从不制作反面人物。平生著名作品有貂蝉拜月像、踏雪寻梅、贵妃醉酒、大乔小乔、花木兰、文成公主等像，并曾为孙中山、陈炯明、张之英等人物制作全身或半身像。他的作品下款有"潘玉书制"字样。屈大均在《广东新语》中记述：

> 南海之石湾善陶，凡广州陶器皆出石湾。[1]
> 石湾之陶遍二广，旁及海外之国，谚曰"石湾缸瓦，胜于天下"。[2]

明万历二十八年（1600），石湾陶瓷就通过广州—澳门—果阿—里斯本的海上丝绸之路航线运销欧洲各国，贵族富豪对其十分喜爱，因而纷纷购买、收藏。[3] 清乾隆四十九年（1784），美国"中国皇后号"（The Empress of China）商船首航广州贸易，通过广州十三行行商购买了包括石湾彩瓷在内的各种瓷器962担，于是年12月返航纽约，带

---

[1] 〔清〕屈大均：《广东新语》卷十六《器语·金鱼缸》。
[2] 〔清〕屈大均：《广东新语》卷十六《器语·锡铁器》。
[3] C. R. Boxer, *The Great Ship from Amacon: Annals of Macao and the Old Japan Trade, 1555 – 1640*, p. 179, Lisbon, 1963.

回的瓷器深受美国人的欢迎,很快被抢购一空。① 连美国总统华盛顿亦购买一批瓷器使用和收藏。特别是雍正年间（1723—1735）烧制的粉青釉单色四方壶最受美国人喜爱,被抢购享用和收藏。2009 年 8 月,笔者和太太庞秀声到华盛顿游览,在参观美国艺术博物馆时就看到一尊雍正时烧制的单色四方壶（如图 3）,非常精美。

图 3　单色四方壶（黄启臣摄于 2009 年）

三、陶瓷业的经营方式

据资料可知,明清时期石湾陶瓷业属于民间性质商品性生产,其经营方式有 3 种。

（一）家庭小作坊

这是石湾陶瓷业经营的主要方式,内中又分两种形式。第一种形式是以家庭成员为主,兼带一两个陶瓷学徒,承担从制作到销售陶瓷产品全过程。作坊家庭自建一个"馒头窑"进行生产。产品自行销售或卖给商人承销。也有一种家庭不自建窑,而向窑主租窑烧制。也有一些陶瓷户从东家领取原料回家,按东家要求式样烧制产品,以计件领酬方式出卖烧制劳动力。第二种形式是农民除种田外兼营陶瓷烧制,作为副业经营获取收入,帮补家庭生计。采用这两种经营形式的家庭小作坊,一般前面是店铺、后面是烧窑炉场,住宅也在其中。学徒是没有工钱的,雇主只供其吃饭。据光绪二十五年（1899）的《陶艺花盆行规》的规定：

---

① ［美］菲利普·查德威克·福斯特·史密斯编,《广州日报》国际新闻部、法律室译:《中国皇后号》第 173 页,广州出版社 2007 年版。

四方君子到店学师，以□年为满。每季入行银一十二元五毫。

其入行银，议五日先交一半银，余一半限以至迟对月十八日一概交清。如不交足，即要该店着此人即停工。倘有抗违，定然传帖通行，将此人永远出行，决不徇情。①

这种小作坊所招学徒数也有限制：每店六年教一徒，此人未满六年，该店不准另入新人。② 可见学徒对店主有相当的依附关系。

（二）合伙（股）经营

这种经营方式亦分为两种形式。第一种形式是若干家陶瓷户共同合股投资较大型的陶瓷窑，招募一定数量的陶瓷工人，烧制较多的陶瓷产品，或直接投向市场，或批发给专营商人，所赚利润按股分红。第二种形式是地主富豪各出雄厚资本合股经营一个或数个大型陶瓷窑，雇请大批陶瓷工烧制生产大量陶瓷，向市场销售产品或招揽商人批发，赚取丰厚利润后按股分红。

（三）宗族经营

这需要由拥有大量资产的宗族投资。如永乐年间（1403—1424），崇本堂霍氏家族就以族产投入到文灶陶瓷大作坊经营。其族谱记载：

我三世祖原山公置遗烧作缸瓦窑，坐在大岸塘坊附近的莘村冈，窑名文灶。③

此外，还有石湾桥头廖氏以族产投资凤鸣灶烧制陶瓷，清代埋边苏氏宗族以族产投资苏灶等。这些宗族投资经营的作坊因为族产丰厚，所雇陶瓷工人数量更多，从而生产数量更多的陶瓷产品供应市场。

（原载于《岭南文化》2018年第2期）

---

① 《陶艺花盆行规（光绪二十五年）》，载《明清佛山碑刻文献经济资料》第254、256页，广东人民出版社1987年版。

② 《陶艺花盆行规（光绪二十五年）》，载《明清佛山碑刻文献经济资料》第254页，广东人民出版社1987年版。

③ 石湾《太原霍氏崇本堂族谱》卷四《文灶图说》。

明至清前期广东冶铁手工业的高度发展

明至清前期（1368—1840），广东的手工业生产在宋、元两代的基础上获得长足的发展。本文拟以冶铁手工业（含采矿炼铁和铁器铸造）为个案做一探究，以见一斑。

一、冶铁手工业生产高度发展梗概

就笔者目前看到的史料而言，明至清前期广东冶铁手工业生产的高度发展表现在五个方面。

（一）铁矿产地数量名列全国第二

1965年秋冬，笔者在撰写研究生毕业论文《明代钢铁生产的发展》时，因为在广东无法收集足够的明代资料，所以指导教师、二级教授梁方仲先生不辞劳苦，带笔者到收藏明代地方志最多的北京图书馆（今中国国家图书馆）、北京大学图书馆、清华大学图书馆、南开大学图书馆、上海图书馆和浙江宁波市天一阁明代地方志藏书楼（今并入宁波市图书馆）等，亲自指导笔者翻阅了当时能查找到的明代全国各省、县的地方志书1100多种（部），抄录了各县的铁矿产地和相关冶铁资料卡片2200多张。1966年春，笔者回到学校，先是编列出"明代中国铁矿产地一览表"，然后请地理系绘图室代为绘制"明代中国铁矿产地示意图"。据此总计明代全国有铁矿产地的县为246个，其中广东有29个县，占全国铁矿产地的11.8%，居全国第二位，仅次于福建（30个县）。这29个县是：番禺、从化、新会、南海、阳春、阳江、永安（紫金）、连县（连州）、连山、乳源、仁化、和平、翁源、阳山、龙川、长宁（新丰）、海丰、平远、兴宁、程乡（梅县）、长乐（五华）、揭阳、大埔、饶平、海阳（潮安）、高要、罗定、清远、归善（惠阳）。而且记录何处产铁，如"从化县西五十里蜈蚣山有铁坑""阳春县东二十里铁杭山产铁西南铅杭固亦有铁矿砂""兴宁县铁嶂山有铁""揭阳县五房山多产铁矿""长乐县南九十里嵩螺山多铁""平远县卓律山有铁矿""程乡县香炉山出铁矿""翁源县平顶山出铁矿"等。

至清代雍正年间（1723—1735），广东铁矿产地增加到45个县，除明代的29个县外，新增加丰顺、东安（今云浮）、英德、乐昌、增城、花县（花都）、海丰、南澳、镇平（蕉岭）、怀集（当时属广西管辖）、郁南、化州、信宜、韶州（今韶关）、曲江、南雄等。而且各县均设有若干冶铁所或冶铁炉进行开采、冶炼。

（二）各县冶铁炉众多

上述产铁矿各县均设有多处民营炼铁炉进行开采、冶炼。据史料记载，仅潮州府、惠州府的民营冶铁所就有43处，即：

海阳八：曰岳坑、曰冠陇坑、曰花坑、曰小产坑、曰葵坑、曰单竹坑、曰三州坑、曰石狗；饶平六：曰珠坑、曰砂坑、曰下峡坑、曰潭澳坑、曰松柏坑、曰北溪坑；程乡三：曰松口、曰神沙铺、曰义化；大埔四：曰九龙、曰代富、曰大富村、曰三河；揭阳一：曰蓝田；归善七：曰秋乡、曰西江、曰黄砂、曰滘冈、曰奔水、曰下义、曰清溪；河源七：曰黄田、曰鸿州、曰百蒿、曰兰溪、曰康和、曰鳌坑、曰赤溪；龙川四：曰五峡、曰河潭、曰黄塘水、曰赤水；长乐二：曰梅子潭、曰客思磜；海丰一：曰淡水。①

此外，在南海县的西樵、石岗、松子岗、大阮、禾仓冈、吉水、黄借冈也有炼铁炉炼铁。②至清代雍正年间（1723—1735），全省冶铁所（炉）已达到150多处。③

这些炼铁炉大都是设在产铁矿山附近，"每山起炉，少则五六座，多则一二十座"。④而所建炼铁炉有的是相当高大的。1981年秋，笔者承广东省博物馆时任副馆长李才尧之约，到罗定县分界公社（镇）金田大队（村）的罗镜河上游考察明代大塘基炼铁炉遗址（见图1），所见确实如此。该炼铁炉呈椭圆形，坐南向北，东西相距3.4米，残炉高2.7米，炉墙从口沿下收缩。炉墙内壁分3层，均用耐火沙（当地称"鸡眼沙"）与盐泥混合涂抹，厚约2厘米；中层4.2厘米，用夯土筑成；外层2.3厘米，以红砖砌成。整个炼铁炉结构坚实。炉南面有一个进风口。在炉后约10米处有一小平台，用作放铁矿砂、木炭入炉炒炼。炉前是一片大单墙，专用于浇铸生铁板，即如屈大均所记的"铁矿既熔，液流注于方池，凝铁一版，取之。以木杠搅炉，铁水注倾，复成一版"。日产20余版，一版重10钧，每钧为30斤，则每炉日产铁6000多斤。⑤

图1　明代炼铁炉遗址（黄启臣摄于1982年）

---

① 《嘉靖广东通志初稿》卷三十《铁冶》。
② 《崇祯南海县志》卷十二《艺文志·奏议》。
③ 〔清〕鄂弥达：《请开矿采铸疏》，载《皇朝经世文编》卷五二。
④ 《嘉靖广东通志初稿》卷三十《铁冶》。
⑤ 转引自方志钦、蒋祖缘主编《广东通史·古代下册》第390页，广东高等教育出版社2007年版。

其他各县的炼铁炉也有相当的规模,史称:

> 炉之状如瓶,其口上出,口广丈许,底厚三丈五尺,崇半之;身厚二尺有奇,以灰沙盐醋筑之,巨藤夹之,铁力木支之,又凭山崖以为固。炉后有口,口外有一土墙,墙有门二扇,高五六尺,广四尺,以四人持门,一合一开,以通风势,共三口皆镶水石。水石产东安大绛山。①

各县炼铁炉所用工人也不少。明崇祯年间(1628—1644),南海县的炼铁炉工"三五千矣"②,龙川、海丰、河源等县的炉工更多,"几及万人"③。到了清乾隆九年(1744),广、惠、韶、肇四府的炉工"不下数十万人"。④

(三) 广东铁质量居全国首位

明至清前期,广东所炼之铁由于矿砂优质,加上炼铁技术高超而铁质上乘,名列全国首位。明人唐顺之记述:"生铁出广东、福建,火熔则化……令人鼓铸以为锅鼎之类是也。出自广者精,出自福者粗,故售广铁则加价,福铁则减价。"⑤

李时珍也称广铁质量精良,他说:"铁皆矿土炼成。秦、晋、淮、楚、湖南、闽、广,诸山中皆产铁,以广为良。"⑥ 清人张心泰也在其著《粤游小识》一书中记述:"盖天下产铁之区,莫良于粤。"⑦

(四) 广东铁产量名列全国和世界第一

中山大学地理系历史地理学教授徐俊鸣于20世纪60年代研究广东古代手工业史成就显著,他计算出:明正德十五年(1520)广东的铁产量为1800万斤;至嘉靖十年(1531)增至2760万斤,占全国铁产量4500万斤的60%,居全国首位;至清雍正十二年(1734)又增至5400万斤,比1740年英国铁产量4000万斤多出1400万斤,居世界第一位。⑧ 而美国至1800年、法国至1870年、日本至1874年才有生铁产量的统计数字记载。⑨ 所以研究中国科学技术史的英国著名学者李约瑟(Joseph Needham)在其著作中指出:

> 从公元5世纪到17世纪,在此期间,正是中国人而不是欧洲人,能得到他们所追求那么多的铸铁,并惯于用先进的方法来制钢,这些方法直到很久以后,欧洲

---

① 《两广盐法志》卷三五《铁志》。
② 《崇祯南海县志》卷十二《艺文志·奏议》。
③ 《崇祯南海县志》卷十二《艺文志·奏议》。
④ 《清高宗实录》卷二一九,乾隆九年六月辛未。
⑤ 〔明〕唐顺之:《武编·前编》卷六《铁》。
⑥ 〔明〕李时珍:《本草纲目》卷八《金石部·铁》。
⑦ 〔明〕张心泰:《粤游小识》卷四。
⑧ 徐俊鸣:《广东古代几种手工业的分布和发展》,载《中山大学学报》1965年第2期。
⑨ 参阅《主要资本主义国家经济统计》,世界知识出版社1962年版。

人仍完全不知道。①

(五) 铁器制造 (铸铁) 名列全国前茅

在上述采矿炼铁长足发展的基础上,广东的铸铁业也如雨后春笋般发展起来。其中,以地处珠江三角洲心脏地带的佛山镇的铸铁制造业最为典型。所谓"诸炉既成,皆输佛山之埠"②。广东布政使司还以行政命令规定,广东所属炼铁炉炼出的生铁锭,皆运往佛山铸造各种铁器以供应全省所需。这样,佛山镇便成为广东铸造铁器最集中、规模最大的基地。明初,佛山已有约5000人以从事铸铁业为生计。如宣德年间(1426—1435),李广成等迁居佛山,以铸铁为业,世代相传。他的后代李世昌,即"以铸冶能,拓其家"③。冼浩通巨商,其子冼靖专营"铸造铁器,家业兴隆"④。当时在大墟至灵应祠(今祖庙)一带已连成一片铸造铁器作坊区,诸炉并冶,火光冲天的铸铁繁忙生产景象,史称"祖庙门前明堂狭隘,多建铸造炉房"⑤。至景泰二年(1451)又有新发展。陈赟在《祖庙灵应祠碑记》中记载:"南海县佛山堡,东距广城仅五十里,民庐栉比,屋瓦鳞次,几万余家。习俗淳厚,士修学业,农勤耕稼,工擅炉冶之巧,四方商贩辐辏焉。"⑥至成化、弘治年间(1465—1505),佛山大多数居民已转向以铸铁谋生,正如丘濬记述:"南海之佛山,去城七十里,其居民大率以铁冶为业。"⑦

在"士农工商"四业中,特别指出佛山居民"工擅炉冶之巧",足见铸铁业在佛山诸手工业中占有特别重要的地位。至于说"大率"者,即基本之谓也。这就是说,当时佛山的居民基本上是从事铸铁业,到处都可以看到炉户、铁工和铁商。从现存的佛山族谱中可以看到,明中叶以后,专门经营铸铁业的大家族就有石头霍氏、李氏,金鱼塘陈氏,鹤园冼氏,佛山霍氏、黄氏等。各地不少商人也纷纷来佛山经营铸铁业生产。如嘉靖年间(1522—1566)商人麦宗泰,其父经商获利,到他掌管家业时则来佛山经营铸铁业。其家谱记载:"性好货殖而藩财……泰是以创立炉冶工艺。"⑧

明末,新会商人卢纵庵也来佛山从事铸锅业。史称:"卢纵庵,卢鞭人,龙庄公之十五世孙也。生而孤露。时以小贩自给。稍长,讲求治生,业铜铁于佛山,善计然术,驯致小康……至崇祯初……资雄于一方。"⑨

正因如此,佛山的炉户、铁行大为增加。天启二年(1622),已有"炒铸七行:即铸锅行、铁灶行、炒铁行、铁线行、铁锁行、农具行、铁钉行"⑩。铸铁工人数量也不

---

① Joseph Needham (李约瑟), *The Development of Iron and Steel Technology in China*, 1956.
② 〔清〕屈大均:《广东新语》卷十五《货语·铁》。
③ 〔清〕李侍问:《李氏族谱》。
④ 《乾隆佛山忠义乡志》卷六《乡事志》。
⑤ 〔清〕梁礼昭:《梁氏家谱诸祖传录》。
⑥ 《乾隆佛山忠义乡志》卷十《艺文志·祖庙灵应祠碑记》。
⑦ 〔明〕丘濬:《丘文庄公集》卷之七《东溪记》。
⑧ 〔清〕李侍问:《李氏族谱》。
⑨ 《民国潮连乡志》卷五《人物略》。
⑩ 《乾隆佛山忠义乡志》卷八《乡事志》。

少。屈大均说:"计炒铁之肆有数十,人有数千。"① 有人做过粗略统计,明末佛山的铸铁工人不下两三万人,使佛山镇成为"炒铁之炉数十,铸铁之炉百余,昼夜烹炼,火光烛灭,四面蒸熏,虽寒亦燠"②的铸铁中心城镇。就连街名也打上铸铁业的烙印,诸如铸砧街、铸砧上街、铸犁大街、铸犁横街、铁矢街、铁香炉街、铁门链街、铁廊街、钟巷、针巷、麻钉墟等。③

至清乾隆年间(1736—1795),佛山的铸铁业已开始分行业铸造铁器了。如铸镬行分为大镬分庄行、大镬车下行、大锅搭炭行;炒炼熟铁行分为炒炼头庄行、炒炼钳手行、炒炼二庄行、炒炼催铁行等。④此后,大多数铁器铸造就以铸造单一铁器成行,如打刀行、打剪刀行、土针行、铁砧行、折铁行、铁钟行、铁针行等。直到近代,佛山市有些街道仍以明清时期铸铁行命名,如铁砧巷、铁犁巷、铁香炉巷、铁门链巷、铁银巷、铁针巷、铁钉巷、铁丝巷、铁线巷等。如此兴旺的佛山铸铁

图2 明成化十二年(1476)铸约1700斤铁钟
(黄启臣摄于佛山祖庙)

业,按陈炎宗《鼎建佛山炒铁行会碑》所记的"炒铁炉四十余所"推算,当时佛山从事铸铁业者当有2万人左右,再加上辅助之行业者,则可达3万人之多。可见铸铁业已成为佛山的经济支柱。

综上五方面明至清前期广东采矿炼铁和铁器铸造的历史事实,显而易见,当时广东确实是一个"南国铁都",难怪时人毛维奇描述:"盖天下产铁之区,莫良于粤;而冶铁之工,莫良于佛山,故炉座之多,以佛山为最。"⑤

二、冶铁业生产高度发展之缘由

所谓"三十年河东,三十年河西",这的确是人类文明史发展历程的事实。中国近

---

① 〔清〕屈大均:《广东新语》卷十五《货语·铁》。
② 《乾隆佛山忠义乡志》卷六《乡俗志》。
③ 《民国佛山忠义乡志》卷十一《乡事志》。
④ 《佛山镇众行捐款筹办某公事残碑》。
⑤ 〔明〕张心泰:《粤游小识》卷四。

现代历史显示，广东根本不是钢铁之乡，何以在明至清前期竟然成为"南国铁都"呢？笔者就个人看到的明清史料进行思考，大致归纳出三个缘由。

(一) 明清朝廷实行废除官营铁冶、令民自采炼的开放政策，促使民营冶铁业蓬勃发展

纵观中国历史长河，自汉武帝采纳桑弘羊的主张，禁止民间私自冶铁煮盐，实行"盐铁官营专卖"的政策以后，直至明初，历代王朝均奉行此策。但经过20多年的实践，明朝13个官营冶铁厂经常发生工匠怠工、破坏炼铁炉场甚至逃亡的事件，全国铁产量因此日益减少，造成全国上下铁不足用的窘局。于是，草根出身，深知民间疾苦的朱元璋决定从洪武二十八年（1395）起，实行废除13个官营冶铁厂，允准民间采矿炼铁纳税的政策："诏罢各处铁冶，令民得自采炼，而岁输课程，每三十分取其二。"①

从此之后，官营冶铁厂（包括广东的阳山冶铁厂）被废除，民营冶铁业得以日益发展。

民营冶铁与官营冶铁区别极大。在民营冶铁业中，无论是业冶者还是铁矿工，他们除向官府缴纳铁课外，可以自由支配生产，具有很高的经营和生产积极性，铁产量因此得到成倍增长。这种民营冶铁炉在一个县可以有数处或数十处，如上述广东仅潮、惠两府在明代冶铁炉就有43处之多。

清代伊始，朝廷曾就明代的民营冶铁政策进行争论，但至雍正年间（1723—1735），两广总督孙毓珣提出"招商开采，抽收课饷"的主张，得到朝廷政要鄂弥达、马尔泰等人的支持，因而清代得以延续明代开放矿禁、听民开采输课的政策。所以，民营冶铁业得到继续发展，广东的铁矿产地也由29个县增加至45个县，冶铁炉增加至150多处。

(二) 明清朝廷实行"轻徭薄赋，与民休息"的农业政策，为冶铁业发展提供广阔的内需市场

明至清前期，中国仍是小农经济社会，农业生产是社会的经济基础。所以朱元璋登基后采取了一系列"轻徭薄赋，与民休息"的政策，诸如对谷粟、桑麻、税粮、徭役等尽行蠲免3年，让农民喘息，从将力量投之于农业生产，振兴农业。又用移民屯田、开垦荒地的办法调剂人力不足的状况；兴修水利，种植桑麻，增加农民收入；官给耕牛种子，实行垦荒地减免3年租，遇灾害减免租粮等措施，减轻农民负担。明政府移民屯田、开垦荒地，十分注意铁农具的制造。洪武二十年（1387）规定：

> 凡屯种去处，合用犁、铧、耙、齿等器，著令有司拨官铁炭，铸造发用。若末植令卫军于出产山场自行采办造用，系干动拨官物具奏施行。永乐元年，令宝源局铸农器，给山东被兵之民。嘉靖七年，令陕西、山西、山东、北直隶沿边有司，给

---

① 《明太祖实录》卷二四二，洪武二十八年九月庚寅。

堡户农器。①

除官营铁冶厂铸造铁农具外，各省为垦荒种地需要，也由各地民营铁冶业铸造各种农具，供应给农民进行农业生产。至明代后期，"擦生"铁皮具被推广使用。所以，除犁铧、犁壁仍用生铁制造外，其他如锄、铸、镰、锨等农具俱采用"生铁淋"技术铸成"擦生"的铁皮具。宋应星曾记述：

> 凡治地生物，用锄、镈之属，熟铁锻成，熔化生铁淋口，入水淬健，即成刚劲。每锹锄重一斤者，淋生铁三钱为率，少则不坚，多则过刚而折。②

从上述可见，明代利用生铁、熟铁、钢铁来制造农具已相当普遍。正因如此，明代耕地面积日益增加，从洪武二十四年（1391）的387474600亩增至天启元年（1621）的743931900亩。随着耕地面积的大幅增加，农民需要使用更多更好的铁农具，如铁犁、铁耙、铁铲、铁钊、铁镰等。这样一个广阔的农具市场需求必然刺激和拉动被誉为"南国铁都"的广东冶铁业生产的高度发展。

同时，明至清前期广东和全国的其他手工业如丝织业、造船业、军器业、棉织业等，也需要铁制纺车、搅车、铁锚、铁钉、铁炮、铁锅、铁盔、铁甲、铁刀、铁枪、铁镖等铁器工具等，这为广东冶铁业提供更广阔的市场需求，促进广东冶铁业生产的日益发展。

（三）明清朝廷对广东实行独口对外贸易的特殊政策，促使广东为起点的海上丝绸之路高度发展，为冶铁业开拓世界市场

明清王朝在建立初期，为了巩固其封建统治，"延长专制政权的寿命"③，一反唐、宋对外开放贸易的政策，实行"时开时闭"的朝贡贸易政策，但对广东则实行特殊的优惠政策。永乐五年（1407），郑和第二次下西洋，"首从广东往占城"④。正德四年（1509），朝廷又允准非朝贡国家进入广东贸易。嘉靖元年（1522），朝廷"遂革福建、浙江二市舶司；惟存广东市舶司"⑤ 对外贸易。康熙二十三年（1684），清廷有鉴于"台湾已统一"和"三藩之乱已平息"，即令"开海贸易"⑥，并设立粤、闽、浙、江四海关管理；乾隆二十二年（1757）十一月，宣布关闭闽、浙、江三海关对外贸易，规定番商"将来只许在广东收泊交易"⑦。故而从永乐五年至道光二十年（1407—1840）的433年中，广东成为全中国海上丝绸之路唯一合法开放和对外贸易的省份；省城广州

---

① 〔明〕申时行：《（万历）明会典》卷二〇七《农具》。
② 〔明〕宋应星：《天工开物》卷中《锤锻》。
③ 《马克思恩格斯选集》第1卷第304页，人民出版社1975年版。
④ 《万历广东通志》卷六《藩省志六·事纪五》。
⑤ 《明史》卷七五《职官志四》。
⑥ 《清朝文献通考》卷三三《市籴考》。
⑦ 《军机处上谕档》，载《清宫广州十三行档案精选》第1070页，广东经济出版社2002年版。

成为唯一合法进行对外贸易的港口和贸易全球化的中心市场；澳门则成为贸易全球化的中转港。从而开通自广州起航经澳门中转到世界各国的8条对外贸易航线，即永乐五年（1407），开通广州—澳门—东南亚国家航线；嘉靖三十二年（1553），开通广州—澳门—果阿—里斯本欧洲航线；嘉靖三十二年，开通广州—澳门—长崎航线；万历三年（1575）开通广州—澳门—马尼拉—墨西哥—秘鲁航线；乾隆四十九年（1784），开通广州—澳门—纽约航线；乾隆五十三年（1788），开通广州—澳门—温哥华岛航线；嘉庆八年（1803），开通广州—澳门—俄罗斯航线；嘉庆二十四年（1819），开通广州—澳门—澳大利亚航线。从而形成了以广州为中心的贸易全球化格局，使明至清前期的海上丝绸之路发展到鼎盛阶段。

海上丝绸之路是贸易之路。当时从广州出发经澳门中转前往世界五大洲各国贸易的商船所载的出口商品，除传统的丝绸、瓷器、茶叶之外，还有相当数量的铁器，如铁锅、铁针、铁线、铁钉等，特别是铁锅最受外国人欢迎。正如屈大均所记述：

（广东）以香、糖、果箱、铁器，南走澳门，至于红毛、日本、琉球、暹罗斛、吕宋，帆踔二洋，倏忽数千万里，以中国珍丽之物相贸易，获大赢利。①

至清初，佛山的铁锅更是如同久积的洪水滚滚销往外国。雍正九年（1731），广东布政使杨永斌奏称：

（夷船）所买铁锅，少者自一百连至二三百连不等，多者买至五百连并有一千连者。其不买铁锅之船，才不过一二，查得铁锅一连，大者二个，小者四五六个不等。每连重二十斤。若带至千连，则重二万斤。②

同时，到广东进行贸易的外国商人甚至官员也把购买铁器当作他们贸易的重要商品和重要项目。如《明宣宗实录》所记："爪哇国使臣亚烈麻抹等将还国，诉于行在礼部云：来时舟为海风所坏，乞令广东都司、布政司造船与归；又欲以所赍之物于广东易铁锅。"③ 嘉靖、万历年间（1522—1619），俺答汗也要求购买广东铁锅。史称："（俺管）求输马与中国铁锅、布帛互市。"④

大量铁器从广州出口对外贸易的商业活动，必然成为极大地推动广东以至全国冶铁业生产发展的机制。正如马克思所说："商业，是资本所由发生的历史前提。世界商业和世界市场是在十六世纪开始资本的近代生活史的。"⑤ 这就是说，商业（包括国内和国际商业）是拉动生产增长的发动机（Engine for growth）。⑥

---

① 〔清〕屈大均：《广东新语》卷十四《食语·谷》。
② 转引自彭泽益编《中国近代手工业史资料》第1卷第52页，中华书局1962年版。
③ 《明宣宗实录》卷五四，宣德四年五月壬戌。
④ 〔明〕陈仁锡：《皇明世法录》卷六五《奏议》。
⑤ 〔德〕马克思：《资本论》第1卷第133页，人民出版社1973年版。
⑥ Dennis H. Robertson, "The Future of Interrational Trade", *The Ecoromic Journal*, Mar. 1938.

三、冶铁生产高度发展的社会功能

在古代、近代，冶铁业的发展是衡量一个国家或地区经济发展的重要指标。因为铁"是在历史上起过革命作用的各种原料中最后和最重要的一种原料。铁使更大面积的农田耕作，开垦广阔森林地区成为可能；它给手工业工人提供了一种其坚固和锐利非石头或当时所知道的其他金属所能抵挡的工具"①。所以，明至清前期广东冶铁业生产的高度发展，使铁器农具和手工业工具得到普遍使用，从而推动广东农业和其他手工业生产的发展，使全省经济跻身全国先进行列。除前述全省农田开垦面积不断增加外，具有岭南特色的商业性农业和其他手工业也普遍发展起来，加上如前述明清朝廷对广东实行独口对外贸易的特殊政策，西方国家纷至沓来，到广州贸易，购买广东的铁器等商品，"向广州输入的主要是白银，货物不过是辅助性质而已"②。所以，当时外国白银经广东大量流入中国。据已故吾师梁方仲教授统计，自万历元年至崇祯十七年（1573—1644）71年间，各国来广东贸易而输入中国的白银超过一亿元。③ 至清代，各国因来广东贸易而输入中国的白银倍增。据全汉昇教授统计，从康熙三十九年至道光十年（1700—1830）的130年间，外国来广东贸易而输入中国的白银为4亿元左右。④ 广州成了中国"天子南库"的最富城市，"银钱堆满十三行"，被誉为"金属货币时代的金融中心"，也成为当时世界十大城市（北京、南京、苏州、扬州、杭州、广州、伦敦、巴黎、罗马、柏林）中人口最多的特大城市。据统计，洪武十三年（1380），广州已有人口7.5万人，嘉靖四十一年（1562）增至30万人，清道光二十年（1840）达到100万人。⑤ 而且世界首富就在广州，他就是广州十三行怡和行行商伍秉鉴，其资产总额达到2600万墨西哥鹰洋银元，相当于2019年的50亿美元。他在美国投资修筑太平洋铁路，每年收入利息达20万两银子，还投资金融和保险业赚取利润。而当时美国最有钱的富翁资产只有2000万美元。⑥ 与此同时，广东的城镇也迅速兴起和发展起来。据统计，明嘉靖年间（1522—1566），全省的墟市有439个，⑦ 清雍正年间（1723—1735）增至1141个。⑧ 其中铸铁中心佛山镇的人口已达到34万人。⑨

而在广东经济发展跻身全国先进行列时，中国步入"康乾盛世"，成为当时世界第

---

① [德] 恩格斯：《家庭、私有制和国家的起源》，载《马克思恩格斯选集》第4卷第149页，人民出版社1963年版。
② 转引自杨端六《清代货币金融史》第260页。
③ 黄启臣编：《梁方仲经济史论文集》第179页，中华书局1989年版。
④ 全汉昇：《中国经济史论丛》第2册第504页，香港新亚研究所，1972年版。
⑤ Anders Ljungstedt, *An Historical Sketch of the Portuguese Settlements in China and of the Roman Catholic Church and Mission in China*, p. 284, Boston, 1836.
⑥ [美] 威廉·C. 亨特著，冯树铁译：《广州番鬼录》第36页，广东人民出版社1993版；梁嘉彬：《广东十三行考》第266页，广东人民出版社1993年版；牧羊儿：《追寻十三行》，载《羊城晚报》2009年12月20日。
⑦ 据《嘉靖广东通志》卷二五《民物志六·墟市》的数字统计。
⑧ 据《雍正广东通志》卷十四《城池》的数字统计。
⑨ 《民国佛山忠义乡志》卷十一《乡事志》。

一的经济大国。据英国计量经济学家麦迪森（Angus Maddison）统计，清朝前期（1644—1840），中国的 GDP 占世界经济总量的 32.9%，① 居世界第一位。正如江泽民同志所说：

> 从 1661 至 1796 年，是史称的"康乾盛世"。在这个时期，中国的经济水平在世界上是领先的。乾隆末年，中国经济总量居世界第一位，人口占世界三分之一，对外贸易长期出超。②

1776 年（乾隆四十一年），被马克思称为"现代经济学之父"的英国著名经济学家亚当·斯密（Adam Smith）在其影响世界历史进程的名著《国富论》（The Wealth of Nations）中也承认当时的中国是世界上最富的国家：

> 长期以来，中国一直是最富的国家。
> 中国是比欧洲任何国家都富裕得多的国家。
> 在比任何欧洲国家都富裕的中国，贵金属的价值比在欧洲任何地方都高得多。③

（原载《岭南文史》2019 年第 1 期）

---

① [英]麦迪森著，伍晓鹰等译：《中国经济的长期表现：公元 960—2030 年》第 39 页表 2.2a，上海人民出版社 2016 年版；戴逸：《论康雍乾盛世》，2003 年 2 月 3 日，国家图书馆举办"省部级干部历史文化讲座"的讲稿。
② 《江泽民在全国党校工作会议上发展重要讲话》，载《学习时报》2000 年 7 月 17 日第 1 版。
③ [英]亚当·斯密著，唐日松等译：《国富论》第 55、145、179 页，华夏出版社 2005 年版。

明至清初的中日私商贸易[①]

关于明清时期的中日私商贸易，日本的前辈学者木宫泰彦、福池源一郎、岩生成一、山胁悌二郎、大庭脩等和中年学者松浦章教授等都做过研究，发表了很有价值的论著。但他们多侧重于清朝，且多从日本的角度论述，而对明中叶至清初时期有悖于明清政府海禁政策的私商贸易着力稍少。因此，本文拟在他们研究的基础上，从中国的角度对明中叶至清初的中日私商贸易做一探讨。

一、贸易航线

中日贸易由来已久，源远流长。到了明中叶至清初（1553—1730）的170多年间，尽管中日两国政府都曾实行海禁政策，但两国分别开放广东、福建、江苏、浙江和平户、长崎对外贸易。[②] 所以，中国私商纷纷往日本贸易，出现了"平户、长崎等地，唐船辐辏"[③] 的繁盛局面。当时的贸易主要是通过海上航线进行的。

（一）广东—有马岛—长崎航线

这是明中叶至明末中日贸易的主要航线。郑舜功于嘉靖三十五年（1556）去日本，第二年回国后，将在日本调查所得资料撰成《日本一鉴·桴海图经》，该书卷一的《万里长歌》记载：

> 钦奉宣谕日本国，驱驰岭海乘槎出。
> 五羊歌鼓渡三洲，先取虎头出壕头。
> 大鹏飞鸣平海札，看看碣石定铁甲。
> 靖海东头马耳还，大家井里傍牛田。
> 天道南阳王莽灭，诏安走马心旌节。

[①] 笔者于2002年9—12月应聘为日本关西大学客座教授时，向该校东西学术研究所做了学术报告。本文是在此报告的基础上修改扩充而成的。后该所组织人力将本文翻译成日文，2004年发表于该所的刊物《东西学术研究所纪要》。

[②] 嘉靖元年（1522），明政府撤销浙江、福建二市舶司，独存广东市舶司对外贸易；隆庆元年（1567）开放福建月港对外贸易。康熙二十三年（1684），清政府取消海禁，于次年设粤、闽、浙、江四海关对外贸易。日本德川幕府于宽永十年（1633）、十三年（1636）颁布锁国令，但允准长崎对外贸易。

[③] 转引自［日］内田直作《日本华侨社会研究》第51页，东京同文馆昭和二十四年（1949）版。

镇海先须定六鳌，下门平静金门高。①

这段歌词记述了郑舜功本人从虎门出海，沿着广东、福建沿岸北航，经大鹏、平海、碣石、靖海、南阳、诏安、镇海、金门、乌邱等岛屿，最后到达日本的有马岛。他还在注文中记录从乌邱到有马岛的针路：

乃于乌邱取道日本挨里马，即有焉（马）岛、寄音押利迈。若西南风用艮寅缝针、东南风甲卯缝针，西北风正丑针，西风正艮针，径取有马。②

这条航线还包括葡萄牙人于嘉靖三十二年（1553）进入和租居澳门后开辟的广州—澳门—长崎—澳门—果阿—里斯本—欧洲航线，和广州—澳门—长崎—澳门—马尼拉—墨西哥—秘鲁航线。自隆庆四年（1570）始，长崎已成为澳门对日贸易的固定港口，"广东香山澳佛郎机番，装贩最多"③。但到了崇祯十年（1637），因为日本天主教徒发动叛乱，牵涉到葡萄牙的耶稣会士，江户幕府于1639年年底将葡萄牙人驱逐出境，又于1640年正式下令禁止葡萄牙人到长崎贸易，于是此条航线稍为式微。

到了清初，广东商人到日本贸易，除从广州起航外，还有从南澳、潮州、揭阳、顺德、高州、海南岛等港口出发，到达日本的鹿儿岛、长崎、九州、平户、神户、大阪等港口。

（二）福建—冲绳—兵库（神户）航线

这是明末清初（1639—1683）中日贸易的主要航线。郑舜功在《万里长歌》中亦有记载：

一自回头定小东，前望七岛白云峰。
或自梅花东山麓，鸡笼上开钓鱼目。
黄麻赤坎古米巅，马齿琉球逦迤先。
热壁行行梦家刺，大罗前渡七岛峡。
屋久棒津我道中，槎浮影动击飞䌷。④

这段歌词记载了当时自福建回头（今围头）、梅花（今长乐县）、太武山（今金门岛）等港口出发到琉球群岛，然后往东北行至大门山（今淡路岛）到达兵库港（今神户）的航线。此条航线的针路，明人慎懋赏辑录的《海国广记》等书中有详细的记述：

自福建福州长乐县广石梅花所开洋，正南风东沙山用单辰针陆更船，又用辰巽

---

① 〔明〕郑舜功：《日本一鉴·桴海图经》卷一《万里长歌》。
② 〔明〕郑舜功：《日本一鉴·桴海图经》卷一《万里长歌》。
③ 〔明〕许孚远：《疏通海禁疏》，载《明经世文编》卷四百。
④ 〔明〕郑舜功：《日本一鉴·桴海图经》卷一《万里长歌》。

针二更船，小琉球头。乙卯针肆更船，彭佳山（今台湾彭佳屿）。单卯针拾更船，取钓鱼岛。又用乙卯针肆更船取黄尾岛。又用单卯针五更船取赤屿。用单卯针五更船古米山。又乙卯针陆更船取马齿山，直到琉球那霸内港。……港口开船，用单子针肆更船取椅山（今伊江岛），用单癸肆更船取硫磺山（今冲永良部岛），用单癸伍更船取田佳地山（今德之岛），用癸丑叁更船取度加刺山（今奄美大岛），用单癸及丑癸叁更船取大罗山，用丑癸叁更般取七岛山，两边过船，用艮寅伍更船取野故大山（今日本屋久岛），内边过船，用艮寅二更半船取旦尔山（今日本种子岛）。①

又单艮四更取酉甫山平港口，其水望东流十分紧。单寅十更船取哑慈子里美山（今日本四国岛东南之足折岬），其山用单艮二更、单寅三更沿度奴乌佳眉山（今日本四国岛东南八阪八滨以东之大岛）。用癸针三更，船若是船开单子一更取是麻山（今纪伊水道西部伊岛）边，南边有沉礁，名做长礁，东边过船。单丑一更船是正路。用子针四更船取大山门（今淡路岛）中傍西边门过船，用单丑是兵库（今神户）港为妙。②

到了隆庆元年（1567），明政府开放海澄月港对外贸易，至清初，福建到日本长崎贸易的港口更多了，如猛崎、猴屿、太平、湄洲、泉州、晋江、安海、龙溪、漳州等。所以，明末清初的中日私商贸易以福建到长崎航线为多，远远超过广东航线。据统计，自崇祯八年至顺治十八年（1635—1661），中国到长崎贸易的商船为938艘，而自福建各港口起航的商船达到608艘，占64%左右，其各年商船数的具体数字如表1所列。

表1　崇祯八年至顺治十八年（1635—1661）福建至长崎贸易商船数统计

年　代	中国到长崎商船数/艘	福建到长崎商船数/艘	福建船占总数比例/%
崇祯八年（1635）	40	28	70
崇祯十年（1637）	64	45	70
崇祯十二年（1639）	93	63	70
崇祯十三年（1640）	74	52	70
崇祯十四年（1641）	97	68	70
崇祯十五年（1642）	34	24	70
崇祯十六年（1643）	34	24	70
崇祯十七年（1644）	54	38	70
顺治三年（1646）	54	37	70

---

① 〔明〕慎懋赏：《海国广记》，载《玄览堂丛书续集》。
② 《顺风相送》，载向达校注《两种海道针经》第96页，中华书局1961年版。

续表1

年　代	中国到长崎商船数/艘	福建到长崎商船数/艘	福建船占总数比例/%
顺治四年（1647）	29	17	56
顺治七年（1650）	70	50	71
顺治十二年（1655）	45	35	77
顺治十三年（1656）	57	34	60
顺治十四年（1657）	51	29	57
顺治十五年（1658）	43	25	58
顺治十六年（1659）	60	36	60
顺治十八年（1661）	39	23	65
合　计	938	608	64

资料来源：根据〔日〕岩生成一《近世日支贸易に關する数量的考察》（载日本《史学杂志》1953年第11期）的数字编制。

（三）江浙—野顾山（今屋久岛）—长崎航线

这是康熙二十三年（1684）清政府实行开海贸易政策后中日贸易的主要航线。郑舜功在《日本一鉴·桴海图经》卷一《万里长歌》注文中也记载了明末从江苏的太仓刘家河到日本航线的针路：

> 自太仓刘家河津发，用正乙针，约仅一更平吴淞江。用卯乙缝针，约一更平宝山至南汇嘴。用乙辰缝针出港，打水六七丈，见泥沙底。针约三更见茶山（余山），打水三四丈。用丁未缝针，次坤申缝针，共约三更过大七山、小七山（大小戢山）至滩山（滩浒山）东北，打水三四丈。用正丁针或午丁缝针约三更至霍山（东、西霍山）。用正午针取西后门。用巽巳缝针，约三更至茅山。用巽巳缝针，取庙州门，水深流急。我从门右而行，至升罗屿。用丁未缝针，取崎头山（峙头山），山湄水急，打水四丈余。过双屿港，港水亦急，用丙午缝针，约三更至孝顺洋，打水五六丈。次乱礁洋，打水三四丈，见泥底。次韭山，山西有礁。用正卯针，约三十更至日本港口野顾山，即屋久岛，打水三四丈，见泥底。一自滩山次大帽山（大猫岛），次箕湾，次鎏江，次粮长澳，次双屿港，次孝顺、乱礁等洋，至于韭山而去之彼（日本）。一自滩山次许山（滩山、浒山今称滩浒山），次羊山（大洋山），次淡水门，次虾蟆礁，次火焰头，次汪洋港即两头洞，次崎头洋，次双屿港，次乱礁洋，次韭山往焉。①

---

① 〔明〕郑舜功：《日本一鉴·桴海图经》卷一《万里长歌》。

又,"从乌沙门开洋,七日到日本。若陈钱山至日本用艮针"①。

到了清初,从上海、苏州、通州、北沙、北新港、剑山、崇明、吴淞、尽山、马蹄山、洋山、乍浦(今宁波)、舟山、普陀山、海盐、招宝山、洛伽山、鄞县、奉化、象山、金沙、后海、台州、温州、东渡门等港口出海到长崎贸易的商船与日俱增,超过福建航线。根据《华夷变态》《崎港商说》等书统计,自康熙二十四年至六十一年(1685—1722),江苏、浙江到长崎贸易的商船达到1010艘,占同期中国到日本贸易商船总数2162艘的46.7%。下面将此期间各年江苏、浙江到长崎商船数统计列表(见表2),以见一斑。

表2 康熙二十四年至六十一年(1685—1722)江浙到长崎贸易商船统计

年代	中国到长崎商船数/艘	江浙到长崎商船数/艘	江浙商船占中国商船总数的比例/%	资料来源
康熙二十四年(1685)	84	25	29.8	《华夷变态》卷十
康熙二十五年(1686)	102	49	48.0	《华夷变态》卷十一
康熙二十六年(1687)	136	55	40.4	《华夷变态》卷十二、卷十三
康熙二十七年(1688)	194	60	30.9	《华夷变态》卷十四、卷十五
康熙二十八年(1689)	79	33	41.7	《华夷变态》卷十六
康熙二十九年(1690)	90	30	33.3	《华夷变态》卷十七
康熙三十年(1691)	90	45	50.0	《华夷变态》卷十八
康熙三十一年(1692)	74	28	37.8	《华夷变态》卷十九
康熙三十二年(1693)	81	28	34.5	《华夷变态》卷二十
康熙三十三年(1694)	73	22	30.1	《华夷变态》卷二十一
康熙三十四年(1695)	61	22	36.1	《华夷变态》卷二十二
康熙三十五年(1696)	81	16	19.7	《华夷变态》卷二十三
康熙三十六年(1697)	102	33	32.3	《华夷变态》卷二十四
康熙三十七年(1698)	71	41	57.7	《华夷变态》卷二十五
康熙三十八年(1699)	73	49	67.1	《华夷变态》卷二十六
康熙三十九年(1700)	53	40	75.5	《华夷变态》卷二十七
康熙四十年(1701)	66	50	75.7	《华夷变态》卷二十八
康熙四十一年(1702)	68	24	35.3	《华夷变态》卷二十九

---

① 〔明〕郑若曾:《郑开阳杂著》卷四《日本图纂·使倭针经图说》。

续表 2

年代	中国到长崎商船数/艘	江浙到长崎商船数/艘	江浙商船占中国商船总数的比例/%	资料来源
康熙四十二年（1703）	41	17	41.5	《华夷变态》卷三十
康熙四十三年（1704）	84	35	41.6	《华夷变态》卷三一
康熙四十四年（1705）	13	11	84.6	《华夷变态》卷三二
康熙四十五年（1706）	24	9	37.5	《华夷变态》卷三二
康熙四十六年（1707）	25	14	56.0	《华夷变态》卷三二
康熙四十七年（1708）	94	63	72.3	《华夷变态》卷三三
康熙四十八年（1709）	35	28	80.0	《华夷变态》卷三四
康熙四十九年（1710）	37	27	72.9	《华夷变态》卷三四
康熙五十年（1711）	34	20	58.8	《华夷变态》卷三五
康熙五十一年（1712）	2	1	50.0	《华夷变态》卷三五
康熙五十五年（1716）	8	4	50.0	《华夷变态》卷三五
康熙五十六年（1717）	44	27	61.4	《崎港商说》卷一
康熙五十七年（1718）	42	26	61.9	《崎港商说》卷一、卷二
康熙五十八年（1719）	25	19	76.0	《崎港商说》卷二、卷三
康熙五十九年（1720）	31	21	67.7	《崎港商说》卷三
康熙六十年（1721）	22	11	50.0	《崎港商说》卷三
康熙六十一年（1722）	33	22	66.6	《崎港商说》卷三
合　　计	2162	1010	46.7	

从表 2 可以看出，此期间江苏、浙江到长崎贸易的商船数量超过了明末清初福建、广东的商船数量。因为中国开海贸易后，江海关和浙海关同样可以开展海外贸易，而且江苏、浙江到日本的航程比福建、广东到日本要短，如南京距长崎海路仅 350 里，而福建距长崎则 540 里，漳州 640 里，广东 720 里。[①] 因此，江苏、浙江来往长崎比福建、广东要便捷得多。一般说来，从南京、上海等港口到长崎的航程约需 6~15 日，宁波到长崎约需 6~16 日，普陀山至长崎约需 5~14 日，而泉州到长崎则约需 8~17 日，广东到长崎需 16~25 日。中国商船往日本长崎贸易的出航港口如图 1 所示。

---

① ［日］林春胜、［日］林信笃编：《华夷变态》上册第 78 页图，株式会社东方书店昭和三十三年（1958）版，此处的单位"里"字应为"浬"（海里）；［日］西川如见：《增补华夷通商考》。

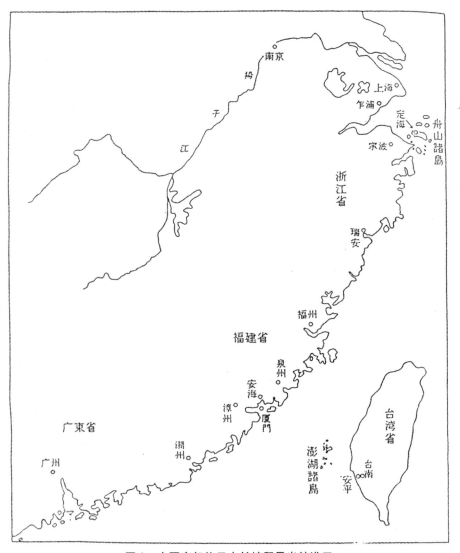

图 1 中国商船往日本长崎贸易出航港口

(四) 东南亚国家——长崎航线

这条航线的始发港口不在中国,而是在东南亚的安南、广南、占城、柬埔寨、暹罗、六昆、宋居朥、大泥、马六甲、万丹等。但是在这条航线上经营与日本贸易者绝大部分是中国到这些国家贸易的商人,或在这些国家定居的中国侨民(主要是广东、福建人)。例如康熙二十七年(1688)138 号咬𠺕吧船的唐人为 61 人,船头是陈肇官、胁船头是刘添官。据统计,自顺治元年至雍正二年(1644—1724),由上述东南亚国家到长崎贸易的商船达到 269 艘,有唐人 10576 人,① 有人估算,占唐船总数的"十之一

---

① 根据《华夷变态》上、中、下册各年数字统计。

二"。① 与此同时，西方殖民国家西班牙、荷兰和英国开辟了欧洲—东南亚—长崎和长崎—东南亚—墨西哥—秘鲁航线的贸易。

二、贸易商人

明中叶至清初的中国私商主要就是通过上述四条航线到日本长崎进行贸易的，而且商人数量相当多。嘉靖年间（1522—1566），浙江都御史王忬指出：

> 自嘉靖二年宋素卿入扰之后……闽、广、徽、浙无赖亡命，潜匿倭国者不下于千数，居民里巷，街名大唐，有资本者则纠倭贸易。②

时人朱国桢也曾记述江苏淮安府人刘凤歧在长崎所见的情况：

> 有刘凤歧者，自言（万历）三十六年至长崎岛，明商不上二十人，今不及十年，且二三千人矣。合诸岛计之，约有二三万人。③

天启五年（1625），福建巡抚向明廷奏报，亦称：

> 闻闽、越、三吴之人，位于倭岛者不知几千百家，与倭婚媾，长子孙……此数千百家与宗族姻识，潜与之通，实繁有徒。其往来之船，大都载汉物以市于倭，而接连崔符，出没泽中，官兵不得过而问焉。④

明末清初，执中日贸易牛耳者是福建海商，如明末的薛八官（福州人）、吴荣宗（晋江县人）、蔡昆山（同安县人）、郑宗明（长乐县人）、郑孔明（福州人）、张孝充（福清县人）、林元禄（闽侯县人）、郑芝龙与郑成功父子（南安县人）等。⑤ 特别是郑氏家族海商集团更是称雄于福建、台湾、长崎的贸易。郑芝龙先是于18岁时到澳门投奔其母舅黄程，然后于万历四十年（1612）到平户、长崎定居贸易，经营丝绸、古董等生意。史称：

> （郑芝龙）置苏杭细软、两京宝玩及古今书画古董，兴贩琉球、真腊、日本、

---

① 赵兰坪：《日本对华商业》第12页，商务印书馆1932年版。
② 〔明〕郑若曾：《筹海图编》卷十二《诘奸细》。
③ 〔明〕朱国桢：《涌幢小品》卷三十《倭官倭岛》。〔日〕宫田安《唐通事家系论考》第268—269页（长崎文献社1979年版）亦有详细记载刘凤歧及其妻刘氏、其子刘三官的事迹。
④ 《明熹宗实录》卷五八，天启五年四月戊寅。
⑤ 〔日〕宫田安：《唐通事家系论考》第319、742、864、671页；《长崎华商泰益号关系资料》第2辑后编第66、63、62、61、69页。

朝鲜、占城、三佛齐等国。①

崇祯元年（1628），他已经"独有南海之利，商船出入各国者，得芝龙符令乃行"，②从而形成了以他为中心的郑氏家族贸易集团。崇祯十四年（1641），郑芝龙集团派遣商船13艘（同年中国共有97艘船到日本贸易），从福建贩运生丝和丝织品到日本贸易，其生丝和丝织品量值分别占同年中国输往日本的生丝和丝织品总量值的33%和66%；崇祯十五年（1642），郑芝龙的一艘商船商品总量值达3000贯，③占同年中国商船贩运到日本商品总量值9472贯的31%。崇祯十六年（1643），郑芝龙输往日本的货物量值为8500贯，占同年中国商船输往日本总货量值10625贯的80%,④高出当时荷兰对日贸易总量的7～11倍，此为日本长崎港的最大主顾。⑤顺治七年（1650），郑成功的一艘商船到日本贸易，船上载生丝达12万斤，占同年中国商船输往日本生丝总量16万斤的75%。⑥荷兰东印度公司总督府在其政务报告中记载：

> 自一六五四年十一月三日最后一艘荷兰启航到一六五五年九月十六日为止，由各地入港的中国帆船为五十七艘，其中安海船四十一艘，大部分为国姓爷所有。⑦

直到康熙元年（1662），郑氏家族统治下的台湾，仍然"与日本贸易，年平均有十四五艘大船前往彼地"⑧。到了清康熙二十三年（1684）实行开海贸易政策后，中国到日本贸易的商人更多了。据《华夷变态》一书的记载，仅康熙二十六年至雍正二年（1687—1724）的37年间，中国到日本贸易的商人就达到89670人次。⑨其各年到日本贸易的商人的具体数字如表3所列。

表3 康熙二十六年至雍正二年（1687—1724）中国到日本贸易商人数统计

年　　代	到日本贸易商人数	年　　代	到日本贸易商人数
康熙二十六年（1687）	6742	康熙二十七年（1688）	9019
康熙二十八年（1689）	4898	康熙二十九年（1690）	4198

---

① 〔清〕花村看行侍者：《花村谈往》卷一，载《适园丛书》第11集。
② 〔清〕邵廷采：《东南纪事》卷一，载《适园丛书》第11集。
③ 贯，日本银币单位，一贯等于1000钱，1钱等于金币小制1两的1/60，1两的1/10是1分，1分的1/10是1厘。
④ 《长崎荷兰馆日记》第1辑第107-111、173、235页；第2辑第320页。
⑤ 田培栋：《明代后期海外贸易研究》，载《北京师范大学学报》1985年第3期。
⑥ 《长崎荷兰馆日记》第1辑第107-111、173、235页；第2辑第320页。
⑦ 转引自［日］岩生成一《近世日支贸易贸易に關する数量的考察》，载东京大学文学部《史学杂志》1953年第11期。
⑧ 赖永祥：《郑英通商关系之检讨》，载《台湾文献》第16卷第2期。
⑨ 这个数字是根据《华夷变态》逐年记载的实数统计的。中国台湾学者朱德兰在其论文《清开海令后的中日长崎贸易商与国内沿岸贸易（1684—1722）》（载张炎宪主编《中国海洋发展史论文集》第3辑，台湾"中央研究院三民主义研究所"1988年版）所记商人数字为130000人。作者称是以1688年数推算的，因该年中国商人赴日最多，所以推算出来的数字比实际数略高。而该年赴日的商人数字为9019人次，而不是9216人次。

续表3

年　代	到日本贸易商人数	年　代	到日本贸易商人数
康熙三十年（1691）	4268	康熙三十一年（1692）	3555
康熙三十二年（1693）	3516	康熙三十三年（1694）	3304
康熙三十四年（1695）	2714	康熙三十五年（1696）	2857
康熙三十六年（1697）	4750	康熙三十七年（1698）	3419
康熙三十八年（1699）	3652	康熙三十九年（1700）	2762
康熙四十年（1701）	3108	康熙四十一年（1702）	1550
康熙四十二年（1703）	2296	康熙四十三年（1704）	2694
康熙四十四年（1705）	719	康熙四十五年（1706）	1109
康熙四十六年（1707）	1217	康熙四十七年（1708）	3570
康熙四十八年（1709）	1435	康熙四十九年（1710）	1484
康熙五十年（1711）	1581	康熙五十一年（1712）	82
康熙五十五年（1716）	311	康熙五十六年（1717）	1973
康熙五十七年（1718）	1847	康熙五十八年（1719）	1092
康熙五十九年（1720）	1304	康熙六十年（1721）	930
康熙六十一年（1722）	1316	雍正元年（1723）	1223
雍正二年（1724）	85	合计	90580

资料来源：根据〔日〕林春胜、〔日〕林信笃编《华夷变态》上、中、下册的数字编制。

如表3所列的众多商人是乘坐从广东、福建、江苏、浙江各港口起航的广东船、高州船、潮州船、海南船、厦门船、福州船、泉州船、漳州船、宁波船、普陀山船、温州船、南京船、台湾船等大、中、小商船到日本贸易，日本人称之为唐船贸易。这些商船的尺寸大小不等。当时船的大小无吨位可显示，只用船乘人数衡量，一般说来，大船可乘商人100人以上，中船可乘60～90人，小船可乘2～49人。笔者根据《华夷变态》一书提供的资料统计了康熙二十六年至六十年（1687—1721）的商船所搭载的商人数，得知乘2～49人的小船者有1200艘，占总船只数1986艘的60%；乘50～99人的中船者有754艘，占38%；乘100人以上的大船者仅32艘。现将32艘大船所载人数列表如下（见表4），以见一斑。

表4　康熙二十六年至五十年（1687—1711）中国往日本大商船搭载人数统计

年　代	商船搭载人数	资料来源
康熙二十六年（1687）	105	《华夷变态》卷十二
康熙二十六年（1687）	143	《华夷变态》卷十二
康熙二十六年（1687）	110	《华夷变态》卷十二
康熙二十六年（1687）	105	《华夷变态》卷十三
康熙二十六年（1687）	114	《华夷变态》卷十三
康熙二十六年（1687）	119	《华夷变态》卷十三

续表4

年　　代	商船搭载人数	资料来源
康熙二十七年（1688）	103	《华夷变态》卷十五
康熙二十七年（1688）	111	《华夷变态》卷十五
康熙二十八年（1689）	105	《华夷变态》卷十六
康熙二十八年（1689）	126	《华夷变态》卷十六
康熙二十八年（1689）	106	《华夷变态》卷十六
康熙二十八年（1689）	107	《华夷变态》卷十六
康熙二十九年（1690）	102	《华夷变态》卷十七
康熙三十年（1691）	103	《华夷变态》卷十八
康熙三十年（1691）	114	《华夷变态》卷十八
康熙三十一年（1692）	110	《华夷变态》卷十九
康熙三十一年（1692）	115	《华夷变态》卷十九
康熙三十二年（1693）	102	《华夷变态》卷二十
康熙三十三年（1694）	119	《华夷变态》卷二一
康熙三十三年（1694）	105	《华夷变态》卷二一
康熙三十三年（1694）	103	《华夷变态》卷二一
康熙三十三年（1694）	104	《华夷变态》卷二一
康熙三十五年（1696）	110	《华夷变态》卷二三
康熙三十六年（1697）	103	《华夷变态》卷二四
康熙三十六年（1697）	104	《华夷变态》卷二四
康熙三十七年（1698）	100	《华夷变态》卷二五
康熙三十八年（1699）	111	《华夷变态》卷二六
康熙三十九年（1700）	124	《华夷变态》卷二七
康熙四十年（1701）	104	《华夷变态》卷二八
康熙四十二年（1703）	112	《华夷变态》卷三十
康熙四十六年（1707）	103	《华夷变态》卷三二
康熙五十年（1711）	108	《华夷变态》补遗
合计	3510	

由表4可知，当时到日本贸易的中国商船，人数最多的是康熙二十六年（1687）的22番（号）南京船，"唐人数百四十三人"①。而最少者如康熙二十五年（1686）的2

---

① ［日］林春胜、［日］林信笃编：《华夷变态》上册第552页，下册第1897页，株式会社东方书店昭和三十三年（1958）版。大庭脩《江户时代の日中秘话》第224页文曰"元禄六年（1693），のナ七十五番暹罗船に二百二十四人乘〵にたのがき〵とき多人"，属不确。查《华夷变态》中册第1588页记载，该年该船是"百贰人は唐は四人は宣暹罗人"，共106人，唐人仅是102人，而不是224人，且不是"创最高纪录"。

番福州船只有"客唐人二人",康熙三十六年(1697)的50番福州船"唐人数九人乘组"①。

当时,每艘商船由船头(有的船设胁船头)、商人及管理工作人员乘组前往日本贸易。例如康熙二十七年(1688)的一艘南京船就是船头谢芬如、财副谢中驭,夥长陈楚王,舵公陈尔玉,总管王君甫,工社田奉山、陆明宇,客吴鹏远、徐德敷、洪恒德、江干候、程本立、陆云祥、吴云开、殷继恒、金知九、汪德兆②等乘组。商船的船头和管理工作人员明确分工,各司其责,保证商船顺利航行和商人贸易顺利开展。中国往长崎贸易商船的外形如图2所示。

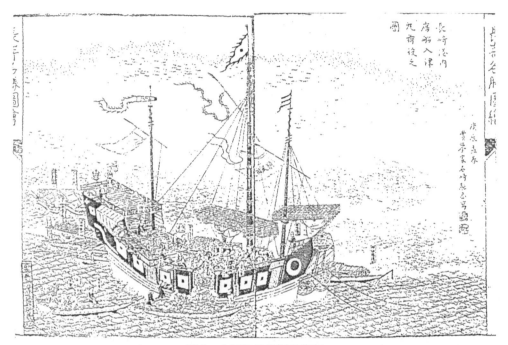

图2 中国往长崎贸易商船
[选自《南方渡海古文献目录》,日本写真制版所出版部昭和十八年(1943)版]

船头负责执行对日贸易命令,处理有关事宜,管理全船乘员,但不负责船中杂役。船头分两种,一是货主亲任并随船渡海;一是货主不随船,由其亲戚代理。协船头负责协助船头工作。船头的数目与商船的多寡是成正比例的,现将康熙二十三年(1684)开海贸易后各年商船船头人数列表如下(见表5),可见一斑。

---

① [日]林春胜、[日]林信笃编:《华夷变态》上册第552页,下册第1897页,株式会社东方书店昭和三十三年(1958)版。大庭脩《江户时代的日中秘话》第224页文曰"贞享五年(1688),の百四十四番麻六甲(マテツカ)船に二十五人の乘组とあゐのガ"的"最少记录"也属不确。
② [日]林春胜、[日]林信笃编:《华夷变态》上册第836-837页,株式会社东方书店昭和三十三年(1958)版。

表5　康熙二十四年至雍正元年（1685—1723）中国往日本贸易商船船头人数统计

年　代	船头人数/人	资料来源
康熙二十四年（1685）	42	《华夷变态》卷十
康熙二十五年（1686）	51	《华夷变态》卷十一
康熙二十六年（1687）	115	《华夷变态》卷十二、卷十三
康熙二十七年（1688）	236	《华夷变态》卷十四、卷十五
康熙二十八年（1689）	118	《华夷变态》卷十六
康熙二十九年（1690）	122	《华夷变态》卷十七
康熙三十年（1691）	118	《华夷变态》卷十八
康熙三十一年（1692）	93	《华夷变态》卷十九
康熙三十二年（1693）	97	《华夷变态》卷二十
康熙三十三年（1694）	78	《华夷变态》卷二一
康熙三十四年（1695）	74	《华夷变态》卷二二
康熙三十五年（1696）	70	《华夷变态》卷二三
康熙三十六年（1697）	122	《华夷变态》卷二四
康熙三十七年（1698）	76	《华夷变态》卷二五
康熙三十八年（1699）	95	《华夷变态》卷二六
康熙三十九年（1700）	63	《华夷变态》卷二七
康熙四十年（1701）	77	《华夷变态》卷二八
康熙四十一年（1702）	38	《华夷变态》卷二九
康熙四十二年（1703）	52	《华夷变态》卷三十
康熙四十三年（1704）	64	《华夷变态》卷三一
康熙四十四年（1705）	15	《华夷变态》卷三二
康熙四十五年（1706）	28	《华夷变态》卷三二
康熙四十六年（1707）	30	《华夷变态》卷三二
康熙四十七年（1708）	96	《华夷变态》卷三三
康熙四十八年（1709）	36	《华夷变态》卷三四
康熙四十九年（1710）	41	《华夷变态》卷三四
康熙五十年（1711）	12	《华夷变态》卷三五
康熙五十一年（1712）	2	《华夷变态》卷三五
康熙五十五年（1716）	11	《华夷变态》卷三五
康熙五十六年（1717）	43	《崎港商说》卷一
康熙五十七年（1718）	48	《崎港商说》卷一、卷二
康熙五十八年（1719）	25	《崎港商说》卷二

续表5

年　代	船头人数/人	资料来源
康熙五十九年（1720）	36	《崎港商说》卷三
康熙六十年（1721）	28	《崎港商说》卷三
康熙六十一年（1722）	37	《崎港商说》卷三
雍正元年（1723）	36	《华夷变态》卷三七
合计	2325	

船头之下设财副，"主管贸易货物的登记和计算"；夥长，又称伙长，"主海上航行，精通罗盘，善于察天识地"；舵工"主舵，与伙长同心辨风凌波，职责重大"；总管，又称总官"主调停船中诸事"；工社，即水手。此外，船上还有一些杂役，如专司船锚者曰"头碇"；专司船桅者曰"亚班"；专司祭船神者曰"番工"，等等。①

除了这些船上管理工作人员，其他乘船人员就是客商了，即乘船到日本经营贸易的商人。客商，在当时的史料记载中多称为"客"。客往往有客头，即客商的代表。所谓客者，小货主之谓也。一艘商船，如果全船的货物归一个货主所有，也就没有所谓的客了；只有若干客商共同乘组到日本经商，并推货多者为船头，则其他小货主才成为客。从史料记载看，这种由船头负责组织和带领几个到几十个客商到日本贸易的商船是相当普遍的。正因如此，才有表5所统计的2325个船头和协船头的记录。

明中叶至清初，十多万中国商人纷至日本贸易，久而久之，逐渐形成了以地域和方言为联系纽带的四大商帮，即江苏、浙江、安徽和江西商人的"三江帮"，泉州和漳州商人的"泉漳帮"，福州商人的"福州帮"，广东商人的"广东帮"。并由各商帮的船头货主带头捐资，在长崎兴建了兴福寺（1620年江浙人建，俗称南京寺）、福济寺（1628年漳州人建，俗称漳州寺）、崇福寺（1629年福州人建，俗称福州寺）、圣福寺（1677年广东人建，俗称广东寺），统称四佛寺，成为各商帮商人联络乡情和集宴交流的中心场所。这些寺庙直至今天仍然保存完好，供游人参观鉴赏。

但是，此一时期，由于明清政府禁止日本商人来中国贸易，而日本德川幕府又于宽永十年（1633）二月、十三年（1636）五月发布"锁国令"，"严禁日本船只驶往外国"，只准"或通过明朝商人，或者以琉球王、朝鲜为中介，频繁对明朝进行活动"，②所以"日本商人无至中国者"③。

三、贸易商品

明中叶至清初时期，中日贸易的商品是互通有无、相得益彰的。下面介绍中国商船

---

① 转引自［日］大庭脩《江户时代の日中秘话》第226页，株式会社东方书店1980年版。
② ［日］藤冢礼之助：《日中交流两千年》（改订本）第196页，东海大学出版会1988年版。
③ 〔清〕黄遵宪：《日本国志》卷六《邻交志》，光绪二十四年（1898）刊本。

输往日本和从日本运回中国的商品。

(一) 中国输往日本的商品

根据中日史料记载，此时期从中国输往日本的商品有生丝（包括白丝、黄丝、仿造丝、桄丝等）、纺织品（包括纱绫、绸绸、绫子、缎子、纱、繻子等）、棉织品（包括印染花纹和无印染花纹布）、砂糖（包括白砂糖、黑砂糖、冰砂糖等）、药材（包括人参、当归、大黄、麻黄、黄芩、草果、甘草、益智、杏仁、何首乌、茴香、杜仲、苍术、没药、白术、黄芪、附子、乳香、升麻、大枫子、大戟、槟榔子等）、染料（包括涂料、胭脂、苏木、蓝靛等）、皮革（包括鹿皮、鲛皮等）、矿物（包括明矾、锌、铝、水银、锡等）、纸（包括竹纸、白檀纸、花笺纸、朱砂纸等）、漆器、书籍等，有148种之多。① 这些都是日本非常需要的民用商品。正如嘉靖时期多次到日本经商的兰溪巨商童华所记：

> 大抵日本所需，皆产自中国，如室必布席，杭之长安织也；妇女需脂粉，扇漆诸工需金银箔，悉武林造也。他如饶之磁器、湖之丝绵、漳之纱绢、松之棉布，尤为彼国所重。②

例如康熙三十七年（1698），一艘宁波船运往日本的商品就有89种，如表6所列。

表6 康熙三十七年（1698）某赴长崎宁波商船所载商品一览

商品	数量	商品	数量	商品	数量
白丝	3055 斤	鹿皮	5600 张	藿香	3000 斤
大花䌷	1035 匹	羊皮	1050 枚	当归	5000 斤
中花䌷	930 匹	歇铁石	200 斤	伽南香	6 斤
小花䌷	1600 匹	鱼皮	200 枚	巴豆	800 斤
色䌷	56 匹	鱼胶	3000 斤	刀盘	10 枚
素䌷	1310 匹	苏木	20000 斤	排草	4000 斤
大红绉纱	61 匹	漆	3000 斤	明矾	1000 斤
大纱	890 匹	沉香	4000 斤	白铅	4100 斤
中纱	1001 匹	朱砂	2000 斤	黄蜡	3200 斤
小纱	2540 匹	冰糖	10100 斤	石青	100 斤
东京丝	116 匹	白糖	70000 斤	淫羊藿	200 斤
东京繻	402 匹	三盆糖	40000 斤	藤黄	2000 斤

---

① 山胁悌二郎根据寺岛良安编《和汉三才圆会》和小野兰山职等编《重订本草纲目启蒙》两书统计，见氏著《长崎の唐人贸易》第123-136页，株式社会吉川弘文馆昭和三十九年（1964）版。
② 〔明〕姚士麟：《见只编》卷上。

续表6

商品	数量	商品	数量	商品	数量
东京纪	200 匹	乌糖	90000 斤	大黄	2000 斤
大卷绫	610 匹	木香	600 斤	藁本	4000 斤
中卷绫	705 匹	碗青	70000 斤	阿胶	200 斤
棉花	400 斤	苓苓香	1000 斤	菜油	400 斤
色缎	200 匹	银朱	800 斤	贝母	1000 斤
金缎	32 匹	水银	700 斤	巴戟	2000 斤
嘉锦	90 匹	白术	600 斤	茴香	100 斤
杭罗	350 匹	东京肉桂	1100 斤	禹余粮石	1000 斤
大宋棉	13 匹	黄芩	2000 斤	金钱	50 斤
西绫	300 匹	甘松	4000 斤	色钱	20 斤
花纱	210 匹	甘草	2000 斤	砂仁	5000 斤
轻罗	100 匹	川芎	50 斤	铁锅	30 连
红毡	6100 匹	蕲蛇	400 斤	古画	5 箱
蓝毡	310 匹	麝香	40 斤	书籍	60 斤
桂皮	500 斤	人参	10 斤	瓷器	60 桶
山萸肉	6000 斤	小参	50 斤	墨	3000 斤
牛皮	350 张	雄黄	1300 斤	古董	16 箱
山马皮	1000 张	料香	1000 斤		

资料来源：转引自［日］大庭脩《江户时代における百中国文化受容の研究》第39-40页，株式会社同朋社昭和五十九年（1984）版。

在这众多商品中，以生丝和丝织物为最大宗。据日本学者木宫泰彦研究，当时从中国输往日本的生丝和丝织物占中国输日商品总量的70%。[①] 下面将万历六年至康熙二十二年（1578—1683）中国输入日本的生丝数统计列表（见表7），以见一斑。

表7　万历六年至康熙二十二年（1578—1683）中国输入日本生丝数量统计

年　代	中国输入日本生丝数/斤	增长/%	年　代	中国输入日本生丝数/斤	增长/%
万历六年（1578）	160000	—	万历八年（1580）	150000	-6.3
万历二十八年（1600）	250000	66.7	天启五年（1625）	400000	60.0
天启七年（1627）	300000	25.0	崇祯三年（1630）	300000	0.0
崇祯六年（1633）	250000	-16.7	崇祯七年（1634）	404000	61.6

---

① ［日］木宫泰彦著，胡锡年译：《日中文化交流史》第664页，商务印书馆1980年版。

续表7

年　代	中国输入日本生丝数/斤	增长/%	年　代	中国输入日本生丝数/斤	增长/%
崇祯八年（1635）	300000	25.7	崇祯九年（1636）	246000	18.0
崇祯十年（1637）	206639	-16.0	崇祯十二年（1639）	60670	-70.0
崇祯十三年（1640）	364428	500.7	崇祯十四年（1641）	133355	-63.4
崇祯十五年（1642）	105500	-20.9	崇祯十六年（1643）	119664	13.4
崇祯十七年（1644）	137431.5	14.8	顺治二年（1645）	188668	37.3
顺治三年（1646）	174414	-7.6	顺治五年（1648）	65835	-62.3
顺治六年（1649）	168108	155.3	顺治七年（1650）	235727	40.2
顺治八年（1651）	143802	-39.0	顺治九年（1652）	225895	57.1
顺治十年（1653）	195519.5	-13.4	顺治十一年（1654）	174980	-10.5
顺治十二年（1655）	177784	1.6	顺治十三年（1656）	234664	32.0
顺治十四年（1657）	127069	-45.9	顺治十五年（1658）	135720	6.8
顺治十六年（1659）	263367	94.1	顺治十七年（1660）	210383	-20.1
顺治十八年（1661）	254145	20.8	康熙元年（1662）	390647	53.7
康熙二年（1663）	47641	-87.8	康熙三年（1664）	119208	150.2
康熙四年（1665）	163042	36.8	康熙十年（1671）	298270.6	82.9
康熙十三年（1674）	220000	-26.2	康熙十五年（1676）	133282	-39.4
康熙十九年（1680）	190853	43.2	康熙二十一年（1682）	173323	-9.7
康熙二十二年（1683）	11291	-93.5	合计	8611325.6	

资料来源：1578—1635年数字根据 C. R. Boxer, *The Great Ship from Amacon*: *Annals of Macao and the Old Japan Trade*, *1555 - 1640*, p. 39、62、144、156、169；C. R. Boxer, *Fidalgos in the Far East*, *1550 - 1770*, pp. 61、114 - 115 的数字编制。其余年份的数字根据［日］岩生成一《近世日支贸易に關すける数量的考察》（载日本东京大学文学部《史学杂志》1953年第1期）的数字编制，并参考［日］永绩洋子《唐船输出入真品数量一览，1637—1883》第Ⅳ部《唐船输入品年度别目录》［株式会社创文社昭和六十二年（1987）版］。

从表7可知，在1578—1683年的105年间，中国输入日本的生丝总数达到8611325.6斤，平均每年输入82012.6斤。日本之所以需要大量生丝，一方面是为纺织业提供原料，另一方面是提供军用。所以明末清初，日本是用大量白银购买中国生丝的。

砂糖是中国输入日本数量仅次于生丝的重要商品。据《华夷变态》记载，当时到日本贸易的广东、福建和台湾的商船几乎每船必有砂糖。例如康熙十九年（1680），17番广东船向长崎奉行（长崎最高行政首脑）报告时，就申明"本船所装俱系湖丝、绫缎、绉纱、白绸、玉铅、白糖等项"[①]；康熙二十四年（1685），14番福州船的货物有"鹿皮、砂糖"[②]；同年，19番厦门船的货物有"鹿皮、砂糖"[③]；康熙三十年（1691），67番台湾船有"土产之白、黑、冰、砂糖"[④]。为说明当时大量中国砂糖输往日本，现将崇祯十年至康熙二十一年（1637—1682）中国商船输往日本的砂糖数统计列表如下（见表8）。

表8 崇祯十年至康熙二十一年（1637—1681）中国商船输往日本砂糖统计

年 代	中国输入日本砂糖数/斤	增长/%	年 代	中国输入日本砂糖数/斤	增长/%
崇祯十年（1637）	1600000	—	崇祯十二年（1639）	1144150	28.5
崇祯十三年（1640）	1190607	4.1	崇祯十四年（1641）	5726500	381.0
崇祯十五年（1642）	432900	-92.4	顺治元年（1644）	1447550	234.4
顺治二年（1645）	3377800	133.3	顺治三年（1646）	1195100	-64.6
顺治五年（1648）	103083	-91.4	顺治六年（1649）	737250	615.2
顺治七年（1650）	797110	8.1	顺治八年（1651）	514950	35.4
顺治九年（1652）	1236000	140.0	顺治十年（1653）	774220	37.4
顺治十一年（1654）	760580	-1.8	顺治十二年（1655）	1731480	127.7
顺治十三年（1656）	1870260	8.0	顺治十四年（1657）	711610	-62.0
顺治十五年（1658）	1686335	137.0	顺治十六年（1659）	3113600	84.6
顺治十七年（1660）	1241636	-60.1	顺治十八年（1661）	988790	-20.4
康熙元年（1662）	3993393	303.9	康熙二年（1663）	1946940	-51.2
康熙三年（1664）	2391514	22.8	康熙四年（1665）	2577120	7.8
康熙十九年（1680）	2418134	-6.2	康熙二十一年（1682）	2600165	7.5
康熙二十一年（1682）	2120644	-18.4	合计	50429421	

资料来源：根据［日］岩生成一《近世日支贸易に關すけるの数量的考察》（载东京大学文学部《史学杂志》1953年第11期第31页）的数字编制。

由表8看出，在此45年间，中国输入日本的砂糖达50429421斤，平均每年输入1120653.8斤，其数量之多跃然纸上。

（二）日本运往中国的商品

当时中国商人将生丝、砂糖等货物运往日本销售后，贩运回来的日本商品有金、银、铜、"俵物"［包括煎海鼠（海参）、干鲍（鲍鱼）、鱼养鳍（鱼翅）］、工艺品（包

---

① ［日］林春胜、［日］林信笃编：《华夷变态》上册第314页，株式会社东方书店昭和三十三年（1958）版。
② ［日］林春胜、［日］林信笃编：《华夷变态》上册第470页，株式会社东方书店昭和三十三年（1958）版。
③ ［日］林春胜、［日］林信笃编：《华夷变态》上册第476页，株式会社东方书店昭和三十三年（1958）版。
④ ［日］林春胜、［日］林信笃编：《华夷变态》中册第1371页，株式会社东方书店昭和三十三年（1958）版。

括折扇、软屏风、鱼须尺、香盒、神炉、折叠剪刀、金银压尺、水晶制品、文具用盒)、狐皮、石花菜、牡丹、山茶、杜鹃、方立针、磁石针、刀、酱油、马等 29 种。① 例如康熙五十一年（1712）的卯 15 番南京沙船返航时运回的日本商品如表 9 所列。

表 9 卯 15 番南京沙船返航时运载的商品明细

类　　别	支付明细
银	二贯七百目，带回丁银
铜	七万四千二百八十三斤六合，一斤一匁一步四厘二毛，共付银八十四贯八百三十匁八步七厘一毛二弗
荒铜	一千五百斤，一斤九步七厘，共付银一贯四百五十五匁
各种陈设物	分装二十六盒 铜水壶、铜茶炉、铜锅、铜盆、铜漏勺、铜菜碟、铜熨斗、铜擦子、赤铜香炉、赤铜砚水壶、赤铜、带扣、黄铜帐钩、黄铜箸、铁撑子、烟袋、火盆、望远镜、针包儿、描金砚盒、描金桌子、描金书架、描金挂砚、描金香炉台、描金香盒、描金套香盒、描金长佛龛、描金佛龛、描金棋盒、嵌金坠子、描金套盒、描金台、描金小口、嵌金汤碗、漆托盘、圆盆、伊万里烧花瓶、伊万里烧茶杯、佛龛人佛、扇子（无武者图案）、针盒、纸玩偶、百回纸、团扇（无武者图案）、胭脂、烟丝、卷烟、烟盘、吊灯、香粉、引饭（原文如此）、貂皮、皮烟袋 共付银六贯四百八十六匁
铜小壶	四百五十个，一个三匁五步，共付银一贯五百七十五匁
铅	一万七千斤，一斤一匁二步五厘，共付银二十一贯二百五十目
海参	七千零二斤半，一斤四匁二步四毛九，共付银二十九贯四百四十五匁四分一厘
干鲍	一千七百九十斤，付银五贯二百二十八匁五步六厘
鱼翅	三百八十斤，一斤二匁七分一厘五毛二，共付银一贯三十一匁八步
海带	三万五千二百八十八斤，一斤三步五厘五毛二，共付银十二贯五百三十七匁四步八厘
石花菜	三百二十斤，一斤五分五厘，共付银一百八十一匁五分
狐皮	四百零二张，一张一匁九分四厘二
酱油	四大桶，一桶五匁，共付银二十匁
植物、牡丹、山茶	四十八桶一桶六匁，共付银二百八十八匁以上购物共计银一百六十九贯一百三十六目六分二厘二毛二，合金二千八百一十八勿三步银五匁六分二厘一毛
丁银	二贯七百目，合金四十五两

---

① ［日］山胁悌二郎:《长崎の唐人贸易》第 137－139 页，株式会社吉川弘文馆昭和三十九年（1964）版。

续表9

类　　别	支付明细
在日本花销银	三十四贯二百四十一匁九分七厘八毛八，合金五百七十两二步、银十一匁九分七厘八毛八
总　　计	银二百零六贯七十二匁六分，合金三千四百三十两二步、银二匁六分

资料来源：转引自［日］大庭脩著，徐世虹译《江户时代的日中秘话》第65－67页，中华书局1997年版。表中的"合""匁""步"等为日本尺贯法度量衡单位。

明代商船贩运回中国的日本商品中，以白银为最大宗。顾炎武曾记述这种情况说：

过洋之船……自倭回者……日本无货，只有金银。①

据外国资料记载，明末每年从日本输入中国的白银有50万～60万两，到了德川幕府初期上升至100万两，有时为200万～300万两之多。② 现将万历十三年至崇祯十三年（1585—1640）从长崎运回广东澳门的银两数统计列表如下（见表10）。

表10　万历十三年至崇祯十三年（1585—1640）长崎运往澳门银两统计表

年　　代	输入银数/两	资料来源
万历十三年（1585）	500000	C. R. Boxer, *The Great Ship from Amacon: Annals of Macao and the Old Japan Trade, 1555–1640*, p. 47
万历二十七年（1599）	400000	C. R. Boxer, *The Great Ship from Amacon: Annals of Macao and the Old Japan Trade, 1555–1640*, p. 61
万历二十八年（1600）	1000000	C. R. Boxer, *The Great Ship from Amacon: Annals of Macao and the Old Japan Trade, 1555–1640*, p. 169
万历二十九年（1601）	1000000	C. R. Boxer, *The Great Ship from Amacon: Annals of Macao and the Old Japan Trade, 1555–1640*, p. 64
崇祯五年（1632）	800000	C. R. Boxer, *The Great Ship from Amacon: Annals of Macao and the Old Japan Trade, 1555–1640*, p. 128
崇祯七年（1634）	490000	C. R. Boxer, *The Great Ship from Amacon: Annals of Macao and the Old Japan Trade, 1555–1640*, p. 138
崇祯八年（1635）	1500000	C. R. Boxer, *The Great Ship from Amacon: Annals of Macao and the Old Japan Trade, 1555–1640*, p. 144

---

① ［清］顾炎武：《天下郡国利病书》卷九三《福建三》。
② 全汉昇、李龙华：《明中叶后太仓岁入银两的研究》，载香港中文大学《中国文化研究所学报》1972年第5卷第1期。

续表 10

年　代	输入银数/两	资料来源
崇祯九年（1636）	2350000	C. R. Boxer, *The Great Ship from Amacon*: *Annals of Macao and the Old Japan Trade*, 1555 – 1640, p. 147
崇祯十年（1637）	2600000	C. R. Boxer, *The Great Ship from Amacon*: *Annals of Macao and the Old Japan Trade*, 1555 – 1640, p. 153
崇祯十一年（1638）	1259000	C. R. Boxer, *The Great Ship from Amacon*: *Annals of Macao and the Old Japan Trade*, 1555 – 1640, p. 157
崇祯十三年（1640）	3000000	C. R. Boxer, *The Great Ship from Amacon*: *Annals of Macao and the Old Japan Trade*, 1555 – 1640, p. 169
合　计	14899000	

由表 10 可以看出，在这 55 年中，由长崎输入澳门的白银达到 1489.9 万两，平均每年为 270890.9 两。这些由长崎运到澳门的大批日本白银，绝大多数是用于在澳门或经澳门到广州购买中国的生丝和丝织品等货物贩运长崎的。

但是，到了崇祯十二年（1639），由于日本实施锁国令，输入中国的白银逐渐减少。到康熙二十四年（1685），日本德川幕府拟废除以银为本位的清账办法，而以铜来抵销中国丝货等商品货值，于是中国商船从日本运回本国的商品则以"最为中国所用"[①] 的铜为最大宗。康熙三年至三十九年（1664—1700）中国商船从日本运回中国的铜斤数从表 11 中可见一斑。

表 11　康熙三年至三十九年（1664—1700）中国商船从日本运回铜斤数统计表

年　代	运回铜斤数/斤	增长/%	年　代	运回铜斤数/斤	增长/%
康熙三年（1664）	283800	—	康熙四年（1665）	343700	21.1
康熙五年（1666）	526400	53.2	康熙六年（1667）	748200	42.1
康熙十一年（1672）	1518100	102.9	康熙十二年（1673）	1096650	-27.8
康熙十三年（1674）	1831900	67.0	康熙十四年（1675）	1935400	5.6
康熙十五年（1676）	1044200	-46.0	康熙十六年（1677）	1200000	14.9
康熙十七年（1678）	1800000	50.0	康熙十八年（1679）	1847770	2.7
康熙二十一年（1682）	3283925	77.7	康熙二十二年（1683）	2825355	-14.0
康熙二十三年（1684）	2675100	-5.3	康熙二十四年（1685）	3288100	22.9
康熙二十五年（1686）	4455700	35.5	康熙二十六年（1687）	3830200	-14.0

---

① 《皇朝经世文编》卷五二《户政》。

续表 11

年　代	运回铜斤数/斤	增长/%	年　代	运回铜斤数/斤	增长/%
康熙二十七年（1688）	3370600	-12.0	康熙二十八年（1689）	3352568	-0.5
康熙二十九年（1690）	3766873	12.4	康熙三十年（1691）	2961840	-21.4
康熙三十一年（1692）	2270250	-23.4	康熙三十二年（1693）	3312317	45.9
康熙三十三年（1694）	3359100	1.4	康熙三十四年（1695）	4445262	32.3
康熙三十五年（1696）	7477502	68.2	康熙三十六年（1697）	7139968	-4.5
康熙三十七年（1698）	6402000	-10.3	康熙三十八年（1699）	2026400	-68.3
康熙三十九年（1700）	1808400	-10.8	合计	86227580	

资料来源：1674 年、1676—1683 年、1698—1700 年的数字是根据［日］岩生成一《近世日支に關すける数量的考察》（载东京大学文学部《史学杂志》1953 年第 11 期）的数字编制；其余年的数字根据［日］山胁悌二郎《长崎の唐人贸易》［株式会社吉川弘文馆昭和三十九年（1964）版］第 219 页的数字编制。

从表 11 可以看出，自康熙三年至三十九年（1664—1700）的 36 年间（中间有些年份缺数字），其中在康熙三十七年（1698）前，从日本贩运回中国的铜是逐年增加的。康熙三年（1664）为 283800 斤；十一年（1672）突破百万大关，达到 1518100 斤；二十一年（1682）达到 3283925 斤；二十五年（1686）增至 4455700 斤；三十五年（1696）突破七百万大关，达到 7477502 斤，占当时日本铜年产量 900 万斤的 83.8%。此后，到 18 世纪初，日本因为主要出口商品铜产量不高，加上在正德（日本中御门天皇的年号）五年（康熙五十四年，1715）德川幕府实施了"正德新令"，规定：一年的入港船数为 30 艘，并由日本方面发放信牌（长崎通商执照）给来日通商的商人，贸易总额限定为银 6000 贯，铜输出额为 300 万斤。于是，中国商船贩运回中国的商品铜数量开始下降，康熙三十九年（1700）跌至 1868400 斤。虽然如此，但在这 36 年间，中国商船从日本贩运回中国的商品铜数量仍然是相当巨大的，达到 86227580 斤，平均每年为 2395210.6 斤，成为此期间中国商船从日本进口商品中最大宗的商品。由于日铜贸易额的增加，在贸易中中日双方的地位日趋平衡：至康熙二十五年（1686），中国向日本输出的生丝等商品总货值为 6053 贯 590 钱，而自日本贩运回的铜等商品总货值已达到 4406 贯；到了康熙三十二年（1693），中国输往日本的商品总货值降至 5917 贯 538 钱，而从日本运回中国的进口商品总货值为 4340 贯 704 钱。① 中国的出超额仅占出口额的 27% 左右，远远不如明末中国对日本的绝对出超优势。

---

① ［日］山胁悌二郎：《长崎の唐人贸易》第 72、103 页，株式会社吉川弘文馆昭和三十九年（1964）版。

四、贸易原因

如前文所述,明中叶至清初时期的中日私商贸易是相当繁盛的。那么其原因何在?笔者认为这是在以下的推力和拉力的作用下出现的。

(一)中日经济发展的推力

明朝中叶至清初(16世纪中叶至18世纪初叶),中日两国都是处于封建社会末期。双方的经济基础虽然仍是自给自足的自然经济,但由于新大陆和东方航线的发现,整个世界历史已处于大航海时代这一个重大的转折时期。"亚欧大陆农耕世界东西两端封建国家的农本经济……都在发生着明显的变化。耕织结合之趋于分解,生产之转向商品化,经营、生产组织和所有制之探求新的形式或某种改变,以及农村和城市之间的关系,等等,都按各自的历史条件,多少不等地显示出旧制度统治力的松弛,显示出更新的转折或转折的动向。与这些变化相伴随,在变化较剧烈、较深刻的亚欧大陆两端,航海活动开始越出了沿海和内海的局限,飞跃为跨越大洋的、连接世界新旧大陆的远航。由此,基于农本经济的各地区、各民族之间的互相闭塞的状态,开始出现了有决定意义的突破。分散隔绝的世界,逐渐变成了联系为一体的世界。人类'历史也就愈来愈大的程度上成为全世界的历史。'"① 这样,世界各个国家和地区的经济紧密地联系起来,形成了贸易的全球化。处于贸易全球化的历史大潮中的中日两国,在西方近代资本主义商品经济浪潮的冲击下,都被卷入发展商品经济的客观潮流,并且事实上也在发展着商品经济。又由于"商品必须全面转手"②,当时中日双方都急需发展海外贸易,交流商品,互通有无。日本需要"中国十五省之物产,网罗殆尽"③,以满足社会生活和社会生产的需要。庆长十一年(万历三十四年,1606),萨摩藩主岛津家久在《呈大明天使书》中表示自己十分盼望明朝的商船到日本贸易。他说:

> 恭维天使两老大人,感我恭顺之诚,自今以往,年年使中华商船来于我萨摩州,阜通财贿,何幸如之?然则皇恩德泽当永矢而弗缓矣。……不胜瞻恋,仰祈尊照。④

宽永十三年(崇祯七年,1634),德川幕府第二次发布"锁国令",规定"中国船舶……可由其自由交易","中国船舶之归期,可以在南洋船限期以外,斟酌办理之"。到了元禄十五年(康熙四十一年,1702),当日本有人提出要削减中国来日本贸易商船的数量时,长崎的地方官之一播磨守久松次郎立即上书德川幕府,申明此举万万不能。

---

① 吴于廑主编:《十五十六世纪东西方历史初学集》"前言"第1页,武汉大学出版社1985年版。
② 《马克思恩格斯全集》第23卷第103页,人民出版社1965年版。
③ [日]木宫泰彦著,陈捷译:《中日交通史》下册第364、339页,商务印书馆1931年版。
④ [日]早川纯三郎编:《通航一览》第5册第227页,图书刊行会大正二年(1913)版。

他说：

> 如是则长崎本地之人，固不待言，即江户上方，亦大困难，而唐船剧减，唐物骤缺，价格必骤高，人民亦觉困难。①

同样道理，当时中国社会亦十分需要出口本国商品和进口自己必需的商品，特别是产铜的云南每年仅有"铜六七十万斤"②，"莫如日本"③ 的情况下，"鼓铸铜觔惟需东洋条铜"④。光是为解决朝廷户、工二部铸造铜钱原料供不应求的燃眉之急，就要进口日本铜445万斤。同时，明末清初，中国内部连年混战，战争双方都需要向日本寻求物资供应。首先是清廷入关后，在北京立足未稳，迫切需要进口日铜鼓铸货币，以稳定社会经济，于是顺治二年（1645）宣谕：

> 凡商贾有挟重资愿航海市铜者，官给符为信，听其出洋，往市于东南、日本诸夷。舟回，司关者按时值收之，以供启用。⑤

其次，东南沿海地区的反清势力亦努力寻找日铜制造武器以与清军作战。例如郑成功"每岁发船度长崎，货殖以厚军备之利，称其船曰国姓爷也"⑥。其子郑经在台湾也派船"装白糖、鹿皮等物，上通日本，制造铜熕、倭刀、盔甲，并铸永历钱"⑦，以资兵用。又如广东的平南王尚之信于康熙十八年（1679）也派船到长崎贸易，以换取铜斤和粮食等军用物资。⑧

同时，从日本政府层面来说，在丰臣秀吉掌权时期和德川幕府早期，为了解决由侵略朝鲜战争造成的财政困难，增加国库收入，日本急需发展与中国的贸易，从中征收关税以资解决财政问题，故亦积极鼓励中国商人到日本进行贸易。例如，万历三十五年（1607），泉州商人许丽寰到九州岛的萨摩藩进行贸易，次年回国之前，萨摩藩主岛津三法致《与大明商客》信于许氏，恳切地希望他明年再来日本贸易。书云：

> 大明泉州商客许丽寰，留滞于我邦者一寒暑矣，今年娥舟于我久志浦，回于大明，明年再渡之……是全子之志而我之所望，亦在兹而已，其盟之坚者，金石胶漆，物莫能问，子其念之。⑨

---

① ［日］木宫泰彦著，陈捷译：《中日交通史》下册第364、339页，商务印书馆1931年版。
② ［日］林春胜、［日］林信笃编：《华夷变态》下册第2711页。
③ 〔清〕江日昇：《台湾外纪》卷六。
④ 〔明〕王圻：《续文献通考》卷十一《钱币考》。
⑤ 《皇朝掌故汇编·内编》卷十《钱法一》。
⑥ ［日］早川纯三郎编：《通航一览》第5册第410页，国书刊行会大正二年（1913）版。
⑦ 〔清〕江日昇：《台湾外纪》卷六。
⑧ ［日］山胁悌二郎：《长崎の唐人贸易》第3页，株式会社吉川弘文馆昭和三十九年（1964）版。
⑨ ［日］早川纯三郎编：《通航一览》第5册第318页，国书刊行会大正二年（1913）版。

到了德川幕府实行锁国政策初期,日本统治者仍然积极鼓励中国商人到日本贸易,同时,特别优惠中国商人,每次"必使中国船先归,程已远"①,才让荷兰商船启航。德川家康于长庆十五年(万历三十八年,1610)发给广东商船的"朱印状"曰:

> 广东府商船来到日本,虽任何郡县岛屿,商主均可随意交易。如奸谋之徒,枉行不义,可据商主控诉,立处斩刑,日本人其各周知勿违。

同年末,他在给应天府商船的"朱印状"中又云:

> 应天府周性如商船驶来日本时,到处应予保护,迅速开入长崎。其一体周知,若背此旨及行不义,可处罪科。②

因此,只要中国商船一到,日本商人就踊跃登船贸易。例如浙江巨商童华"自太仓、崇明出洋……抵日本对马岛或早弥岛,将至,舟声三炮,岛人出迓,登货于邸主。延款一日,听岛主定值"③。日本政府这种宽容优待的政策和态度自然使中国商人对来日本贸易趋之若鹜。

(二)高额商业利润的拉力

从理论层面上说,商人天生追求利润最大化,唯利是图是商人的本性。这可以说是明末清初时期中国商人铤而走险东渡日本贸易的最大拉力。而当时日本的社会生产均落后于中国,所以向其输出生丝、丝织品和砂糖等商品,其利润率都是极高的。这从表12所列万历二十八年(1600)一艘商船从广州经澳门运往长崎的各种商品的利润中可见一斑。

表12 万历二十八年(1600)从广州经澳门运往长崎货物数量利润统计

货 名	数 量	广州价格	长崎价格	利润率/%
白丝	500～600担	每担银80两	每担银140～150两	75～87
各种颜色丝线	400～500担	每担银140两	每担银370～400两	164～186
各种绸缎	1700～2000匹	每匹银1.1～1.4两	每匹银2.5～3两	111～127
金	3000～4000两	每两银5.4两	每两银7.8两	44.4
麝香	2担	每斤8比索	每斤14～16比索	75～130
水银	150～200担	每担银40两	每担银90～92两	125～130
糖	210～270担	每担银0.6～1.5两	每担银3.5～5.2两	100～200
茯苓	500～600担	每担银1～1.1两	每担银4～5两	300～354

---

① 〔明〕郁永河:《海上纪略》,载《小方壶斋舆地丛钞》第九帙。
② 〔日〕木宫泰彦著,胡锡年译:《日中文化交流史》第624-625页,商务印书馆1980年版。
③ 〔明〕谈迁著,罗伸辉,胡明校点校:《枣林杂俎》第571页,中华书局2006年版。

续表12

货 名	数 量	广州价格	长崎价格	利润率/%
白铅粉	500 担	每担银 2.7 两	每担银 6.5～7 两	155～160
棉 线	200～300 担	每担银 7 两	每担银 16～18 两	128～157
各种颜色棉布	3000 匹	每匹银 0.28 两	每匹银 0.5～0.54 两	80～93
铅	200 担	每担银 3 两	每担银 6.4 两	113
锡	500～600 担	每担 15 比索		
大黄	100 担	每担银 2.5 两	每担银 5 两	100
甘草	150 担	每担银 3 两	每担银 9～10 两	200～233

资料来源：根椐 C. R. Boxer, *The Great Ship from Amacon: Annals of Macao and the Old Japan Trade, 1555–1640*, p. 179–181；C. R. Boxer, *The Christian Century in Japan, 1549–1650*, p. 109 的数字编制。

从表 12 可以看出，中国商人在广州市场上购买各种货物同到长崎出售的价格之比非常悬殊。就表中 15 种商品而论，利润率超过 100% 的就有 11 种之多。所以当时有人记述：

> 内地丝绸等一切货物，载至日本等处，多者获利三四倍，少者也一二倍。江、浙、闽、粤四省，但得每省每岁有一百万两之货物出洋，则四省之民每岁可增货财七八百万。①

郑若曾说得更具体：

> 丝……每百斤值银五六百两，取去者其价十倍。②

福建有一巡抚亦说：

> 其去也，以一倍而博百之息。③

砂糖的利润也是很可观的。一般来说，每百斤购价为 0.5 两左右，到日本可卖 5 两左右，可获利 10 倍之多。④

与此同时，中国商人从日本运回的商品铜，也获得巨额的利润。据史料记载，当时在日本购买铜，每 100 斤价是 11.5 两；⑤ 运回中国出售，官价每 100 斤为 17.5 两。⑥ 这

---

① 〔清〕靳辅：《靳文襄公奏疏》卷十七《生财裕饷第二疏》。
② 〔明〕郑若曾：《郑开阳杂著》卷四《日本图纂·倭好》。
③ 〔清〕顾炎武：《天下郡国利病书》卷九三《福建三》。
④ 〔日〕岩生成一：《锁国》第 274 页，中公文库 1979 年版。
⑤ 〔日〕内田直作：《日本华侨社会的研究》第 104 页，东京同文馆昭和二十四年（1949）版。
⑥ 《清朝文献通考》卷十六《钱币考四》。

样，官商每船运回铜10万斤，可得利润6000两；私商运回10万斤，可得利润7250两。

上述仅是经营丝货及铜货两大进出口商品的高额利润，如果加上其他商品的利润，商人经营中日贸易的利润更是巨大。当时所谓贩日"大抵内地价一，至倭（日本）可易五；及回货，则又一得二"① 的记载是实在的。中国商人就是目睹"贩日本之利倍于吕宋，遂钻营取巧夤缘所在官司，擅给引票，任意开洋，高桅巨舶，络绎倭国（日本）"②。中国商人"冒险射利，视海如陆，视日本如邻室"③ 去进行贸易，从而控制了中日贸易。正如英国研究学者巴斯库·史密斯在其所著《日本江户幕府时代（1603—1687）在日本和台湾的西方野蛮人》一书所指出：

> 在长崎奉行的直接指挥下，中国人每年可以得到六十万斤铜和同等数量的被称作鲍鱼的、海参的商品。这三类商品是禁止其他国家的商人买卖的……总而言之，长崎的外国贸易仍被中国人所掌握，其行会的特权继续存在。④

五、贸易效应

从理论层面说，海外贸易是一个国家社会生产在流通领域的延伸，属于交换的范畴，就其一切要素来说，是由社会生产决定的。但作为社会生产全过程的一个阶段的交换，也对社会生产产生反作用。不断扩大的社会生产需要不断扩大的海外贸易市场，而不断扩大的海外贸易市场，必然促进社会生产的发展，以致引起社会思想文化的变迁。明中叶至清初，中日间繁盛的私商贸易，对中日两国的社会经济、思想文化影响强烈，发挥了其"增长发动机"（Engine for growth）的社会效应。

（一）促进两国经济的进一步发展

1. 促进中国经济的发展

首先，促进了中国丝织业和制糖业等生产的发展。前述中国商人每年运大量的生丝往日本贸易，使明末清初的丝织业获得进一步发展，形成了江浙、福建和广东三大蚕丝和丝织业生产基地，使中国的丝织品成为中国对外贸易的拳头产品而闻名世界。欧洲人称赞中国有世界上最好的丝绸："从中国运来的各种丝货，以白色最受欢迎，其白如雪，欧洲没有一种出品能够比得上中国的丝货。"⑤ 以广东为例，万历二十七年（1599）前

---

① 〔清〕金安清：《东倭考》。
② 《明神宗实录》卷四七六，万历三十八年十月丙戌。
③ 〔明〕谢肇淛：《五杂俎》卷四《地部二》。
④ 转引自〔日〕重藤威夫《长崎居留地和外国商人》第132、142页，风间书屋1967年版。
⑤ 〔美〕菲律乔治著，薛澄清译：《西班牙与漳州之初期通商》，载《南洋问题资料译丛》1957年第4期。

后，其输往日本长崎的生丝达到3000多担，价值银1万两，① 在这一广阔市场和暴利的刺激下，明代末年，"广之线纱与牛郎绸，五丝、八丝、云缎、光缎，皆为岭外京华、东西二洋所贵"②。万历年间（1573—1620），佛山的丝织行业已发展到丝缎行、什色缎行、花绫行、洋绫绸行等十八行。而砂糖的大量输往日本，又促进广东、福建和台湾的糖业的进一步发展。明末，广东的黑、白砂糖已跃居全国首位，"售于天下"③。而丝织业和制糖业等手工业的发展，又使与日本贸易最频繁的江苏、浙江、福建和广东等沿海地区的商品性农业生产得以迅速发展，从而在某种程度上改变这些地区传统的农业生产的结构，出现种植粮食作物和经济作物并重的现象。如广东珠江三角洲地区，到明末，形成了"弃田筑坝，废稻树桑"，"蔗田几与稻田等"的局面。

其次，如前文所述，在中日贸易中，中国处于出超的地位，而从日本运回大量的白银和铸币铜，则刺激中国货币经济的发展，为中国主要流通货币从铜铸币转变为白银贵金属打下了基础。到了明末清初，白银开始成为市场上流通的主要货币，而且又是"其始只同于粤、闽，次及于江、浙"④ 这些与日本贸易发达的地区，这标志着中国货币经济进入了一个新阶段。进而白银不仅是在市场流通，而且促使中国进入了赋役货币化的新时期。如差役方面，政府把里甲之役改为征银，并且先在对日贸易发达地区之一的广东施行。嘉靖三十八年（1559），御史潘季驯首先在肇庆府"征银在官，毋令里甲亲之"，称为"均平银"；均徭中的力差亦折银征收。至隆庆三年（1569），肇庆府已经无分银差、力役，"一切编银、官自雇役"了。所以隆、万以后，明政府首先从广东开始，进而江苏、浙江以至全国，顺利地推行了"一条鞭法"的赋役改革，与日本白银流入中国不无关系。而"一条鞭法"的推行则把中国赋役制度的改革向近代化方向推进了一大步。

2. 促进日本经济的发展

首先，中国输往日本大量的丝绸、砂糖等商品，不仅满足了日本人民的生活需要，更重要的是，中国生产技术传入日本后，使日本的手工业生产获得提高和发展。例如，中国生丝和丝织品输入京都后，京都地区的人民效仿中国生产丝绸之技术，织出高级绸缎，称之为"中国绸"，在日本的山口、堺市、丹后、美浓、屋张、越前、加贺等地的市场出售。又如中国棉布输入日本后，日本也广为种植棉花，生产棉布，到了清中叶后，反而向中国出口棉布了。再如中国瓷器于明中叶输入日本后，到德川幕府初期，日本也在中国技师的指导下烧制红、黄、绿三色花瓷器。特别值得指出的是，由于日本需要向中国输出大量铜斤，加上吸收了中国的吹灰炼铜技术，日本的黄铜生产水平有了很大发展，年产量超过900万斤。中国制糖技术（包括甘蔗选种栽培、甘蔗榨糖、澄清、煎糖、分蜜等6种技术）传入日本，使日本于18世纪初期已能掌握砂糖、白糖和冰糖

---

① 全汉昇：《明代中后期澳门的海外贸易》，载香港中文大学《中国文化研究所学报》1972年第5卷第1期。
② 〔清〕屈大均：《广东新语》卷十五《货语·纱缎》。
③ 〔清〕屈大均：《广东新语》卷二七《草语·蔗》。
④ 《中国近代货币史资料》第1辑第44页，中华书局1964年版。

的制造技术,从而促进日本制糖手工业生产的发展。① 所以,大庭脩先生研究明清时期的中日贸易得出了一个恰如其分的结论:

> 正是渡海而来的商船,才使长崎的街道充满了生机和活力,给人们带来了可观的经济效益。②

其次,在中日贸易的过程中,两国政府都自然从中增加关税的收入,使国家财政得到相当可观的收入。特别是贸易发达地区,财政收入更加可观。例如,福建的月港,隆庆元年(1567)舶税收入只有数千两;到万历四年(1576)"额溢至万金";万历十一年(1583)"累增至二万有余";万历二十三年(1595)"溢至二万九千余两"③。

(二) 推动两国的文化交流

贸易之路同样是文化交流之路。明中叶至清初,被中国商船作为商品运往日本贸易的书籍以及随商船前往日本的中国文人学士(知识分子)、僧侣,与日本文化互相交流和吸收,使中国文化对日本产生了强烈的、深远的影响。

据史料记载,在崇祯三年(1630)前,已有一批由李之藻、徐光启等人编译的汉译西书如《天学初函》《畸人十篇》《西学凡》《弁学遗牍》《七克》《弥撒祭义》《代疑篇》《三山论学记》《教要解略》《唐景教碑》《圣记百言》《天主实义》《天主统续篇》《二十五言》《灵言蠡勺》《况义》《万物真源(原)》《涤罪正记(规)》《表度说》《测量法义》《测量法义异同》《简平仪说》《职方外纪》《天问略》《勾股义》《几何原本》《交友论》《泰西水法》《运盖通宽图说》《圜容较义》《同文算指》等被运往日本出售,致使一向对西方天主教持抵制态度的德川幕府发布"禁书令":

> 宽永七年,欧罗巴人利玛窦等所作三十二种书均为邪教之书,御制予禁。其余杂有邪教之说及国俗风仪等书,可以就此贩卖。④

但到了康熙五十年(1711),又有江、浙商人贩运书籍139箱往日本贸易。其中,卯51号南京船运去93箱,共86种1100多册,包括经学、文学、历史、医学、本草等,书名如下:

1. 《易经讲意去疑》二卷六册;2.《全补发微历正通书》三十卷八册;3.《先圣大训》六卷六册;4.《唐诗正》二十六卷六册;5.《集古印谱》六卷六册;6.《谭友夏合集》二十三卷六册;7.《江南通志》七十六卷二十六册;8.《诗观

---

① [日]永积洋子编:《"锁国を毫直す"》第120、131页,株式会社山川出版社1999年版。
② [日]大庭脩:《江户时代的日中秘话》第206-207页,株式会社东方书店1980年版。
③ [明]张燮:《东西洋考》卷七《饷税考》。
④ [日]近藤正斋:《好书故事》卷七十四,转引自[日]大庭脩《江户时代の日中秘话》第50页,株式会社东方书店1980年版。

初集》十二卷十二册；9.《易学义林》十卷十册；10.《韩文起》十二卷六册；11.《李杜诗通》六十一卷八册；12.《三苏文范》十八卷十册；13.《唐宋八家文钞选》十二卷十册；14.《星学正传》二十一卷十二册；15.《历朝赋楷》九卷六册；16.《周忠毅公奏议》五卷四册；17.《韵府群玉》二十卷十册；18.《筹海类编》二十卷十册；19.《战国策》十卷四册；20.《伊川击壤集》二十卷四册；21.《临川王介甫先生集》百卷十六册；22.《河洛理数》七卷八册；23.《皇明奏议疏》六卷十册；24.《寸碧堂诗集》三卷一册；25.《钝翁类稿》百十八卷二十二册；26.《汪伯子善庵遗稿》一卷一册；27.《增定历朝古文必读》八卷四册；28.《黄叶村庄诗集》八卷四册；29.《初谭集》三十卷四册；30.《苏子美全集》十六卷四册；31.《词学全书》十五卷十册；32.《诗舨》五十卷十册；33.《遵生八笺》八卷八册；34.《易解》十卷五册；35.《诗经疑问》八卷六册；36.《麟指》四卷四册；37.《李氏藏书》六十八卷十八册；38.《续藏书》二十卷八册；39.《震川先生文集》二十卷六册；40.《广治平略》四十四卷十二册；41.《大学衍义》四十三卷八册；42.《大学衍义补》二百三卷四十册；43.《文选六臣注》六十卷三十二册；44.《古今牍大全》八卷四册；45.《治平略增定全书》卅二册；46.《四六全书》四十五卷十二册；47.同前四十五卷二十册；48.《帝乡戚氏家传四书大成心印》；49.《历代史纂左编》百四十二卷百册；50.《史记》百三十卷二十册；51.《历朝纲鉴全史》七十卷三十册；52.《古文汇钞》十卷十六册；53.《纲鉴会纂》七十卷四册（不全本）；54.《四书大全》二十八卷二十四册；55.《汇书详注》三十六卷二十四册；56.《喻林》百二十卷二十五册；57.《本草纲目》五十卷四十册；58.《四书备考》廿八卷二十册；59.《万首唐人绝句》二十册；60.《袁了凡先生重订凤州纲鉴世史类编》六十五卷；61.《纲鉴白眉》二十一卷十六册；62.《皇明通纪》二十七卷十六册；63.《诗经说韵》廿八卷十六册；64.《理性大全》七十卷三十册；65.《删补颐生微论》六卷六册；66.《五经旁训》廿一卷十二册：67.《新刊纂图牛马经类方大全》八卷四册；68.《西湖游览志》五十卷十六册；69.《王文公文钞》十六卷六册；70.《五子近思录》十四卷四册；71.《寓林集》三十八卷十六册；72.《兼济堂文集》廿四卷二十册；75.《性理会通》百十二卷二十二册；76.《左传文定》十二卷八册；77.《纲鉴会纂》四十卷二十册；78.《三国志》六十五卷二十四本；79.《合刻管子韩非子》十册；80.《泊如斋重修宣和博古图》三十二卷二十一册；81.《内经素问》十卷八册；82.《本草经疏》卅卷十二册；83.《医宗必读》十卷八册；84.《圆注难经脉决》八卷四册；85.《医方考》八卷六册；86.《医方集解》二十五卷六册。①

以上仅是一艘商船所贩运的书籍。据统计，康熙三十三年至雍正元年（1694—

---

① ［日］大庭脩、王勇编：《日中文化交流史丛书》第9卷《典籍》第97-98页，株式会社大修书店1996年版。

1723），还有商船将直隶、山东、江苏、浙江、广西等18省的方志书共929种贩往日本；①康熙三十二年至嘉庆十二年（1693—1807），输入日本的书籍达到4871种。②

与此同时，中国书籍经过随商船前往日本的文人学士向日本学界加以阐释，更给日本文化更广泛、更深刻的影响。例如，明末学者、书法家、拳术家、陶瓷家陈元赟（1587—1671），浙江余杭人，于万历四十七年（1619）随商船东渡日本长崎，习日语，以授书法自给。天启五年（1625），陈元赟在江户（今东京）因传授中国拳术有方，得以进谒德川幕府第三代将军德川家光；崇祯七年（1635），于江户结识尾张（今名古屋）藩主德川义直（德川家康之子），次年向德川义直献中国典籍《文选》一部；崇祯十一年（1638），被德川义直聘为尾张藩儒官及医臣。于是，他将中国拳术传授给尾张藩的武士福野七郎右卫门正胜、三浦与治右卫门义辰、矾贝次朗右卫门，成为日本后来"起倒流柔术"的滥觞，为现代日本的柔道打下了深厚的基础。他又将中国陶瓷烧制的工艺传授给日本。他选用濑户泥土，用中国的黄釉施工，以青白色透明的釉彩烧制成别具中国风格的瓷器，流行日本，被人称为"元赟烧"。

又如浙江余姚人学者朱舜水（名之瑜，1600—1682），于顺治二年（1645）首次东渡日本。十六年（1659）第七次到日本后，从此流寓日本定居不归，在日本生活23年之久，死于日本，给日本文化带来的影响和贡献很大。他于1659年最后一次到长崎时，已是花甲之年。筑后柳川藩儒臣安东守约"钦其学植德望"，拜之为师。在朱舜水的指导下，安东守约"经史谈论，道义讲究"，终于成为江户时代的著名学者。到了康熙四年（1665），水户藩主德川光圀又"聘明遗士朱之瑜为师"，到江户"问道讲礼"，学习中国儒学。在朱舜水的悉心指导下，水户藩主得以正确句读中国的《孝经》《大学》《小学》等儒家典籍，解读中国文化风俗，并向国人介绍中国农业生产知识，又亲自指导"作石桥于后乐园（今东京文京区后乐园）"。在朱舜水的影响下，以德川光圀为代表的水户学派学者安积澹泊、小宅生顺、栗山潜峰、三宅观澜、木下顺庵、山鹿素行、人见卜幽等，对儒学"穷微探颐，学术顿进"③。后来，他们尊崇朱舜水为水户学派的开山祖。康熙二十一年（1682）朱舜水逝世时，德川光圀特撰祭文，对他高度评价道：

> 呜呼先生……文质彬彬，学贯古今，思出风尘，道德循备，家室国珍，函丈师事，恭礼禽宾……虽老而疾，手不释卷，凡所经览，钩深体质，博而约，达而醇，尝谓门人曰：学问之道如治袭，邃其粹然者而取之，若曰吾某氏学，则非所谓博学审问之谓也。又曰为学之道，处修其名者无益也。必须身体力行，方为有得。故子贡天资颖悟，不得与圣道之传无他，华而不实也。作文雄壮古雅，持论逸岩，笔翰如流，随手成章。尝曰：大凡作文，须本六经，佐以子史，而润泽之以古文，内既充溢，则下笔自然凑泊，不期文而自文，若有意为文，便非文章之至也。硕儒学生，常造其门者，相与讨论讲习，善诱以道，于学问之方，简牍之制，用字之法，

---

① 根据［日］大庭脩《江户时代にすける百中国文化受容の研究》第50页的数字统计，株式会社同朋舍昭和五十九年（1984）版。
② 蔡毅编：《日本にすける中国传统文化》第123页，勉诚出版社2002年版。
③ ［日］早川纯三郎编：《通航一览》第5册第568、572页，国书刊行会大正二年（1913）版。

皆与有闻焉。先生没后，我想世上即无此学者。①

还应该提到的是随商船东渡日本的中国佛教僧人，如天启元年（1620）创建兴福寺的真圆，崇祯元年（1628）为福济寺开山的觉意、了然，崇祯二年（1629）创建崇福寺的超然和任万福寺住持的隐元。此外先后有明僧人普定（1639），百拙、净达觉闻（1646），蕴谦戒琬（1650），道者超元（1651），陷元隆琦及其弟子大眉、慧林、独湛、独吼、南源、独言、良演、恒修、元上、惟一、喝祥（1654），即非如一、千岂性安（1657），悦山道宗（1658），高泉性都、晓掌、轴贤（1661），清僧人东润泽、西意（1673），王冈、雪堂（1674），心越兴俦、慧云、东岸（1677），悦峰道章（1686），灵源海脉、月潭、澹林、大冲、圣垂方炳（1693），喝浪（1694），别光慧切、别光智胜（1709），一贯全严（1710），旭如莲昉（1721），桂国（1711），道本苣亭（1719），呆堂净昶（1721），卉木万宗、大成际垩、道徵其俨、伯王珦昭浩（1722），竺庵万宗（1723）等60多位中国高僧应"四大寺"和日本僧人邀请，"东渡日本"传佛谕道。②与此同时，日本也派修如德阳（1557）等100多僧人至中国寻求佛法，研读佛经，从而使中日文化得以进一步广泛的交流。

这些中日文化交流对日本产生全面而深远的影响。在这方面，日本学者均有精深的研究，具体情况笔者不再赘言，只要将他们研究的结论列举数端，则可见一斑。首先，木宫泰彦指出中国典籍传入日本对学界产生的影响：

> 唐本书籍之输入，影响日本文化者最大……此等输入翻刻书籍，入日本学士文人之手，致使各地文运大兴，而清之考据学风，亦由是风靡于日本学界。其他医学、博物学、理化学，无一不受影响。③

其次，增田涉和大庭脩也指出，中国书籍传入日本，不仅影响日本的文化，而且对于日本近代的明治维新运动和日本的近代化发展亦起了极为重要的作用。他们说：

> 这些在中国翻版的汉文西学书籍传入我国后，被训点翻刻出版，为幕末明治的体制改革起了极大的启发作用。④

西方文化通过汉译"西书"传入日本，反之又为江户时代汉学的兴盛奠定了基础。日本的知识阶层不正是在获得汉学常识的基础上，才推进了日本的近代化进程吗？⑤

---

① ［日］井上玄桐：《玄桐笔记》。
② ［日］藤冢礼之助：《日中交流两千年》第200页，东海大学出版会1988年版；［日］林春胜、林信笃编：《华夷变态》中册第1567、1579，下册第2633、2687、2907、2927、2941、2930页，株式会社东方书店昭和三十三年（1958）版。
③ ［日］木宫泰彦著，陈捷译：《中日交通史》下册第367页，商务印书馆1931年版。
④ ［日］增田涉：《西学东渐ヒ中国事情》第4页，岩波书店1978年版。
⑤ ［日］大庭脩：《江户时代の日中秘话》第250页，株式会社东方书店1980年版。

为了更形象地说明中国文化对日本的影响，特附上日本隐元画家及其中文墨迹于篇末（见图3），以见一斑。

图3　隐元画家及其墨迹
（选自《长喻南蛮唐红毛史琮》第二辑《开港四百年·长崎目录》第58页）

五、小结

综上全文所述，可以清楚地看到，明中叶至清初（1553—1730）177年间，中日海上私商贸易是蓬勃发展和非常繁盛的。当时在日本的长崎等港口，可谓唐船辐辏，舳舻相接，帆樯林立，商人簇拥，商品如山，蔚为大观。而且，由于美洲新大陆和东方航线被发现，葡萄牙、西班牙、荷兰和英国等西方殖民国家已于1553—1610年间，先后到中国和日本开展贸易，使明中叶以后的中日海上私商贸易与欧洲、美洲的海上贸易相衔接，形成了环球大三角的贸易网络，使中国、日本和东南亚国家的商品在世界各地流通，在地理范围上推动了全球经济一体化的开端——以商品贸易为基础的贸易全球化的形式。于此而论，可以说，明中叶至清初的中日海上私商贸易，不仅是促进了两国的经济发展和文化交流，而且也为当时的贸易全球化发挥了积极的作用。在这个过程中，中国和日本的商人均为世界贸易全球化充当重要的角色且贡献了自己的力量。

The Private Trade between Japan and China from the Middle Ming to the Beginning of Qing Dynasty

SUN YAT-SEN University, Huang Qichen

Abstract: This article will discuss from China side, about the private trades between China and Japan, from the Middle Ming to the beginning of Qing Dynasty, during the stage of trade globalization, including the main routes, the businessmen, the specific situations of trades. Moreover, it will discuss the reasons of trades prosperity, and its "Engine for growth" effect on the two countries' economy and culture.

(原载日本关西大学《东西学术研究所纪要》2004年第32期)

清代前期海外贸易的发展

长期以来,学术界有这样一种观点,认为清代前期清政府实行的是闭关锁国政策,海外贸易微不足道,甚至比不上宋、明两朝。笔者认为,这种见解存在一定的片面性。实际上,在清代前期的196年中,只有顺治十二年至康熙二十二年(1655—1683)的28年实行了比较严格的海禁,康熙五十六年至雍正五年(1717—1727)的10年实行了部分地区海禁,总计不过39年,其余157年的海外贸易基本上是开放的。即使在禁海期间,也没有完全断绝与外国的贸易往来。因此,不能笼统地说清代前期的海外贸易是实行闭关锁国政策,它实行的乃是开海设关、严格管理贸易的政策,海外贸易额比宋、明两朝是有所增长的。本文拟就清代前期海外贸易的政策、发展状况和管理制度做一探索。

一

清朝统治者入关伊始,承袭了明末的海外贸易制度,对沿海人民出海经商并无明文禁止。后来,清政府为了对付占据东南沿海的南明反清势力,迫使据守台湾的郑氏集团就范,于顺治十二年(1655)、十三年(1656)及康熙元年(1662)、四年(1665)、十四年(1675)五次颁布禁海令;① 顺治十七年(1660)及康熙元年(1662)、十七年(1678)三次下达"迁海令",② 禁止沿海居民出海经商,以图断绝大陆人民对台湾郑氏集团的支援,但对于外国商船来中国贸易则不在禁止之列。尽管如此,这种落后的海禁政策既严重阻碍海外贸易的发展和影响政府的财政收入,也给沿海人民的生产和生活带来巨大的痛苦和灾难。因此,朝廷的官僚大臣和地方督抚们对海禁进行过激烈的争论。以武英殿大学士明珠、直隶巡抚李光地等为代表的守旧大臣,坚决拥护和主张禁海。他们认为,宁可少要一些钱,也不能和外国贸易,以免引起不虞。其他一些大臣,特别是闽、粤、浙、苏各省的地方官吏,却竭力反对禁海,主张开海贸易。康熙十五年(1676)始,江苏巡抚慕天颜、福建总督范承谟、巡抚吴兴祚,广东巡抚李士桢及监察御史李清芳、工科给事中丁泰等,不断向清帝上疏,反映实行海禁所造成的经济衰败、

---

① 《光绪大清会典事例》卷一二〇《史部·处分例·海防》;卷六二九《兵部·绿营处分例·海禁一》;卷七七六《刑部·兵律关律·私出外境与违禁下海二》。

② 《东华录》,顺治十七年九月癸亥,康熙十七年闰三月丙辰;《光绪大清会典事例》卷七七六《刑部·兵律关律·私出外境与违禁下海二》。

财政困难、百姓失业和铸铜枯竭的情况；认为只有开放海外贸易才能解决"谷贱伤农""赋税日缺、国用不足"和铸铜"匮拙"等严重的社会经济问题。① 康熙二十二年（1683），清朝统一了台湾，三藩之乱亦已平息，为废除海禁创造了条件。鉴于主张开海贸易的人越来越多，康熙皇帝顺应时势，支持慕天颜等人开海贸易的主张，指出："先因海寇，故海禁不开，今海氛廓清，更何所待？"② 他令群臣就开海贸易的问题进行商议，后诸大臣一致认为："今海外平定，台湾、澎湖设立官兵驻扎，直隶、山东、江南、浙江、福建，广东各省，先定海禁处分之例，应尽停止。"③ 康熙皇帝不仅同意这种意见，而且进一步指出开海贸易的好处：

> 向令开海贸易，谓于闽、粤边海民生有益，若此二者民用充阜，财货流通，各省俱有裨益。且出海贸易，非贫民所能，富商大贾，懋迁有无，薄征其税，不致累民，可充闽粤兵饷，以免腹里省分转输协济之劳。腹里省分钱粮有余，小民又获安养，故令开海贸易。④

于是，康熙二十三年（1684），清政府正式停止海禁："今海内一统、寰宇宁谧，满汉人民相同一体，令出洋贸易，以彰富庶之治，得旨开海贸易。"⑤ 第二年，宣布江苏的松江、浙江的宁波、福建的泉州、广东的广州为对外贸易的港口，并分别设立江海关、浙海关、闽海关和粤海关等四个海关，负责管理海外贸易事务。⑥ 这是中国历史上正式建立海关之始。至此，清初的海禁宣告结束，中国的海外贸易进入一个开海设关管理的时期，一直延续到道光二十年（1840），长达156年。

在此期间，虽然有10年（1717—1727）的南洋海禁，但这与前次海禁不大相同。这时"内地商船，东洋（日本）行走犹可……至于外国商船，听其自来"⑦。说明只是部分禁海而已。即使如此，也同样受到开明官员和反禁派的激烈反对。广东、福建的地方官员纷纷"请弛其禁"⑧，认为"沿海居民萧索岑寂，穷困不聊之状，皆因海禁"；"开南洋有利而无害，外通货财，内消奸宄，百万生灵仰事俯畜之有资，各处钞关，且可以多征税课，以足民者裕国，其利甚为不小"。⑨ 雍正五年（1727），清政府宣布废除南洋禁海令，而且从此以后再没有实行过海禁，使海外贸易进入一个新的发展时期。不过，由于"掠夺、谋害及经常诉诸武力，为欧洲国家与中国开始贸易的特色"⑩，乾隆

---

① 〔清〕范承谟：《条陈闽省利害疏》，载《皇朝经世文编》卷二六；〔清〕江日昇：《台湾外纪》卷六。
② 《清朝文献通考》卷三三《市籴考二》。
③ 《清朝文献通考》卷三三《市籴考二》。
④ 《清圣祖实录》卷一一六，康熙二十三年九月甲子。
⑤ 《清朝文献通考》卷三三《市籴考二》。
⑥ 关于清朝初设四海关的地址，一般史书记载为云台山、宁波、漳州和澳门。今据王士性《北归志》所记，为"江南驻松江，浙江驻宁波，福建驻泉州，广东驻广州"。
⑦ 《康熙起居注》，康熙五十五年十月二十五月辛亥。
⑧ 〔清〕王之春：《清朝柔远记》卷四。
⑨ 〔清〕蓝鼎元：《鹿洲全集》卷三《论南洋事宜书》。
⑩ 姚贤镐编：《中国近代对外贸易史资料》第1册第126页，中华书局1962年版。

二十年至二十二年（1755—1757）英国商船屡屡闯入宁波、定海和天津等港口试图通商，清政府才又于乾隆二十二年（1757）十一月十日宣布：撤销宁波、泉州、松江三海关的贸易，仅允准番商"将来只许在广东收泊交易"①。从此，中国的海外贸易主要集中在广东各口岸进行。这就是以往人们认为"标志着全面实行闭关锁国政策时代的开始"和"闭关政策的最后形成"，且广州成为独一无二的进出口贸易港口的依据。但是确切地说，广州并不是唯一的通商口岸。清政府的对外贸易也不是完全实行闭关锁国政策。其原因有三个方面。

第一，清政府规定海外贸易在当时中国最大的港口广州进行，本身就是一种开放，只不过是没有全面开放全国的港口而已。但作为一个主权国家的统治者，从国家、民族和他们自身的利益出发，根据海外贸易发展的趋势，决定开放多少个港口和开放哪些港口，完全是一种正常现象。只要不是关闭所有的贸易港口和完全断绝对外贸易，就不能斥之为闭关锁国的贸易政策。

第二，当时所谓的"只许在广东收泊交易"，主要是对欧美各国，特别是英国和荷兰等国而言。至于南洋的国家地区，清政府仍许其到闽、浙、江海关贸易。乾隆二十三年（1758）上谕："如系向来到厦番船，自可照例准其贸易。"②故东南亚国家和地区的商船仍然不断到福建厦门等地进行贸易。例如乾隆四十六年（1781）、四十八年（1783）、五十一年（1786）及嘉庆十二年（1807）、十四年（1809），西班牙的商人万利落、郎吗叮、郎安敦、郎万雷、郎棉一等，就从吕宋（菲律宾）运载大批燕窝、苏木、番银、槟榔、乌木、呀兰、米、海参、鹿脯、牛皮、玳瑁、火艾棉等到厦门贸易，然后从厦门运回大量的中国棉布、磁器、桂皮、石条、白纸、花砖、方砖、雨伞、纸、墨、石磨、麻线、土茶、冰糖、药材等到吕宋，③使厦门对外贸易进入极盛时期。

第三，中国商人不受所谓"只许在广东收泊交易"之限，可从四海关出海贸易。乾隆二十二年（1757）后，从福建、浙江、江苏沿海港口出海贸易的商船仍有不少。如乾隆二十九年（1764），准"浙、闽各商携带土丝及二蚕湖丝往柔佛诸国贸易"④。道光九年（1829），到新加坡贸易的中国商船共9艘，其中从广州去的1艘，潮州去的2艘，松江去的2艘，厦门去的4艘，共载货47000担。⑤道光十年（1830）从广东的潮州、海康、惠州、徐闻、江门、海南岛，福建的厦门、青城，浙江的宁波，江苏的松江、苏州等地驶往日本、菲律宾群岛、西里伯斯岛、婆罗洲、爪哇岛、苏门答腊岛、新加坡、马来半岛、暹罗、安南、柬埔寨等地贸易的中国船只达到222艘。⑥可见，把乾隆二十二年（1757）以后对外贸易主要集中在广州进行视为实行闭关锁国政策的标志是值得商榷的。

---

① 《清高宗实录》卷五五〇，乾隆二十二年十一月戊戌。又见《军机处上谕档》，载《清宫广州十三行档案精选》第1070页，广东经济出版社2020年版。
② 《清高宗实录》卷五五三，乾隆二十二年十二月乙亥。
③ 《道光厦门志》卷五《船政略·洋船》。
④ 《清朝通志》卷九三《食货略十三》。
⑤ 姚贤镐编：《中国近代对外贸易史资料》第1册第68页，中华书局1962年版。
⑥ *First Report from the Select Committee on the Affairs of the East India Company*，*China Trade 1830*，pp. 629–632.

清政府不仅开海设关，还实行低税制优待外商贸易。当时对外国进口商品所征的货税是很轻的，大约是货物价值的 1%～2%，① 最多是 6%。② 例如，乾隆十六年（1751），英国的一艘船运来毛哔叽 100 匹，只收税银 206 两，平均每匹收税银 2 分 6 厘。乾隆三十三年（1768）的一艘出口船，有二等蚕丝 1240 斤，税银 15.9 两，平均每斤收税银 2 分；上等茶叶 5560 斤，收税银 33.36 两，平均每斤 6 厘；白糖 11800 斤，税银 11.8 两，平均每斤 1 厘。③ 与此同时，清政府还不断实行减税政策，优待外商，招徕贸易。

过去，某些西方史学家从西方资本主义国家的利益出发，讥讽和攻击清政府的开海设关严格管理海外贸易的政策是"闭关锁国"，企图以此说明当时中国是一个"野蛮、落后、愚昧"的国家，对外商采取排斥态度，进而证明后来西方殖民国家对中国进行经济侵略和多次发动侵略战争的合理性。④ 这完全是违背历史实际的，是荒谬的。国内有不少学者也因为清政府曾于乾隆二十二年（1757）撤销宁波、泉州、松江三海关而断言清政府实行的是闭关锁国的外贸政策，并断章取义，以乾隆五十八年（1793）十月三日乾隆皇帝致英王第二道"敕谕"中所说的"天朝物产丰盈，无所不有，原不藉外夷货物以通有无"这半句话来作为证明。其实，乾隆皇帝全话是这样的：

> 天朝物产丰盈，无所不有，原不藉外夷货物以通有无。特因天朝所产茶叶、磁器、丝斤，为西洋各国及尔国必需之物，是以恩加体恤，在澳门开设洋行，俾得日用有资，并沾余润。⑤

这句话的前半部分确实反映了清朝统治者认为中国地大物博、无所外求的天朝思想；但后半部分则反映出其为照顾西方各国的利益，要在澳门设立洋行同外国进行贸易的"恩赐"思想。清政府就是在这种思想的指导下，实行开海设关、严格管理海外贸易的政策而同外国进行贸易的。

二

正是因为清代前期主要实行的是开海设关、严格管理海外贸易的政策，所以整个海外贸易获得持续发展，呈现出一派繁荣的景象。

---

① 《道光二十六年十月十五日两广总督耆英、广东巡抚黄思彤奏》，中国第一历史档案馆藏。
② H. B. Morse, *The Chronicles of the East India Company Trading to China 1635–1834*, Vol. I, Chap. 7, Cambridge MA, 1926.
③ 转引自韦庆远《档房论史文编》第 10 页，福建人民出版社 1984 年版。
④ 参阅胡绳《从鸦片战争到五四运动》第 21 页，人民出版社 1983 年版。
⑤ 〔清〕梁廷枏：《粤海关志》卷二三《贡舶三》。

（一）贸易港口的扩大和贸易国家的增多

自康熙二十三年（1684）开海贸易后，"粤东之海，东起潮州，西尽廉，南尽琼崖。凡分三路，在在均有出海门户"①；福建、浙江、江苏沿海也是"江海风清，梯航云集，从未有如斯之盛者也"②。山东、河北、辽宁的港口"轻舟"贩运也十分活跃。根据史料记载，当时开放给中外商人进行贸易的大大小小的港口计有100多处，分别是：

广东：东炮台口、西炮台口、佛山口、黄埔口、虎门口、紫坭口、市桥口、镇口口、澳门总口、乌坎总口、神泉口、甲子口、褐石口、汕尾口、长沙口、鲘门口、平海口、稔山口、湖东口、墩头口，庵埠口、双溪口、溪东口、汕头口、潮阳口、后溪口、江门口、海门口、达濠口、澄海口、卡路口、南洋口、府馆口、东陇口、障林口、黄岗口、乌塘口、北炮台口、梅菉总口，对楼小口、水东口、硇州口、芷芎口、暗辅口、两家滩口、阳江口、海安总口，东西乡口、白沙小口、徐博小口、南樵小口、田头小口、锦囊小口、雷洲口、赤坎口、沙老口、乐民口、山口小口、钦州口、海口总口，铺前口、廉州口、青润口、束会口、禹州口、儋州口、北黎口、陆水口、崖州口，共5大总口及64处小口。③

福建：厦门口、同安口、海澄口、福州口、安镇口、漳州口、泉州口、南台口、青城口、汀州口、台湾口等20余处。④

浙江：大关口、古窑口、镇海口、湖头渡、小港口、象山口、乍浦口、头围口（澉浦口）、沥海口、白峤口、海门口、江下埠、温州口、瑞安口、平阳口，共15处。⑤

江苏：常州口、扬州口、镇江口、刘河口、松江口、施翘河口、黄田澜港口、任家港口、吴淞口、七丫口、白卯口、孟河口、黄家港口、小海口、石庄口、吕四口、徐六泾口、福山口、新开河口、当沙头口，共20处。⑥

北方以天津口为盛，其次是山东的登州、辽东的牛庄等港口。

由此可知，虽然当时政府的规定是广州、泉州、宁波、松江四口通商，但实际上，整个中国沿海的大小港口都是开放贸易的。

乾隆二十二年（1757），清政府撤销了泉州、宁波和松江三海关，开放港口数量有所减少，但广东沿海各大小港口以及宁波、厦门等港口也仍然准许与南洋贸易，而且就其贸易量而言，还超过了以前。

如此之多的港口进行海外贸易，吸引了世界各个国家和地区的商人纷至沓来。东洋有日本、朝鲜；南洋有菲律宾群岛、西里伯斯岛、新加坡、婆罗洲、爪哇岛、苏门答腊

---

① 〔清〕梁廷枏：《粤海关志》卷五《口岸一》。
② 《雍正浙江通志》卷八六《榷税》。
③ 〔清〕梁廷枏：《粤海关志》卷五、《口岸一》，卷六《口岸二》，卷七《设官》；军机处《录副奏折》卷号16—17。
④ 《户部史书》，康熙二十四年四月七日户部尚书科尔坤题。
⑤ 《雍正浙江通志》卷八六《榷税》。
⑥ 《乾隆江南通志》卷七九《食货志·关税》。

岛、马来半岛、暹罗、琉球、越南、柬埔寨、缅甸等；欧洲有葡萄牙、西班牙、荷兰、英国、法国、丹麦、瑞典、普鲁士、意大利、俄国等；美洲有美国、秘鲁、墨西哥等；印度洋有印度。几乎所有亚洲、欧洲、美洲的主要国家和地区都来到广东，与中国建立直接的贸易关系。特别是美国，与中国建立直接贸易关系是从乾隆四十九年（1784）"中国皇后"号首航广州开始的。而中国宋代与欧、美各国的贸易主要是间接贸易，明代海外贸易则主要与南洋各国进行。

（二）商船的数量不断增加

随着海外贸易的发展，穿梭往来的中外商船数量逐渐增多。康熙五年（1666），中国驶往日本的商船有35艘，九年（1670）增至36艘。① 特别是开海贸易后，中国与日本的通商进入了正式缔约贸易时期，到日本贸易的商船大增。康熙二十四年（1685）有85艘；二十五年（1686）102艘；二十六年（1687）115艘；二十七年（1688）更增至193艘，随船到日本贸易的中国商人达9128人次。②。据统计，从康熙二十三年（1684）到乾隆二十二年（1757）的73年间，中国开往日本贸易的商船总数达到3017艘，③ 平均每年41.3艘。商船的吨位也很可观，一般的小船能载重100吨，中船可载重150吨，大船可载重250～300吨，最大的可载重600～1000吨，而宋代船的载重量为110吨左右。④ 中国的商船还从事东南亚各国与日本的转口贸易，如康熙五十四年至雍正十一年（1715—1733），从广东、南京、宁波、厦门、台湾开往长崎的商船中就有至少6艘是转运咬𠺕吧（巴达维亚）等地商品的。⑤ 乾隆二十二年（1757）以后，由于日本德川幕府进一步实行锁国政策，对中国贸易有所限制，商船数量有所下降，但由于船的吨位增加，贸易吨位总额却增加了。

中国与南洋诸国商船的来往贸易持续不断。在海禁期间，清政府准许南洋诸国在一定时期内来中国进行朝贡贸易。开海贸易后，来往商船更多了。就是在南洋海禁的10年，来往互市的商船也没有绝迹。康熙二十四年（1685），从福州、厦门等地开往巴达维亚的商船有10余艘。康熙四十二年（1703）有50多艘。⑥ 康熙五十六年（1717）"多至千余"⑦。乾隆以后，中国到南洋去贸易的商船更多。嘉庆二十五年（1820）前后，驶往东南亚的帆船共295艘，总吨位达85200吨；道光十一年（1831），中国到南洋各国贸易的商船达到275艘，吨位一般在120～900吨之间，平均为300吨。⑧

欧、美各国来中国贸易的商船数量也不断增加。根据有关资料统计，从康熙二十四

---

① ［日］大庭脩著，李秀石译：《日清贸易概观》，载《社会科学辑刊》1980年第2期，
② ［日］大庭脩著，李秀石译：《日清贸易概观》，载《社会科学辑刊》1980年第2期，
③ 据［日］木宫泰彦著，陈捷译《中日交通史》下册第327－334页所列数字统计，商务印书馆1931年版。
④ 郑学檬等：《简明中国经济通史》第216页，黑龙江人民出版社1984年版。
⑤ 《唐船进港回棹录》，转引自《辽宁大学学术论文选编》第168页，1983年版。
⑥ 杨余练：《试论康熙从"开禁"到"海禁"的政策演变》，载《光明日报》1931年1月13日。
⑦ 《清圣祖实录》卷二七〇，康熙五十五年十月壬子。
⑧ 姚贤镐编：《中国近代对外贸易史资料》第1册第63页，中华书局1962年版。

年到乾隆二十二年（1685—1757）的72年间，到中国贸易的欧美各国商船有312艘，①而且船的吨位也不小。例如康熙三十八年至六十一年（1699—1722）到广州的英国货船，最小者为140吨，最大者达到480吨，一般者也达到300吨，多数为410吨。清政府撤销闽、浙、江三关后，欧美各国来中国贸易的商船仍然不断增加。据统计，乾隆二十三年至道光十八年（1758—1838），到粤海关贸易的商船共5107艘，②平均每年为63.8艘。其中，以英国的商船最多。乾隆五十四年（1789）为58艘，占外国商船总数的67%；道光六年（1826）为35艘，占外国商船总数的82%；道光十三年（1833）为107艘，占外国商船总数的80%。③

（三）进出口商品数量繁多

清代前期，中国海外贸易的进出口货物品种之多、数量之大是空前的，请看当时出口和进口的商品状况。

1. 出口商品的种类及数量

中国是一个地大物博的国家，在鸦片战争前还是世界经济最发达的国家，1820年中国GDP占世界总量的32.9%。④ 因此，在国际贸易中，中国货物大量出口到国外。例如，当时输往日本的商品有：

江苏的书籍、白丝、绫子、䌷绸、绫机、罗纱、闪缎、南京绡、锦、金缎、五丝、柳条、绢绸、棉布、丝绵、皮棉布、丝线、纸、信纸、墨、笔、扇子、砚石、茶、茶瓶、瓷器、铸器、锡器、漆器、明矾、绿矾、红豆、药材、绘画等。

福建的书籍、墨迹、绘画、墨、纸、布、葛布、白丝、绫子、䌷、纱、纱绫、八丝、五丝、柳条、绫机、纱、䊷罗捻、绒绸、绢绸、闪缎、天鹅绒、丝线、棉布、绫条布、砂糖、甘蔗、佛手柑、橄榄、龙眼、荔枝、天门冬、明矾、绿矾、花文石、鹿角菜、紫菜、牛筋、天蚕丝、瓷器、美人蕉、线香、铸器、漆器、古董、扇子、枊蓈、针、蜡、降真香、藕粉、鱼胶、丝绵、茶、茴香、蜜饯、花生、药物、生活用品等。

广东的白丝、黄丝、锦、金缎、二彩、五丝、七丝、八丝、天鹅绒、闪缎、锁服、柳条、绫子、䌷绸、纱绫、绢绸、䊷、䌷、绸、漆器、陶器、铜器、锡器、马口铁、针、眼镜、龙眼、荔枝、沉香、乌木、木棉、玳瑁、槟榔子、龙脑、麝香、真珠英石、漆、椰子、波罗蜜、蚺蛇胆、水银、锅、天蚕丝、端砚、车渠（石）、花黎木、藤、翡翠鸟、鹦鹉、五色雀、碧鸡孔雀、药种、蜡药等。

---

① 根据〔清〕梁廷枏《粤海关志》卷二四《市舶》，〔美〕马士《东印度公司对华贸易编年史》卷一《附录》（中山大学出版社1991年版）及吕坚《康熙时期与西欧的贸易》（载《历史档案》1981年第4期）所提供的数字统计。

② 根据〔清〕梁廷枏《粤海关志》卷二四《市舶》的数字统计。

③ 〔清〕梁廷枏：《粤海关志》卷二四《市舶》；张天护：《清代法国对华贸易问题之研究》，载《外交月报》1938年第8卷第6期。

④ 〔英〕麦迪森著，伍晓鹰等译：《中国经济的长期表现：公元1960—2030年》第39页表2.2a，上海人民出版社2016年版。

浙江的白丝、绉绸、绫子、绫饥、纱绫、云绡、锦、金丝布、葛布、毛毡、绵、罗、茶、纸、竹纸、扇子、笔墨、砚石、瓷器、茶碗、药、漆、胭脂、方竹、冬笋、南枣、黄精、黄实、竹鸡（鹑类）、红花木（即丹桂，药用）、附子、药种、化妆用具等。①

其中，出口日本的主要商品是生丝、丝织物、药材、糖、纸张和书籍。这些商品输入日本"逐年增加，不但供上流社会，且为一般民众广泛使用和爱好。因此，对于日本人民的生活直接间接起了颇大的影响"②。大量商品输往日本贸易对中国也十分有利，因为这些货物"大抵内地价一，至倭（日本）可得五，及日货，则又一得二"③。

输往东南亚各国的商品主要是丝、茶、糖、药材、瓷器和中国的土特产。例如道光九年（1829）由厦门输往新加坡的货物有瓷器、砖瓦、花岗岩石板、纸伞、粉条、干果、线香、纸钱、烟草以及一些土布、生丝之类，值"三万元至六万元之谱"。当时与南洋贸易，"利可十倍"④。

输往欧、美各国的商品主要是生丝、丝织品、茶叶、瓷器、土布、麝香、朱砂、明矾、铜、水银、甘草、生锌、大黄、桂子、糖、冰糖、姜黄、樟脑、绸缎、丝绒等。其中，以生丝、丝织品、茶叶、瓷器、南京土布为大宗，特别是康熙二十三年（1684）开海贸易后，出口数量大幅度增加。例如生丝，康熙三十七年至六十一年（1698—1722）为1833担；到乾隆五年至四十四年（1740—1779）为19200担，增加10倍多；到乾隆四十五年至五十五年（1780—1790）增至27128担，又增加29%；到嘉庆二十五年至道光九年（1820—1829）增到51662担，再增长90%。茶叶，康熙六十一年至乾隆四年（1722—1739）为102795担；到乾隆五年至四十四年（1740—1779）增至807193担，增加7倍多；乾隆四十五年至五十四年（1780—1789）增至1835443担，又增长一倍多；嘉庆十五年至道光九年（1810—1829）增至3242874担，再增长近1倍。土布，乾隆五十五年至嘉庆四年（1790—1799）为7627300匹，到嘉庆二十五年至道光九年（1820—1829）为12209534匹，增长51%。⑤

2. 进口商品的增加

在与外国的贸易中，中国从日本进口的商品有黄铜、"表物"（即海参、鲍鱼、鱼翅、海带）及白银等，其中银和黄铜最多。根据有关资料统计，自康熙二十三年（1684）至道光十九年（1839），从日本进口的黄铜达到320700000斤，平均每年进口1951000斤。其中，康熙二十三年（1684）至康熙五十五年（1716）为1.2亿斤，康熙五十五至乾隆十九年（1716—1754）为1亿斤，乾隆二十年至道光十九年（1755—

---

① ［日］木宫泰彦著，胡锡年译：《中日文化交流史》第673-677页，商务印书馆1980年版；［日］木宫泰彦著，陈捷译：《中日交通史》下册第364-367页，商务印书馆1931年版。
② ［日］木宫泰彦著，胡锡年译：《中日文化交流史》第677页，商务印书馆1980年版。
③ ［日］林春胜、［日］林信笃编：《华夷变态》卷一；［日］浦廉一：《华夷变态题说》。
④ 《乾隆海澄县志》卷十五《风土志·风俗考》。
⑤ 根据 H. B. Morse, *The Chronicles of the East India Company Trading to China 1635-1834*, Vol. I, Chap. 7-28; Vol. II, Chap. 30-60; Vol. III, Chap. 61-77; Vol. IV, Chap. 78-89 的数字统计。

1839）为 1 亿斤。① 此外，金、银输入亦不少，从顺治五年至康熙四十七年（1648—1708）的 61 年间，从日本输入金 2397600 余两，银 374220 贯目。②

南洋各国输入中国商品的种类和数量也相当多。例如，从康熙六十一年至道光二十年（1722—1840），由暹罗、安南、菲律宾、缅甸、新加坡等国家和地区运到福建、浙江、广州各港口贸易的有米、石、象牙、沉香、速香、布、槟榔、砂仁、苏木、铅、锡、珀、玉、棉花、牙鱼、盐、角、燕窝、玳瑁、沙藤、打火石、水牛皮、鱼翅、海参、欧洲羽缎、毛织品、粗哔叽、印花布、竹布、海菜、胡椒、槟榔膏、鹿茸、鱼肚、鸦片等 30 多种。③ 其中以米为最大宗，如康熙六十一年（1722）"于福建、广东、宁波三处，各运米十万石来此贸易"④；乾隆十一年（1746）九月，"有暹罗商人方永利一船，载米六千五百石余。又蔡文浩一船，自报载米七千石"⑤ 来华贸易。

欧美各国输入中国的商品种类、数量也很多。其中，西欧各国的商品有香料、药料鱼翅、紫檀、黑铅、棉花、沙藤、檀香、苏合香、乳香、没药、西谷米、丁香、降香、胡椒、藤子、白藤、黄蜡、哔叽缎、哆啰呢、羽毛布、自鸣钟、小玻璃器皿、玻璃镜、哆啰哔叽、银元、珊瑚、玛瑙、洋参等数十种；⑥ 美国输入的商品有皮货、粗棉、铅、人参、水银、檀香水、银元等。在 19 世纪前，欧美各国输入中国的货物以银元为最大宗，其次是毛织品和棉花。因为当时欧美各国的货物很难在中国找到市场，所以"夷船"来时"所载货物无几，大半均属番银"⑦。在 1830 年以前，中国在对外贸易上经常处于出超的地位，白银不断地从印度、英国和美国流入中国。例如，英国"从 1708 年到 1712 年，对华直接出口贸易每年的平均数字，在商品方面不到 5000 英镑，在金银方面超过 50000 英镑。……1762 年到 1768 年的数字是：商品 58000 英镑，金银 73000 英镑"⑧。在 18 世纪的 100 年中，英国因购买中国货物而输入中国的银元达到 2.089 亿元。⑨ 又据统计，从康熙三十九年至乾隆十六年（1700—1751）的 51 年间，西欧各国输入中国的白银达到 68073182 元，平均每年为 1308401 元。⑩ 18 世纪中后期每年输入中国的白银一般均在 450000 两，最高达到 150 万两。⑪ 据庄国土统计，1553—1830 年

---

① 根据《日本和世界的历史》第 15 卷第 70 页（学习研究社 1970 年版）及 [日] 丰田武、[日] 儿玉幸多编《交通史》第 300 页的数字统计。
② [日] 木宫泰彦著，陈捷译：《中日交通史》下册第 336 页，商务印书馆 1931 年版。
③ 《光绪大清会典事例》卷五一〇《礼部·朝贡·市易》；[清] 徐延旭：《越南辑略》卷二；《清朝文献通考》卷三三；《清高宗实录》卷八〇八，乾隆三十三年四月丁卯；姚贤镐：《中国近代对外贸易史资料》第 2 册第 67 页，中华书局 1962 年版。
④ 《光绪大清会典事例》卷五一〇《礼部·朝贡·市易》。
⑤ 军机处《录副奏折》卷号 24《财政》，乾隆十一年。
⑥ 军机处《录副奏折》卷号 24《关税》，乾隆五十六年；《宫中档》，康熙五十六、五十七、五十九年两广总督杨琳奏折；[英] 格林堡著，康成译：《鸦片战争前中英通商史》第 71 页，商务印书馆 1964 年版。
⑦ 《福建巡抚常赍奏折》，哉《文献丛编》第 176 辑。
⑧ 姚贤镐编：《中国近代对外贸易史资料》第 1 册第 268 页，中华书局 1962 年版。
⑨ 千家驹：《东印度公司的解散与鸦片战争》，载《清华学报》1932 年第 37 卷第 9—10 期。
⑩ 余捷琼：《1700—1937 年中国银货输出入的一个估计》第 32—34 页，商务印书馆 1940 年版。
⑪ 严中平等编：《中国近代经济史统计资料选辑》第 22 页，科学出版社 1955 年版。

间,西方国家到中国贸易而输入中国的白银在5亿两以上;① 但是从18世纪末起,工业革命促进了英国纺织工业生产力空前提高,棉布、棉纱生产量突增,于是英国"却没有向中国直接输出金银"② 了,而棉布、棉纱输入中国骤然增加。至鸦片战争前夕,在西欧国家输入中国的商品中,棉花占首位,每年平均输入棉花达50万担,价值500万元;棉布占第二位,每年进口53万匹,价值133万元;呢绒占第三位,每年输入价值103万元;棉纱棉线占第四位,每年进口价值为62.5万元。③

值得注意的是,这个时期,欧美各国把鸦片输入中国,进行走私贸易。自雍正七年(1729)起,葡萄牙人从印度的果阿和达曼贩运鸦片到澳门,大约每年为200箱。以后英、美等国为了扭转其对华贸易的逆差,把鸦片作为扩大中国市场的敲门砖。据统计,从雍正七年至道光十九年(1729—1839),输入中国的鸦片数量达643246箱,④ 平均每年3889箱。鸦片走私大大改变了中国在国际贸易中的地位,由出超变为入超,严重破坏了中国政府国库的收支平衡和市场的货币流通,从嘉庆五年(1800)开始,中国白银外流。据统计,嘉庆五年至道光十四年(1800—1834),中国外流白银达6亿两。⑤ 海外贸易的这种变化明显地反映西方资本主义国家对中国的经济侵蚀的性质,它使中国与西欧国家的正常贸易遭到严重的破坏。

(四) 贸易商品流通量值的增加

最能说明清代前期海外贸易获得长足发展的,莫过于当时整个海外贸易的商品流通量值的不断增加。我们可以根据清朝开海设关贸易后百多年的关税收入推算出其贸易值,从而证明这个论点。雍正七年到乾隆二十一年(1729—1756)四海关贸易的商品总值统计如表1所示。⑥

从表1看,除了江海关只有两年的数字表现为下降外,其他三海关贸易总值均呈增长趋势。以乾隆二十一年(1756)各海关的贸易总值而言,粤海关比雍正七年(1729)增长44%,闽海关比乾隆五年(1740)增长29%,浙海关比乾隆元年(1736)增长22%。这大体上可以反映这一时期海外贸易的发展趋势。

乾隆二十二年(1757)以后,虽然欧美各国的商船主要是到粤海关贸易,但整个海外贸易总值还是比四海关时期大幅度地增长了。我们可以根据粤海关在乾隆二十二年(1757)以后的关税收入推算其变化情况(见表2)。

---

① 庄国土:《16—18世纪白银流入中国数量估计》,载《中国钱币》1995年第3期。
② 姚贤镐编:《中国近代对外贸易史资料》第1册第268页,中华书局1962年版。
③ 姚贤镐编:《中国近代对外贸易史资料》第1册第259页,中华书局1962年版。
④ 根据 Chinese Repository Vol. V, p. 547;H. B. Morse:The International Relations of Chinese Empire,Vol. I,pp. 173、209-210,Shanghai,1910;〔清〕魏源《道光洋艘征抚记》所载数字统计。
⑤ 刘鉴唐:《鸦片战争前四十年间鸦片输入与白银外流数字的考察》,载《南开史学》1984年第1期。
⑥ 按清朝2%的从价税率推算。

表1 雍正七年至乾隆二十一年（1729—1756）各海关贸易总值统计

年代	关税收入/两				贸易总值/两							
	粤海关	闽海关	浙海关	江海关	粤海关	增长/%	闽海关	增长/%	浙海关	增长/%	江海关	增长/%
雍正七年（1729）	222116.9				11105842.7	—						
雍正八年（1730）	280903.7				14045186.7	26.5						
雍正九年（1731）	374453.2				18727661.6	33.3						
乾隆元年（1736）			90258.6						4512929.5			
乾隆二年（1737）			90359.4						4517968.1	0.1		
乾隆五年（1740）		277821.6		79824.7			13891097.1	—			3991234.1	—
乾隆七年（1742）			94057.5						4702872.1	4.1		
乾隆八年（1743）		267696.3	94064.9				13384816.0	-3.6	4703248.3	0.01		
乾隆十年（1745）	303859.0	291597.2	88410.0	47568.8	15192950.0	-18.9	14579860.0	8.9	4420501.9	-6.0	2378437.5	-40.4
乾隆十二年（1747）			90929.4						4546470.2	2.8		
乾隆十三年（1748）			90802.5						4540122.5	-0.1		
乾隆十四年（1749）	466940.7		90811.2		23397036.4	54.0			4540122.5	0.0		
乾隆十五年（1750）	549804.3	291597.5			22960214.2	-1.9	14579873.4	0.01				
乾隆十六年（1751）	502769.1	364211.5			25138453.2	9.5	18210572.6	24.9				
乾隆十七年（1752）	514810.0				25740500.4	2.4						
乾隆十八年（1753）	515318.0				25765901.9	0.1						
乾隆十九年（1754）	486257.8				24313889.7	-5.6						
乾隆二十年（1755）	404957.0				20247854.2	-16.7						
乾隆二十一年（1756）	320530.7	358641.4	101142.9		16026538.9	-20.8	17932071.0	-1.5	5057143.1	11.4		
合计	4942720.4	1851545.5	830836.4	127393.5	242662029.9		92577288.5		41541378.2		6369871.1	

资料来源：根据〔清〕梁廷枏《粤海关志》卷十《税则三》及彭泽益《清初四榷关地点及贸易量的考察》（载《社会科学战线》1984年第3期）的数字推算编制。

·298·

表2 乾隆二十三年至道光十七年（1758—1837）粤海关贸易总值统计表

年　代	关税/两	增长/%	贸易总值/两	增长/%
乾隆二十三年至三十二年（1758—1767）	4560913	—	288045650	—
乾隆三十三年至四十二年（1768—1777）	4655717	2.1	292785850	1.6
乾隆四十三年至五十二年（1778—1787）	7118031	52.9	355901050	21.6
乾隆五十三年至嘉庆二年（1788—1797）	10258066	44.1	512903300	44.1
嘉庆三年至嘉庆十二年（1798—1807）	14510196	41.5	725509800	41.5
嘉庆十三年至嘉庆二十二年（1808—1817）	13322172	8.2	666108600	-8.2
嘉庆二十三年至道光七年（1818—1827）	14421003	8.2	721050150	8.2
道光八年至道光十七年（1828—1837）	15697281	8.9	784864050	8.9
合　计	84543379		4347168450	

资料来源：根据〔清〕梁廷枏《粤海关志》卷十《税则三》的数字统计编制。

从表2可以看出，粤海关在这80年间贸易总额是不断增长的，总值估计为4347168450两，比乾隆二十二年（1757）前四海关贸易总值367957418.2两增长10倍以上。如果把厦门、宁波等港口的贸易额也统计在内，增长还要更多。

以上四个方面的历史事实说明，康熙二十三年（1684）清政府实行开海设关、严格管理海外贸易的政策之后，虽有10年的南洋海禁和乾隆二十二年（1757）撤销闽、浙、江三海关的阻碍和影响，但中国的海外贸易并未因此停顿或萎缩，而是以不可抗拒的势头向前发展，其规模和贸易总值远远超越前代，达到了新的高度。明代隆庆年间（1567—1572）以后，海禁松弛，对外贸易获得较快发展。万历二十二年（1594）是全国海外贸易税饷收入最高的年份，共29000余两，按当时的税率为1两征税2分推算，①这一年海外贸易商品总值约为100万两。而乾隆十年（1745），四海关贸易总值达到36571749.4两，比明代的最高年份增加35.6倍。就以粤海关一处的贸易而言，雍正七年（1729）的贸易总值为11105842.7两，比明代的最高年份也增长10.1倍。如果与宋

---

① 〔明〕张燮：《东西洋考》卷七《税饷考》。

代比较，清朝海外贸易的商品总量值也是大为增加的。宋代海外贸易商品总量值未见统计，若以南宋高宗赵构所说"市舶之利最厚，若措置合宜，所得动以百万计"① 来推算，南宋的海外贸易商品总量值也不过 500 万两②而已，这还达不到雍正七年（1729）粤海关贸易总值的一半，不足道光七年（1827）粤海关贸易总值的 1/10。由此观之，以往有些学者认为清代海外贸易萎缩停滞，比不上宋、明两代发展，显然是缺乏计量比较根据的。

三

为了贯彻严格管理海外贸易的政策，清政府制定了一整套管理内商和外商贸易的制度和措施。

（一）限制国内商民出海贸易

康熙二十三年（1684）开海贸易后，规定山东、江南、浙江、福建、广东等省各海口的"商民人等有欲出洋贸易者，呈明地方官，登记姓名，取具保结，给发执照。将船身烙号刊名，令守口官弁查验，准其出入贸易"③，但是只"许令乘载五百石以下船只，往来行走"④。雍正元年（1723），规定各省出海贸易商船必须在大桅上截一半"各照省份油饰"，江南用青油漆饰、浙江用白油漆饰、福建用绿油漆饰、广东用红油漆饰，然后经"沿海汛口及巡哨官弁……验系照依各本省油漆刊刻字号者……当即放行"⑤。康熙五十六年（1717）定例："出洋贸易人民，三年之内，准其回籍"，"三年不归，不准再回原籍"。⑥

（二）对若干进出口商品的限制与鼓励

一方面，清政府限制出口商品的品种和数量。康熙四十七年（1708）规定"禁商贩米出洋"。五十九年（1720）规定"沿海各省出洋商船，炮械军器概行禁止携带"⑦。乾隆二十四年（1759）规定"禁丝觔贩卖出洋"⑧。其他如火药、硝磺、铁器、大黄、绸缎、茶叶、书籍等商品也在限制之列。另一方面，清政府大力鼓励洋米进口。雍正三

---

① 〔清〕梁廷枏：《粤海关志》卷三《前代史实二》，引《宋会要》。
② 按《宋会要辑稿·职官四四之一》记："凡番货之来，十税其一"；又〔元〕马端临《文献通考》卷二《市籴一·市舶互市》记："淳化二年，始立抽解二分。"今按十抽二计算。
③ 《光绪大清会典事例》卷六二九《兵部·绿营处分例·海禁》、卷七七六《刑部·兵律关律·私出外境及违禁下海二》。
④ 《光绪大清会典事例》卷六二九《兵部·绿营处分例·海禁》、卷七七六《刑部·兵律关律·私出外境及违禁下海二》。
⑤ 《光绪大清会典事例》卷六二九《兵部·绿营处分例·海禁》、卷七七六《刑部·兵律关律·私出外境及违禁下海二》。
⑥ 《清朝文献通考》卷三三《市籴考二》。
⑦ 《光绪大清会典事例》卷一二〇《吏部·处分例·海防》、卷六二九《兵部·绿营处分例·海禁》。
⑧ 《清高宗实录》卷六〇三，乾隆二十四年十二月丁酉。

年（1725）规定"往贩外番船，酌定带回米，以资民食"，"免其船货税"。① 乾隆二十年（1755）十二月，清政府还对进口洋米的商民实行了奖励，规定：

> 粤东商民有自备资本领照赴安南等国运米回粤粜济民食者……如运米六千石以上至一万石，生监给予县丞职衔，民人给予七品顶带。②

上述对商民出海贸易的种种规定，显然不利于海外贸易发展，但不能就此笼统地说清政府实行"闭关锁国"政策。

首先，这种种规定既没有明文禁止商民出海贸易，也没有明文禁止和限制全部商品出口。只是要求商民向地方官办理注册登记、领取执照和在商船标上记号等不算太烦琐的手续，就能贩运非限制性的数十种至上百种商品出海贸易。清政府作为一个主权国家的政府，根据当时国内外的实际情况，规定商民出海贸易时办理一定的手续，限制商船贩运武器等危险品及少数其他商品。同时，鉴于"福建产米无多""江浙米价腾贵"和广东缺粮的实际情况，禁止粮食出口，鼓励洋米进口，是正常的、适当的。开海贸易不等于放任自流，严格管理不等于"闭关锁国"。

其次，上述的种种限制规定，随着清前期海外贸易的发展，也不断地松弛和改变。例如，雍正六年（1728），放松了商船携带军器的禁令，规定往贩东洋、南洋的大商船可带鸟枪8杆、腰刀10把、弓箭10副、火药20斤。③ 八年（1730），又准每船带炮2位。④ 乾隆十九年（1754），又放松了商民出海贸易的年限，谕准："凡出洋贸易之人，无论年份远近，概准回籍。"⑤ 从而解除了商民的后顾之忧，使得其可以放心地出海经商。乾隆二十五年（1760），取消了出海商船的油漆颜色，宣布："商渔船帆樯编号字迹，不必拘定颜色。"⑥ 从而大大简化了商船出海的手续。二十九年（1764），又决定"弛丝斤出洋之禁"⑦。从此，丝绸大量出口，成为中国对外贸易主要的出口商品。

最后，历史事实证明，尽管清政府采取了限制商民出海贸易和若干商品出口的措施，但清代前期出海贸易的商船和出口商品的数量仍是空前的。据不完全统计，康熙二十年至道光十九年（1681—1839），东往日本贸易的商船就有3840艘；⑧ 道光十年（1830），到东南亚的菲律宾等多个国家贸易的商船达到202艘，总吨位达到70000吨。⑨ 商品出口方面，乾隆三十五年至四十四年（1770—1779），仅英国东印度公司运销出口

---

① 《光绪大清会典事例》卷一二〇《吏部·处分例·海防》、卷六二九《兵部·绿营处分例·海禁》。
② 军机处《录副奏折》卷号22《商业》，乾隆二十一年。
③ 《光绪大清会典事例》卷一二〇《吏部·处分例·海防》、卷六二九《兵部·绿营处分例·海禁一》、卷六三〇《兵部·绿营处分例·海禁二》。
④ 《光绪大清会典事例》卷一二〇《吏部·处分例·海防》、卷六二九《兵部·绿营处分例·海禁一》、卷六三〇《兵部·绿营处分例·海禁二》。
⑤ 《清高宗实录》卷四七二，乾隆十九年九月丙戌。
⑥ 《光绪大清会典事例》卷一二〇《吏部·处分例·海防》、卷六二九《兵部·绿营处分例·海禁一》、卷六三〇《兵部·绿营处分例·海禁二》。
⑦ 《清朝文献通考》卷三三《市籴考二》。
⑧ 根据[日]木宫泰彦著，陈捷译《中日交通史》下册第327-334页数字统计，商务印书馆1931年版。
⑨ R. M. Martin, *China, Political, Commercial and Social*, Vol. II, p. 137, London, 1847.

的生丝价值就达到 30 万～40 万两，占出口总值的 25%～38%；嘉庆二十二年至道光十三年（1817—1833），由广州出口的生丝货值达到 29886709 银元，绸缎货值达到 32595381 银元，茶叶货值达到 193134495 银元。① 这就说明，清政府虽然对商民出海贸易和出口商品品种有所限制，但并没有完全闭关锁国。

诚然，要论述清代前期的开海设关、严格管理海外贸易的政策并非闭关锁国，还可以具体展开论述。但囿于篇幅，在此只能略辩一二。

（三）确立关税制度

康熙二十三年（1684），康熙皇帝召群臣商讨关税问题。诸大臣认为："海洋贸易，宜设专官收税。"议决："福建、广东新设官差，止将海上出入船载贸易货物征税。……并将各关征税则例，给发监督，酌量增减定例。"② 后更明确规定："一切商民货物，俱由海上船运，自康熙二十四年起，商人俱赴（海关）监督纳税。"③

清代征收关税袭用明朝旧制，有"货税"和"船钞"。"货税即商税，根据货物量征收，基本上是一种从量税。法律规定的进出口货税的税率是很低的，如康熙末年至雍正年间，生丝、丝织品、甘草、大黄、铜、糖、茶叶、生锌等货物每担的货税率，最高的是生锌 7.7%，最低的是茶叶 0.4%，平均为 4%，一般是 6%。"④ 这种税率"与当时欧洲各通行的关税率比较，仍然是很低的。茶叶的税率特别低。每一百三十三担重只缴纳十六便士，其时英轮入口税每担征收达五先令"⑤，相当于中国出口税的几十倍。1785 年（乾隆五十年），英国茶叶进口税相当于茶叶本身价值的 128%，最低也达到 60% 以上。⑥ 1785 年 8 月，英国国会为了堵塞茶叶走私，曾大幅度降低茶叶进口税率，改为 12.5%。⑦ 即使如此，也比中国的茶叶出口税高出很多倍。

船钞，亦称船税、吨税，是按照货船体积分等征收的。征收方法是由海关派员登船进行丈量计算，按等征收，其税率也是很低的。康熙二十三年（1684）开海贸易后，各种船只的船钞为：一等船 1400～3500 两，二等船为 1100～3000 两，三等船 600～2500 两。⑧ 按当时一般船所载货物值平均为 30000～50090 英镑⑨计，当时每英镑折合银为 1 两，则每船载货值平均为 15 万两以上。如果按上述标准推算，一等船的船

---

① 根据姚贤镐编《中国近代对外贸易史资料》第 1 册第 254－255 页的数字统计，中华书局 1962 年版。
② 《清圣祖实录》卷一一六，康熙二十三年九月丁丑。
③ 〔清〕李士桢：《抚粤政略》卷二《请豁市舶旱路税饷疏》。
④ H. B. Morse, *The Chronicles of the East India Company Trading to China 1635－1834*, Vol. I, pp. 78－86, 106; Vol. II, p. 116, Cambridge MA, 1926.
⑤ H. B. Morse, *The Chronicles of the East India Company Trading to China, 1635－1834*, Vol. I, pp. 78－86, 106; Vol. II, p. 116, Cambridge MA, 1926.
⑥ H. B. Morse, *The Chronicles of the East India Company Trading to China, 1635－1834*, Vol. I, pp. 78－86, 106; Vol. II, p. 116, Cambridge MA, 1926.
⑦ H. B. Morse, *The Chronicles of the East India Company Trading to China, 1635－1834*, Vol. I, pp. 78－86, 106; Vol. II, p. 116, Cambridge MA, 1926.
⑧ Lo-shu Fu, *A Documentary Chronicles of Sino-western Relations（1644－1820）*, p. 81, Tucson, 1966.
⑨ H. B. Morse, *The Chronicles of the East India Company Trading to China, 1635－1834*, Vol. I, pp. 78－86, 106; Vol. II, p. 116, Cambridge MA, 1926.

钞约为货值的 2.3‰，二等船约为 2‰，三等船约为 1.7‰，平均约为 2‰，简直是微乎其微。

不仅如此，清政府还实行减税和免税政策，优待外国商人。康熙二十四年（1685），粤海关对洋船税额"于原减之外，再减二分"①。康熙三十七年（1698），"著减广东海关额税银三万二百八五两"②。康熙三十八年（1699），减免英商船"原定税收之四分三，以招揽贸易"③。

康熙四十七年（1708），清政府对"暹罗贡使所带货物，请听其随便贸易，并免征税"④。雍正二年（1724）、三年（1725）、五年（1727）、六年（1728），对暹罗船运米来广州贸易"概免征税"⑤。乾隆八年（1743）规定：外洋船来"粤等省贸易，带米一万石以上者，免其船货银十分之五，五千石以上者，免十分之三"⑥。乾隆四十九年（1784）三月，又对珍珠、宝石等项"免其收税"⑦。道光二年（1822），回广州夷商货物被火烧，清政府又免收其税。⑧ 道光十年（1830），两广总督李鸿宾又密奏减夷船进口规银，决定"东西洋船饷银俱照额减二征收"⑨。

（四）建立行商制度

清政府实行"以官制商，以商制夷"的管理海外贸易的制度。所谓行商，是指清政府特许专门经营海外贸易的商人，亦称"洋商"，在广东俗称"十三行"。但"十三行"只是作为经营进出口贸易特有机构的统称，并不是说只有 13 家。实际上，只有道光十七年（1837）刚好是 13 家，即：伍绍荣的怡和行、卢继光的广利行、潘绍光的同孚行、谢有仁的东兴行、梁承禧的天宝行、潘文涛的中和行、马佐良的顺泰行、潘文海的仁和行、吴天垣的同顺行、易允昌的孚泰行、罗福泰的东昌行、容有光的安昌行、严启昌的兴泰行。

福建的行商，康熙时有 Limia、Anqua、Kimco、Shabang、Canqua 5 家；雍正时有 Snqua、Cowlo、许藏兴等数家；乾隆时有林广和、郑德林等数家；⑩ 嘉庆时有洋行 8 家和大小商行 30 余家。⑪

康熙五十九年（1720），洋行商人为了避免恶性竞争，决定订立行规，组织垄断性的"公行"。之后，为了便于管理海外贸易，又于乾隆十年（1745），在行商中指定一

---

① 〔清〕梁廷枏：《粤海关志》卷二二《贡舶二》。
② 《钦定圣祖仁皇帝圣训》卷二一《恤民一》。
③ H. B. Morse, *The Chronicles of the East India Company Trading to China 1635 – 1834*, Vol. II, pp. 7 – 78, Cambridge MA, 1926.
④ 《清朝文献通考》卷二六《征榷考一》、卷三三《市籴考二》。
⑤ 《清朝文献通考》卷二六《征榷考一》、卷三三《市籴考二》。
⑥ 《清朝文献通考》卷二六《征榷考一》、卷三三《市籴考二》。
⑦ 《清高宗实录》卷一二〇一，乾隆四十九年三月甲寅。
⑧ 军机处《录副奏折》，卷号 19《关税》，道光三年。
⑨ 〔清〕梁廷枏：《粤海关志》卷九《税则二》。
⑩ 梁嘉彬：《广东十三行考》第 59 页，国立编译局 1937 年版。
⑪ 《道光厦门志》卷五《船政略·商船》。

家为"总商"。广东以伍绍荣和卢继光为"总商",福建指定 Limia 为总商。① 承充行商者必须是"身家殷实之人",并由官府批准发给行帖,才能设行开业。行商又因"捐输得官",被同行称为"某官""某秀"。可见,行商承袭了历史上官商的传统,具有一定的垄断权,并且是以封建政权在对外贸易方面的代理人的身份出现的,具有半官方性质。他们的主要职能有四方面。

第一,代纳关税。"凡外洋夷船到粤海关,进口货物应纳税银,督令受货洋行商人于夷船回帆时输纳。至外洋夷船出口货物应纳税银,洋行保商为夷商代置货物时,随货扣清,先行完纳。"②

第二,代购销货物。"外番各国夷人载货来广,各投各商贸易。……惟带来货物,亦令各行商公同照时定价销售;所置回国货物,亦令各行商公同照时定价代买。"③ 不过嘉庆二十二年(1817)后"已有多少变通,仅余少数货物如出口丝茶、入口棉纺织品——尚为公行行商一手操纵而已。其他商品各由外商船长与内地行栈私相交易之"④。

第三,代办一切交涉。"凡夷人具禀事件,应一概由洋商代为据情转禀,不必自具禀词。"⑤ 而清政府的官员也不能同外商直接会见,所有清政府的一切命令、文书均由行商向外商转达及监督执行。如"外国人想去澳门或者从澳门回到广州,必须通过行商请求当局发给护照"⑥。

第四,监督外商。行商要防止商馆的洋人在居住及外出时不遵守《管理夷商办法》,同时要监视洋人游览时遵守八项规章中所列有关事项。

总之,举凡中外商品之交易,关税船课之征收,贡使事务之料理(包括招接、翻译、贡使护送及贡物接纳等项),外商事务之取缔(包括招接、翻译、约束、防范,以及传达政府的命令,调停中外纠纷等项)及商务、航线之划定,无不操之于行商之手。行商不仅垄断海外贸易,而且其他中外交涉事件也由其居间经办,是外商与中国政府联系的媒介,实际上具有经营海外贸易和经办外交事务的双重职能。因此,外商与行商休戚相关,来往频繁。"他们一到广州,第一件事就是选择和安排(或重新安排)他们的保商,保商必是十三行中的一家。"⑦ 外商投行后,就住在该行商设立的商馆之内,贸易亦在商馆内进行。进出口贸易的经营权亦由行商操纵。这个制度虽然有封建垄断性的消极一面,但它对当时的海外贸易也有促进的作用。首先,在当时外商对中国情况不熟悉又不通晓中国语言的情况下,行商在外商与清政府之间建立联系,在外商与中国商人之间提供贸易方便,起了沟通的作用。其次,由于行商代洋商交纳关税,外国商人免了报关交税的麻烦,得以集中精力进行贸易活动。所以,清代前期,在中国仍然是一个独立主权国家的前提下,建立行商制度是便利于海外贸易发展的。正如道光十年

---

① 梁嘉彬:《广东十三行考》第68页,国立编译局1937年版。
② [清]梁廷枏:《粤海关志》卷二五《行商》。
③ [清]梁廷枏:《粤海关志》卷二五《行商》。
④ H. B. Morse, *The Chronicles of the East India Company Trading to China 1635 – 1834*, Vol. II , p. 389, Cambridge MA, 1926.
⑤ 姚贤镐编:《中国近代对外贸易史资料》第1册第230页,中华书局1962年版。
⑥ 姚贤镐编:《中国近代对外贸易史资料》第1册第193页,中华书局1962年版。
⑦ [美]马士著,张汇文等译:《中华帝国对外关系史》第2卷第84页,生活·读书·新知三联书店1952年版。

(1830),英国下议院对在广州进行贸易的商人进行调查后得出结论:

> 几乎所有出席的证人都承认,广州做生意比在世界上任何其他地方都更方便和容易。①

这除了其他原因之外,同广东十三行行商不无关系。以往曾有不少学者只看到行商垄断贸易的消极一面,把它看作清政府实行"闭关锁国"政策的主要内容和标志,是值得商榷的。

(五) 制定"防范外夷"条例

清政府还颁布了一系列"章程"和"条例",对外商在华的活动加以防范和限制。乾隆二十四年(1759),两广总督李侍尧制定《防夷五事》;乾隆四十一年(1776),广东巡抚兼粤海关监督李质颖制定《防夷四查》;嘉庆十四年(1809),两广总督百龄、粤海关监督常显颁布《民夷交易章程》;嘉庆十九年(1814),两广总督蒋攸铦等颁布《整饬夷商贸易九事》;道光十一年(1831),两广总督李鸿宾制定《防范夷人章程》;道光十五年(1835),两广总督卢坤等制定《防范夷人章程八条》,等等,均是清政府对外商的种种防范。② 这些条例从文字上看是很严格的,但实际上有些章程和条例并没有真正实行过。例如,关于外国船在广州海面上贸易时起卸军火炮位的规定,外商通过贿赂,使之变为有名无实。③ 又如,关于外商不许长期逗留在广州的规定根本不为外商所遵守。英国东印度公司驻广州的大班,在18世纪60年代,由临时的、季节性的组织改为长期永久的机构。外商在广州实在自由得很,他们爱住多久就住多久。正如一个长期居住在广州的商人说:"我们只要高兴就出去散步,而且想在外面呆多久就呆多久,很少有通事跟着。"④ 至于禁止外商与中国商人贸易的规定更是一纸空文。另一个商人叙述道:

> 读者也许会料到在这么严厉的禁令之下,和行商的交易必然已经停止;然而禁令只是记录在案,事情仍然照常进行,顽夷仍然和那些以最低价格出售货物的商人进行贸易。⑤

到了鸦片战争前夕,外商更不把清政府的防范章程和条例放在眼里。一个曾经闯入福建、浙江的英国人,明明知道那里是"不许外国人停留片刻"的地方,他却一住就是半年,还洋洋得意地说:

---

① [英] 格林堡著,康成译:《鸦片战争前中英通商史》第55页,商务印书馆1964年版。
② 〔清〕梁廷枏:《粤海关志》卷二八《夷商三》、卷二九《夷商四》。
③ H. B. Morse, *The Chronicles of the East India Company Trading to China 1635–1834*, Vol. I, p. 389, Cambridge MA, 1926.
④ [美] 亨特著,沈正邦译:《旧中国杂记》第2页,广东人民出版社1992年版。
⑤ C. Gutzlaff, *A Sketch of Chinese History*, Vol. I, p. 682, London, 1834.

没有一个人敢撵走我们。夷人不许上岸,我们却是进城,四处都跑遍了,中国官老爷绝没有采取措施加以阻止。①

这些事实说明,清政府颁布的一系列防范章程和条例并没有完全起到限制外商活动和关闭海外贸易的作用。也就是说,它们并没有严重阻碍当时海外贸易的发展。

如何评价清政府这一整套严格管理海外贸易的制度,是一个值得讨论的问题。笔者认为,首先,清政府制定和实行这套管理制度,具有历史的正当性。因为国际贸易发展的历史证明,"即使是在西方,严格管制对外贸易也是正常现象"②,所谓完全的"自由贸易"是不存在的。任何一个主权国家,在发展海外贸易上,均有权规定实行什么样的管理制度和采取什么样的措施。清政府当时对海外贸易所建立的一整套管理制度并没有越出一个主权国家的权力范围。"和英国亨利七世时期对待外国商人所实行的条例,实际上是一样的。中国人认为他们有权管理进入他们国家的外国人,这种观念和欧洲改革以前流行的观念,并无二致。"③ 而且,清政府对国内商民出海贸易和进出口商品的管理政策是逐步松弛和改变的;对外商贸易的管理,除个别规定(如禁止番妇入城等)过分一些外,其主要方面是便利外商在中国进行贸易(例如上述的低税、减税制度和行商制度等)和起到抵御外国资本主义经济掠夺的民族自卫作用。

其次,清政府制定和实行这一整套管理海外贸易制度的主要原因,不能归结为清政府的"愚昧无知""妄自尊大"和"闭关锁国",而是由于当时外国商人在经商过程中的种种不法行为和越来越嚣张的掠夺行径,以及西方各国传教士在华狡狂的传教活动。这就是说,自 16 世纪以来,中国人在自己的港口遇到的西方人主要不是和平贸易的商人,而是西方资本主义原始积累时期为掠夺财富而到中国进行殖民事业的冒险家。"这些所谓和平商业先驱者的行为,与其说合乎和平文明人之道,毋宁说同于盗贼。他们不仅应驱逐于帝国之外,而且应由中国当局加以剿灭。他们飘忽于中国南部海岸,掠夺焚毁乡镇与城市,杀死和平男女及幼孩以百数十计……掳掠妇女,抢夺本地人所有任何贵重之物,违犯一切礼仪与人道的信条。"④ 所以,清政府采取上述各种管理制度,不准外国商人在中国港口为所欲为,是合理正当的。但问题是,这些独立自主的管理制度和防范章程,在腐朽的清朝官吏和狡猾的外国商人的共同破坏下,得不到真正的贯彻执行。例如,英国东印度公司为了争取能够毫无禁忌地同中国一切商人交易,曾于乾隆三十五年(1770),用 20 万两银子贿赂两广总督李侍尧,使其下令解散"公行"。可见,完全撇开清代前期的国内外历史条件,对清政府严格管理海外贸易的制度一概斥之曰"闭关锁国""愚昧无知",抹杀其中主要的抵御资本主义经济掠夺的合理性和自卫性,是不够科学的。当然,清政府不愿意禁止海外贸易,也仅仅是为了朝廷获得大量的财政收益及满足统治者奢侈生活的需要而已。它不可能把这种独立自主的管理海外贸易的制

---

① H. H. Lindsay, *Report of Proceeding on a Voyage to the Northern Ports of China in the Lord Amherst*, Vol. Ⅰ, p. 273, London, 1833.
② [英] 格林堡著,康成译:《鸦片战争前中英通商史》第 39 页,商务印书馆 1964 年版。
③ 转引自汪敬虞《论清代前期的海禁闭关》,《中国社会经济史研究》1983 年第 2 期。
④ 姚贤镐编:《中国近代对外贸易史资料》第 1 册第 124—125 页,中华书局 1962 年版。

度同促进本国的社会经济进步结合起来,这才是清朝统治者的真正落后之处。

至于清朝统治者是否因为害怕国内商民与外商接触后,产生对其统治不满的情绪,所以才产生和形成"闭关锁国"的思想以及其在政治、文化上的表现,仍属值得探讨的问题,但这已超出本文研究的范围,兹不论及。

(原载《历史研究》1986年第4期)

清代前期农业生产的发展

清代前期农业生产是否有所发展,这是一个争论不休的问题。有的学者认为没有多少发展,"在生产技术上与组织形态上,实质上与宋代并无二致"①。这种观点似乎有点片面。历史事实证明,清代前期的农业生产是向前发展的,超过了以往的历史最高水平。一方面,表现在雍正二年(1724)全国耕地面积达到 890647524 亩上;② 另一方面,而且是更重要的一方面,表现在农业生产结构的变化发展上,这就是粮食作物种植面积空前扩大,"生态农业"雏形出现,集约化程度提高,以及商业性农业高度发展。本文拟从这几方面做一探索,以就教于海内外方家。

一

农业是国民经济的基础,粮食则是农业的基础。康熙皇帝自觉或不自觉地意识到粮食生产在农业中的头等重要地位,因而注重粮食生产的发展。他鉴于明代全国粮食"稻居什七,而秫(小麦)、牟(大麦)、黍、稷居什三"③ 的历史经验,首先抓紧在南方大力推广双季稻的种植。他指令用单株选择法培育出早熟品种"御稻"之后,发下"御种谷子"一石,令苏州织造李煦试种,经过两年的试验而取得成功,双季稻亩产 6 石以上。于是在江南各省大面积推广种植双季稻,使双季稻在南方各省普遍种植。至康熙五十四年(1715),"江南地方,从前止一次秋收,今将变为两次成熟"④,"浙东、闽南、广东、广西及江西、安徽岁种再熟田,居其大半"⑤,"两湖、四川亦渐艺此"⑥。其中闽、粤两省气候温暖、冬无霜雪,故推行一年三熟制,其基本形式是两造水稻,一造冬种作物。"《志》称南方地气暑热,一岁田三熟:冬种春熟,春种夏熟,秋种冬熟。"⑦ 双季稻种植的面积有多少笔者无法准确统计,但据新中国成立前《长江流域双季稻考察报告》称,仅苏、浙、皖、赣、湘、鄂、川的双季稻种植面积为 500 万亩,占 7 省稻田面积的 2.38%,估计清前期江南双季稻种植与此数差不多。

---

① 傅筑夫:《中国古代经济史概论》第 288 页,中国社会科学出版社 1981 年版。
② 梁方仲编著:《中国历代户口、田地、田赋统计》第 10 页,上海人民出版社 1980 年版。有人估计清代前期耕地面积达 12 亿亩左右。
③ 〔明〕宋应星:《天工开物》卷上《乃粒》。
④ 《李煦奏折》第 182 页,中华书局 1976 年版。
⑤ 〔清〕李彦章:《江南催耕课稻编》。
⑥ 〔清〕李彦章:《江南催耕课稻编》。
⑦ 〔清〕屈大均:《广东新语》卷十四《食语·谷》。

与此同时，北方也大力推广水稻的种植。中国北方种植水稻历史悠久，据文献记载，东汉时期，渔阳太守张堪已经在于狐奴（今顺义县境）开稻田，劝民耕种了。① 但由于封建统治者对农民的残酷压迫和剥削，北方屡闹灾荒，加之外族时来侵扰，水利灌溉工程日渐破坏，居民不断向南迁，到了北宋，北方种植水稻的传统经验和习惯几乎灭绝了。永乐十九年（1421）明成祖迁都北京后，京官及北方边防驻军需要大量稻米作为粮食，酿成稻米从南方经运河输送北方之难。于是，明代有远见的科学家和水利专家如虞集、徐贞明、汪应蛟、董应举、徐光启等，极力主张在北方兴修水利，营造水田，种植水稻，并躬身试验种植。徐贞明是在京东试种水稻最卖力者。他在万历三年至十三年（1575—1585）间，亲自督办开辟39000多亩水田，种植水稻，并多次上疏呼吁在北方推广种稻。但由于朝官诸多造谣中伤，他被皇帝叫停工作，使明代北方种植水稻的成绩并不显著。到了清初，因河北闹水灾，在治水过程中，一次复兴北方种植水稻的新高潮掀起了。康熙三十年（1691），先是在北京西郊玉泉山种植水稻成功，后经逐渐推广成为享有盛名的"京西稻"。② 康熙三十九年（1700），直隶巡抚李光地向皇帝上疏，主张在北方种植水稻。康熙四十三年（1704），天津总兵官兰理疏请在天津附近地区开垦水田种植水稻。于是康熙皇帝谕户部讨论在天津附近种植水稻之事：

> 朕以为水田不可轻举者……朕往者西巡，见晋省太原以南引水自高处灌入田中，甚为得法。陕西、宁夏、哈密等处，亦皆如山西种水田，此皆按地方之形，随水土之性而作者也。天津沿海斥卤地方，又非民田，今兰理请开水田，著交部议奏。③

康熙皇帝一言九鼎，决定"可令兰理于天津试开水田"。兰理即开辟水田450顷，当时农民称之为"兰田"④。同时康熙皇帝"令各省巡抚将闽、粤、江南诸处水耕之人，出示招徕，情愿者安插天津诸处，计口授田，给予牛种，限年起科"⑤。雍正三年（1725），怡亲王胤祥受令"总理畿辅水利营田，以（朱）轼副之"。雍正四年（1726），朝廷分设京东、京西、京南、天津四局，统一领导37个州县的水利及辟田种稻之事，于是又掀起了人民开田种稻的热潮。如河北大城县"居民每于平滩浅濑栽种秧田……其地三面距堤，势如环卫，而土性膏腴，最为宜稻之区"，"数十里皆稻乡也"。⑥ 数年之内，直隶省种植水稻者甚众，面积大增。现将直隶省各州县稻田面积统计如下（见表1）。

---

① 《后汉书》卷三一《张堪传》。
② 《清圣祖实录》卷一五五，康熙三十一年四月辛丑。
③ 《清圣祖实录》卷二一八，康熙四十三年十一月戊午。
④ 《清史稿》卷八七《兰理传》。
⑤ 《清史稿》卷二九五《朱轼传》。
⑥ 〔清〕吴邦庆：《水利营田图说》，载《畿辅河道水利丛书》第6册。

表1 雍正四年至十二年（1726—1734）直隶省稻田统计

州、县名	稻田合计/亩	官府经营/亩	农民自营/亩
玉田	38019.9	37361.9	658
丰润	35529.2	33972.2	1557
迁安	1627.4	1528.4	99
滦州	1676	1407	269
平谷	611.5	535	76.5
蓟州	5656	2519.2	3136.8
宝坻	16259.3	7023.2	9236.1
宁河	10366	3345	7021
武清	1802.5	1802.5	
新安	89155	88995.8	159.2
安州	1633	—	1638
安肃	10756.8	6763.6	3988.2
唐县	8169.2	7035.7	1133.5
望都	1253.5	1253.5	—
涞水	7228	2228	
房山	2644.4	2331.6	312.8
涿州	1006	2703	303
霸州	10135.2	8923.2	1212
宛平	1600	—	1600
任邱	8580	4580	4000
文安	45940	45940	—
大城	33279.4	33279.4	—
定州	6147.3	3724.5	2422.8
行唐	1412	1412	—
新乐	386	355	31
满城	221.9	—	221.9
磁州	101089	—	101089
永年	18719.3	—	18719.3
平乡	1966	1966	—
任县	10205	7834.8	2370.2
正定	3279.6	3116.6	163
平山	1653	—	2653

续表1

州、县名	稻田合计/亩	官府经营/亩	农民自营/亩
邢台	7696.3	—	7696.3
沙河	357.1	—	357.1
南和	6357.1	—	6357.1
合计	490423	311942.1	178480.9

资料来源：〔清〕吴邦庆《水利营田图说》，载《畿辅河道水利丛书》第5—7册。

表1表明，雍正年间（1723—1735），直隶省的37个州县种水稻的面积达到490423亩，其中农民自营的稻田为178480.9亩，占36%。这说明，只要官府给农民做出榜样，并加以宣传号召，他们就会开辟水田，插种水稻。所以，清初"直隶水田稻谷丰收"[①]，成为北国的鱼米之乡。

此外，在山东的历城、邹平、莱芜、滋阳、曹县、钜野、日照、莱阳、昌邑、新城、泰安、滨州、沂州、青州14州县，山西的文水、闻喜、临汾3县，河南的鄢陵、洛阳、遂平、罗山、商城、光州、洵川7州县，以及陕西的渭南、韩城、西乡3州县也开始种植水稻，引进南方水稻品种达77个。[②]

清代前期，北方的麦、粟等旱地作物亦在南方广为播种。江南、淮南、广东、湖南等地已形成了以水稻为主的稻、麦两熟的耕作制度。例如湖南浏阳县，雍正前"农民未知秋粮"，乾隆年间（1736—1795）则开始播种杂粮。[③] 四川酆都县，清初农民只知种稻，乾隆二十二年（1757）开始种麦。广东"晚禾既获，即开畦以种小麦"[④]，"二三月时春风微扇，麦浪千顷，比于云稻矣"[⑤]。"麦浪千顷"，说明种小麦的面积不小。

清代前期，值得特别注意的是粮食新品种玉米和番薯的引进和大面积推广。玉米原称玉蜀黍，原产于美洲。根据万国鼎的研究，玉米最早于明嘉靖十年（1531）传入广西，[⑥] 然后向全国各地传播种植。鸦片战争前，已遍及全国各地。种植面积据吴慧测算，占耕地面积的7.3%左右。[⑦] 所以清代前期，全国到处都可以看到亭亭玉立的玉米田，特别是位于川陕鄂交界的大巴山区，更是"田中青青唯包谷"[⑧]。有的地方把玉米视为主粮，如湖南西部山区"全赖包谷、薯芋、杂粮为生"[⑨]，贵州遵义府"民间赖此者十之七"[⑩]。

番薯原产于拉丁美洲的墨西哥和哥伦比亚，哥伦布发现新大陆之后，才传播到世界

---

① 〔清〕吴邦庆：《畿辅河道水利丛书》序言。
② 〔清〕蒋溥：《授时通考》卷二一《谷种门·稻二》。
③ 《嘉庆浏阳县志》卷二四。
④ 〔清〕屈大均：《广东新语》卷十四《食语·麦》。
⑤ 《珠江三角洲农业志》第5册第28页，1976年版。
⑥ 万国鼎等编：《古代经济专题史话》第24页，中华书局1983年版。
⑦ 吴慧：《中国历代粮食亩产研究》第183页，农业出版社1985年版。
⑧ 《道光鹤峰州志》卷十三《吴世贤传》。
⑨ 〔清〕陶澍：《陶文毅公全集》卷九《敬陈湖南旱歉情形折子》。
⑩ 《道光遵义府志》卷十七《物产》。

各国。据现在所掌握的资料,广东东莞县虎门区小捷村(今梁屋)人陈益于万历十年(1582)从安南(越南)带回番薯,在村内试种成功。① 番薯环境适应性极强,能耐旱、耐瘠、耐风,病虫害少,宜于山地、旱地种植,所以人们广为种植。明末在广东、福建、江苏、浙江4省已有种植;至清代前期,除了新疆、西藏、内蒙古、东北等地外,关内各地均已广泛种植番薯了,其中又以广东、福建、云南、四川、山东、河南等地种植最多。番薯产量高,"每亩可得数千斤,胜种五谷几倍"②,所以成为当时的重要粮食作物。如福建"地瓜一种,济通省民之半"③。其他地方也有"红薯半年粮"的谚语流传。

粮食种植面积的扩大,加上玉米、番薯单产高,使得粮食产量增加。究竟增加多少,苦于缺乏数据无法进行量化统计,但因此而使当时米价下降却是一个历史事实。康熙四十七年(1708),江南各省的上等米每石售价为2两银,次等米每石1钱7分银;五十八至五十九年(1719—1720)分别降至9钱及7钱五六分,下降率达50%以上。雍正年间(1723—1735),广东的米价多是每石为0.33~0.83两之间。④ 米价跌落的原因诸多,但与粮食作物种植面积扩大、粮食产量增加不无关系。

二

所谓生态农业,是全面规划、相互协调的现代化整体农业,是一个高效的人工生态系统,即"有机农业"与"无机农业"的综合体。它的基本要求:农业生产必须遵循生态学原理,符合生态规律——适应生态环境,按照"食物链"及其量比关系安排生产,维护生态平衡,增殖自然资源。这样的生态农业在清代前期可以说已初具雏形了。这是清代前期农业生产发展的新特点。清代前期,随着经济的恢复和发展,耕地和人口不断增加,而人口的增长速度又大大超过耕地的增长。鸦片战争前夕,已基本形成了全国性的人多田少的格局。为了解决人多田少的严重社会问题,除了扩大粮食作物的种植面积外,很大程度上是依靠以多种经营构成生物间的良性循环和以综合利用自然资源为特色的生态农业。特别是在人口稠密的长江三角洲和珠江三角洲地区,更是开始形成粮、畜、桑、鱼多种经营的生产结构模式。现据《补农书》和《广东新语》以及地方志的资料列表如下(见表2)。

---

① 参阅杨宝霖《我国引进番薯的最早之人和引种番薯的最早之地》,载《农业考古》1982年第2期。
② 〔清〕陆耀:《甘薯录》,引《金薯传习录》。
③ 〔清〕施保鸿:《闽杂记》卷七。
④ 陈春声:《清代乾隆年间广东的米价和米粮贸易》(未刊稿),1984年。

表2 清代前期农业多种经营一览

经营业别		经营内容	废物利用
种植业	水田	水稻、麦类、油菜、荸荠	稻秆、泥草、塘泥、壅桑
	水面	慈姑、菱、莲藕	腌菱、拇作、菜
	水滨	芋弋竹、椿梓、榆檀、芦苇	薪柴
	果	橙橘、梅、枣、香橼、桃、李、杏、柿、茱萸、荔枝、阳桃、香蕉、菠萝	
	旱作物	豆、桑、棉、麻、瓜菜、芋芍、苎、梅豆、甘菊、百合、枸杞、五加皮、枳、花草、萱草	
养殖业	蚕		畜类、养厩肥、垃圾、蚕沙、死蚕作鱼饵
	畜	猪、牛、羊	
	禽	鸡、鹅、鸭	
	水产	鱼苗、鲻鱼	

这种农业生产经营方式在清初的长江三角洲和珠江三角洲各地区已普遍施行，而且从中积累了丰富的经验，体现了合理利用自然资源（土地），农业（粮食）、畜牧业、渔业、蚕业组成了一个相互连贯、互为利用的有机结合的综合体，其主要元素有三个方面。

第一，水旱作物轮作。

明末清初，长江三角洲各地区特别是嘉、湖地区以及珠江三角洲地区，农民已经相当重视在水稻田复种冬季旱作物，包括种麦类、油菜、蚕豆等，当时称为"春花"。《补农书》记载："吾乡春花之利居半。"《嘉兴府志》卷三二记述道：大麦、小麦、麦"率杂种之，明年并菜豆俱收，总呼为春花。谚云'春花熟、半年足'"。《广东新语》说："岭南阳地……多小麦而少大麦，晚禾既获，即开畦以种小麦，正月而收。"为解决肥料问题，当地又采用水稻与花草（绿肥）轮作的办法，所谓"一亩草，能壅三亩田"，"冬时于田种一亩蚕豆、于春壅四亩，杂耕之，否则以豆下磨而蒸熟撒之，及豆并、麻并、菜子并捣碎壅之，田甚肥"。① 这实际上是一种以田养肥，以肥养稻、麦的轮作经营方式，形成了在稻田内以田养田的植物良性循环。

第二，农业与畜牧业结合。

这种生产经营方式明末已存在了。《沈氏农书》有"秀才不读书，种田不养猪，必无成功"和"养猪羊是农家第一著"的记载。到了清代前期，有以"畜牛为利者"的说法，更有"养猪者可以猪泥，养牛者可以牛泥，羊、鹅、鸡、鸭等粪皆可积"的记载。② 这就是以粮、草养猪、牛，即以豆饼、大麦、酒糟或人工利用后的粮食喂猪养牛，一方面换取肉食，另一方面猪粪、牛粪则是农家的重要肥料，而且是精肥料。所以，农家往往"居稻场及猪栏前空地，岁加新泥而刮上面浮土，以壅菜、盖麦，最肥有

---

① 《珠江三角洲农业志》第5册第24页，1976年版。
② 〔清〕张履祥：《杨园先生全集》卷四九《补农书下》。

力。秀水北区常于八、九月泥壅田中菜。此法最好，日长而工闲，土肥而粪省，农人不劳而菜茂，来年禾复易长"①。猪粪属水溶性，一般用作稻田的肥料，牛粪肥效稍迟，故施以地上肥桑。这是当时在施肥过程中积累起来的经验。这样一来，以粮（草）养畜，（畜）以粪肥田，农畜之间又组成了一个有机的生态循环。

第三，渔业与桑蚕业结合。

这也是新的农业生产经营方式。嘉兴地区"池中淤泥，岁岁起之以培桑"，桑"每枝大者可养蚕一筐"。② 广东珠江三角洲地区也由明初的"果基鱼塘"发展为"桑基鱼塘"的经营方式，形成了养鱼、种桑、养蚕三者之间的连环性生产体系，即"将洼地挖深，泥复四周为基，中凹下为塘，基六塘四，基种桑，塘畜鱼，桑叶饲蚕，蚕屎饲鱼，两利俱全，十倍禾稼"。这样，在生产中又形成了桑叶养蚕、蚕沙养鱼、鱼粪（塘泥）肥桑的物质循环利用，达到农业又一生态平衡的目的。此外，人们还可以利用鱼塘水面放养水浮莲，用于制作青饲料以养猪，猪粪既可以肥桑基，又可以喂鱼。从而使桑、蚕、鱼、畜四者互养的连环利用的生产结构更臻完善。

把以上清代前期的粮—畜—桑—鱼多种经营的生产结构模式用一示意图（见图1）表示，就明显展示出一种以粮养畜，以"畜"肥田、肥桑、肥鱼，以"桑"养蚕、养鱼、养畜，以"鱼"肥田、肥桑的自然界各植物之间、动物之间、植物与动物之间以及生物与非生物之间互相联系、互相影响、互相促进、互相作用、互相繁荣的"生态农业"雏形。

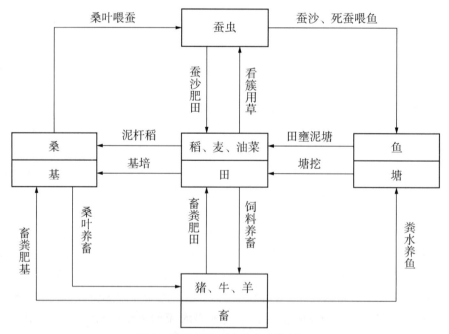

图1 清代前期"生态农业"雏形

---

① 〔清〕张履祥：《杨园先生全集》卷四九《补农书下》。
② 《光绪高明县志》卷二《地理·物产》。

这个"生态农业"雏形,初步具备了现代生态农业的某些特征,即对耕地、水域的立体布局;充分利用时间和空间的条件;视废物为一种可以利用的资源,例如稻秆泥、垃圾泥肥桑、蚕沙肥田、喂鱼、死蚕做鱼饵、食品下脚料养猪,等等,都能比较有效地提高生物能的利用率。特别是通过稻、豆、桑布局固定太阳能,再给羊、蚕做二级利用,从而转化为人类所需要的肉、皮、毛及丝织品,剩余部分返回自然(土壤),又为绿色植物固定太阳能提供了养料。这样的种养循环往复体现了"食物链"的规律。这说明,清代前期的农业生产已经能够从全面规划、相互协调的整体农业着眼,注意到生物间各得其所、各安其位、各有所产,具备了较好的整体功能。因此,清代前期的"生态农业"雏形,无论就其绿色植被面积和生物产量来说,还是就其光合产物的利用率和经济效益而言,都是过去所无法比拟的,是比较合理的生产结构模式。

三

在清代前期已经形成人多田少格局的情况下,不断提高农业生产的集约化程度,是发展农业生产的主要途径。清代前期,人们已在耕作、选种、播种、施肥、密植、田间管理等民间农艺学方面积累了丰富的经验。

第一,创造了浅—深—浅的适中耕作技术。

中国早在战国时代已有深耕的耕作方法,明代《农说》更有明确的深耕要求:"农家栽禾启土,九寸为深,三寸为浅。"清代《齐民四术》则提出深耕适中的技术,即:"耕宜常率,勿太深,若起老土,谓年年耕所不及之板土,即硬软不相入,能害禾,又漏田不保泽。"

第二,创造了单株穗(一穗传)选种技术。

宋元时期的选种一般是采用混合选种法。到清代前期,才发展出单株穗选种技术。史料记载:"乌拉地方树孔中,忽生白粟一科,土人以其子播获、生生不已,遂盈亩顷。"[①] 连皇帝也注意到这种选种技术,史料记载:

> 丰泽园(今北京中南海内)中有水田数区,布玉田谷种,岁至九月始刈获登场。一日循行阡陌,时方六月下旬,谷穗方颖,忽见一科高出众穗之上,实已坚好,因收藏其种,待来年验其成熟之早否。明岁六月时,此种果先熟。从此生生不已,岁取千百。[②]

这就是有名的清代御稻良种。这种良种后来被英国著名生物学家达尔文视为世界良种而编入他的名著《动物和植物在家养下的变异》一书中:

---

① 〔清〕张履祥:《杨园先生全集》卷四九《补农书下》。
② 〔清〕玄烨著,李迪译注:《康熙几暇格物编》第145页,上海古籍出版社2007年版。

皇帝上谕劝告人们，选择显著大型的种子，甚至皇帝还自己动手进行选择，因为据说御米是皇帝的米，是往昔康熙皇帝在一块田里注意到的，于是被保存下来了。①

由于注重选种技术，清代前期农作物的品种大大增加了。据《授时通考》一书所载进行统计，小米（白粟）的品种就有 500 多种，水稻品种达到 2372 种。这是历史上任何朝代所不能比拟的，它不仅反映清代前期我国水稻品种资源的丰富，而且也体现了当时劳动人民在选种技术上表现出来的聪明才干。

第三，注重适时播种。

清代前期，人们更强调适时播种的重要意义。乾隆年间（1736—1795），杨屾总结这方面的经验说：

> 布种必先识时，得时则禾益，失时则禾损。……种有定时，不可不识。及时而布，过时而止，是谓得时，若未至而先之，既往而追之，当其时而缓之，皆谓失时？而禾之损益，即于是别焉。即如麦得其时，长稠强茎，薄翼黄灰色；麦失其时，臃肿多病，苗弱孳穗。粟得其时，长稠大穗，圆粒薄糠；粟失其时，深芒小茎，多秕青蕾。稻得其时，茎肥长稠，穗大粒蕃；稻失其时，纤茎不滋，厚糠多死之类。损益各有不同，惟合时之禾，收丰而性尤良……其各省日出地平并四时八节、七十二候之图详列于后农务门，一考即知。②

这说明适时播种同丰收是有密切联系的。"不违农时"已经是当时人们的常识和习惯。同时，人们做到了因地制宜。例如，在江西饶州，"早稻……立夏蒔秧……晚稻四五月浸种，其蒔，以处暑为限。谚云：'禾逢处暑绝根苗'。言处暑后蒔之不成熟也"③。而临川一带晚稻则以立秋为限，"迟至立秋栽则不成熟，谚云'立秋栽禾，够喂母鸡'"④。广东珠江三角洲地区天气炎热，早稻"立春后十日浸种，至小暑前尽熟"⑤。

第四，创造了多耘田、多施肥的中耕技术。

这是清代前期农业集约化程度提高最突出的成就。当时，农民对于水稻田和旱作物地的中耕、耘田都有很科学的方法，而且制造出各种各样的耘田器具，如耘爪、耘荡、稻篗、钱铸、耨扰、耧锄、镗锄、铲子等。用这些器具耘田者：

> 先以手指套铁耘爪，不问草之有无，必遍排漉，务令根旁洁净，名曰挖稻，仍将所耘之草，并蔂稞之类，和泥挖漉，深埋根下，使其腐坏，更能肥田。后用耘荡，推荡禾垄间，使草泥平净，数日草芽复生，又用稻篗细掘一遍，如此三挖三荡

---

① ［英］达尔文著，叶笃庄等译：《动物和植物在家养下的变异》第 561 页，科学出版社 1957 年版。
② 〔清〕杨屾：《知本提纲》卷五《修业章》。
③ 〔清〕吴其濬：《植物名实图考长编》卷二第 143 页，商务印书馆 1959 年版。
④ 何刚德：《抚郡农产考略》卷上，第 34 页，光绪二十九年（1903）版。
⑤ 《珠江三角洲农业志》第 5 册第 24 页，1976 年版。

三掘，田必精熟，稻自倍收。如有暇功，愈耘愈佳。否则必以上法为限，不可少减也。①

对陆（旱）地耘田者：

> 谓初次破荒，二次拔田，三次耔壅，四次复锄，其耔壅也。破荒者，苗生寸余，先用粗锄，不使荒芜，若苗高草长，则为荒芜，则锄亦萎而不振，所以必歉。二次拔苗，其功称密，将初次所留多苗，匀布成行，惟留单株。三次耔壅，将所锄起之土，壅培禾根之下，防其倾倒。四次复锄耔壅，使其坚劲。四次功毕，无力则止，如有余力，愈锄愈佳，而入地又各有浅深之法，一次破皮，二次渐深，三次更深，四次又浅。②

这就是清代前期的水田"三耘法"和陆地"四耘法"。所谓"一月之内凡三荡"，"越数日曰头荡，越十日曰二荡，又越十日曰三荡"③和"锄则以四次为常，棉花又厌多锄"④，正是这种水陆耘田技术的写照。这种技术在当时是相当精细的了。

在中耕、耘田的过程中，制肥和施肥技术也有很大的提高，而且最有成效。当时人们十分重视施肥，认为"垦田莫如粪田，积粪胜如积金"⑤，所以非常注意和重视肥料的制作。于是在明代混合肥料的基础上发明了分类造粪法，使肥粪的种类比前代要多。据史料记载，大约有人粪、牲畜粪、草粪、火粪（草木灰）、熏土、炕土、墙土、泥粪、骨蛤灰粪、苗粪（绿肥）、渣粪、黑豆粪、皮毛粪等10多种，并根据农业生产的需要，创造了"三宜"（时宜、土宜、物宜）的施肥技术：

> 时宜者，寒热不同，各应其候，春宜人粪、牲畜粪；夏宜草粪、泥粪、苗粪；秋宜火粪；冬宜骨蛤、皮毛粪之类是也。土宜者，气脉不一，美恶不同，随土用粪，如因病下药。即如阴湿之地，宜用火粪，黄壤宜用渣粪，沙土宜用草粪，泥粪，水田宜用皮毛、蹄角及骨蛤粪，高燥之处，宜用猪粪之类是也。……物宜者，物性不齐，当随其情，即如稻田宜用骨蛤、蹄角粪、皮毛粪，麦、粟宜用黑豆粪、苗粪，菜蔬宜用人粪、油渣之粪是也，皆贵在因物验试，各适其性。而收自矣。⑥

可见，清代前期的施肥技术确是发展到了相当细致、相当科学的水平了。

第五，粮食亩产量的提高。

正是由于农业经营集约化程度的提高，农业生产率也相应提高了，也就是清代前期

---

① 〔清〕杨屾：《知本提纲》卷五《修业章》。
② 〔清〕杨屾：《知本提纲》卷五《修业章》。
③ 〔清〕王棨、〔清〕张潮编：《檀几丛书》卷四二《农具记》。
④ 《嘉庆松江府志》卷五《疆域志·风俗》。
⑤ 〔清〕杨屾：《知本提纲》卷五《修业章》。
⑥ 〔清〕杨屾：《知本提纲》卷五《修业章》。

农业生产单位面积产量提高了。就南方水稻产量而言，一般亩产"大约共三石为常耳"①，有的地方达到四石，②有的地方达到五六石③，甚至有的地方如四川德阳县达到六七石，④福建个别地方"早晚二禾，亩可逾十石"⑤之多。这些例子当然不能说是清代前期的平均亩产量，但以这些高产地区的亩产量同宋代相比，也超过宋徽宗政和七年（1117）福建明州的亩产"六七石"⑥了。至于全国粮食的平均亩产量，清代前期也是高于宋、元、明三朝的。中国社会科学院经济研究所吴慧同志曾做过研究，现根据他的成果做宋、元、明、清（前期）的粮食亩产量统计对比（见表3），从中可见一斑。

表3　宋元明清粮食亩产量对比列表

朝代	折合汉制/（石/亩）			折今制平均产量/（市斤/市亩）	比前期增长%
	平均	北方	南方		
宋	3.02	4.03	2.01	309	—
元	3.44	4.03	2.85	338	9.4
明	3.72	4.21	3.23	346	2.4
清前期	3.92	4.52	3.32	367	6.1

可见，清代前期的粮食亩产量是略高于前朝的。由于生产力发展不平衡，各地粮食亩产量差距很大。一般说来，南方的水稻亩产量高于北方的麦、粟亩产量。根据美国珀金斯（Dwight H. Perkins）教授的统计，清代前期北方陕西、河北、山东等地亩产大致为100斤左右，而广东、江苏、浙江等省的粮食亩产量为447～600斤，⑦应该说是相当高的了。

四

商业性农业的发展达到新的高度，这又是清代前期农业生产发展的重要标志。中国封建社会传统上是以农本经济为基础的，就是农业产品完全没有或只有极少部分加入流通过程中，甚至代表地主收入的那部分产品也只有很小的部分加入流通过程中。由此而形成了农本经济的结构：在整个社会生产中，农业与家庭手工业相结合，以农业为主；在农业生产中，粮食作物与经济作物相结合，以粮食为主。但是，到了清代前期，整个社会生产和农业生产都冲破了这种农本经济结构的模式：农民热衷于种植经济作物，粮食进一步商品化；在部分地区出现了自给性农业向商业性农业的过渡，出现了农业生产

---

① 〔清〕张履祥：《杨园先生全集》卷四九《补农书下》。
② 〔清〕陆耀：《切问斋文钞》卷十五。
③ 《同治浏阳县志》卷六《食货》。
④ 李文治：《中国近代农业史资料》第1辑第623页，生活·读书·新知三联书店1957年版。
⑤ 吴慧：《中国历代粮食亩产研究》第176页，农业出版社1985年版。
⑥ 《宋会要辑稿·食货七》。
⑦ ［美］珀金斯著，宋海文等译：《中国农业的发展（1368—1968）》第23页，上海译文出版社1984年版。

的分工，形成了一些专业化的农业区域。例如，根据方志记载，乾隆年间（1736—1795）湖南的农业区是这样的景象：

> 湖南产物之美，安化之茶，衡州之烟，其行最远。若夫艺植之美，则会同为最，辰（溪）、沅（陵）、永（绥）、靖（县）诸山皆种桐树茶树，将其子榨油。会同所产，茶乃独盛。余尝谓会同茶媲美嘉湖之园桑，会同之笋媲美嘉湖之园笋。会同之民何以独擅艺植之利……既而思之，岂有他哉，百姓用力勤而讲求耳……平江、浏阳之苎，夏间苏杭大贾云集，数十年前所未有也。①

河南林县（今林州市）也有这种情况，方志记载：

> 县属居民专务稼穑……以种植为生计，多收果核，即属有年，不以禾黍丰凶为利病也。山所宜木非一、惟柿果、核桃、花椒之物，其利独博……每至秋冬以后，东出水冶，南出六岭，驼运日夜不绝，皆椒、桃、柿饼之物也。……太行深处，亦产药草……其他诸木之中，有檞可饲山蚕作茧；诸草之中，有蓝可作大靛染衣，皆利民用焉。②

这里提到的安化、衡州、辰溪、沅陵、永绥、靖县、平江、浏阳等州县多处在湘西山区，林县也是靠豫西北太行山东麓，不算是经济发达的地区，而其农业分工如此明显，其农业商品化程度如此之高，那么交通便利、经济发达的东南沿海地区的商业性农业的发展可想而知。据地方志的记述，当时江苏、浙江、福建、广东等地区的商业性农业发展最快，专业性农业区域更多。有些地方专门或主要是种植经济作物，粮食作物的种植则置于次要地位。例如乾隆年间（1736—1795），植棉专业区江苏松江、太仓、通州和海门厅所属各县"种花者多，而种稻者少"，"每村庄知务本种稻者不过十分之二三，图利种花者，则有十之七八"。③ 浙江的杭州、嘉兴、湖州三府各县"民间多以养蚕为业，田地大半植桑"④，成为有名的蚕丝区。广东珠江三角洲更是以种植经济作物为主，东莞、番禺、增城、阳春仅蔗田几占耕地一半，新会县有的地方"种烟者十之七八，种稻者十之二三"⑤。其他如福建的泉州、漳州、汀州府，江西的广信、赣州、宁都、建昌府，湖南的衡州、祁阳、邵阳、茶陵、攸县等州县，四川的郫县、合江、新津等县，山东的兖州、青州府，陕西的富平县，甘肃的兰州府等，普遍种植烟草，有些地区烟田占稻麦田面积的十之三四。⑥ 关于清代前期商业性农业的发展，李文治、李华、方行等同志都做过很好的研究，写过精湛的论文，值得参考。限于篇幅，在此不一一胪

---

① 《嘉庆巴陵县志》卷十四《风俗》。
② 《乾隆林县志》卷五《风土·集场记》。
③ 〔清〕高晋：《奏请海疆禾棉兼种疏》，载《皇清奏议》卷六一。
④ 《雍正十一年浙江总督程元章奏》，载《雍正朱批谕旨》第52册。
⑤ 《道光新会县志》卷二《舆地·物产》。
⑥ 参阅方行《论清代前期农业商品生产的发展》，载《中国经济史研究》1986年第1期。

述了。

列宁说过："农业的专业化引起了各种农业地区之间、各农场之间和各种农产品之间的交换。"① 清代前期，商业性农业的发展和农业专业区域的出现，使农产品得以较大幅度地流转和交换，造成经济作物专业区粮食不足，而粮食作物区的粮食自给有余，于是粮食向经济作物区运销而商品化。例如，江苏的松江府棉产区，粮食主要是由安徽和州、含山等地供应，乾隆中期后，每年运米 20 万～30 万石。② 苏州产丝区的粮食常年由江西、湖北、安徽供应，每年计数百万石。③ 天津的粮食则由东北地区供应。④ 广东珠江三角洲缺粮，主要靠广西、湖南供应粮食，乾隆至道光年间（1736—1850），从广西经西江运往广东的粮食每天有 20 万～30 万斤之多。⑤ 粮食是人们生活中不可须臾或缺之物，粮食的商品化，说明几乎所有的农产品都卷入了流通领域成为商品，从而打破了封建社会农本经济的结构，使整个社会的商品经济得到空前的发展。

列宁指出："商业性农业的进步使下等农户的境况日益恶化，把他们完全推出农民的行列。"⑥ "推出农民行列"者，农民阶级分化之谓也。实际上正是这样，随着清代前期商业性农业的发展，有一部分贫苦农民已经被"推出"了原来独立生产者的轨道，而沦为出卖劳动力的自由雇工，为农业经营中使用雇佣劳动提供了必要的条件，从而使农业资本主义萌芽得到进一步的发展。这也是清代前期农业生产发展的一个重要方面。这个问题，中国社会科学院经济研究所的李文治、魏金玉、经君健同志已出版了《明清时代的农业资本主义萌芽问题》专著，进行了详尽而精辟的论述，笔者总体上同意他们的观点，所以在此就不再进行论说。总之，清代前期的农业生产，无论是生产力方面，还是生产关系方面，都是比前代有所发展的。这就是笔者的结论。

（原载《中国社会经济史研究》1986 年第 4 期）

---

① 《列宁全集》第 3 卷第 279 页，人民出版社 1984 年版。
② 〔清〕高晋：《奏请海疆禾棉兼种疏》，载《皇清奏议》卷六一。
③ 〔清〕包世臣：《安吴四种》卷二六《齐民四术卷第二》。
④ 〔清〕方观承：《方格敏公奏议》卷二。
⑤ 《太平天国革命在广西调查资料汇编》第 253 页，广西僮族自治区人民出版社 1962 年版。
⑥ 《列宁全集》第 3 卷第 249 页，人民出版社 1984 年版。

清代农村的家族组织

1928年,毛泽东在写给中共中央的报告《井冈山的斗争》中指出:井冈山地区"无论哪一县,封建的家族组织十分普遍,多是一姓一个村子,或一姓几个村子"①。这种封建家族组织形成于宋代,发展于明清,延续到新中国成立前夕。新中国成立后,它作为封建家族的体系被消灭了,但一姓一村或一姓几个村的聚居形式仍然保留至今天。本文拟对清代的农村家族组织做一探索。

一

按照社会学的界定,家庭(family)是建立在婚姻和血缘关系基础上的夫妻、父母、子女共同生活的小型群体,是社会最基本的细胞。家族是家庭的上一层组织形式,是按照一定的规范,以血缘关系为纽带结合而成的一种特殊的社会组织形式。家庭与家族的主要区别,在于是否同居、共财、合爨。家庭是同居、共财、合爨的小群体;家族则是同居、异财、各爨或同居、共财、各爨的许多个体家庭的集合群体。在一般情况下,家庭谓家庭,家族谓家族,二者是区分开来的。只有当一个大家庭发展到几百、几千人口而聚居于一个村落,而且不分家别籍时,家庭和家族才合而为一,一个大家庭同时也就是一个家族。但这种情况不多见。比较普遍的是较小的家庭与同村同宗的其他家庭聚族而居,组合成一个家族。在地方志和族谱中有不少这样的例子。安徽池州府石埭县"一族所居,动辄数百或数十里,即在城中者亦各占一区,无异性杂处"②。宁国府旌德县城乡皆聚族而居,大族人丁有至万余,其次不下数千,最少亦二三百人。③ 广东顺德县龙山乡"有族大丁口至数千者、数百口、数十口者,要皆聚族而居"④。江西建昌府南丰县洽溪杨氏"聚族而居,近二千户"⑤。江苏松江府上海县陆氏"聚族所居,从未有他姓窜入"⑥。湖南嘉禾一县,"半为李氏长期聚族而居"⑦。笔者的家族黄姓,亦是由族祖黄国銮、黄国英、黄国洪三兄弟于康熙四年(1665)从广州朱基路(今珠玑路)"飘

---

① 《毛泽东选集》(合订本)第68页,人民出版社1966年版。
② 《石埭桂氏宗谱》卷一《潘宗济序》。
③ 《嘉庆旌德县志》卷一《疆域·风俗》。
④ 《嘉庆龙山乡志》卷三《氏族》。
⑤ 《同治建昌府志》卷十《轶事》。
⑥ 〔清〕叶梦珠:《阅世编》卷五《门祚二》。
⑦ 《同治桂阳直隶州志》卷十三《礼志·风俗》。

迁来居灵山县平山练（乡）大垧地村，聚族而居"①，至今328年，仍然如是。目前黄姓家族占全村人口的90%以上。对于清代这种聚族而居的家族组织，清人曾有过概括性的评论。乾隆时协办大学士陈弘谋说过："闽中、江西、湖南皆聚族而居。"② 嘉、道时文人张海珊也说："今者强宗大姓，所在多有，山东西、江左右以及闽广之间，其俗尤重聚居，多或万余家，少亦数百家。"③ 近代思想家魏源更做过研究性的估计：天下直省郡国聚族而居的家族，每县邑约有数百。④

这种聚族而居的封建家族最突出的特点，首先，是以血缘关系为其纽带。普遍为一村一姓，即使一村二三姓，也是按族姓分段居住。一个家族是同一男性始祖繁衍下来的若干家庭的结合体，他们相互之间都是祖孙、父子、兄弟、叔侄或者是堂兄弟、堂叔侄、从兄弟、从叔侄等。总而言之，他们均有着或亲或疏的血缘关系，并按血缘关系建立严密的家族组织系统。由此观之，自族众而房长，而族长，"如竹之节，树之枝，从下而上"，形成宗族的群体。族长，是一族的最高首领。少数人口众多或分居于相邻几个村落的大家族还设有总族长和支族长。例如清初的江苏镇江赵茂先家族，全族族众两万多人，即设总祠族长1人，族长8人，下面"祠有祠长"⑤。近代以来，也有称为董事、理事之类的。族长之下按血缘的亲疏远近分为若干房，"房有房长"。房的名称或按房的始祖的排行称为一房、二房、三房，或按本房始祖的排号而称为××房。如光绪年间（1875—1908），湖南平江县的叶氏分房很多，计有中字房、永字房、胜字房、兴字房、单字房、正字房、春字房、方字房、维字房……共24房。房之下则是若干个体小家庭。族长之下设若干助理人员，协助族长管理族中的公共事务。例如康熙年间（1662—1722），广东佛山石湾霍氏"族内推举三人为正，收支出入数目；三人为付，协理稽查收贮银两"⑥。又如湖北宜昌县陈氏家族，举族长1人、经理1人，族正不拘名额，每房举房长1人或2人，每房派干事4人。⑦ 有些家族还设立"族事会"。如广西桂林的张氏，就"由合族（即总族）推三人或四人。支族各推二人或三人"组成，所推者必须是族中的年长者、望高者和首富者。⑧ 族长、房长及族事会成员形式上由族众推举产生，不能世袭。如清代湖北彝陵（今宜昌）陈氏的《家族组织章程》规定：族长、房长由全族公推，择齿德俱尊、品学兼优者为族长，公正爽直、通达世理者为房长。⑨ 河南繁昌县崔氏家法规定，族长须"合族公举"品行端方、老成练达者为之。⑩ 族长如果不称职，族众可举行全族会议改选或罢免。这种族长公举制度可能是氏族民主制的残余。然而，聚族而居的家族组织，既然存在于封建社会后期，就不可避免地受到

---

① 《道光黄氏蠡斯图部记》第2页。
② 〔清〕陈宏谋：《寄杨朴园景素书》，载《皇朝经世文编》卷五八。
③ 〔清〕张海珊：《小安乐窝文集》卷一《聚民论》。
④ 〔清〕魏源：《卢江章氏义庄记》，载《魏源集》下册第503页，中华书局1976年版。
⑤ 〔清〕刘献廷：《广阳杂记》卷四。
⑥ 《石湾太原霍氏崇本堂族谱》卷三《霍氏尝例小引》。
⑦ 《义门陈氏大同宗谱·彝陵分谱》卷四，收录乾隆年间重订《家族组织章程》。
⑧ 《桂林张氏家乘》卷七《族事例》。
⑨ 《义门陈氏大同宗谱·彝陵分谱》卷四，收录乾隆年间重订《家族组织章程》。
⑩ 《濡须崔氏宗谱》卷一《家规》。

农村中阶级关系的制约。实际上，当选的族长、房长大多是族中、房中的地主豪绅，贫穷的族众是很少有当选机会的。

其次，是有缜密的族规家法。大凡每个家族，一定有一部或几部家法族规，名曰"宗规""族约""族范"等，用以规范族众的思想行为和处理族众之间的相互关系。有些人口众多的大家族有总族规、总家法，此外还有关于族田的管理和收入之分配、关于扫墓祭祖、关于族人上学中举、关于嫁娶，等等，各种族规。例如广东佛山石湾霍氏的族规就有收租之法、住家之法、养育奴婢之法、衣服之法、嫁娶之法、持家之法，甚至族众从事职业也列入族规，如不准贩卖人口、军器，不准贪载私盐，等等。① 这类族规家法内容相当广泛，概括了所谓重纲常、祭祖宗、孝父母、友兄弟、敬长上、亲师友、训子孙、睦邻里、甫闺阁、慎婚姻、严治家、尚勤俭、力本业、节财用、定国赋、息争讼等项目，实质是充满了封建伦理纲常和维护封建等级秩序的陈词滥调。与此同时，族规家法也列进了族众须遵守封建政府法纪的规定，对违法族众亦依族规惩治。如广东南海县潘氏族规规定"作奸犯科有于国法，必定联呈究治，无论已未到官，俱分轻重议革"②；廖氏家规规定"族内有犯军流出罪者，照例革胙"③。又如浙江竹溪沈氏族规规定，族众有违犯法纪者，"族长传单通知合族，会集家庙，告于祖宗，宗谱削去名字，祠墓不行与祭"④。可见，族规家法已具有封建政治性质，是维护封建统治的重要支柱。

最后，是实行严格的族长族权管治。在聚族而居的封建家族组织中，族长是高踞于全体族众之上的主宰者，在家族内具有相当大的权力。

第一，主持全族祭祀祖先。大凡清明扫墓、祠堂祭祖，均由族长主持，率全体族众进行。

第二，管理族产。族产（主要是族田收入，详见下文）是族长实现族权的物质基础。族产的收入由族长掌握分配权，给谁不给谁、给多给少，全由族长决定，标准是看族人是否遵守族规家法和服从族长。族众如对抗族长，族长即取消对其家族的赈济。族长就是通过这种经济手段让族人帖服于自己的管治之下的。

第三，主持族人分家及监督族人财产继承过户。族人分家各爨、土地房屋买卖过户，必须由族长主持和监督，避免本族产业流向外姓。

第四，对族内婚姻、田地纠纷及族人违法的初级裁判权和有限制的处死权。族众之间发生民刑案件，必须及时报告族长，首由族长调解；如若不服，则由族长在祠堂召开会议当众判决，不论公平与否，族人都得服从，不得申辩。如果不经族长允许而擅自报官申理则视为亵渎族长、蔑视族权，由族长给予重罚。可见族长实际上充当了封建政府第一审判官的角色，由此而行使对族众的惩罚权、捆送权和有限制的处死权。"族中如有不安本分，流入败类者，其父兄不能管束，应邀同族长押入公祠斥责，总以家法处治。"⑤ 一般案件经族长裁决就可了结。如案情重大，判决不下，则由族长将族人捆送

---

① 《石湾太原霍氏崇本堂族谱》卷三《霍氏尝例小引》。
② 《潘氏典式堂族谱》。
③ 《南海廖维则堂家谱》。
④ 《竹溪沈氏家乘》。
⑤ 《常熟席氏世谱·载记》卷十二《义庄规条》。

官府审理。如有族众当强盗、寡妇通奸、少女失贞等情况,有时不经告官,可直接在祠堂处死,常见者是打死、勒死、淹死。如江苏镇江赵氏族规规定"有干名教、犯伦理者,缚而沉之江中以呈官"①;建宁孔氏规定"至反大常,处死。不必禀呈"②。族长这种私人处死权往往得到官府的默认。当然,如有人告发,官府则要追究族长,并给予其轻微的、象征性的处罚,所以族长的处死权是受到限制的。尽管如此,族长族权具有准封建政权性质,跃然可见。所以,毛泽东在《湖南农民运动考察报告》中,把族权列入封建政权一类加以阐述,是不无道理的。

二

清代农村封建家族组织的另一种形式,是累世同居、共财、合爨的大家族。这是由一个男性祖先的子孙几代甚至十几代同居、共财、合爨合食的大家庭。这种形式也是宋代以后在农村中逐渐形成的。到了清朝,家庭已经发展成为数代同居的数百口的大家族。例如太原智万周一家300多口,同室而爨;杭州姚湘家族内外食指过千;安徽婺源县的王文荣一家,六世同居,家众数百,人无私财;河南偃师县的任天笃九世同居、共财、合爨,男女160多人;江西兴国县徐文德家众数千,同居共财。又如《红楼梦》作者曹雪芹的家族,从他的曾祖父曹玺开始,五代同居、共财、合爨,世袭江宁织造和两淮盐政,等等。据统计,乾隆四十九年(1784),四川万县有五世同居的大家庭32家;③ 光绪初年,湖南省有五世以上同居共财的大家庭1362家,平均每县10多家。④这种大家族在全国的总户数中比例虽然不大,但它毕竟是清代封建家族制度的存在形式。这种形式与上述聚族而居的家族形式相比较,具有三个特点。

第一,有宽广的家庭院宅。所谓累世同居,就意味这种家族的数十、数百、数千的族众(家众)共同居住在一座相当大的院宅之内。如果没有宽广的院宅,同居是无法实现的,大家庭就得分解。因此,在清代,一个累世同居的大家族必须占地一方,建宅数十区以至数百区,为家族成员实现同居提供充足的条件。在广东南海县霍韬家族历代同居、共财、合爨的院宅图(见图1)中可以看到,全院宅为一长方形建筑,高墙围绕;院正中分为三进,分别为前厅、中堂、寝堂,隔以天井;中堂为全家聚会的地方,寝堂是供奉祖先神牌位之处所;院宅的左右两侧廊屋则是排列整齐的住房,每套前后2间,中隔小天井,一夫一妇及其未成婚子女各住1套;此外还安排有厨房、膳堂、纺织所、公库、公仓等。大家族除每月初一、十五两天到膳堂会膳之外,平时即在自己的住处内私爨。⑤《红楼梦》里所描绘的金陵贾、史、王、薛"四大家族",正是清朝康、雍、乾时期累世共财同居的封建家族组织的艺术典型。小说中的

---

① 〔清〕刘献廷:《广阳杂记》卷四。
② 《建宁孔氏族规》,载《曲阜孔府档案史料选编》第3编第26页,齐鲁书社1980年版。
③ 《同治万县志》卷三三《士女志》。
④ 据《光绪湖南通志》卷二〇一《人物志》的数字统计。
⑤ 〔明〕霍韬:《霍渭厓家训·膳食第七》。

宁府400多口，荣府几百口，是有实际社会背景的。四大家族的"大观园"比起霍韬的院宅真是有过之而无不及。

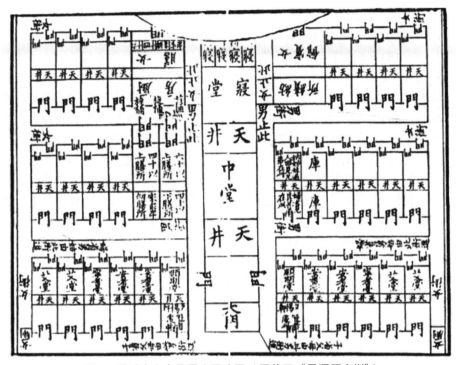

图1　霍氏家宅合爨男女异路图（原载于《霍渭厓家训》）

第二，严密的家族组织系统。每个大家族内均有非常严密的组织。一个大家族，设有族长2人、副族长2人至数人。族长的称谓，一般都是称族长，也有一些地方称为"宗长""家督""主事"等。例如，江西德安县陈氏家族，全族设主事2人、副主事2人（即族长、副族长），掌管内外诸事，是全族最高管治者；并设库司2人，协助族长办事，掌管赏罚劝惩、户籍税粮、诸庄课绩、族众衣食等。① 浦江县郑氏家族则设家长1人，下设典事2人，协助家长管理全家大小事务，实际上充当副族长的角色。② 除族长、副族长外，一个大家族通常还设主母和宗子各1人。主母要协助族长管理全族的妇女事务，如族中的炊爨女工、聘嫁诸事，一般由族长之妻担任，如族长无妻，则由族中其他长辈之妻担任。宗子是作为全族的精神领袖而设的，主持全族的祖先祭祀工作，但无实权。主母、宗子的地位相当于族长、副族长。此外，在一些人口众多的大家族中，还根据管理事务的需要，设立各种专门的职事（办事员之类），协助族长管理具体族务，如全族的户籍、田产、税粮、农副产品、手工业产品、考绩、赏罚、钱财出纳、教育子女等。他们在族长的领导下，组成家族中的"族长群"。族长和其他职事人员，按族规家法条文规定，一般是由族众推举才堪治族、德堪表率之人充任。如前述德安县陈

---

① 《义门陈氏大同宗谱》卷四《义门家法》。
② 《郑氏规范》。

氏家族，即由族众推举谨慎能干之人为之，不限年月，但如已年衰气退，则另择贤能者代之。广东南海霍氏之族长亦由族众推选，惟视才贤，不拘年齿。① 至于家族职事人员，规定1~2年一换，不得连选连任。但事实上，族长往往是由族中曾经为官作宦或有功名的人担任，或者由族中德高望的长者担任，一般的族众是很难被推举为族长的。总而言之，这种大家族的组织之缜密、分工之明确，俨如官府。

第三，严格的族长制管治。族长集家族各种权力于一身，是凌驾于族众之上的最高权威，是一族的最高主宰者。一族的大小事务，均由族长一人最后裁定，族众只能唯唯诺诺，唯命是从。所谓"一人最长者为家长，一家之事听焉。岁迁子弟，分任家事，凡田畴、租税、出纳、疮癙宾客之事，各有主者"②。族长这种至高无上的权力，是由族规家法明确规定，并在实践中强制执行的。具体表现为：族长管理和监督全族的生产和消费。族中的土地哪些出租，哪些自耕，自耕土地哪些种粮食，哪些种经济作物；谁去田间劳动，谁去做其他杂役；谁耕耘，谁收割，谁纺纱，谁织布；等等，均由族长一人说了算。族长还包办族中子女的婚配。族中子侄的男女婚嫁，亦全由族长包办，族众唯命是从。如广东南海霍氏族规规定：男女婚嫁，必须由族长认定。族长还有权随意惩罚家众。在大家族中，族众有过错或者触怒族长，族长可以对其任意惩罚。惩罚有鞭笞、杖责、苦役、流放、处死等数种。如南海霍氏，子侄有"初犯责十板，再犯二十，三犯三十，三年不改，斥出"③的规定。族长往往运用自己的权力，把家族搞成一个独立王国，仿照官府衙门的办法对族众实行管治。族长处理族事，犹如皇帝发布诏令那样威风凛凛。

三

清代农村"聚族而居"和"累世同居"的家族组织何以牢固地维系，且延续数百年之久呢？这与家族组织的祠堂、族田和族（家）谱这三种物质的、精神的宗法要素密切相关。

祠堂是宗族组织的象征。大凡每一家族，必修建一至数间同宗祠堂。所谓"聚族而居，族必有祠"，这是清代农村普遍存在的现象，直至新中国成立前夕，也莫不如此。时至今日，在农村，祠堂大屋仍随处可见。这种情况在地方志、家谱资料中均有成堆的记载。"俗重宗支，凡大小族莫不有祠。一村之中聚族而居，必有家庙，亦祠也。州城则有大宗祠，则并一州数县之族而合建者。"④ 聚族而居越多的地方，祠堂就越多。广东顺德县人"以祠堂为重，大族祠至二三十区"⑤。道光年间（1821—1850），安徽《休宁县志》所记载的祠堂有291个，1929年编写的四川《云阳县志》记载的祠堂亦达到

---

① 〔明〕霍韬：《霍渭厓家训·家训提纲》。
② 〔清〕黄宗羲：《宋元学案》卷五七《梭山复斋学案》。
③ 〔明〕霍韬：《霍渭厓家训·子侄第十一》。
④ 《光绪嘉应州志》卷八《礼俗》，引黄钊《石窟一征》。
⑤ 《咸丰顺德县志》卷三《舆地略·风俗》。

130多个。① 这些祠堂建筑宏伟，犹如名山寺院，除了高大的正殿外，还环绕大殿建有数十间配房，周围筑有高耸的围墙。如合肥邢氏祠堂有"三阵两庑，前门、中厅事、后寝室。寝室之内，正面装大龛三座，正中上层奉始祖神主，以功德神主配之；两侧左昭右穆，依世次而咸列焉"②。《红楼梦》第53回描写的贾氏祠堂，更是一座筑有高大围墙的大院落：进院子要经过黑油栅栏的五个大门；进入院中，是白石甬道，两边皆为苍松翠柏；再往前则是五间正殿，外边悬挂着饰幢绣幕，里面香烛辉煌。这虽然是文艺作品的描写，但现实中大家族的祠堂建筑大体确是如此。哪怕是再穷的祠堂，也得盖上两进三间的砖瓦房，以寄托族众对祖宗神灵之敬意。

祠堂有一套严密的组织管理机构，设祠长等八种职事人员负责管理。第一是宗子，主管祭祀，为家族代表，是一族之长，所谓"立宗子，以主课献"。第二是宗长，协助宗子管理全族事务，维护族内秩序，所谓"宗长，以定名分"。第三是宗正，协助宗长处理一族事务，相当副族长角色，所谓"宗正，以秉权衡"。第四是宗相，掌管全族教育事务，以封建伦理、宗族规范衡量和约束族人，所谓"宗相，以揆礼义"。第五是宗直，负责处理族内纠纷事务，所谓"宗直，以资风义"。第六是宗史，负责记录家族历史，撰修家（族）谱，所谓"宗史，以掌板籍"。第七是宗课，负责掌管祠堂的经济事务，所谓"宗课，以管钱谷"。第八是宗干，协助宗长管理勤杂事务，所谓"宗干，以充干办"。此外还有宗守（管理仓库）、守祠（管理祠堂）等勤杂工役。

祠堂的功能有五种。第一，祠堂是供设祖先神主的殿宇，即将本家族死去的全部或部分祖先的神主牌位摆放在祠堂的大殿正中的正龛上，以示祖先神灵亦"聚族而居"。所谓神主，是一种嵌在木座上的长方形小木牌，有白底黑字的，也有红底黄字的。牌上写着××祖先的名字，生卒年月，原配、继配姓氏，子、孙、曾孙名字。神主牌的摆法，除始祖居正龛之中，正龛上只设考、祖、曾祖、高祖四世的神主牌，分摆左右两旁，一般从家族健在的最长辈算起，超过四世则将神主牌迁至配龛。第二，祠堂是供全族祭祀祖先的场所。每逢春秋祭祖，全族沐浴斋戒，齐集祠堂，由宗子主持作礼设祭；清明扫墓，亦先到祠堂祭拜神主，然后分房扫拜墓地。第三，祠堂是供族长向族众宣讲封建礼法的讲堂。祠堂祭祖时，先由族长向族众"读谱"，讲述祖宗的族史、宣读宗法族规。有些家族规定每月朔望两次读谱，以示念念不忘祖先之意。第四，祠堂是供族众讨论族中事务的会场。第五，祠堂是供族长审判犯法族人的法庭。族人犯法，"小则祠堂以家法，大则公产治以官刑"③。族长在祠堂审判族人，由族中士绅陪审，族人旁听，以教育族众。于此可见，祠堂是一个家族的中心。一个家族通过祭祖等活动，以血缘关系作为纽带，将族众紧紧网结在自己的周围，形成一个牢固的家族组织。

为了维护家族组织，仅靠祠堂这种组织机制是不够的，必须有族产作为物质基础。因此，清代农村的家族组织普遍设置族田。族田亦称公田，包括祭田、祠田、义田、学田、墓田、寺庙田等。这在地方志、族谱及文集中均可以看到很多相关记载。所谓"百

---

① 《族姓宗祠表》卷二三。
② 《合肥邢氏宗谱》卷一《家规》。
③ 《萧山朱家坛朱氏宗谱》卷二《先哲遗训》。

人之族,一命之官,即谋置祠守祭田"。就笔者所看到的清代族田的例子有400多个,数量是相当大的。例如,广东番禺沙湾留耕堂何氏的族田,明万历十五年(1587)仅有14亩,明末增至2144亩,清康熙五十七年(1718)增至16409亩,清乾隆年间(1736—1795)续增到31676亩,民国九年(1920)竟增至56575亩。333年间增加了4040倍。据陈翰笙先生1934年的调查,珠江三角洲的族田规模达到空前的高峰。他统计了一些县的族田占该县总耕地面积的比例:番禺县、中山县占50%,顺德县、新会县占60%,南海县、鹤山县占40%,宝安县占40%,东莞县占20%,八县平均占比为50%。① 可见,族田在珠江三角洲地区占有相当重要的地位。又据1950年安徽省祁门县莲花行政村(包括东塘、西塘、黄土塘、下塘、合村、莲花塘六个自然村)的调查,该行政村各姓祠堂的族田亦相当多,计有:吴致顺堂族田为983亩,占全村耕地总面积1872亩的53%;项氏宗祠族田为32亩,占1.69%;余德宁祠族田为106亩,占5.67%;汪氏宗祠族田为23亩,占1.24%;黄氏宗祠族田为6亩,占0.3%;朱务本堂族田为19亩,占1%;范氏宗祠族田为31亩,占1.66%。② 总计莲花行政村的族田面积占全村土地总面积的56%。这种情况虽不普遍,但也不是孤例。同一时期,祁门县查湾公堂祠的族田面积占全村耕地总面积的比重竟达75.2%。但就大的区域统计,一般农村的族田面积占该地区总耕地面积的10%左右。毛泽东于1930年在江西兴国县做农村调查,统计出该县永丰区的族田面积占全区耕地面积的10%左右。又据安徽省徽州地区统计,1949年该地区的族田达169431亩,占全地区总耕地面积的14%。③ 这类族田,在新中国成立后进行土地改革时,统称"死地主的土地",没收后分配给农民。

族田的来源是多元的。有按房、按族属的丁、田摊派银两者,或由多房认股份出钱购买者;有富有族人捐赠者;有富绅族人以权割充者;有用族产经营商业所得利润购买者;有发动族众开荒而成者;等等。一旦确定为族田,即将田的地理方位、座落四至、田亩数量、田地图形、地契等刻写入族谱,让子孙世代永守。族田不得典卖、转让和馈赠,如有不肖子孙私自出卖者,将受到族法的严厉惩治。"祠田及各房公田、墓田不得典卖,公租毋许私收。如有此者,公同追缴处罚"④,甚至"人不许入调,名则不列宗秩"⑤。为维护族田,一般在族中推举一人或数人专门管理。管理者称为体理或值事,他们或由宗子指定,或由族众推举,在宗子领导下,司掌族田的招佃、收租和收益的分配。凡族田的名称、位置、租予者、租率、租佃契约等,均要立案备查。租入的用途也要立明细账目,公诸族众周知,以示监督,以示族产的合理使用,发挥效益。

族田的经营方式主要是出租给外姓耕种,以收取地租供家族举办各种事业使用。族田收入的用途主要有四种。

第一,祭祀祖先。凡在祠堂举行祭祀祖先活动所需的祭品、用具、筵席会饮、招待

---

① 陈翰笙:《广东农村的生产关系与生产力》第14-17页,中山文化教育馆民国二十三年(1934)版。
② 转引自叶显恩《明清徽州农村社会与佃仆制》第52页,安徽人民出版社1983年版。
③ 中共安徽省委农村工作部:《安徽省土地改革资料》,1953年版。
④ 《闽县林氏四修支谱》卷二《林氏族规》。
⑤ 《浦城高路季氏宗谱》卷一《季氏谱训》。

演戏，节令时家族的花灯、龙灯、龙舟竞渡、赛会，祠堂的修葺，家谱的续修，祖茔的培缮，墓庐的管理等项经费开支，均由族田的收入一项支出。

第二，赈济贫穷族人，史称"瞻族"。凡救济族内贫困、孤寡和遭受自然灾害的族众，由义田及祭田余额开支。如广东顺德县大良的龙氏宗族，以 1 顷 62 亩族田"设立敬宗会，每年收取银租，分送本族鳏、寡、孤、独恤费"①，以避免族众流离失所、逃亡他乡而造成家族的离散，从而达到收族之效。

第三，办学和资助族中贫寒子弟入学笔墨膏火及应试盘缠。凡族中建造学校，聘请塾师；族中学子束脩，如学费、灯油费、文具费；应举赴考的路费、用品和衣服；考取功名的奖励费等，均在族田的收入中支出，祭田、义田亦有此项开支者。史称"子姓有登科甲入乡校者，与花红赴试，助以资斧"②。

第四，兴办族中公益事业。大凡修筑村中道路、村溪、小桥、小型水利，设置渡口、茶亭、路灯等，亦在族田收入中开支。有的家族还专门拨出少量的族田作为某渡的渡田、某水利的陂田，供某项公益事业专款专用，以保障公益事业的发展。

上面说到，族田的第一个用途中有纂修族谱一项。这是清代农村祠堂的一项重大事务和经常性的经济开支。雍正帝在讲解康熙帝圣谕十六条中关于和睦宗族一条时曾说："修族谱以联疏远。"③ 为了维系家族血缘关系，每个聚族而居的家族都十分注意纂修族谱，修谱风气十分盛行。可以说，既没有无谱之族，也没有无谱之人。族谱又有"宗谱""家谱""家乘"之称，人口众多的大家族的族谱，还分为通谱、支谱、总族谱、分族谱、大同宗谱、小宗谱等。族谱要随时进行续修，以反映家族的各种变化。因为每隔一段时间，家族中新生孩子、新娶媳妇、老人逝世、族田增加等新情况均要反映到族谱当中，以确保家族血缘关系上的准确和清楚。续修族谱的相隔时间，大多数家族规定为三代。所谓"谱必三代一修，恐世远年久无不散失，乖离之弊，其所失为不小"④。族谱三代一修，大致可以把家族中两代人清楚地接上，从而保证家族血缘关系记录的准确性。

族谱就其性质而言，是一种簿记性的维系家族血缘关系的主要纽带，故其内容是相当齐全的。它包括四方面的内容。

第一，家族世系和血缘关系图表。这是族谱最主要的内容，约占 90% 的篇幅。世系图表详细记载全族男子的名讳、字号、生卒年月、葬地、配偶姓氏及生卒年月、子女名字等。有进学中举、为官作宦者则要记载简历。世系图表有图式和表式两种，图式是把全家族绘制成简图，把世系内容列入图中，使人一目了然；表式是将家族世系排为表格，将世系内容注列入表内，也可收到眉目清楚之效果。

第二，本家族的各种家法、族规、家训家范、祖宗训诫等。所谓"谱列家箴、家礼、庭训，立宗法实伸国法"⑤。此类内容是封建组织形态结构的特点之一。将其载入

---

① 《民国十一年龙氏族谱》卷一《敬宗会缘起》。
② 《乾隆瑞金县志》卷一《舆地志·风俗》。
③ 《圣谕广训》。
④ 《春谷东溪王氏宗谱》卷首《续修旧谱总纲》。
⑤ 《潜阳吴氏宗谱》卷一《凡例》。

族谱的作用是便于读谱时向子孙宣讲，要求族人永远遵守不逾，使宗子能按照族规家法管理族众，以统一族众的思想和行动。

第三，祠堂、祖茔、族田、形胜地图、墓志铭、买地契等。凡祠堂的基本轮廓、几进几重、门窗、围墙等均要绘制清楚，刻入族谱；祖茔的方位、坐落、四至皆刻上略图，记载于族谱。所谓"祖茔，或绘形胜地图，或书世系格内，某山某向，坐落某处，庶免侵占，志不忘也"。

第四，家族史乘。即置于谱首的"宗族源流"或"族姓渊源"，主要叙述本家族姓氏的由来、始祖之渊源、迁徙之经过、兴盛之始末、祖宗之事迹等，以使族众明了自己家族的来龙去脉，激励族人继往开来，发扬光大家族。

具备上述四方面丰富内容的族谱，可以发挥其防止因年代久远或异姓及同姓异族者迁入本村本族而破坏家族血缘关系的作用，达到"收族"的目的，使家族组织永远保持下去。唯其如此，家族十分注意族谱的保管存放。族谱修纂完毕之后，即刻印出来，分发给族人保存，以备查询之用。族谱的分发一般是一房一部，由房长领取及保管。掌谱人领取、保管族谱时，必须在族长处登记造册，注明所领族谱的字号（号码），以便检查。各种族规家法均对族谱的收藏保管提出严格的要求，如务必把族谱放置在特制的木匣里，或供于祖龛之上，或藏于书堂之中；不得随便乱放，以致亵渎族谱。为保护族谱的安全和完好，家族每年要检查一次或两次。检查时，由掌谱人携带原发字号的族谱到祠堂集中，先由各掌谱人互相交换检查，然后由族长评判，对保管好者给予表扬奖励，对保管不善者批评惩罚。凡族谱被鼠虫蚀蛀、污损油浸、腐败霉烂、遗失散落及私自誊录或供给别姓人氏观看族谱者，依族法处罚；如掌谱人有瞒众觅利，出卖族谱者，则为不孝祖先，从重惩罚。所以根据1984年国家档案局、教育部和文化部联合下发的文件《关于协助编好〈中国家谱综合目录〉的通知》（国档会字〔1984〕7号）的不完全统计，保存至今的清代族谱有2万多部，其中，国家档案局下属单位收藏4000多部，北京大学图书馆和中国科学院图书馆收藏600多部，中国社会科学院图书馆收藏1000多部，国家图书馆收藏1000多部，南开大学图书馆收藏340部，广东省立中山图书馆收藏350部，福建图书馆收藏130部，美国犹他家谱学会收藏3109部，共10529部；还有10000多部散藏于全国各省、市、县级的档案馆和图书馆以及各家族中。可见清代家族组织维系和延续370多年，与家族组织对族谱的严格管理不无关系。

（原载《中山大学学报论丛》1993年第5—6合期）

附录一：

恩师梁方仲教授教我研究明清社会经济史

——在 2018 年 12 月 8 日纪念梁方仲教授诞辰 110 周年大会上的发言

我的研究生（1961 年 9 月—1968 年 8 月）专业是中国古代史（明清社会经济史方向），指导教师是中国社会经济史学的奠基人之一、"新史学"典范践行人之一、"明代田赋制度的世界权威"和"经济史统计大师"[①]的二级教授梁方仲先生。我是他在中山大学历史系招收的第二届研究生（梁老师两届均只招一人。1959 年招收的第一届研究生是杨民生，后担任首都师范大学历史系教授）。20 世纪 60 年代，国家招收研究生数量极少，且坚持"宁缺勿滥"的原则，所以至 1966 年，全国在读研究生仅 3600 多人，其中中山大学 65 人。当时的研究生教学不是实行学分制，除了"马列主义经典著作选读"和外语课由学校统一集中上课和考试，专业课由指导教师全盘负责安排。一年级时，梁老师规定我每个星期五早上 9 时到他家里上课。开学第二个星期，我去他家里上课，他布置我读书，先读《明通鉴》，然后读《明史纪事本末》《国榷》，这三部书要一年读完。要求是通读一遍，一边读，一边将书中有关明代社会经济内容的页码记录下来，方便今后研究查阅；一周读完一部分，下周来上课时，将读过的内容汇报，并说明读不懂的问题，由他讲解。二年级时，梁老师先是要求我用半年读完《明史·食货志》《续文献通考》，要求同上；之后要求我用半年时间通读马克思的《资本论》和亚当·斯密（Adam Smith）的《国富论》（*The Wealth of Nations*），要求是每周上课时，将读不懂的问题向他汇报，由他讲解，并要我把两书中论及中国的段落文字抄录下来，以备今后研究应用。在读完上述书后，于三年级上学期考试，下学期提出毕业论文题目和写作提纲。四年级全年撰写毕业论文。

三年级下学期时，按规定要选定毕业论文题目，于是我到梁老师家登门求教。他说："我不给你出题目，你可就明清社会经济的生产、流通、分配和消费范畴，选一个小题目。"又说："我在清华大学经济系读研究生时，本来应该选做现代社会经济的某一题目的，但我听了历史系好朋友吴晗的劝说，选了《明代田赋制度述要》为题，属分配范畴。"我听了老师的教诲，于是从老师发表的长篇论文《明代银矿考》（1939）、《云南银矿之史的考察》（1939）以及他给我看的《明代银矿开闭记事表》《明代银矿工人运动表》两篇手稿得到启迪，最后选定以"明代钢铁生产的发展"为题。四年级上

[①] 参阅汤明檖、黄启臣主编《纪念梁方仲教授学术讨论会文集》第 373 页，中山大学出版社 1990 年版；仲伟民、张铭雨《20 世纪上半叶中国历史学的社会科学化——以清华学人为中心的考察》，载《北京师范大学学报》2016 年第 2 期；张剑平《新中国历史学发展路径研究》第 213 页，人民出版社 2012 年版；何炳棣《中国历代土地数字考实》"序言"，台湾联经出版公司 1995 年版。

学期开学伊始，我到老师家征询他的审查意见，他同意了我的选题。不过他说："你的选题属于明代手工业生产范畴，找资料不容易。因为在明代的一般古籍中，记载生产方面的资料不多，只有明代地方志、政书和私人笔记等史书中略有记载，但地方志等史书汗牛充栋，需要花很多时间和花很大力气才能收集比较足够的资料。但现在你选定了，努力去做就是了。"

选题得到老师同意后，我先在学校图书馆和广东省立中山图书馆收集资料，可惜两间图书馆所藏的明代地方志寥寥无几。我向老师如实汇报情况，他也为我着急。于是，梁老师于1965年8月亲自带我去收藏明代地方志、笔记等文献资料较多的北京图书馆（今国家图书馆）、北京大学图书馆、清华大学图书馆、国家档案局明清档案部（今中国第一历史档案馆）、上海图书馆和浙江省宁波市天一阁明代藏书楼收集资料。在北京期间，因为梁老师和时任北京市副市长、明史专家吴晗先生是30多年的挚友，经他介绍，我得以认识吴晗先生及其夫人袁震（宋史研究专家）。吴晗先生知道我的论文题目后饶有兴趣，于是梁老师叮嘱我多向他请教指导。我遵照师嘱，曾多次到北长街3号的吴晗家登门求教。他不仅热情接待我，而且将他早年在清华大学历史系读书及任教时抄录积累的有关卡片资料无私地提供给我，又让我使用他书房收藏的各种明代书刊。他还细心地审阅了我的论文写作提纲，并加以修改，然后又教我如何收集、考订、爬梳、整理资料，从而进行综合分析，加以理论说明，得出自己研究本课题的结论，我受益匪浅。在梁老师和吴晗先生的亲切指导下，经过半年的努力阅读、搜索，我基本上查阅了全国各省、县的明代地方志和一部分相关的名人笔记等史籍，抄录了与我的论文有关的资料卡片2000多张。然后，回到学校，在梁老师的悉心指导下完成毕业论文《明代钢铁生产的发展》的写作，共6万多字。在撰写论文时，因为是研究钢铁生产，所以我也按照老师的教导，用统计学方法进行钢铁产量的统计，编制了"明初全国官营铁冶产量统计表""永乐、洪熙、宣德、正统年间民营铁冶产量统计表""永乐元年至宣德九年民营铁冶铁课统计表""万历十二年至四十三年各矿监所进矿税统计表"等12个表格，以数据说明明代钢铁生产量的增长，使所论更具科学性。论文经抄正后送给老师审阅，他精心审阅并动笔修改后，退还给我。我按他的意见修改再抄正，经由刘节、梁方仲、董家遵、徐俊鸣、王正宪等教授组成的论文答辩委员会通过，毕业了（当时国家没有设历学位制度，连毕业证书也是到1983年才给我补发的）。

遗憾的是，由于时代的局限，毕业后，国家无法按我所学专业分配我去从事明清社会经济史研究，而是按照"四个面向"（面向工厂、面向农村、面向基层、面向边疆）原则把我分配到冶金工业部属下的太原钢铁公司去接受工人阶级再教育。直到1980年，我才得以重返母校母系，重新开始研究明清经济史（详见拙著《坎坷过后笑》第7－8页，中国评论学术出版社2017年版）。

一、研究明清时期的工农业生产

1978年春，中共中央在北京召开全国科学大会，邓小平在会上发表长篇讲话，先为20世纪60年代被打成"臭老九"的知识分子平反,明确宣布"知识分子是工人阶级的一部分";提出"科学技术是第一生产力"的命题,号召科学家为把国民经济搞上去,放手搞科研,并承诺自己愿意为科学家做研究工作的"后勤部长"。这意味着"科学的春天"到来了。我欣喜若狂,从木箱中翻出曾经随我辗转南北的毕业论文,再次阅读修改,并将原来6万多字的论文压缩成1.5万字,投向杂志发表了(《学术论坛》1979年第2期)。

由于梁老师已于1970年因遭受劫难兼罹患绝症而过早撒手人寰,我再也无法得到他的亲身指导。于是我只好回忆他做学问的方法以及从他的论著中获得启示,进行明清经济史研究。

首先,我以当年在北京等地抄录的卡片资料为基础,撰写论文《明代铁冶业资本主义萌芽一则史料质疑》并发表(《学术月刊》1980年第2期)。其次,我将毕业论文进行补充、修改和增订,形成专著,易名为《十四—十七世纪中国钢铁生产史》,交由中州古籍出版社于1989年出版。经济史学者南炳文、杨生民等教授在《光明日报》《羊城晚报》和《中国史研究动态》等报刊发表书评,称本书"多有独到之处"。[①]

对手工业的研究告一段落之后,梁老师的《一条鞭法年表》和《明代粮长制度》两书中"明朝建立后的五六十年起直至清代,全国农业生产逐步恢复和发展起来,是历史上所没有的"的具体论述启发了我,我转向农业生产研究,先后撰写和发表了《清代前期农业生产的发展》(《中国社会经济史研究》1986年第4期)、《明清时期广东商业性农业的发展》(《古今农业论丛》,广东经济出版社2003年版)、《明清珠江三角洲"桑基鱼塘"农业生态系统》(《古农业生态学学术论集》,百花文艺出版社2003年版),论证了明清的农业生产也是发展的,其标志是当时南方水稻年亩产量351~450斤,北方小麦、玉米年亩产量250~340斤,从而养活了占世界人口30%的3亿多人口(1790年的人口数);全国每年财政总收入为白银4000多万两(相当于今天的90亿美元)。

经过上述对明清时期工农业生产的研究,我又按照梁老师"研究明清经济史不能就中国论中国,要把明清经济史与14—19世纪的西方国家做比较"的指导做进一步的研究,从而得出结论:

> 从世界经济发展史的经济规模上看,15世纪中叶(明中叶)至1820年(嘉庆二十五年)间,中国是世界上经济最发达的国家。据统计,1522年至1566年(嘉靖年间),中国的生铁产量达到45000吨,居世界第一位,而英国到1740年才达到20000吨。1750年(乾隆十五年),中国工业总产量占世界工业总产量的32%,而欧洲仅占23%……直到1820年(嘉庆二十五年),中国的GDP仍占世界经济总量的32.9%,[②]居世界各国的第一位。

[①] 南炳文:《20世纪中国明史研究回顾》第114页,天津人民出版社2001年版。
[②] 戴逸:《论康雍乾盛世》,2003年2月23日,北京图书馆举办的"省部级领导干部历史文化讲座"的讲稿;[英]麦迪森著,伍晓鹰等译:《中国经济的长期表现:公元960—2030年》第39页表2.2a,上海人民出版社2016年版。

江泽民同志也是这样说的：

> 从1661—1796年，是史称的"康乾盛世"，在这个时期，中国的经济水平在世界上是领先的。乾隆末年，中国经济总量居世界第一位，人口占世界三分之一，对外贸易长期出超。①

1776年（乾隆四十一年），被马克思称为"现代经济学之父"的英国著名经济学家亚当·斯密在其影响世界历史进程的名著《国富论》（*The Wealth of Nations*）中也承认中国是世界最富的国家：

> 长期以来，中国一直是最富的国家。
> 中国是比欧洲任何国家都富裕得多的国家。②

在比任何欧洲国家都富裕的中国，贵金属的价值比在欧洲任何地方都高得多。③

据史料记载，当时世界上人口在50万以上的大城市共有10个，即北京、南京、苏州、扬州、杭州、广州、伦敦、巴黎、罗马、柏林。其中，人口最多的是广州，道光二十年（1840）达到100万人口。④ 而且世界首富也在广州，他就是广州十三行怡和行行商伍秉鉴，其总资产达到2600万墨西哥鹰洋银元，相当于今天的50亿美元。他投资美国修筑太平洋铁路，每年入息达到20万两银子，同时还投资美国的金融保险业获利。而当时美国最大的富翁、皮毛商大亨约翰·雅各布·阿斯特（J. J. Astor）的总资产仅有2000万美元。

二、研究明清时期的商品流通

如上所述，中国的工农业商品如此丰富和精良，而从经济学理论上说，商品必须全面转手才能继续发展，因此我从老师已发表的《明代国际贸易与银的输出入》论文中，特别是他关于"明代自16世纪初年正德以后……中国与外国的贸易却逐渐兴盛起来，国内的社会经济情况已逐渐从自然经济时代发展到货币经济阶段上去"的具体论述中得到明确启示。（陈博翼："黄启臣先生后来有系列研究，也算是沿着这一方向的开拓吧。"⑤）我把研究工作转向流通领域，于1984年撰写了一篇6万多字的论文《明清商

---

① 《江泽民在全国学校工作会议上发表重要讲话》，载《学习时报》2000年7月17日第1版。
② ［英］亚当·斯密著，唐日松等译：《国富论》第55，145，179页，华夏出版社2005年版。
③ 陈炎：《海上丝绸之路与中外文化交流》"季羡林序"，北京大学出版社1996年版。
④ Anders Ljungstedt, *An Historical Sketch of the Portuguese Settlements in China and of the Roman Catholic Church and Mission in China*, p. 284, Boston, 1936.
⑤ 陈春声、刘志伟主编：《遗大投艰集——纪念梁方仲教授诞辰100周年》上册第86-91页，广东人民出版社2012年版。

品经济的发展与资本主义萌芽》，全面论述了明清时期全国东南西北商品的流通进程、商品种类、商品价格和市场网络等。这篇文章作为其中一章被编入彭雨新教授主编的《中国封建社会经济史》（武汉大学出版社1994年版）一书。之后，我又撰写和发表了《清代前期海外贸易的发展》（《历史研究》1986年第4期）、《明清珠江三角洲商业与商人资本的发展》（《中国社会经济史研究》1984年第3期）等论文，并出版了专著《广东商帮》（香港中华书局1995年版）和《明清广东商人》（广东经济出版社2001年版）。

在研究商品流通的过程中，我发现自嘉靖元年至道光二十年（1522—1840）间，明清政府并非实行完全的海禁政策，而是实行开放广东（广州）一口通商的对外贸易政策，允许中外商人在广东（广州）进行贸易往来，所以明清时期中国的海外贸易也是有所发展的。于是，我发表了《清代前期广东的对外贸易》（《中国经济史研究》1988年第4期）、《明代广州的对外贸易》（《中国经济史研究》1990年第4期）、《明中叶至清初的中日私商贸易》（日本关西大学《东西学术研究所纪要》2004年第37期）等论文，出版了《广州外贸史》（上、中、下）（广州出版社1995年版）、《广东海上丝绸之路史》（广东经济出版社2003年初版、2014年增订版）、《海上丝路与广东古港》（中国评论学术出版社2006年版）等专著，论证了16世纪中叶至19世纪中叶，世界各国的商人沿着鼎盛发展的海上丝绸之路，络绎不绝前来广州同中国商人做生意，使广州成为贸易全球化的中心市场。1798年（嘉庆三年），瑞典人龙思泰（Anders Ljungstedt）就记述了外国商人来广州做生意的情况：

> 广州的位置和中国的政策，加上其他的原因，使这座城市成为数额很大的国内外贸易舞台。……中华帝国与西方各国之间的全部贸易，都以此地为中心。中国各地的产品在这里都可以找到……东京、交趾支那、东方群岛、印度各港口、欧洲各国、南北美洲各国和太平洋诸岛等地的商品，都被运到这里。①

明清政府为了发展集中于广州的对外贸易，除了设置广东市舶司和粤海关进行管理外，还委托专门从事海外贸易的商业团体"三十六行"和"十三行"同外商开展直接贸易。于是，我又受梁老师《广州十三行》一文的启发，研究在清代前期广州发达的对外贸易中起重要作用的广州十三行行商，先后发表了《十三行行商梁经国》（《凤浦古今》，广州出版社2000年版）、《从官商到吏士——天宝行的演变》（《广州十三行沧桑》，广东省地图出版社2001年版）、《行商潘启家族与广州城市文化——广州十三行商与广州城市文化研究之一》（《十三行与广州城市发展》，世界图书出版公司2013年版）等论文，出版了《梁经国天宝行史迹：广东十三行之一》（广东高等教育出版社2003年版）和《广州十三行之一：潘同文（孚）行》（华南理工大学出版社2006年版）两书，阐述了在当时外国商人不熟悉中国情况、不懂汉语和不是十分了解中国政府管理外贸制度的情况下，此种商业团体就成为外国商人与中国商人进行贸易的中介，使

---

① ［瑞典］龙思泰著，吴义雄等译：《早期澳门史》第301页，东方出版社1998年版。

生意做得更好更活。正如英国下议院于1830年（道光十年）对来广州贸易的英国商人的调查报告所说的：

> 外国商人对于这整个广州制度（在实践中经过种种修正）是怎样看待呢？1830年英国下议院关于对华贸易的极为重要的审查委员会会议中，几乎所有出席的证人都承认，在广州做生意比在世界任何其他地方都更加方便和容易。"①

而葡萄牙人于嘉靖三十二年（1553）进入和租居的澳门则成为当时中外贸易往来的中转港，于是我发表了《明清时期澳门对外贸易的兴衰》（《中国史研究》1984年第4期）、《清代澳门对外贸易的式微》（《文化杂志》1999年第39期）等论文，出版了《澳门港史资料汇编》（广东人民出版社1995年版）、《澳门经济四百年》（澳门基金会1995年版）和《澳门通史：远古—1999》（广东教育出版社1999年版）等专著，阐述明清时期中外商人通过广州—澳门—长崎、广州—澳门—果阿—里斯本—欧洲、广州—澳门—望加锡—帝汶、广州—澳门—马尼拉—墨西哥—巴西、广州—澳门—温哥华岛、广州—澳门—纽约—波士顿—费城、广州—澳门—澳大利亚、广州—澳门—俄罗斯8条国际航线进行多边来往贸易，把中国生产的商品如生丝、瓷器等运往世界各国销售。而18世纪末，英国工业革命刚开始不久；美国仍是农业国，1830年，全国1500万人口中，多数劳动人口从事农牧业，直至1929年，仍有45%的人口从事农牧业。所以当时世界各个国家根本没有多少民生商品可以打入中国市场，只好携带大量白银货币来广州购买中国的货物，贩回国内倾销，所谓夷船"所载货物无几，大半均属番银"②。于是我在论著中得出结论：

> 在1830年（道光十年）以前，中国对外贸易经常是出超的时候，白银不断地从印度、不列颠和美国输入中国。据统计，自1553年至1830年，西方国家到中国贸易而流入中国的白银达5亿两以上。1585—1640年，日本因到中国贸易而输入中国的白银达到了1489.9万两。可见，直到鸦片战争前夕，中国在当时的商品贸易全球化中，是遥遥领先于世界其他国家和地区的。③

三、研究与海外贸易相关的中西文化交流

我记得当年恩师梁方仲教授给我面对面讲课时说过，研究明清社会经济史，不能孤立地研究，不能就经济论经济，而要运用"社会科学治史"（新史学）方法，将经济史与政治史、社会史、文化史、民族史、民俗史、地理史、语言史等联系起来研究，这样

---

① ［英］格林堡著，康成译：《鸦片战争前中英通商史》第55页，商务印书馆1969年版。
② 《福建巡抚常赍奏折》，载《文献丛辑》第176辑。
③ 黄启臣：《中国在贸易全球化中的主导地位——16世纪中叶至19世纪初叶》，载《福建师范大学学报》2004年第1期。

才能获得对社会经济较全面的认识。所以我在研究上述贸易全球化的中外商品流通的过程中，运用自己所看到的大量伴随海外贸易而记载的关于中西文化的中外资料，不揣谫陋撰写和发表了《16—18世纪中西文化的交流》(《社会科学阵线》1991第1期)、《明代天主教在中国的传播及其文化效应》(《史学集刊》1994年第2期)、《人痘西传与牛痘东渐》(《海交史研究》1999年第1期)和《中国科举制度对西方国家文官制的影响》(澳门《中西文化研究》2002年第1期)等论文，较全面地论述16—19世纪初期，以澳门为桥梁的中西文化交流的进程、内容和影响。特别是1995年4月，我参加了在澳门召开的"澳门历史文化学术讨论会"，发表的论文《澳门是16—18世纪中西文化交流的桥梁》得到与会不少学者的赞同，更得到国学大师、北京大学教授季羡林先生及国家图书馆馆长、著名哲学史学家任继愈教授的表扬和鼓励。我记得在会议期间的一个晚上，季老邀我到他的房间倾谈，对我说："你在会上做报告时说'澳门是16—18世纪中西文化交流的桥梁'是对的。你回去可以看看我于1993年为陈炎教授著《海上丝绸之路与中外文化交流》一书所写的序言，在里面我就说这是中国历史上最重要的一次中西文化交流呢。"会议结束后我回到学校，迫不及待地找到季老所写的序言拜读，他讲的东西比我讲的更加精辟和深刻：

> 在中国5000多年的历史上，文化交流有过几次高潮。最后一次也是最重要的一次，是西方文化的传入。这一次传入的起点，从时间上来说是明末清初；从地域上来说就是澳门。整个清代将近300年时间，这种传入时断时续，时强时弱，但一直没有断过（中国文化当然也传入西方，这不是我在这里要谈的问题）；五四运动，不管声势多大，只是这次文化交流的余绪。可惜的是，澳门在中西文化交流中这十分重要的地位，注意者甚少。我说这话完全是根据历史事实，明末清初传入西方文化者实为葡萄牙人，而据点则在澳门。[①]

我从季老这一精辟论断中得到极大的启发和鼓舞，于是我在1998年即以《澳门是最重要的中西文化交流桥梁——16世纪中叶至19世纪中叶》为题，向中国社会科学基金申请研究资助，并很快得到批准和拨给经费。此后，我继续到澳门、香港、北京、上海等地的图书馆和档案馆进一步收集有关资料，于2001年按时完成此项研究，并经中国社会科学基金管理委员会组织专家组评审通过。之后，我用几年的时间对此文进行补充和修改后成书，仍然名曰《澳门是最重要的中西文化交流桥梁——16世纪中叶至19世纪中叶》，于2010年7月由香港天马图书出版有限公司出版。该书全面论述了16—19世纪中叶中西文化的相互交流、相互渗透和相互发展，特别是详细阐述了中国传统优秀文化，包括儒家哲学、重农思想、语言、文学、美术、音乐、风俗等在西方国家的广泛传播及其带来的强烈而深远的影响，其中又以中国儒家哲学和重农思想最为突出，两者对德国古典哲学和英国、法国古典政治经济学的创立影响至深（详见该书第四章）。

综上所述，我一生从事明清社会经济史的教学和研究，完全是深得恩师梁方仲教授

---

① 陈炎：《海上丝绸之路与中外文化交流》"季羡林序"，北京大学出版社1996年版。

的亲切指导和沿着他卓著的研究路向进行的。抚今追昔,我确实从内心深处感悟到古训"一日为师,终身为父"的真谛,而梁先生之于我则是"十一年为师,终身为父",比起古训有过之也。

1965年11月梁方仲教授与他的研究生黄启臣(左)、鲍彦邦(右)摄于宁波天一阁

附录二:

黄启臣论著目录

一、著作

(★为获奖作品)

序号	书名	出版单位	出版年月
1	★十四—十七世纪中国钢铁生产史（自著）	中州古籍出版社	1989年2月
2	纪念梁方仲教授学术讨论会文集（主编及作者）	中山大学出版社	1990年6月
3	澳门港史资料汇编（第二编者）	广东人民出版社	1991年6月
4	★澳门经济四百年（中文版） ★澳门经济四百年（韩文版）（第一作者）	澳门基金 韩国成均馆大学出版社	1994年6月 1999年1月
5	澳门宗教（第二作者）	澳门基金会	1995年1月
6	中外学者论澳门历史（第一编者）	澳门基金会	1995年1月
7	澳门历史（自远古—1840）（自著）	澳门历史学会	1995年9月
8	广州外贸史（上、中、下）（第二作者）	广州出版社	1995年10月
9	货殖华洋的粤商（第二作者）	浙江人民出版社	1997年3月
10	澳门通史（远古—1998）（自著）	广东教育出版社	1999年5月
11	★澳门大辞典（副主编、历史篇主编及作者）	广州出版社	1999年10月
12	明清广东商人（第一作者）	广东经济出版社	2001年12月
13	广东海上丝绸之路史（主编及第一作者）	广东经济出版社	2003年5月
14	市场经济呼唤社会保障（第一作者）	中国评论学术出版社	2003年5月
15	黄启臣文集（一）	香港天马图书有限公司	2003年8月

续表

序号	书名	出版单位	出版年月
16	梁经国天宝行史迹：广东十三行之一（第一作者）	广东高等教育出版社	2003年9月
17	粤港澳关系志（副主编及作者）	广东人民出版社	2004年12月
18	海上丝路与广东古港（自著）	中国评论学术出版社	2006年2月
19	广州十三行之一：潘同文（孚）行（第二作者）	华南理工大学出版社	2006年6月
20	广州：海上丝绸之路发祥地（副主编及作者）	中国评论学术出版社	2007年5月
21	广东商帮（自著）	黄山书社	2007年6月
22	黄启臣文集（二）	中国评论学术出版社	2007年8月
23	客商（副主编及作者）	人民出版社	2008年2月
24	黄启臣文集（三）	中国评论学术出版社	2010年3月
25	澳门是最重要的中西文化交流桥梁（16世纪中叶至19世纪中叶）（自著）	香港天马图书有限公司	2010年7月
26	珠江文化史（编委及作者）	广东教育出版社	2010年8月
27	黄启臣文集（四）	中国评论学术出版社	2013年11月
28	《广东海上丝绸之路史》增订版（主编及第一作者）	广东经济出版社	2014年3月
29	坎坷过后笑（自著）	中国评论学术出版社	2017年3月
30	澳门通史（远古—2019）增订版（自著）	广东教育出版社	2020年12月
31	明清经济史论集（自著）	中山大学出版社	2020年12月

二、论文

1979—2020年6月间，在国内外各种期刊上共发表学术论文215篇。

附录三：

有关照片

2019年7月，黄启臣偕太太庞秀声去多伦多探望儿孙，应中山大学多伦多校友会邀请参加校友聚会，合影留念

2019年7月，在多伦多校友会上，校友齐声祝贺黄启臣、庞秀声伉俪金婚，两人相拥合影留念

2019年8月,黄启臣、庞秀声伉俪与孙儿孙女于多伦多何伯钊剧院合影

2019年11月,美国戴顿大学(University of Dayton)教授袁清(Tsing Yuan)伉俪来访,黄启臣与太太庞秀声在中山大学学人馆与他们共进晚餐

2019年春节，黄启臣、庞秀声伉俪于香港海港城合影

2020年春节，黄启臣、庞秀声伉俪于上海外滩合影

2020年7月,女儿海滨、外孙女张子欣(剑桥大学学生)从上海回广州探望黄启臣、庞秀声伉俪,于家中合影

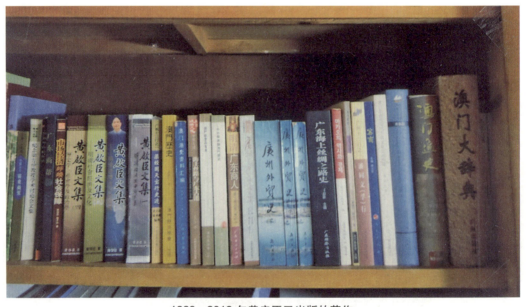

1989—2019年黄启臣已出版的著作